国防特色学术专著·控制科学与工程

舰艇综合指挥控制系统原理

主　编　潘冠华
副主编　徐国亮　许春雷
编　者　（按姓氏笔划排序）
王海川　王晓云　许春雷
李洪瑞　李艳丽　何佳洲
苗　艳　赵建亭　袁富宇
徐国亮　秦立富　潘冠华

西北工業大學出版社

北京航空航天大学出版社　北京理工大学出版社
哈尔滨工业大学出版社　哈尔滨工程大学出版社

内容简介

本书系统论述了现代舰艇综合指挥控制系统基本原理诸多方面的问题。

全书由两篇共11章组成。第一篇为水面舰艇篇，共5章，主要介绍水面舰艇综合指挥控制系统的基本概念、信息源、数据融合和目标综合识别、目标运动参数解算以及舰载武器射击（发射）诸元解算。第二篇为潜艇篇，共6章，主要介绍潜艇综合指控系统的基本概念、信息源、数据融合和目标综合识别、目标运动要素解算、鱼雷射击诸元及导引参数解算以及潜射导弹射击（发射）诸元解算。

本书反映了世界舰艇指挥控制系统最新的技术原理和发展水平，可以作为从事舰艇指挥控制系统研究开发的工程技术人员、部队装备研制管理和使用人员业务学习培训的参考读物，也可作为舰艇指挥控制系统相关专业本科高年级学生或研究生的教材或教学参考书。

图书在版编目(CIP)数据

舰艇综合指挥控制系统原理/潘冠华主编．—西安：西北工业大学出版社，2010.8
（国防特色学术专著．控制科学与工程）

ISBN 978-7-5612-2846-3

Ⅰ.①舰…　Ⅱ.①潘…　Ⅲ.①军用船—指挥控制系统　Ⅳ.①U674.7

中国版本图书馆CIP数据核字(2010)第145142号

舰艇综合指挥控制系统原理

潘冠华　主　编
责任编辑　季　强
责任校对　李阿盟

*

西北工业大学出版社出版发行
西安市友谊西路127号(710072)　发行部电话：029-88493844　传真：029-88491147
http://www.nwpup.com　E-mail:fxb@nwpup.com
陕西向阳印务有限公司印装　各地书店经销

*

开本：787×1 092　1/16　印张：19.75　字数：479千字
2010年8月第1版　2010年8月第1次印刷　印数：2 000册
ISBN 978-7-5612-2846-3　定价：40.00元

前 言

舰艇综合指挥控制系统指的是适装于轻小型舰艇和军辅船的集作战指挥与火力控制为一体的系统。以它为核心，与警戒探测设备、软硬武器、通信系统、导航系统及相应的辅助设备一起构成了现代化的作战系统。根据不同舰艇使命任务的不同，可分别完成防空反导、反潜、对海作战、水雷战、两栖支援、登陆、输送、补给、救援医疗等任务。

作为轻小型水面舰艇和潜艇武器装备的重要组成部分之一，在强调精确打击的信息化现代战争中，舰艇综合指挥控制系统具有无可替代的巨大作用。世界舰艇指挥控制发展已经有80余年的历史，目前正在向网络中心战系统方向发展。未来的舰艇指挥控制系统除具备舰艇指挥和火力控制系统最基本的要求之外，还应当适应未来海上信息化作战的需求，既要保持和发挥单个武器平台的作战能力，更要发挥整个作战网络中的所有软硬武器的作战能力。

舰艇综合指挥控制系统应用到数学、系统工程、控制论、运筹学、计算机科学等多个学科的许多理论方法以及技术原理，使得指挥控制学科成为应用新技术新理论最广泛、最敏感的学科之一。舰艇综合指挥控制系统涉及的基础理论广、工程实践要求高。本书是通过精心组织，由不同专业的多名专家集体编写而成的。编写者根据多年的工程实践经验，尽量吸收近年来国内外该领域的最新科研成果，历经近两年时间完成了本书的编写，其目的是为舰艇指挥控制界提供一部内容覆盖面广、知识上有一定深度、理论综合性较强的实用性资料或参考书。

全书由两篇共11章组成。第一篇为水面舰艇篇，共5章，主要介绍水面舰艇综合指挥控制系统的基本概念、信息源、数据融合和目标综合识别、目标运动参数解算以及舰载武器射击(发射)诸元解算。第二篇为潜艇篇，共6章，主要介绍潜艇综合指挥控制系统的基本概念、信息源、数据融合和目标综合识别、目标运动要素解算、鱼雷射击诸元及导引参数解算以及潜射导弹射击(发射)诸元解算。

全书由潘冠华组织策划。第1章由潘冠华编写，第2章由徐国亮、王海川编写，第3章由何佳洲、李艳丽编写，第4章由徐国亮编写，第5章由徐国亮、王海川编写；第6章由许春雷编写，第7,8章由李洪瑞编写，第9章由苗艳编写，第10章由袁富宇编写，第11章由袁富宇、赵建亭编写。全书由潘冠华、徐国亮、袁富宇、秦立富、王晓云负责统稿，潘冠华负责审核定稿。严蕾、张培培、张怀玲、竺明琴等同志为本书的编辑出版做出了许多贡献，西北工业大学出版社的编辑同志对本书的出版提出了许多宝贵的意见并提供了有力的帮助，江苏自动化研究所的领导对本书的出版给予了极大的支持。在此，对他们表示诚挚的感谢。

本书在编写过程中，参考和引用了许多专家、学者的著作、教材和论文，在此对参考文献的原作者表示衷心的感谢。

由于编写人员水平所限，并且现代舰艇综合指挥控制系统的理论和工程实践均在不断发展，书中难免有疏漏、不足之处，恳请读者批评指正。

编　者

2009年3月

目　录

第一篇　水面舰艇篇

第二篇 潜 艇 篇

第一篇

水面舰艇篇

第1章 舰艇综合指挥控制系统概述

舰艇指挥控制系统(简称指控系统)是现代化舰艇作战系统的核心装备。根据舰艇的使命、任务和功能,在中、大型主战舰艇上,舰艇指控系统一般分成作战指挥系统和火力控制系统两个分系统,其中火力控制系统与控制对象——武器——构成了武器系统。因此,大型主战舰艇的作战系统一般包括警戒探测设备、作战指挥系统(编队、本舰)、武器系统、通信系统、导航系统及相应的辅助设备;完成防空反导、反潜、对海作战、对岸作战等使命;采用"集中指挥、综合组织、三级管理"的指挥体制,个别复杂大型舰艇采用四级管理,可实施方面作战指挥。

而轻小型舰艇和军辅船上的指控系统与作战指挥及火力控制合为一体,形成舰艇综合指控系统,此类舰艇的作战系统包括警戒探测设备、综合指控系统、软硬武器、通信系统、导航系统及相应的辅助设备。不同舰艇可根据使命分别完成防空反导、反潜、对海作战、水雷战、两栖支援、登陆、输送、补给、救援医疗等任务,采用"集中指挥,综合控制、二级管理"的指挥体制。

1.1 舰艇综合指控系统组成

综合指控系统采用开放式体系结构,通过双冗余网络连接若干个多功能标准显控台(桌)和机柜组成。图1-1-1为某型具有群指挥功能的综合指控系统示意图,它由若干个作战指挥台(桌)、情报台、综合控制台及配套机柜组成。作战指挥台包括舰艇群指挥台、本舰作战指挥台、辅助指挥台,综合控制台可分别控制导弹、舰炮、电子对抗、鱼雷、深弹等软硬武器。登陆舰艇综合指挥控制系统还包括登陆指挥桌、直升机引导台和登陆艇引导台。系统的台位可根据舰艇的作战使命、传感器、武器的数量来决定,也可根据系统状态可设定的原则动态定义。

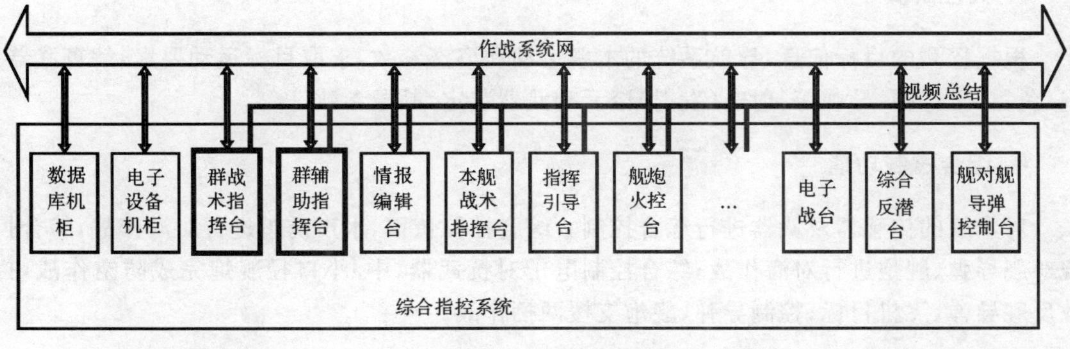

图1-1-1 典型的综合指控系统组成示意图

1.2 舰艇综合指控系统主要功能和性能

1.2.1 功能

1. 情报收集与处理

实时收集来自本舰(艇)各传感器的目标信息;通过通信系统接收上级及友邻指挥所发来的情报数据和命令;群指挥所辖兵力情报信息;接收导航系统发送的本舰参数和环境参数信息。对情报和目标信息进行数据融合处理,完成敌我识别及目标类型、种类的综合识别,形成综合的战场态势描述。

2. 态势显示、编辑

实时显示战场态势,包括雷达视频、跟踪器电视/红外图像、目标二次信息、目标参数、各种战术图形、战术数据和本舰/舰艇群的各参数信息,生成并可编辑作战指挥图形。

3. 辅助决策

根据战场态势,完成目标威胁判断,辅助制定本舰/舰艇群的作战方案、提取打击目标、组织武器通道,辅助指挥员进行战术决策,制定直升机、登陆艇的作战方案。

4. 作战指挥

可指挥舰艇群协同作战,指挥引导舰载直升机、无人飞行器完成对潜作战;可接受编队协同作战指挥;指挥引导直升机、登陆艇立体登陆;指挥本舰工作艇完成搜救、布雷、灭雷、运输等任务;对本舰的跟踪传感器进行目标指示;组织指挥本舰武器完成防空、反潜、对海(岸)作战。

5. 火控解算

根据探测的目标信息、导航系统的本舰运动和姿态参数,求取目标运动要素,解算武器(舰炮、鱼雷、干扰弹、导弹等)射击(发射)诸元和武器装定、制导参数。

6. 综合控制功能

对本舰的传感器及武器进行综合控制。综合控制鱼雷、水声诱饵进行对潜作战;综合控制舰对舰导弹、舰炮进行对海作战;综合控制电子对抗武器、中/小口径舰炮完成防空作战,拦截敌反舰导弹、飞机目标;控制导弹、舰炮支援两栖作战。

7. 布雷、遥控扫雷和控制本舰武器灭雷

制定单舰、群布雷方案(计划),实施布雷或引导工作艇布雷,引导遥控扫雷艇扫雷、控制中小口径舰炮灭雷。

8. 直升机引导

指挥引导登陆输送直升机进行垂直登陆输送，指挥引导直升机反潜搜索、对潜攻击，或对海超视距目标进行探测。

9. 登陆艇引导

指挥引导气垫登陆艇进行超越登陆输送。

10. 通信管理

对数据链、卫星通信、机要通信设备等进行信息收发控制，并通过综合通信系统与岸基、飞机、编队舰艇交换信息。

11. 网络管理

实时显示、监听各网络节点运行状态，在战损或故障情况下，进行故障报警、检测定位，并自动实施故障隔离。

12. 模拟训练

系统具有模拟训练功能。

13. 记录、重演功能

实时记录战时的网络数据、操控信息、语音等信息，供战后重演分析。

14. 故障检测功能

对系统所属设备进行故障检测，故障可定位到可更换功能模块。

1.2.2　性能

系统性能可由度量系统能力的指标集表示。该指标集与系统的使命和任务有关。理想状态的系统指标应分为系统设计指标、试验指标和使用指标。目前，一般系统并没有明确区分这三类指标。综合指挥与控制系统的指标包括信息处理能力、目标综合识别能力、指挥控制能力和系统检查能力，以下列出各种度量能力的主要指标。

1. 信息处理能力

信息处理容量（包括接收处理的目标批数、融合后目标批数、显示目标批数）；信息处理精度（包括距离、方位、高度（深度）、航速、航向）；稳定跟踪概率；虚情率；漏情率；信息更新频率。

2. 目标综合识别能力

识别出我方、中立方、敌方的正确率、不明目标率；目标类型识别能力（正确判定空中目标、水面目标、水下目标的概率）；目标种类识别（对空中目标区分为飞机、直升机、导弹的正确率，对水面目标区分为大、中、小型舰艇的正确率，对水下目标区分为潜艇、鱼雷、水雷的正确率，辅以目标特征数据库，可进一步识别目标的身份，如机号、舷号、弹雷型号等）。

3. 指挥控制能力

(1)协同作战能力

协同作战能力包括支持协同作战能力和协同作战指挥能力。

①支持协同作战能力：包括接收上级系统发来的目标态势信息和作战命令（接收信息类型及正确率）；上报本系统及所属各设备的运行状态与工作方式、传感器武器指向、武器余弹数以及本系统所辖信息源须上报的融合后目标态势信息。

②协同作战指挥能力：包括传感器管理与控制能力（所辖相同共用传感器数量、类型，传感器协同共用组网时间）；武器共用控制管理能力（所辖相同共用武器数量、类型，对空武器协同、对海武器协同、对潜武器协同、电子对抗武器协同、水声对抗武器协同的共用组网时间）。

(2)辅助决策能力

威胁判断能力（判断威胁的可信度）；辅助战术计算能力（辅助战术计算的时间、距离、方位、航向、航速等要素的分辨率和计算结果正确率）；决策方案制定能力（决策方案生成时间、可行率）。

(3)信息分发管理能力

信息分发方式、类型、正确率；网络设备传输时延；指挥控制系统处理时延。

(4)网络传输控制能力

信息传输延迟（网络平均传输时延、网络最大传输时延）；网络容量；网络管理控制能力（网络组网时间、重组时间）；信息传输可靠性（包错误率、包丢失率）。

(5)目标指示能力

目标指示范围；目标指示反应时间；目标指示批数（包括对空、对海（含水下）、对岸、抵近干扰、电子防御、水声对抗等的目标指示批数）；目标指示精度（包括对空目标、对海面目标、对水下目标的指示精度）。

(6)目标捕获和跟踪能力

捕获概率；跟踪传感器从接收到目标指示到稳定跟踪的时间、距离、舷角、高低角。

(7)引导能力

①飞机引导能力：引导战斗机批数；指挥引导直升机批数；引导成功概率（精确引导成功率、概略引导成功率）；登陆艇引导能力（指挥引导登陆艇批数）。

②无人航行器指挥控制能力：对无人机、无人水面艇、无人潜航器同时指挥控制批数；操控等级。

③打击效果评估能力：目标毁伤程度等级。

(8)武器控制能力

控制电子对抗、舰对舰导弹、舰对空导弹、舰炮、鱼雷、深弹、水声等武器，包括通道组织数、武器的工作方式和状态、武器的发射（开火）时间、制导控制命令和参数、武器的转火和停火时间。

(9)打击目标能力

目标类型；同时打击目标批数；连续打击目标批数；可打击目标的性能（范围、速度、机动性等)。

(10)系统安全级水平

网络传输信息系统的安全等级要求;主机信息系统的安全等级要求;指控应用信息系统的安全等级要求。

4. 系统检查能力

(1)静态解题精度

系统运行于静态解题工作状态,按静态题的要求装定参数,检查系统显示的解算结果是否符合静态解题结果。系统通常能自动显示解算诸元的结果、最大误差值,鱼雷武器射击诸元的符合性统计(百分比)。

(2)自动态解算精度

系统运行于动态解题工作状态,按动态题的要求装定参数,检查系统显示的解算结果是否符合动态解题结果。系统通常能自动显示解算诸元系统误差、随机误差(统计值),鱼雷武器射击诸元的符合性统计(百分比)。

5. 系统使用特性

①可靠性:某任务剖面任务可靠度、规定值、最低可接受值;

②保障性:系统使用可用度、规定值、最低可接受值;

③维修性:故障平均修复时间(h);

④测试性:故障检测率,故障检测虚警率,故障隔离率;

⑤安全性:系统不存在大于某风险指数的危险,其他危险源处于可控状态并具有相应的报警提示;电磁兼容性与火力兼容性;系统信息安全等级。

6. 环境适应能力

系统各设备在某级海况下不损坏,在某级海况下正常使用;在特定范围温度、湿度、能见度等气象条件下正常使用。

1.3　舰艇综合指控过程

系统一般有三种工作方式,即战斗、训练、检查。训练工作方式是模拟训练设备或各台位的模拟训练模块驱动系统运行,其他流程和操作与战斗工作方式相同。检查工作方式是专门的系统,包括设备状态检查、通道接口检查、系统精度检查、系统功能检查、系统联动检查等。以下主要描述战斗工作方式的过程。

1. 情报处理

接收上级和友邻指挥所发来的情报信息、群所辖兵力情报信息、本舰各传感器情报信息,进行数据融合,形成综合的战场态势描述。

2. 本舰(艇)作战指挥

情报编辑战位根据作战任务分类编辑作战态势，观察战场态势和本舰工作状态，进行情况分析和态势判断，给出辅助指挥决策方案，进行战术决策；组织控制搜索传感器警戒、搜索目标。

战术指挥战位监视并干预作战过程，下达作战命令，提取打击目标，组织武器通道，进行目标指示，完成对空、海、潜及两栖支援作战指挥。

火控战位操控所分配的跟踪传感器捕获、跟踪目标。

舰炮火控台完成弹道、气象修正，求取舰炮射击诸元；控制舰炮开火、转火、停火，必要时完成虚拟校射和射击偏差修正。

反潜战位完成求解鱼雷射击参数，计算鱼雷的有利提前角和占领有利阵位的操舰参数，完成鱼雷射击参数的设定，发射鱼雷。

电子对抗战位进行无源干扰，并发送建议规避航向和航速；操控电子对抗设备进行电子侦察、目标分选，向战术指挥台发送威胁目标的参数、电子对抗设备的工作状态；选择干扰方式和无源干扰弹弹种，控制干扰弹发射。

导弹火控战位对弹装定导弹射击诸元、雷达波门、海情、平飞高度等信息；对导弹进行射前检查；控制导弹正常发射（可单射或齐射）和紧急情况下的应急发射。

通信、导航组织。

综合指控系统要求设备综合化、自动化程度更高，搜索传感器和跟踪传感器的操控不设单独战位，搜索传感器的操控由情报编辑战位操作手负责，跟踪传感器的操控由火控战位操作手负责。

3. 兵力指挥

对于具有群指挥功能的系统，需要根据作战使命和意图，制定一套或多套作战计划、方案，并上报，按批准的方案实行。一般来说，过去的作战方案、平常训练和演习形成的方案均保存在数据库中，如作战任务相似，可采用修改方式形成新方案。战前一般均会拟制多套作战预案。

组织所辖兵力监视、探测，组织协调无线电通信。

充分收集战前和作战过程中的各种情报，分析判断情况，根据当前情报和战场态势，所辖各飞机、舰艇的工作状态（位置、武器等），制定作战实施计划、方案，系统操作人员根据指挥员的命令，进行战术计算，给出辅助决策方案。

指挥引导飞机、舰艇群完成侦察预警、电子干扰、对空防御、对海突击、反潜、突击上陆（包括垂直着陆和超越登陆）、水雷战等任务。

指挥本舰所辖飞机、舰艇完成搜救、运输等任务。

后勤综合保障管理。

4. 典型运行流程

综合指控系统根据使命、任务有许多不同的运行流程，如图 1－3－1 和图 1－3－2 所示分别为某典型的舰艇群指挥舰群指挥流程以及本舰指挥控制流程。

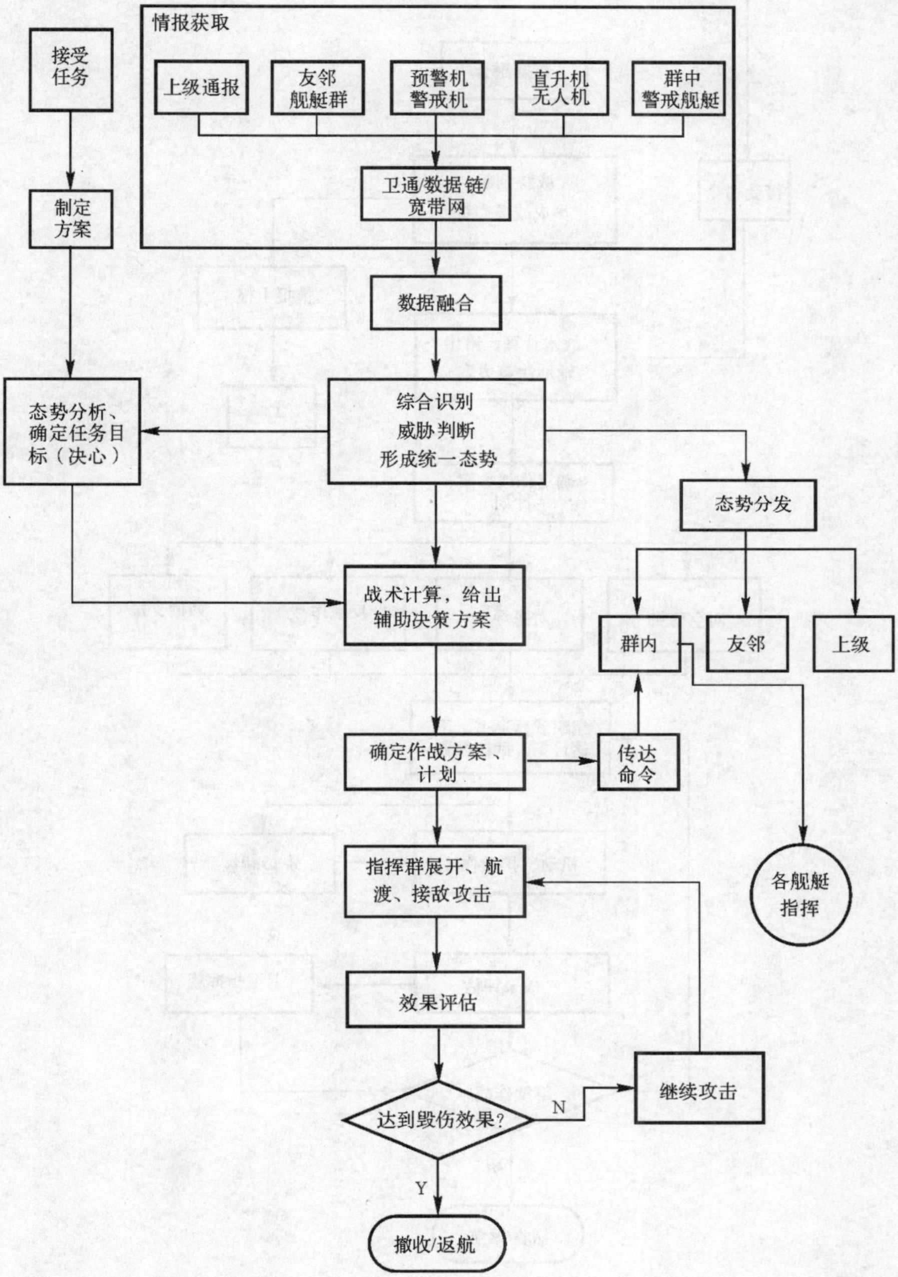

图 1-3-1　舰艇群指挥舰群指挥流程示意图

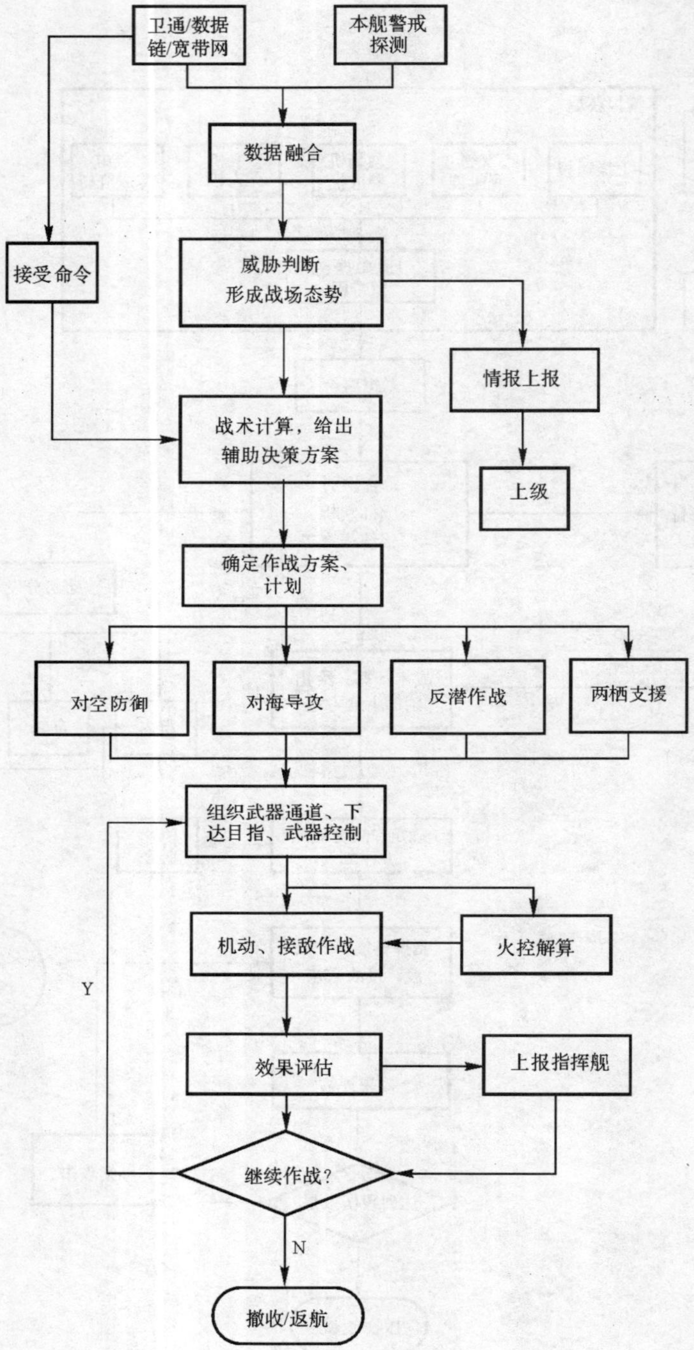

图 1-3-2 本舰指控流程示意图

1.4　舰艇综合指控系统发展概况

1.4.1　发展简史

作战指挥的实质即打谁、如何打的问题。这涉及信息收集、指挥决策和执行三个方面。从冷兵器时代到现在，实质没变，但手段变化极大。

在第一次世界大战时，海军舰艇所使用的传感器主要是望远镜，武器主要是火炮，通信主要靠旗语和灯光。尽管当时已有了光学测距仪、简易射击指挥仪和无线电台，但水平较低，作战指挥和射击计算基本上是人工进行的。

1923 年，英国“埃利奥特”(Elliott)公司造出了有摩擦积分器的机械模拟计算机，装在“纳尔森”(Nelson)和“罗德尼”(Rodny)号舰上，协助火炮射击。到 20 世纪 30 年代，计算方法、计算机和光学设备有了显著的发展，出现了机械式指挥仪，到 20 世纪 50 年代还有使用机械式指挥仪的舰艇。

在第二次世界大战中，飞机、潜艇大量投入海战，舰上武器增加了鱼雷、飞机，传感器有了雷达和声呐，出现了机电或电子模拟计算机，火控技术发展迅速。舰上设立了作战情报中心，收集本舰传感器、友舰、潜艇、飞机和岸基指挥所发来的信息和命令进行处理，向指挥员提供综合敌我态势图像和有关信息，供指挥决策。

第二次世界大战结束后，直到 20 世纪 50 年代，模拟式指挥仪仍占主要地位。由于 1940 年前后，滤波技术的发展，机电模拟解算装置的问世，电子模拟器件和电路技术的成熟，机电模拟式指挥仪有了很大发展，后期还出现了全晶体管化模拟式指挥仪。

20 世纪 50 年代后期，电子技术有了巨大的发展，出现了数字式电子计算机。传感器、武器也有了很大发展，特别是核潜艇、喷气式飞机和反舰导弹的出现，使海战面临多目标、多批次、全方位的立体作战形式，战斗的隐蔽性、突然性、破坏性大大增加。这要求先敌发现、反应迅速、指挥得当、打击有力，具有情报处理、辅助指挥决策和火力控制的指控系统就应运而生了，大幅度提高了系统反应时间和精度。

20 世纪 60 年代末到 70 年代初，在小型水面舰艇和潜艇上开始出现包括战术数据处理和指挥控制功能的综合指挥与火力控制系统。

20 世纪 80 年代中期以来，世界各发达国家的综合指控系统，较普遍地采用高性能微机、数据总线和网络、开放式分布结构、数据库、故障容错、多功能显控台(或工作站)和数据融合、人工智能等技术。

第一代典型的舰艇综合指控系统有英国 AGAWS 作战自动化武器系统。

随着计算机及网络技术、显示控制技术、数字通信技术以及数据处理技术的发展，20 世纪 80 年代出现了第二代综合指控系统。从体系结构上划分，第二代指控系统主要分为集中式(包括联邦式)和分布式两大类。美国海军走集中式(包括联邦式)的道路，其典型的第二代系统是 ACDS 先进作战指挥系统和宙斯盾系统。西欧主要海军国家的第二代系统则采用了分布式体系结构，典型的第二代系统有英国的 SSCS 系统、法国的 TAVITAC 系统、意大利的

IPN－10 系统和瑞典的 9LV MK3 系统。英国的 AGAWS 2000 和法国的 SENIT 8 也属于第二代分布式系统。

第二代系统的主要技术特点如下：

①采用开放式体系结构，商用流行技术，支持与天基、空基、岸基及舰艇编队的通信，具有较强的与外部信息的交换能力和处理能力；

②系统内部采用局域网、数据总线、视频总线和标准接口，具有较强的系统内部数据传输能力和信息共享综合利用能力；

③采用高性能加固军用计算机或商用高性能微型计算机，能够满足大数据量、大处理量、更复杂算法和人工智能处理的要求；

④采用数据库技术，存储目标特性、环境特性、探测器材、武器参数和战术使用等信息，用于对多平台、多传感器的数据融合、目标识别、威胁判断、作战方案拟制和武器选择；

⑤采用标准显控台和多功能控制台，具有较强的数据处理能力、人机交互能力、图形显示能力和数据通信能力，同时还具有标准通用、可靠性高和易于互为备用的特点；

⑥系统结构和软硬件的通用化、系列化、组合化程度高，易于剪裁扩充，形成系列化产品，以满足各类舰艇的不同需求。

第二代系统虽然比第一代有较大进步，但在实战中仍暴露出不少问题。针对 1991 年爆发的海湾战争及之后的几场高科技局部战争中暴露出各 C^3I 系统和武器系统"烟囱林立"的问题，在 20 世纪末和 21 世纪初，美国首先提出并确立了"网络中心战"作为实施新军事变革的指导理论。网络中心战的本质为：使战场上的各作战单元和各作战职能系统网络化，特别是将各种分散配置的侦察探测系统、指控系统和火力打击系统集成为一个高效的信息网络体系，使各级作战人员能共享战场态势信息，由信息的共享实现认知的共享，从而使各作战单元自下而上地实现自同步的协同作战，高效率地遂行各种军事行动，从而大幅度提高整体作战效能。网络中心战正是通过其基本网络结构——传感器网络、作战指挥网络和交战网络——取得信息优势、决策优势和打击优势。

各国海军均根据新军事变革的需求，积极研制新的综合指控系统。特别是非对称作战和非接触远程精确打击等新的作战形式，对综合作战指挥系统提出了更高的要求。新一代综合指控系统的代表有美濒海作战舰(LCS)综合作战指挥系统。

1.4.2 发展趋势分析

政策指导、需求牵引、技术驱动是指控系统发展的三个主要因素。海军作战指控系统的发展与国家的军事战略有关，是现代海战的强烈需求，是海军装备建设的必然趋势。

世界各国均非常重视发展指控系统。苏联的一些军事专家把现代指控系统看成是继核武器、洲际导弹之后的"第三次军备革命"；美国军方则认为"没有有效的 C^3I 系统，部队只不过是一群武装的乌合之众"，声称要以发展导弹的势头发展指控系统。

随着网络中心战、协同作战等概念的逐步实现，在商用技术发展的推动和支持下，装备的发展重点是优先发展夺取信息优势的武器装备、通信的数字化，海军 C^3I 系统的发展呈现"陆海空天战场一体化""作战指挥网络化""从传感器到射击手"的趋势。系统从"基于威胁"向"基于能力"和"基于效果"发展。从基于分布式的系统集成向基于信息栅格的应用集成发展。

未来的指挥与控制不再是目前我们理解的传统意义上的概念，创新的发展需求要求我们从语义上脱离这一制约思维的传统词语的内涵，从而探索有所区别的新型指挥与控制概念。

近年来，美国一些学者专家提出并讨论了构成新的“指挥与控制”概念基础，这些能够为系统地探讨未来发展提供起点。新的概念基础核心由三个概念构成：敏捷（Agility）、聚焦（Focus）与汇合（Convergence）。简而言之，敏捷是一个组织面对复杂性和不确定性挑战时所需的重要能力；聚焦提供环境背景并定义努力的目标；汇合是指导行动与结果的目标寻求过程。

新的系统发展体现在下述几个方面。

1. 规范顶层技术标准，增强系统互操作性

(1)公共操作环境

美国海军、陆军、空军和联合作战的各类作战系统均按照美国国防信息系统局的DII COE模型结构统一设计，海军舰艇作战系统与海军岸基作战系统、战术/机动作战系统也一样遵循这一模型进行设计。

DII COE（国防信息基础设施——通用操作环境）是由美国国防信息系统局（DISA）负责开发和发布的一种开放性的、即插即用的模型结构。它为各作战系统提供一个通用操作环境以及系统所需的共用功能。各作战系统共享DII COE环境，从而增强系统的互操作能力。

(2)系统建模

美国采用DoDAF（国防部体系结构框架）进行建模。DoDAF一方面继承了UML系统建模语言的视图模型表述方法，通过多个层次、多个视图来捕捉系统模型的不同侧面，以促进设计人员对需求更好地理解、更清晰地设计及更便捷地维护。另一方面又根据系统过程特性进行了扩展及划定，以提供对国防工业系统工程的标准化支持，尤其适用于大系统的建模。DoDAF的强大特性之一在于可以进行模型验证，开发小组可以通过检查模型来确定最佳设计。

2007年发布的DoDAF 1.5版本在1.0版本的基础上增加了3个系统视图模型单品，分别为服务功能描述SV4b、作战活动到系统跟踪矩阵SV5b和作战活动到服务跟踪矩阵SV5c。其中SV4b描述服务提供的功能及服务功能间的数据流；SV5b描述系统到性能或作战活动的映射；SV5c描述服务到作战活动的映射。设计框架的不断调整反映了系统设计由面向对象到面向数据，再到面向服务的重要调整，体现了该框架对网络中心战的适应性进一步提高。

2. 着眼综合作战能力，强化系统顶层设计

(1)信息处理

经历了从“四个任何（Any）”到“五个适当（Correct）”的过程，目前向“提供服务”发展。2000年，美参谋长联席会议公布《2020联合构想》，修改了1996年颁布的《2010年联合构想》关于“四个任何（Any）”的提法，即在任何时刻、任何地点，将任何信息送到任何人手中。将“谋求信息优势”的目标改为“谋求决策优势”，相应地将手段从“四个任何”改为“五个适当（Correct）”，即在适当的时间、适当的地点，将适当的信息，以适当的形式送交给适当的接收者，同时要压制敌方谋求同样能力的企图。

“五个适当”阶段，把信息进行了分类处理，大大降低了对网络的传输压力，但每个参战平台服役时间不同，信息处理能力差别较大。

为了进一步提高信息质量，提出了SOA（面向服务的结构）方法，可将兵力“在飞行中”进行组织，快速对新威胁产生响应，提高作战兵力集结的效率。信息只处理一次（OHIO），可用信息的每个元素只处理一次，信息源节点将信息投递到核心网络上，在结合过程中由增值服务提供者进行节点管理，用户节点只要答案，不再有数目巨大的数据要处理。多重用户将以非同步方式，以10Mb/s的速率接收“仅仅是答案”的信息。这也是GIG的操作模式。

(2)多功能一体化

美国海军正加速研制多种新型多功能平台，作为实施“网络中心战”的重要作战单元，如LCS濒海作战舰、DD－X驱逐舰和LHA(R)两栖攻击舰。试图以较少的舰只类型完成更多的作战使命。这些舰艇的作战系统不是各种系统的简单集成，而是通过多功能综合集成和模块化换装来实现多功能的。

通过对设备的小型化、智能化、多功能一体化设计，武器共用共发射技术，提高作战系统的综合作战能力，实现系统的多用途、通用性。

基于开放式系统体系结构，采用可配置使命模块设计，目前可在岸上或舰艇设施上重新配置，再向飞行中配置发展。舰艇在设计时一般针对一种使命设计，通过使命模块的配置，可使其具备跨使命能力。

具有代表性的美国“自由号”LCS采用集装箱式集成技术，虽然每艘舰艇每次只能对抗一种非对称濒海威胁，但通过更换可配置使命模块，可快速重新配置，完成不同使命。目前有水雷战、反潜战、火力支援、特种作战及非军事领域使命模块，8小时内可完成任务设备替换和功能转换，并且可搭载反潜直升机、无人水面艇、无人机、猎雷器、无人潜艇等模块。

3. 开放式的体系结构，支持网络中心战

采用开放性系统结构，支持系统软件和商业化应用软件在所用的系统上以一致的外观运行。运行外观的一致性支持各级指挥官的纵向互操作，也支持多军、兵种间或单一兵种内各部队的横向互操作。

美国在DDG1000舰上设计了TSCE（全船计算环境）。TSCE是开放式体系结构，支持各层互操作应用软件程序，为作战系统提供了平台无关性、可移植性、可缩放性、可靠性、经济性等开放式体系结构的好处。TSCE使该舰作战系统在未来的网络中心战中充分地发挥各种作战能力。其特点是：全舰所有系统全部采用局域网连接；所有设备尽可能采用民用成熟技术和标准化软件，以方便升级和维护，降低研制和使用成本；适应现在和未来各种作战任务；支持维修、补给、舰员训练等各种辅助任务。

LPD－17是美国海军装备光纤全舰广域网的战舰。广域网将全舰的机电系统、作战系统等各节点的显控台连接在一起，在战时提供实时的决策信息。系统还能提供全舰人员的上网服务以及交互式训练等。在舰上，每个士兵都有一个自己的上网账号，在自己的铺位上就能上网。这得益于光纤广域网的使用和舰员人数的大幅度减少。

网络中心战的能力建立在IP的使用上，尤其是IPv6上。其促进了互操作性，且提供了在目前频分多路方法上的改进的宽带利用，实现了GIG要求的机动性、安全性和可扩缩性。但IPv6在商业上尚未被广泛运用，从IPv4到IPv6的转型机制、安全性、路由选择和服务品质要特别关注。

4. 传统武器信息化，带动装备发展

许多新的信息技术的应用，如封闭式桅杆/探测装置系统（外表用新型复合材料，有波段选择性穿透能力），中/高双频声呐（中频探测潜艇、高频探测鱼雷），多功能/音响搜索雷达（广阔空间内的威胁），多弹种共垂直发射系统，信息化精确制导弹药等，大幅度提高了舰艇作战系统的作战能力。

美国也非常重视传统武器的信息化改造，为了提高舰炮射程，增强两栖作战的火力支援能力，美国研制了 155 mm 先进舰炮系统（AGS），论证了垂直发射和斜式发射两种方案。目前美国着重发展的斜式发射方案舰炮，将装备于 DDX 型新一代水面舰艇。该炮配三种弹药：第一种具有最远射程的是远程对陆攻击弹药（LRLAP），借助固体火箭助推，可打击 100 n mile[①] 处的目标；第二种是对舰攻击制导弹药，射程 30 n mile，弹丸前部装有毫米波寻的头；第三种是常规弹药，射程 22 n mile。

以开放式体系结构为基础，采用高度智能化、信息化、自动化的“灵巧舰”核心控制系统技术，可大幅度减少操作人员。

新一代攻击型核潜艇“唐格·布拉沃”，指控系统能力与“弗吉尼亚”艇相当，人员由 17 减为 8 人，设备所占面积减少 50%。

美国对新技术、新系统的应用，采用的是逐步推进的办法，研发新系统和相关系统，制造过渡系统和更新改造老旧装备为一体，新旧结合，高中低搭配。

5. 突出综合集成优化，注重系统实战能力

基于效果的作战指导思想，催生了基于能力的系统集成，为了克服网络中心战在战术级实施上的缺陷，美国提出了部队网交战包概念，部队网（FORCEnet）6 个要素（联合传感器、平台、武器、作战人员、网络和指挥与控制）的综合必须集中在实现“作战延伸能力（CRC）”的 5 种关键功能上。这些功能是：联合跟踪（CT）、联合作战识别（CCID）、综合火力控制（IFC）、共用/单一的综合图像（CP）、自动作战管理辅助工具（ABMA），核心是聚焦于交战链（F2T2EA，发现、定位、跟踪、瞄准、交战、评估），即强调最终的打击效果。聚焦于交战链的系统集成，强调系统的可组合性，战术的可实施性和近期的可实现性。

为适应未来信息化战场的需要，未来的舰艇综合指控系统必须是以能力为基础的多功能、多任务、可重构系统，具有很强的互操作能力，注重协同、联合作战；必须支持网络化、栅格化作战；可以支持系统跨使命重组、使命任务变化前沿换装、行进中功能重组等能力；重视远程精确打击能力，更加注重打击效果。

① 1 n mile=1852 m。

第2章　水面舰艇信息源

2.1　目标测量信息

2.1.1　搜索雷达的测量信息

1. 搜索雷达的用途和主要功能

(1)搜索雷达的用途

舰载搜索雷达的主要用途是通过对空中以及海面目标的搜索、探测和处理，提供视频信号、目标点迹或航迹数据。

(2)搜索雷达的主要功能

①在要求的监视空域、海域内及时、准确地发现目标；

②能够提取并送出目标点迹数据；

③对录取的目标点迹数据进行航迹处理；

④具有强抗干扰能力。

2. 搜索雷达的基本组成

搜索雷达一般由天线座、馈线系统、发射机、接收机、信号和数据处理机、伺服系统、显示控制和电源等部分组成。

典型舰载搜索雷达的组成原理框图如图 2－1－1 所示。

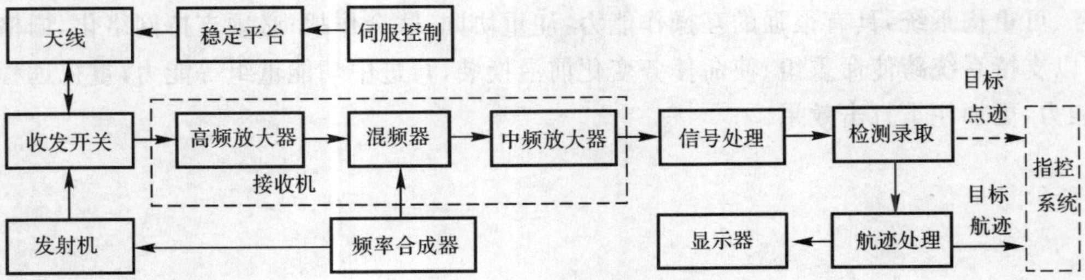

图 2－1－1　典型舰载搜索雷达的组成原理框图

搜索雷达各组成部分功能如下：

①天线。天线系统的功能是将来自发射机的微波能量在不同的方向向空间辐射，并接收从目标反射回来的回波信号，经馈线系统送至接收机。搜索雷达的天线系统通常要求方位波

束宽度较窄，以保证方位角分辨力；而俯仰方向则要求具有较宽的波束，以得到较大的仰角覆盖，避免丢失仰角较大的近程目标。

②收发开关。收发开关的功能是保护接收机前端不被大的电磁能量烧毁。当发射机发射脉冲时，收发开关通过能量阻断保护接收机前端。另外，如果外界有强的电磁能量进入天线到达接收机，收发开关同样能够保护接收机不被损坏。

③发射机。发射机的功能是将频率合成器送来的射频信号在保持相位较小失真条件下进行功率放大，然后经天线系统发射出去。

④接收机。接收机通常由高频放大器、混频器和中频放大器组成，其功能是将天线送来的高频信号经射频放大、变频、中频放大、相检视放，输出视频信号至信号处理分机。

⑤频率合成器。频率合成器是雷达的基准信号源，它向接收机提供本振、中频相参基准信号，向发射机提供调频发射激励信号，向整机提供时钟信号等。

⑥信号处理。信号处理的功能是通过对接收信号时间采样的相参或非相参处理，实现从杂波中提取目标的各种信息。

⑦检测录取。检测录取是对信号处理输出的一次视频信号进行检测点迹标定。当判断有目标时，自动录取目标的点迹坐标数据。形成目标点迹数据提供给指控系统。

⑧航迹处理。航迹就是目标运动的轨迹，它是检测到的多个目标点迹通过航迹处理后形成的。航迹处理通常包括目标航迹的建立、点迹与航迹的相关、航迹的平滑与外推、航迹的质量管理等。搜索雷达通常都具有目标航迹处理功能，可直接提供目标航迹数据给指控系统。

⑨显示器。显示器的功能是显示一次雷达图像信息以及处理后的二次信息，如目标的轨迹、目标的批号、目标的属性等。

⑩稳定平台。稳定平台的功能是保证天线波束不随舰艇的摇摆而变化，使天线平台保持水平，实现波束的稳定，同时保证天线系统以稳定的转速方位旋转。

⑪伺服控制。伺服系统通常由稳定平台控制系统、舷角驱动系统组成。稳定平台控制系统依据舰艇上平台罗经送来的舰艇摇摆姿态信号，控制平台快速跟踪船体的纵横摇摆，使天线平台保持水平。舷角驱动系统则以稳定的转速驱动天线系统旋转。

3. 搜索雷达信息测量的基本原理

(1)搜索雷达的简要工作原理

在搜索雷达对目标搜索状态下，雷达天线按照规定的转速匀速转动。频率合成器产生的波形信号经过变频处理产生射频信号后，再经功率放大形成发射激励信号送给发射机。发射机将此射频信号在保持相位较小失真条件下进行功率放大，然后经天线系统发射出去。雷达所发射的射频信号反射回来后，经由馈线系统将回波送至接收机，经场放、变频、中放、相检视放后，形成 I、Q 两支路视频信号。信号处理机将 I、Q 视频信号进行 A/D 变换，再经动目标检测处理(MTD)、正常支路等处理后，输出视频信号进行目标点迹提取和处理，并将检测出的目标点迹数据送至指控系统。

(2)搜索雷达测量的信息

搜索雷达测量的信息，主要是目标点迹数据，目标航迹数据是建立在对目标点迹数据处理的基础上的。有关目标航迹处理的原理和方法将在 3.3 节描述。对于二坐标搜索雷达，目标点迹数据主要包含目标距离、目标方位角，三坐标的搜索雷达还可以提供目标高低角。

(3)搜索雷达测量信息的数据率

二坐标搜索雷达的数据率常用天线转速来描述。对同一目标,天线每转一圈只能提供一组数据,天线转速越高,则相邻两次录取采样间隔时间越短,数据率就越高。远程警戒雷达的天线转速通常为 3～6 r/min;中程警戒雷达的天线转速多为 6～12 r/min;近程搜索雷达的天线转速多为 20～60 r/min。高的数据率,有利于缩短情报处理部分的反应时间,提高目标航迹的处理精度和对目标机动的适应能力。

搜索雷达通常按照划分的扫描扇区,如 16 或 32 个扇区等,进行目标点迹数据的集中处理和发送。

(4)目标距离和方位角测量原理

在对目标及背景回波信号进行一系列处理生成视频信号的基础上,搜索雷达的目标距离和方位角测量最终是由点迹提取器完成的。点迹提取器主要包括点迹检测器、点迹录取器和点迹预处理机。搜索雷达目标距离与方位角的测量原理如图 2-1-2 所示。

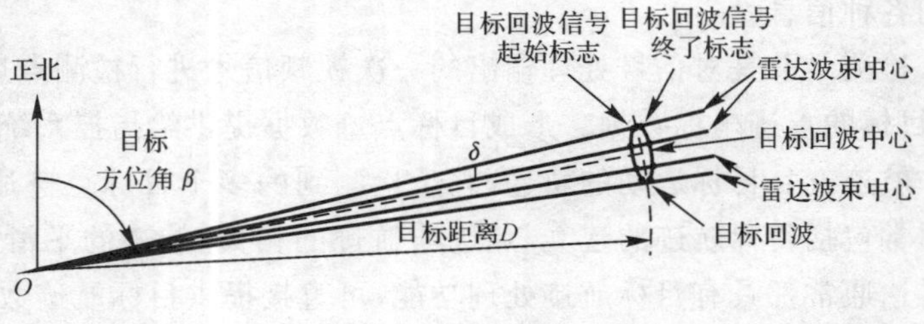

图 2-1-2 搜索雷达目标距离与方位角测量原理示意图

点迹提取器首先将信号处理机输出的视频信号进行分层量化,再将量化后的数字信号发送给点迹检测器,根据信号幅度的检测结果输出“0”或“1”信号(“0”表示信号幅度未超过检测门限,“1”则表示信号幅度超过检测门限),同时根据起始门限和终了门限判断出目标回波信号的起始和终了,并做出目标发现的判决,给点迹录取器发出中断控制信号。

搜索雷达通常是天线匀速转动扫描实现全方位探测的,由于雷达的发射脉冲的重复频率通常为几千赫兹,雷达方位波束宽度通常大于 1°,对于同一目标将会被雷达波束多次扫描到。如当天线转速为 30 r/min,脉冲重复频率为 3 kHz 的情况下,雷达发射两个脉冲时天线转动的角度仅为 0.06°,即相临两个雷达脉冲波束中心的方位角 δ 为 0.06°,假定雷达方位波束宽度为 1°,对于点目标也可保证至少有 16 个目标回波信号,对于单个大发射面积的目标则有更多的目标回波信号,因此,雷达点迹录取器在收到点迹检测器的中断信号后,需要对目标回波信号进行距离上的凝聚,并根据目标回波信号的起始和终了标志,完成距离和方位上的曲线拟合,对目标回波的数字信号进行面积求和,计算出目标回波的方位中心(目标方位角 β)和目标距离 D。

点迹预处理机将目标点迹数据按方位的大小进行排队,按预先划定的方位扇区发送目标点迹数据给指控系统。

影响搜索雷达目标点迹精度的因素主要有目标相关误差,如目标信号幅度起伏、目标闪烁、目标动态滞后等;接收机热噪声;转换误差,如标定误差、角位置传感器误差、稳定平台精度;传播误差,如多路传播和杂波干扰等。搜索雷达所提供的目标距离误差通常为 30～70m、方位角误差通常为 0.2°～0.5°。

当搜索雷达对超低空小目标，特别是掠海飞行导弹进行探测时，由于目标的飞行高度很低（通常为10～50m），会存在严重的多路径效应，目标回波起伏很大，造成雷达探测盲区。雷达探测盲区的位置和大小与雷达的频率、天线架高、目标距离、目标高度以及粗糙海面的反射特性等多种因素有关，在盲区雷达无法检测到目标。舰载搜索雷达为解决这个问题，通常采用双频分集、频率捷变和动目标处理工作体制。双频分集方式是由发射两个不同频率的发射机和两个相对应的接收机组成，由于从设计上可以使得两个不同频率的探测盲区相互错开，同时辅之以频率捷变和动目标处理，因此，可以有效解决低空补盲问题。

2.1.2　跟踪雷达的测量信息

1. 跟踪雷达的用途和主要功能

（1）跟踪雷达的用途

舰载跟踪雷达的主要用途是自动或人工辅助完成对空中、海上目标的捕获跟踪，精确测量目标现在点坐标，以及测量弹丸或水柱与目标之间的偏差，用于火控解算及射击校正。

（2）跟踪雷达的主要功能

①接收目标指示，即自动或人工辅助完成对目标的捕获跟踪；

②自动跟踪目标，即提供精确的目标现在点坐标数据；

③具有有效的抗干扰手段；

④具有对空弹丸偏差、对海水柱偏差测量功能。

2. 跟踪雷达的基本组成

跟踪雷达一般由天线座、馈线、发射机、接收机、定时器、测距机、伺服系统、信号处理机、显示控制和电源等部分组成。典型舰载跟踪雷达的组成原理框图如图2-1-3所示，跟踪雷达各组成部分功能如下：

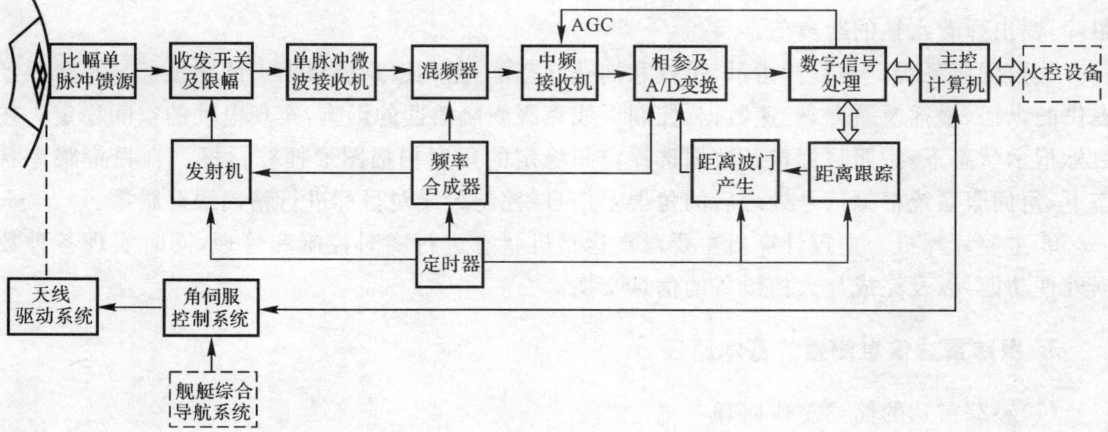

图2-1-3　典型舰载跟踪雷达的组成原理框图

①天线和馈线。舰载跟踪雷达多采用单脉冲天线，形成“和”发射波束和“和、差”接收波束，是雷达的角度敏感部件。馈线是连接发射机、天线和微波接收机的纽带，发射机射频大功率通过发射馈线和收发开关或高频环流器，送到天线分机；天线接收到的微弱回波能量通过接收馈线和收发开关，送到微波接收机。

②发射机。发射机的功能是将频率合成器送来的射频信号在保持相位较小失真条件下进行功率放大，然后经天线发射出去。

③频率合成器。频率合成器是雷达系统的频率、相位、定时基准。频率合成器发射机提供全相参的射频激励信号，向接收机提供全相参的本振信号，向中频接收机提供相参基准信号，向定时器提供基准定时信号。

④微波和中频接收机。微波接收机将天线系统感知到的微弱信号回波进行放大，并变频到一个固定的中频。在比幅单脉冲跟踪雷达中，微波接收机通常由三个接收支路构成，分别对和信号、方位误差信号和俯仰误差信号进行放大、变频，转换成固定中频信号，同时保留信号的相对幅度和相位信息。

中频接收机对中频信号进行放大、滤波、变频得到所需的视频信号，为A/D变换和数字信号处理做好准备，为了将回波信号的起伏压缩到A/D变换和中频接收机所允许的动态范围内，接收机的自动增益控制(AGC)使接收机的增益作相应的调整，以适应输入信号动态变化的要求。

⑤数字信号处理。数字信号处理是对数字化(A/D变换)后的雷达回波信号进行处理。当雷达工作在目标捕获状态时，能处理多个距离单元的数据，完成恒虚警(CFAR)信号的检测。当雷达工作在跟踪状态时，对和、差信号进行滤波和速度跟踪，当出现速度模糊时，具有解速度模糊的能力，并产生目标的径向速度值。

⑥定时测距机。定时器产生雷达所有的定时信号、触发信号及各组脉冲重复频率，基准来自频率合成器。测距机完成对目标距离的测量与跟踪。在目标捕获状态下给出距离截获波门，完成对目标距离的截获。在目标跟踪状态下给出目标距离跟踪波门，完成对目标距离的自动跟踪。当出现距离模糊时，具有解距离模糊的能力。在对空校射状态下，设置弹丸测量波门。在对海校射状态下，在跟踪目标距离两侧设置多个距离波门，对弹着水柱进行检测和距离跟踪，输出弹着水柱的距离值。

⑦角伺服系统。在目标指示、手控和捕获状态下，角伺服系统根据天线角坐标与平台罗经提供的纵摇、横摇及航向、航速数据，控制天线克服舰艇摇摆的影响，实现电轴的空间稳定。在目标指示状态下，按照目标指示数据选择空间稳定的角度扫描图形捕获目标。在目标跟踪状态下，角伺服系统根据信号处理后的角误差信号，控制天线对目标进行精确跟踪瞄准。

⑧主控计算机。主控计算机主要对雷达整机状态进行实时控制和管理，同时实现各种数据处理功能，以及完成与火控设备的信息交换。

3. 跟踪雷达信息测量的基本原理

(1)跟踪雷达的简要工作原理

在目标跟踪状态下，雷达发射机将来自频率合成器的微波信号激励，经调制和功率放大后，输出大功率高频脉冲信号经发射支路微波馈线、收发开关至馈源，由天线聚焦成笔状波束向空间定向辐射电磁波。电磁波在传输途中碰到目标后，产生后向散射，将一部分能量反射回来，经天线反射汇聚进入馈源，由馈源分离成和路、舷角差和仰角差三路微波信号。三路微波信号分别经微波接收馈线进入微波接收模块，在微波接收模块中进行信号限幅和低噪声微波信号放大后，与本振信号混频产生中频信号。中频信号经前中放大后，通过中频滑环发送到中频接收机。和、差三路中频信号在中频接收机中经放大和正交相参检波后，产生和、差三路视频信号，发送给信号处理机。

信号处理机首先将视频信号转换为数字量，再通过多普勒滤波器组，对相参信号分别进行动目标检测和处理。窄带滤波器输出的和路相参数据送往波形分析器，在波形分析器中求取回波脉冲波形的中心值位置并与跟踪波门的中心位置进行比较，计算出它们之间的距离误差值。距离误差值经滤波器滤波后预测出目标距离，并由此产生新的跟踪波门，实现距离闭环跟踪。信号处理机输出的舷角差和仰角差路相参数据，在进行归一化处理求得目标方位和仰角跟踪偏差后，发送给伺服系统控制天线运动，实现角度的闭环跟踪。

(2)跟踪雷达测量的信息

在传统的雷达火控系统中，跟踪雷达测量提供的目标信息主要是目标距离、目标舷角和高低角。

在现代雷达火控系统中，跟踪雷达除提供上述的目标测量信息外，还提供目标舷角跟踪偏差、目标高低角跟踪偏差以及目标径向速度测量信息。

(3)跟踪雷达测量信息的数据率

跟踪雷达测量的目标信息的数据率可以根据火控系统的要求进行设计确定，通常为 10～50Hz。对于海上目标，由于目标速度较低，通常 10Hz 的数据率即可满足火控解算的要求，而对于空中目标，特别是超声速的高速目标，采用较高的数据率则有利于提高对目标机动的适应能力。

(4)目标距离测量原理

跟踪雷达是通过测定被目标反射回来的回波信号到达时刻与脉冲发射时刻之间的时间差 ΔT_R 来确定目标距离的。因为电磁波以光速 $c(3\times10^8\,\mathrm{m/s})$ 的速度传播，rn c ，目标至雷达的距离

$$D=c\Delta T_R/2 \tag{2-1-1}$$

跟踪雷达是通过距离跟踪波门实现对目标距离跟踪的，跟踪雷达的距离中心跟踪原理如图 2-1-4 所示。

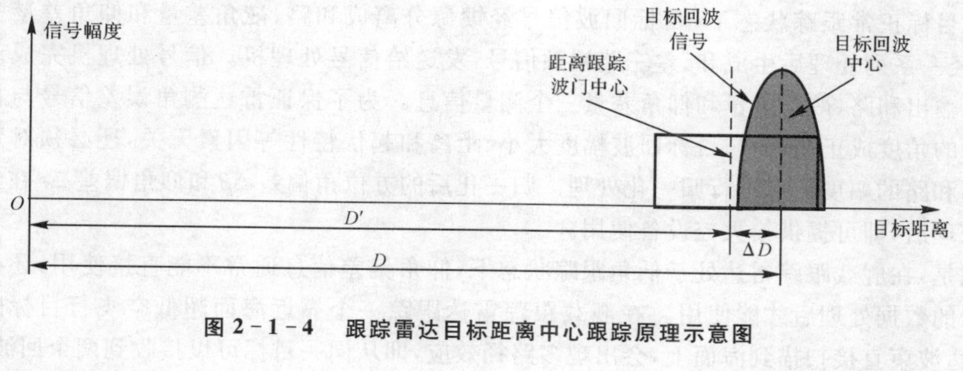

图 2-1-4　跟踪雷达目标距离中心跟踪原理示意图

在雷达距离中心跟踪方式下，在雷达测距机中，通过求取目标回波脉冲波形的中心值位

置，并将此面积中心值位置与距离跟踪波门的中心位置 D' 进行比较，求出距离误差值 ΔD。距离误差值 ΔD 经处理后求出的目标距离 $D(D=D'+\Delta D)$，一方面作为目标斜距离测量数据以规定的数据率发送给火控设备，另一方面用于产生新的距离跟踪波门。距离跟踪波门控制A/D变换在新的波门内对目标回波信号进行采样，其处理结果是使距离误差 ΔD 朝着减少的方向变化，从而实现距离上的闭环自动跟踪。

(5) 目标角度测量原理

在跟踪雷达对目标闭环跟踪状态下，当角跟踪误差较小时，可近似认为雷达天线电轴准确地指向目标，因此，在传统的雷达火控系统中，跟踪雷达通常将实时采集的天线舷角和俯仰角作为目标的舷角和俯仰角，提供给火控设备用于计算目标运动参数。

实际上，在跟踪雷达对目标跟踪状态下，由于多种因素的影响，雷达天线电轴不可能时时准确地指向目标，总是会存在误差的。但由于雷达是通过实时测量的目标角偏差实现角度闭环跟踪的，目标的准确角度可以用雷达波束中心指向角和角偏差综合反映，因此，可以通过在火控解算中使用目标角偏差测量信息 $\Delta\beta$ 和 $\Delta\varepsilon$，提高对目标运动参数的计算精度，如图 2-1-5 所示。

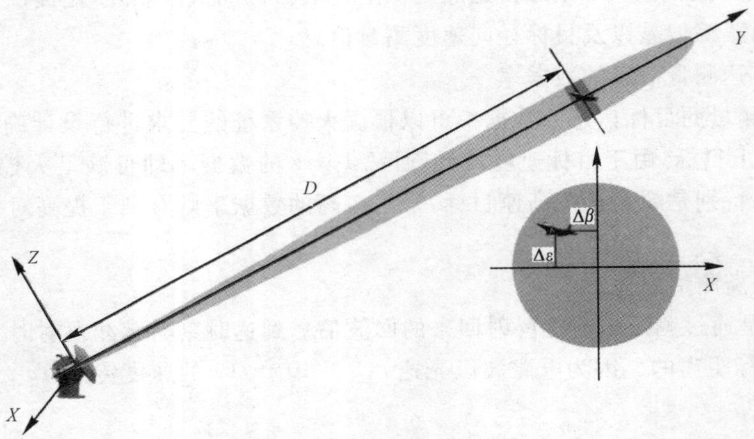

图 2-1-5　跟踪雷达目标角偏差信息测量示意图

目标角偏差信息的测量原理如下：

在目标正常跟踪状态下，目标回波信号经馈源分离成和路、舷角差量和仰角差量三路信号，再经一系列处理后生成和、差三路视频信号，发送给信号处理机。信号处理机完成动目标处理后输出和路、舷角差量和仰角差量三个测量信息。为了保证雷达测角误差信号与目标偏离电轴的角度成正比，而与目标回波幅度大小、距离和起伏特性等因素无关，还必须对角偏差信息用和路的幅度信息进行归一化处理。归一化后的方位角偏差 $\Delta\beta$ 和仰角偏差 $\Delta\varepsilon$ 在经过数据预处理后，即可提供给火控设备使用。

但是，在舰载跟踪雷达处于低角跟踪状态下，仰角偏差信息通常不能直接使用，还必须进行特殊的数据处理后才能使用。在舰载跟踪雷达跟踪一个靠近海面超低空飞行目标的情况下，雷达波束直接扫描到海面上，会出现多路径效应，即从同一目标可以接收到两个回波信号，其中一个信号是直接从目标反射回来的，而另一个信号是通过海面反射回来的，海面反射信号可认为是由目标对海平面的镜像所产生的，如图 2-1-6 所示。

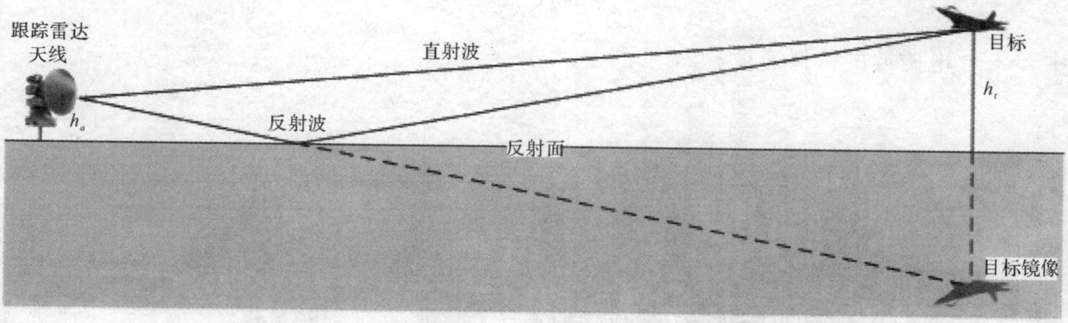

图 2-1-6　雷达跟踪低空目标多路径效应示意图

从目标直接反射回来的回波信号与经海面反射回来的回波信号的相位差为

$$\varphi=\frac{2\pi}{\lambda}\left[\sqrt{d^2+(h_a+h_t)^2}-\sqrt{d^2+(h_a-h_t)^2}\right]\approx\frac{4\pi}{\lambda}\frac{h_a h_t}{D} \tag{2-1-2}$$

式中，λ—— 雷达发射信号波长；

D —— 目标距离；

h_a —— 雷达天线距海面高度；

h_t —— 目标飞行高度。

由式(2-1-2)可以看出，目标直接反射回来的回波信号与经海面反射回来的回波信号的相位差与雷达发射频率、目标距离、雷达架高、目标高度等因素有关，随着目标距离的变化，二者的相位差会呈现周期性的变化规律。由于目标直接反射回来的回波信号与经海面反射回来的回波信号一同送入跟踪雷达，而二者在距离上和多普勒频移难以区分开，因此，这两个信号相互干涉的结果，将使得雷达在轴跟踪时仰角误差电压不为零，会产生很大的误差。当直射信号与海面反射信号相位相同时，出现负向最大误差；当直射信号与海面反射信号相位相反时，则出现正向最大误差。这种多路径效应在平静的海面上尤为严重。图 2-1-7 所示是对飞行高度为 20 m 左右的掠海目标进行跟踪时，由于多路径效应影响而导致的雷达仰角误差随目标距离变化的曲线。多路径效应会引起舰载跟踪雷达对目标跟踪的不稳定，甚至会造成目标的丢失。雷达低角跟踪性能的高低直接决定了雷达对超低空目标角度测量的精度。

减小雷达低角跟踪误差的主要技术措施如下：

① 采用波束更窄的毫米波雷达，与厘米波雷达共轴配合使用；

② 提高雷达的发射频率带宽，采用宽带频率捷变、数字动目标处理和特殊低角数字滤波技术；

③ 采用偏轴跟踪方法，将天线锁定在正仰角上，可以避免天线上下摆动，但精度不高；

④ 当低角跟踪时，综合使用雷达配装的红外、电视和激光测量数据。

(6) 目标径向速度测量原理

如果要实时地直接测量出目标的径向速度，需要利用多普勒效应，这是现代雷达广泛使用的测速方法。如果雷达的工作频率为 f_0，目标的径向速度为 v_r（目标临近为正），则所产生的多普勒频移

$$f_d = f_0 \frac{2v_r}{c - v_r} \tag{2-1-3}$$

式中，c—— 电磁波的传播速度。

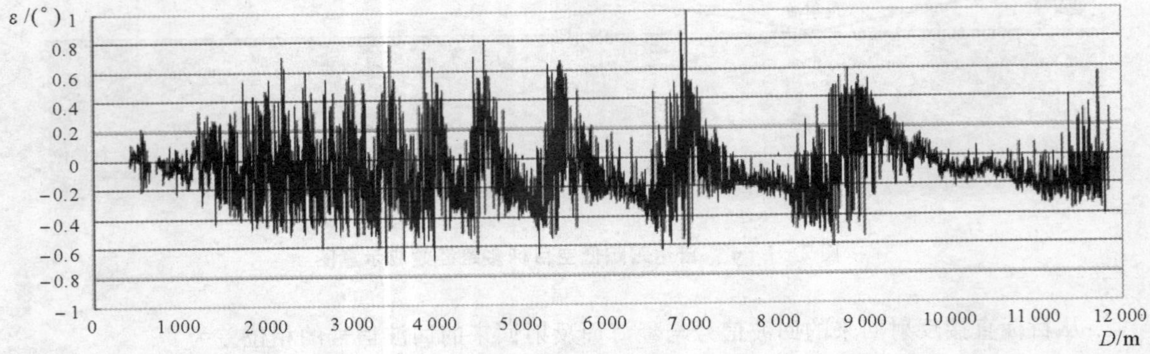

图 2-1-7 单脉冲跟踪雷达低角跟踪仰角误差曲线

由于 $v_r \ll c$，而 $\lambda = c/f_0$（λ 为雷达的工作波长），因此

$$f_d \approx \frac{2v_r}{\lambda} \tag{2-1-4}$$

在雷达经数字信号处理获取到目标的多普勒频移 f_d 后，即可求得目标的径向速度

$$v_r = \frac{1}{2} f_d \lambda \tag{2-1-5}$$

现代跟踪雷达大多采用数字动目标处理技术，根据最佳线性滤波理论，使用多普勒滤波器组，在频域上滤除固定杂波和有一定径向速度的气象杂波，同时根据目标径向速度所引起的多普勒频移的不同，确定出动目标信号所在的滤波器，进而获取目标径向速度信息，如图 2-1-8 所示。频域滤波通常采用快速傅里叶变换（FFT）算法实现。

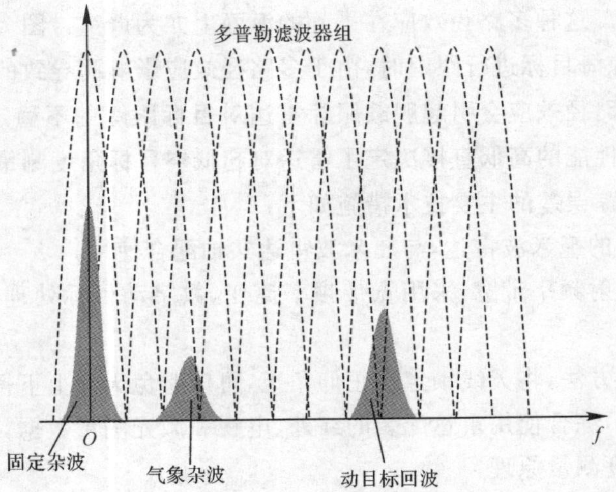

图 2-1-8 跟踪雷达数字动目标处理原理示意图

2.1.3　光电跟踪仪的测量信息

1. 光电跟踪仪的用途和主要功能

(1) 光电跟踪仪的用途

光电跟踪仪以其独有的抗电磁干扰能力强、精度高、低空探测性能好等特点在火控系统领域逐渐确立了地位和作用。

舰载光电跟踪仪的主要用途是在光学波段对目标进行探测、跟踪，向火控设备发送目标现在点坐标数据。

(2) 光电跟踪仪的主要功能

① 自动接收目标指示；

② 捕获并自动跟踪目标；

③ 激光测距；

④ 输出目标现在点坐标数据；

⑤ 对指定区域具有一定的自动或手动搜索能力。

2. 光电跟踪仪的基本组成

光电跟踪仪通常由跟踪指向器和控制机柜两大部分组成。跟踪指向器由光电传感器头部和跟踪座组成。跟踪座由俯仰轴系、方位轴系和导电滑环等组成。跟踪指向器通常配有电视摄像机、红外热像仪和激光测距仪三种传感器。

典型舰载光电跟踪仪的基本组成原理框图如图 2-1-9 所示，光电跟踪仪各组成部分功能如下：

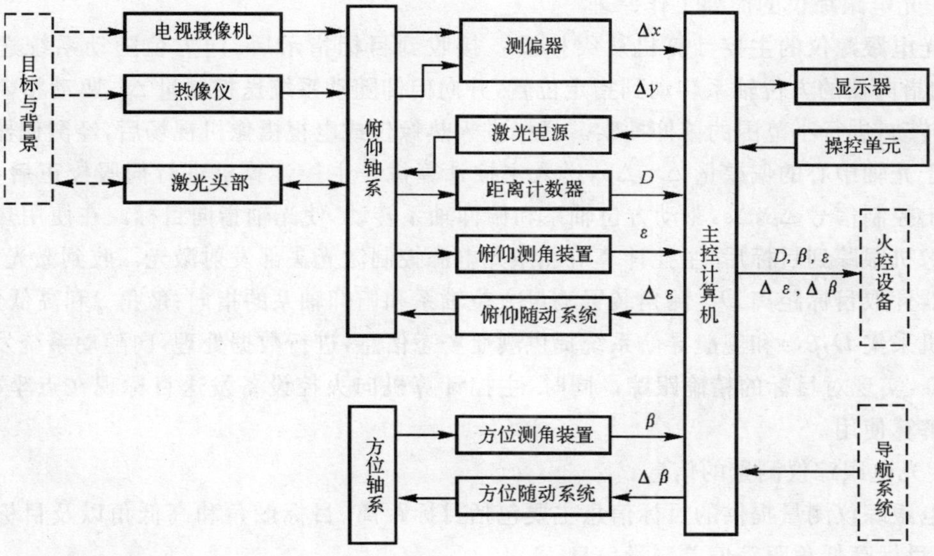

图 2-1-9　典型舰载光电跟踪仪的基本组成原理框图

① 电视跟踪器。用于探测目标的可见光图像，测量并输出目标相对电视摄像机光轴的角偏差。电视摄像机主要由物镜、CCD器件、信号处理电路和壳体等组成，通常采用CCD固体摄像机，连续变焦镜头，视场连续可调，自动光圈调整方式。

② 红外跟踪器。用于探测目标的红外图像，测量并输出目标相对热像仪光轴的角偏差。热像仪主要由物镜、扫描机构、红外探测器、信号处理电路和壳体等组成。由于红外传感器受气象条件的影响相对较小，通常使用红外传感器作为主跟踪器。新一代光电跟踪仪通常采用具有焦平面阵列器件的高性能热像仪，工作波段通常为 3 ～ 5 μm 或 8 ～ 12 μm，视场分挡可调。

③ 激光测距仪。主要用于测量目标的距离。脉冲式激光测距仪主要由脉冲激光器、激光发射光学系统、发射脉冲取样器、激光接收光学系统、光电转换器、信号处理电路、距离记数器以及激光电源、冷却装置等组成。激光测距仪发射重复频率通常为 1 ～ 25 Hz，测距精度通常为 ± 2.5 m。

④ 随动系统。根据控制信号，驱动跟踪指向器两轴转动，实现对目标的角跟踪。

⑤ 测角装置。测量指向器的指向角。

⑥ 导航接口。接收舰艇导航系统提供的纵摇、横摇、航向和航速信息，并将这些信息转换成数字量后提供给主控计算机。

⑦ 主控计算机。完成计算任务，发出控制指令，是光电跟踪仪的控制中心。

⑧ 跟踪座。承载电视摄像机、热像仪和激光测距仪的头部，在随动系统驱动下实现两轴转动。

⑨ 控制机柜。安装各功能单机的电子线路，显示红外图像、电视图像和操控信息，实现对整个光电跟踪仪的操控。

3. 光电跟踪仪信息测量的基本原理

(1) 光电跟踪仪的简要工作原理

在光电跟踪仪的主控计算机从火控设备接收到目标指示后，向方位随动系统送控制量 $\Delta\beta$，驱动指向器的方位轴系转动到指定位置，并向俯仰随动系统送控制量 $\Delta\varepsilon$，驱动指向器的俯仰轴系转动，进行小范围的俯仰搜索。目标进入热像仪或电视摄像机视场后，经测偏器测得目标相对于光轴中心的偏差量 Δx，Δy，送入主控计算机。主控计算机进行伺服校正后，向随动系统发出控制信号 $\Delta\beta$，$\Delta\varepsilon$，驱动方位轴系和俯仰轴系转动，使光轴指向目标。在使用热像仪或电视摄像机跟踪到目标后，主控计算机经激光电源控制激光头部发射激光。收到激光回波，距离计数器计取目标距离 D。测角装置测量方位轴系和俯仰轴系的指向：舷角 β 和高低角 ε。主控计算机采集 D，β，ε 和舰艇导航系统提供舰艇姿态信息，进行数据处理，向随动系统发送控制量 $\Delta\beta$，$\Delta\varepsilon$，实现对目标的精确跟踪。同时，主控计算机向火控设备发送目标现在点坐标数据，供火控解算使用。

(2) 光电跟踪仪测量的信息

光电跟踪仪测量提供的目标信息主要包括目标距离、目标舷角和高低角以及目标舷角跟踪偏差、目标高低角跟踪偏差测量信息。

(3) 光电跟踪仪测量信息的数据率

光电跟踪仪测量的目标信息的数据率可以根据火控系统的要求进行设计确定，通常为

10 ～50 Hz。对于海上目标，由于目标速度较低，通常 10 Hz 的数据率即可满足火控解算的要求；而对于空中目标，特别是超声速的高速目标，采用较高的数据率则有利于提高对目标机动的适应能力。

(4) 目标角度测量原理

在光电跟踪仪对目标闭环跟踪状态下，光电跟踪仪通常将实时采集的指向器舷角和俯仰角以及舷角和俯仰角的目标跟踪角偏差，提供给火控设备用于计算目标运动参数。

(ⅰ) 光电跟踪仪的角度跟踪原理

光电跟踪仪的角跟踪基本原理框图如图 2-1-10 所示。

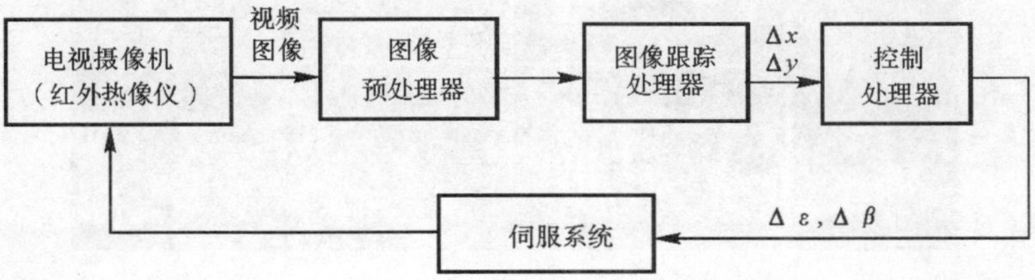

图 2-1-10　光电跟踪仪角跟踪基本原理框图

光电跟踪仪通常配有电视摄像机和红外热像仪两种传感器。电视摄像机通过可见光获取目标的图像信息；红外热像仪通过感应目标与其周围环境的温度差获取目标的红外图像信息。由于红外热像仪受气象条件的影响相对较小，因此，通常使用红外热像仪作为主跟踪器。两种传感器均输出标准的 CCIR 视频信号，此后的信号处理原理和方式完全相同。有的光电跟踪仪两种传感器虽可同时工作，但只能使用一路视频信号提取方位和高低偏差信息；有的光电跟踪仪可同时使用二路视频信号分别提取方位和高低偏差信息，进行优化选用或综合使用。

当光电跟踪仪已捕获跟踪到目标，处于跟踪状态时，电视摄像机（红外热像仪）摄取景物图像，输出电视制式的视频信号；视频预处理器将摄像机输出的视频信号经过 A/D 变换成数字信号，然后再经图像检测、滤波或图像分割后变成可用的图像信息；跟踪处理器主要完成对视场内目标位置信息的提取，即提取目标偏离视场中心（光轴）的偏差值，送给波门形成电路，推动波门跟随目标运动，实时地选通被跟踪的目标；控制处理器将跟踪处理器提取的跟踪偏差信号转为控制信号，驱动伺服系统完成对目标的闭环跟踪，并在光电跟踪仪对目标跟踪的同时，将测量的目标角偏差量、目标角位置信息，实时发送给火控设备。

(ⅱ) 光电跟踪仪的角度跟踪方式

在目标图像的跟踪技术中，波门跟踪和相关跟踪是最常见的跟踪技术。

① 跟踪波门也叫跟踪窗或检测窗等，是光电跟踪系统中不可缺少的部分。如图 2-1-11 所示。设置跟踪波门的目的：一是选通跟踪目标，减小背景干扰；二是减小图像数字化处理的工作量，提高实时性。跟踪波门设置的大小，应随着目标的距离变化而变化。通常目标距离较远时，跟踪波门小；目标距离近时，跟踪波门大。为避免目标临近时充满整个视场，还应对电视或红外视场进行调整，目标临近时，视场加大。二者应结合使用。波门跟踪适用于模拟图像和数字图像，通常有边缘跟踪、区域平衡法跟踪或形心（矩心）跟踪方式。

② 相关跟踪是用测量两幅图像之间的相关度的方法来计算目标位置的变化，根据位置变化量实现对目标的跟踪，只适用于在图像数字化后进行处理。

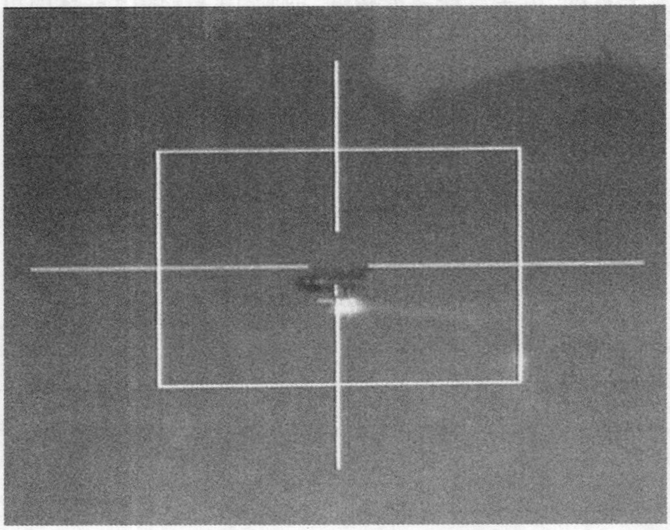

图 2-1-11　电视跟踪波门

光电跟踪仪常用的角度跟踪方式包括中心跟踪、边缘跟踪、相关跟踪等。

① 边缘跟踪是根据目标图像与背景图像在亮度上的差异，提取目标图像边缘的信息，其特点是方法简单。当目标较远时，目标成像近似点目标，这时跟踪精度高。当目标较近时，目标成像会超出跟踪波门。

② 中心跟踪是以目标图像几何形状的中心为跟踪点。其中一种方法是目标的形状中心利用目标图像的四个特征点来求取的。其特点是计算简单，计算量小。但用这种方法跟踪，跟踪点可能落在目标上，也可能不落在目标上。

③ 相关跟踪的原理是：把已存储的基准图像与搜索或跟踪采样得到的景物图像进行比较，找出采样图像中与基准图像最一致或相关数最大（或最小）的子图像来。这个子图像在视场中的位置，表达了基准图像的位移，也就是跟踪偏差量。其特点是：在低对比度、低信噪比的情况下，系统仍能保持稳定而精确的跟踪，相关跟踪比波门跟踪能利用更多的图像信息，具有较好的跟踪能力和抗背景干扰能力。

在几种目标跟踪方式中，相关跟踪是一种跟踪精度高、抗干扰性能好的跟踪方式，但数据处理的工作量也相对较大。

(5) 目标距离测量原理

在军用光电跟踪仪中通常使用激光脉冲测距。光电跟踪仪是通过测定被目标反射回来的激光回波信号到达时刻与激光发射时刻之间的时间差 ΔT_R 来确定目标距离的。因为电磁波以光速 $c(3\times10^8\,\mathrm{m/s})$ 的速度传播，所以，目标至光电跟踪仪的距离同样可由式(2-1-1)计算出。

激光测距原理是：在使用红外或电视传感器精确、稳定跟踪目标的情况下，才能够进行激光测距。根据激光发射指令，激光电源向脉冲激光器供应电能，使激光器产生激光脉冲。激光脉冲通过激光发射光学系统射向目标。在激光脉冲发射的瞬间，取出激光脉冲的微小部分并转换成电脉冲，作为主波，启动距离记数器开始记数。发射出去的激光脉冲到达目标表面后，受到反射和吸收。激光接收望远镜接收来自目标的反射激光和目标周围的背景光，经窄带干涉滤光片滤除背景光。余下的目标反射激光被光电转换器转变成电信号，经过放大、整形形成激光回波脉冲，使距离计数器中止计数，得到激光主波和回波之间的时间间隔 ΔT_R，由式(2-1-1)可以计算出目标距离量。

激光测距频率一般在 1 ～ 25 Hz 范围内可调，对空中高速目标采用高的激光测距频率(25 Hz 或 10 Hz)，对海上或岸上低速目标采用较低的激光测距频率(5 Hz 或 1 Hz)。因此，根据不同的火控解算周期和距离输入数据剔点或漏点的预处理要求，在火控设备中还需要对激光测距数据进行加密处理。

2.1.4　声呐传感器的测量信息

1. 声呐传感器的用途和主要功能

(1) 声呐传感器的用途

舰载声呐传感器的主要用途是以主/被动方式对水下潜艇目标进行探测和定位，将目标数据提供给反潜火控设备。

(2) 声呐传感器的主要功能

① 全向搜索；

② 边搜索边跟踪；

③ 噪声测向；

④ 回声测距；

⑤ 判别目标类型；

⑥ 对来袭鱼雷报警。

2. 声呐传感器的基本组成

在水面舰艇上装备使用的声呐主要是舰壳式声呐和拖曳线列阵声呐。下面将分别叙述其基本组成。

(1) 舰壳声呐的基本组成

舰壳声呐是声呐基阵安装在舰艇壳体上的声呐的统称，其基阵的安装方式分为球鼻首式、围阱式、镶贴式和附体式四种。其中球鼻首式是在大中型水面舰艇上应用较多的基阵安装方式，基阵安装在舰首前端球鼻形导流罩内。由于离舰艇的主机舱和螺旋桨较远，受本舰噪声干扰较小。根据基阵尺寸的不同，发射频率有所不同，通常在 3.5 ～ 10 kHz 范围内，发射功率最大的超过 100 kW。

舰壳声呐主要由基阵、发射信号源、发射功放、储能电源、前置预处理机、信号处理机和显控台等组成，如图 2-1-12 所示。舰壳声呐各组成部分功能如下：

① 基阵。基阵完成声能与电能的转换，实现声信号的发射与接收，也称之为水下天线。构成基阵的水声换能器可以是收发共用的，也可以是收发分开的。收发分开的阵有两个，一个作发射阵，另一个作接收阵。只作接收的阵也称水听器阵。在发射信号时，基阵将发射机输出的大功率电信号转换成声信号，向水中发射；在信号接收时，使水中微弱的声信号转换成电信号，送接收机放大与处理。

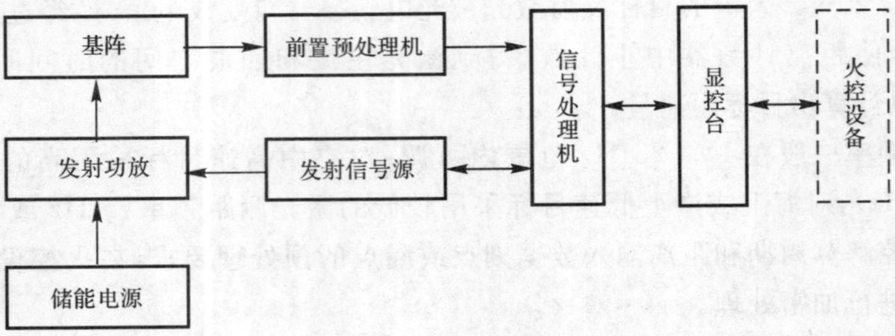

图 2-1-12　舰壳声呐组成框图

② 发射信号源。信号源接收信号处理机送来的控制命令，并按命令产生发射信号，形成发射波束。发射分全向发射和定向发射，全向发射向 360° 范围空间发射声波；定向发射向某一方位的一个扇面范围内发射声波，其能量相对集中，相同功率下可探测更远距离的目标。波形发生器是产生发射波形的部件，可根据需要产生不同形状的调幅单频脉冲、调频脉冲、编码脉冲或其他形式的脉冲。相控发射器的作用是将波形发生器产生的信号复制为 m 路(m 是参与发射的换能器基元数）信号，并对每一路信号进行相控，通过相控形成指向性发射波束。相控的方法可以是移相，也可以是延时。

③ 发射功放。对发射信号源提供的信号进行功率放大。主动声呐的功率放大器与相控发射器一一对应，也有 m 路，它们对经过相控的信号进行功率放大以驱动相应的换能器基元。收发转换装置的作用是在发射时将各路功率信号接至相应的换能器基元，同时将接收显示系统对应的各路输入端与发射端隔离，保护各输入端不受损害。

④ 储能电源。为发射功放提供大功率直流电源。它能缓解脉冲发射期间对舰上电网的冲击。

⑤ 前置预处理机。基阵接收的回波信号送至前置预处理机，进行放大与滤波后输出至信号处理机。

⑥ 信号处理机。将前置预处理机送来的信号变换成数字信号，然后完成波束形成、信号处理、目标跟踪处理、目标识别等运算。

(2) 舰载拖曳线列阵声呐的基本组成

拖曳线列阵声呐突破了通常基阵孔径大小要受装载平台尺寸的限制，其孔径比舰壳声呐基阵要大一个数量级以上；基阵远离拖曳平台上千米，背景干扰大大减小，并可选择在最佳深度上工作。拖曳线列阵声呐已发展成警戒型和战术型两大类型。警戒型拖曳线列阵声呐作为超远程探测水下目标的主要手段，已成为水下预警体系的重要组成部分。战术型水面舰艇拖曳线列阵声呐主要是担负远程被动警戒任务，为主动声呐指示目标和引导舰载直升机反潜。

水面舰艇拖曳线列阵声呐通常包括水下声系统、收放／存储装置和接收系统。

① 水下声系统。水下声系统由拖曳线列阵和拖缆组成。拖曳线列阵包括声学模块、隔振模块、数字模块、仪表模块、尾部模块等。拖缆介于拖船和模块之间，用于拖曳、定深和传输信号。

拖曳线列阵一般包含隔振段、声学段、仪表段和数字段。拖曳线列阵声呐的声学段长度在 50 ～ 300 m 范围内，具体长度视装备对象而定。加上隔振段、仪表段和数字段，阵的总长度在 150 ～ 450 m 范围内。拖曳线列阵配置示意图如图 2-1-13 所示。

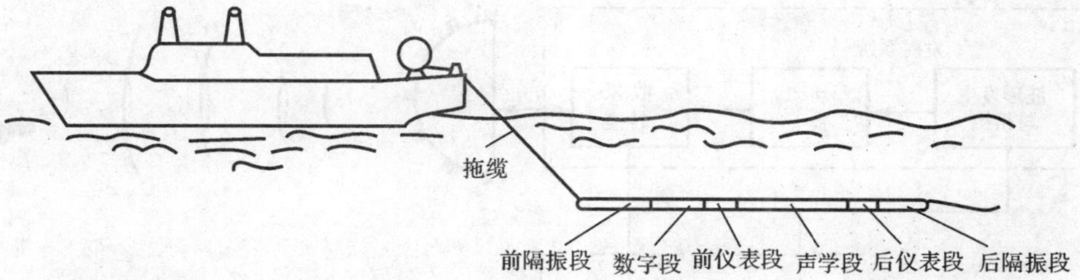

图 2-1-13　水面舰艇拖曳线列阵配置

隔振段置于拖曳线列阵的首端和尾端，用以隔离拖船、拖缆振动和尾部振动对声学段的影响。

仪表段内装有温度、深度和航向等非声传感器，用以监测拖曳线列阵的拖曳姿态。

声学段是拖曳线列阵的有效工作段，段内按一定间隔布放水听器，形成水听器阵列。

对数字传输的拖曳线列阵来说，还需要有一个数字段。在该段内，水听器接收的声信号和非声传感器的信号被转换为数字信号，并通过拖缆传送到舰上。

水面舰艇战术型被动工作频率一般在 2 kHz 以下。拖曳线列阵声呐具有宽带和窄带两种工作方式，能有效地检测潜艇的低频线谱；具有目标分类识别功能，并可通过目标运动分析来估计目标距离。

② 收放 / 存储装置。收放 / 存储装置由绞车本体、动力装置、绞车操纵台和缆阵托架等组成，用于拖曳线列阵声呐，可对拖缆及线列阵的收、放进行自动控制，平时声呐不使用时又是拖缆及线列阵的存储装置。

③ 接收系统。接收系统主要接收各通道基阵数据及非声传感器数据，对非声传感器数据进行修正及各通道水听器的功率直方图计算；完成各通道基阵数据的自适应本舰噪声抵消；进行预测多波束形成，实施宽带警戒；进行多波束全频带谱分析，实施窄带警戒；多目标自动跟踪及跟踪和收听波束形成；多个跟踪目标的数据处理。

3. 声呐传感器信息测量的基本原理

声呐探测水中目标的方式有两种：一种方式是向水中发射声信号，然后检测出物体的回波，即主动方式；另一种方式是直接接收物体辐射的声能，即被动方式。以下将分别进行描述。

(1) 主动声呐的简要工作原理

有目的地、主动地发射声波，并利用回波进行探测的声呐称为主动声呐。它可探测水下目标，并测定其方位、距离等参数。其工作原理图如图 2-1-14 所示。

主动声呐通过基阵发出的一定形式的声脉冲信号在水中向不同方向传播，当遇到水中目标时，传播的声脉冲信号被目标反射。目标反射信号作为回波返回到基阵被接收。基阵除接收到目标反射回波以外，还有发射波被海底、海面、水团和其他物体散射所产生的混响以及海洋环境噪声、本船噪声和其他干扰。声呐接收机如能从干扰背景中提取出目标回波，则判定为有目标，并可从回波的到达方向和到达时刻与发射时刻的时间差(声波在海水中的传播速度已知) 获取目标的方位和距离。

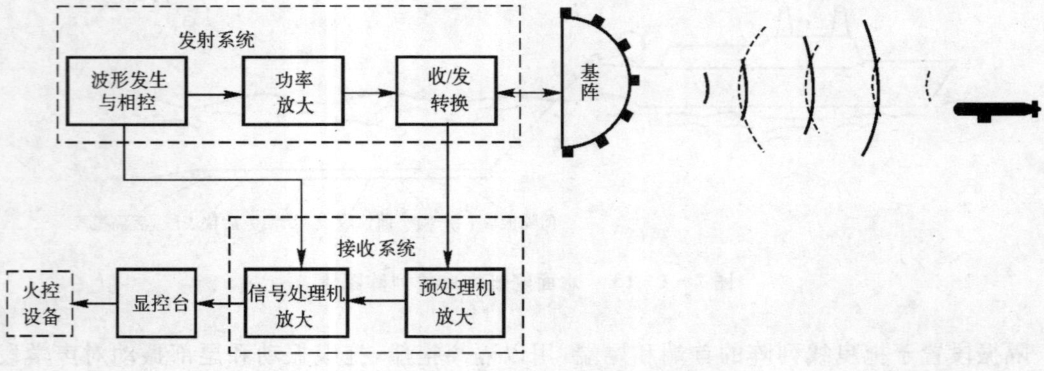

图 2-1-14 主动声呐工作原理示意图

当发现目标时,可利用活动波束对感兴趣的目标进行自动跟踪。通常可同时利用多个活动波束跟踪多个目标。用于跟踪目标的活动波束称为跟踪波束。跟踪波束一般做成分裂波束的形式,即把形成波束的换能器组(或水听器组)分成左右相等的两半,由两个半组换能器(或水听器)形成的一对波束称为分裂波束对,通过求取两个分裂波束接收目标回波的时间差,估计出目标的实际方位,并根据回波到达时刻与发射时刻的时间差计算目标距离。

有经验的声呐操作者通过收听目标回波就可对目标进行类型识别,这是主动声呐目标识别最基本的方法。自动目标识别系统也逐步成为协助声呐操作者识别目标的有力工具。主动声呐通常是从单个或一组波束输出的目标回波中提取有关目标特征的信息,再将这些信息与按事先统计得出的模板进行比较,从而识别出目标类型。

(2) 被动声呐的简要工作原理

被动声呐的工作原理图如图 2-1-15 所示。

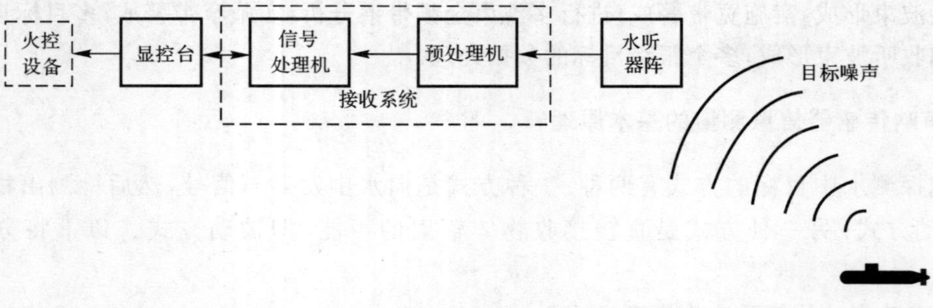

图 2-1-15 被动声呐工作原理示意图

航行中的水下目标辐射噪声(称为“信号”)向各方向传播,由被动声呐的水听器阵接收。同时作用于水听器阵的还有本船噪声、海洋环境噪声等干扰(称为“噪声”)。被动声呐接收机对水听器阵接收的“信号”和“噪声”的混合信号进行处理,通过提取信号抑制噪声,提高输出信噪比。当输出信噪比达到某一门限时,即判断为存在目标,并可通过水听器阵的指向性得到目标的方位。被动声呐的跟踪方法与主动声呐相近。由于被动声呐的目标信号是连续的,故可连续跟踪目标,这与主动声呐每发射一次只能得到一次回波信息的跟踪方法有所不同。

(3) 声呐传感器测量的信息

被动声呐传感器测量提供的目标信息只有目标方位角。

主动声呐传感器测量提供的目标信息主要是目标距离、目标方位角。

(4) 声呐传感器测量信息的数据率

主动声呐传感器测量的目标信息的数据率，受声波在水中传输速度(约 1 500 m/s) 的限制而主要与距离量程有关，当目标距离较近时可几秒测量一次数据，而当目标距离较远时可能要十几秒甚至几十秒才能提供一次测量数据；被动声呐传感器测量的目标信息的数据率则可根据系统要求设定，通常为几秒测量一次。

(5) 声呐的目标方位测量原理

声呐基阵具有方向性，这是声呐能够对目标定向的基础。测定目标的方位，实际上就是判断声呐基阵的波束方向是否已对准了目标。声呐对水中目标的测向是利用声波到达水听器基阵的声程差或相位差来进行的。

如图 2-1-16 所示的二元基阵，若其间距为 d，则平面波到达两阵元的声程差为

$$\xi_a = d\sin\alpha \tag{2-1-6}$$

式中，α—— 目标的方位角，定义为声线与基阵法线方向的夹角。

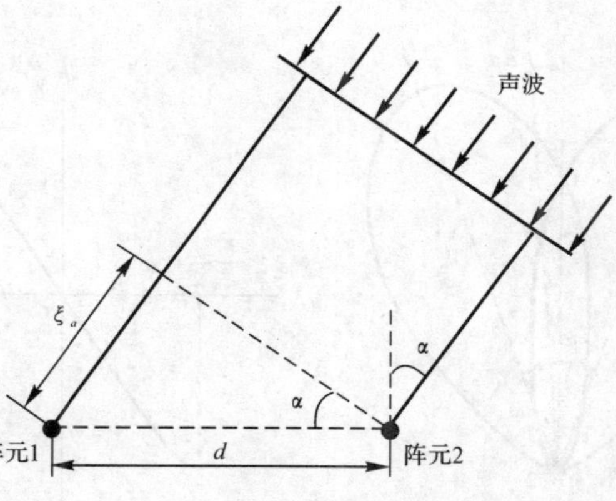

图 2-1-16 二元阵定向原理图

两接收器接收声压或输出电压间的时间差为

$$\tau = \frac{\xi_a}{C} = \frac{d}{C}\sin\alpha \tag{2-1-7}$$

两接收器接收声压或输出电压间的相位差为

$$\varphi_a = 2\pi f\tau = 2\pi f\frac{d}{C}\sin\alpha = 2\pi\frac{d}{\lambda}\sin\alpha \tag{2-1-8}$$

由式(2-1-7) 可知，两基元信号的时间差和相位差与目标的方位角相对应。可见，测量出反映声程差的时间差或相位差，就可估计出目标的方位数据。在声呐定向中常用的方法有最大值测向、相位法测向、振幅差值测向、相幅法测向和正交相关测向法等。

① 最大值测向。最大值测向方法可以直接利用声系统的方向性本身来对目标定向。由于基阵输出电压随目标的方位角的变化而变化，因而可以利用接收到的信号幅度达到最大时基阵的指向来确定出目标的方位。这种方法不是直接测量相位差的，故属于间接测量方法。其优点是简单，一般利用人耳或视觉指示器均可判断最大信号幅度值。当波束对准目标时，耳机里听到的声音最响，只要转动基阵或补偿器，始终保持听到的声音最响，便能跟踪目标。其

缺点是定向精度不高。

② 相位法测向。相位法测向是利用视觉显示的一种定向方法。通过将声系统分成两个子阵系统，构成两路信号，经和、差及相移处理送到显示器上，便可通过显示器上亮线的偏角测出目标方位。

若显示器上的亮线是垂直的，则说明波束对准目标，各基阵单元接收到的目标回波信号同相叠加；若显示器上的亮线是倾斜的，则说明波束未对准目标，各基阵单元接收到的回波信号有相位差，这时只要转动基阵或补偿器，始终保持显示器上的亮线是垂直的，便能实时测取目标方位。

③ 振幅差值测向。如图 2-1-17 所示，若有两个性能相同的接收阵 1，2，它们各自方向性函数的主极大值方向为 N_1，N_2，其夹角为 α，N_0 为参考方向。由图可知，$\Delta u(u_2-u_1)$ 随偏角 $\Delta\alpha$ 的增大而增大，若声波沿 N_0 方向入射，则两接收阵输出幅度相同，Δu 为零。这种测向方法称为振幅差值法。当偏角 $\Delta\alpha$ 不大时，$\Delta\alpha$ 与 Δu 为线性关系，根据 Δu 的大小及其极性，即可求取目标方位角。

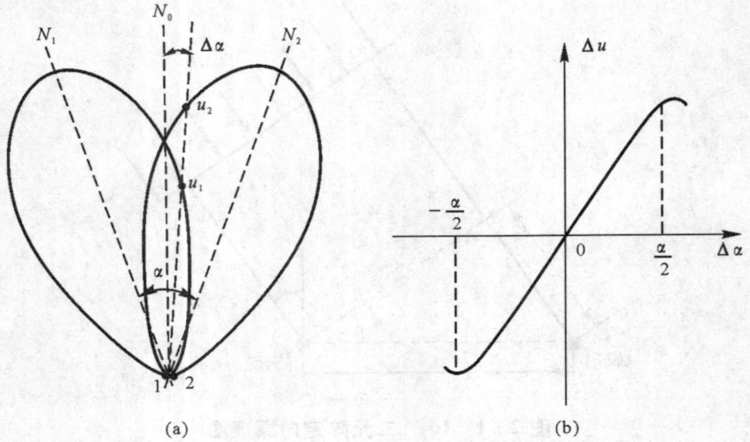

图 2-1-17 振幅差值测向原理图

(a) 两接收阵的指向性； (b) 振幅差值特性

振幅差值法的测角精度不如相位法高，但优于最大值法，在对目标方位进行自动跟踪时是一种常用的方法。

随着信号处理技术的发展，互功率谱精确定向法、自适应相位估计技术等新的声呐定向方法，在数字式声呐系统中开始得到应用。

(6) 声呐的目标距离测量原理

声呐在完成对目标测向的同时，还要完成对目标距离的测量。主动声呐测定目标距离可以利用发射脉冲信号和目标的回波信号，而被动声呐则只能利用目标声源发出的信号或噪声。以下主要介绍主动声呐的距离测量原理。

主动声呐的距离测量通常采用的方法有脉冲测距法、调频信号测距法、相位测距法等。

① 脉冲测距法。声呐的脉冲测距法原理与雷达测距原理基本相同。因为主动声呐能够主动地发射声波，当声波遇到目标时被反射回来。所以，只要准确地测量出从发射信号到接收到目标信号的时间 T，就可以计算出目标距离。设目标距离为 R，海水中声波的传播速度为 C，

则

$$R = CT/2 \tag{2-1-9}$$

② 调频信号测距法。利用调频信号来发现目标并测量距离是近代声呐中常采用的方法。其基本原理是发射调频信号,利用收发信号的频率差来测量距离。

③ 相位测距法。相位测距法是利用收发信号间的相位差来测量距离。当采用双频载波方法时,可以利用两个发射机的发射信号频率 f_1 和 f_2,混频后得到一个差频信号,结果可使收发相位差在 2π 以内。准确地测量出从发射信号到接收到目标信号的相位差 $\Delta\varphi$ 后,即可计算出目标距离

$$R = \frac{C\Delta\varphi}{4\pi(f_2 - f_1)} \tag{2-1-10}$$

2.1.5 电子侦察测量信息

1. 电子侦察设备的用途和主要功能

电子侦察设备能够在密集复杂的电磁信号环境中截获、分选、分析、处理和识别各种辐射源的信号,并能对威胁信号发出声光告警,同时能在系统指挥控制设备的控制下引导电子干扰设备对威胁目标进行威胁对抗,甚至可以引导反辐射攻击设备对敌攻击。

舰载电子侦察设备主要为雷达侦察告警设备。

(1) 舰载雷达侦察告警设备的用途

舰载电子侦察设备的主要用途是通过对敌方雷达信号的搜索、截获、分选、分析和识别,对敌方雷达进行定向。

(2) 舰载雷达侦察告警设备的主要功能

① 对敌方雷达信号进行方位和频率截获;

② 信号分选、分析和识别;

③ 对威胁信号进行告警处理;

④ 测量并提供威胁信号方位和特性数据。

2. 雷达侦察告警设备的基本组成

雷达侦察告警设备主要由天线、接收机、信号处理机和告警装置等组成,如图 2-1-18 所示。

雷达侦察告警设备各组成部分功能如下:

① 天线。雷达侦察告警设备的天线常分为测频天线和测向天线两类。测频天线常采用宽频带全向天线。为覆盖几百兆赫兹到几万兆赫兹这样宽的频带,测频天线常常要划分为多个频段。测向天线大多采用多个宽频带定向天线,在空间等间隔安装,通过比幅测向法确定所截获的雷达信号的方向。常用的有 4 单元或 6 单元测向天线。天线单元数越多,测向精度得到的改善越显著。为了提高测向精度,有的设备采用 16 元、24 元或 32 元的多波束测向体制,或者比幅比相混合测向体制,以提高测向精度,测向精度最高已能达到 1°。

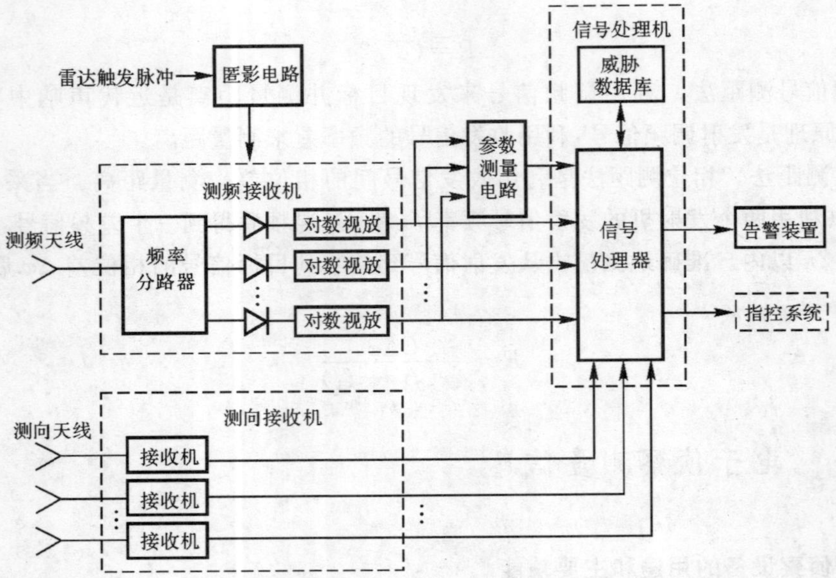

图 2-1-18　雷达侦察告警设备组成框图

② 接收机。雷达侦察告警设备的接收机分为测向接收机和测频接收机两种。测向接收机通常由多路性能一致的直检式视频放大电路组成,通过放大由天线接收的信号,比较相邻放大电路输出的信号幅度,换算出信号的方位。为了提高接收机的动态范围,接收机通常采用对数视频放大技术。

测频接收机用于测量所截获信号的射频频率。根据对测频精度要求的不同,测频接收机的性能有很大差别。如测频精度要求不高,可采用频率分路器来测频。如需较高的测频精度,可采用延迟线式鉴频器,即瞬时测频技术来测频。

在舰船上都装有雷达等辐射信号的设备,这些信号会通过告警设备的天线进入接收机,造成虚假告警或阻塞接收机而不能正常工作。为了克服这种现象,一般雷达侦察告警设备中还带有雷达信号匿影电路,以便剔除这些本舰信号,保证设备的正常工作。

③ 信号处理机。雷达侦察告警设备的信号处理机主要用于对威胁信号的识别。为了测量雷达信号的其他参数,常将测频接收机的各路对数视放输出分出一路,经多路复用电路,送到参数测量电路,测得脉冲宽度、重复频率等参数,送到信号处理器进行信号的预处理,生成雷达信号脉冲描述字,利用威胁数据库,将被截获信号的技术参数如载频、重频、脉宽等与威胁数据库中所存数据比对,两者参数差别较小时,就判定所截获的信号是一个威胁信号。

④ 威胁告警。在威胁识别后,可在显示器上显示,也可用灯光、音响报警的方法警示操作员,提醒操作员应及时采取对抗措施或机动规避威胁。并能实时地把威胁信号变化的参数传递给雷达干扰设备,以便雷达干扰设备正确跟踪干扰选定的威胁目标,保证干扰的有效性。

3. 雷达侦察告警设备信息测量的基本原理

(1) 雷达侦察告警设备的简要工作原理

外部空间存在的雷达信号经过雷达侦察告警设备的天线和接收机后,形成脉冲信号流被分别送往各个频段的参数测量模块,进行方位、幅度、到达时间、频率、脉宽等参数的测量与编码，形成各个脉冲信号的数字描述字。信号分析处理模块将这些经过数字化处理的信号进行分选。分选后的信号经过识别、统计、跟踪以及威胁判断等处理，其处理结果将被送至显控台进行参数显示。如果确认信号为高等级威胁信号则进行声光告警，以便及时采取对抗措施或规避威胁，保护作战平台的安全。同时，还能及时引导雷达干扰设备做出最佳的干扰响应，向舰上指控系统传送获取的雷达信号情报数据，支援舰上作战指挥的战术决策。

(2) 雷达侦察告警设备测量的信息

电子侦察设备测量的主要信息是威胁信号方位，以及威胁信号载频、载频捷变量、脉冲相对幅度、脉宽、重频参差数、重复频率、重频抖动量、天线扫描方式、天线扫描周期等。

根据威胁信号的特性，还可通过分析、比对和识别后确定给出目标特性，如雷达类型、敌我属性、威胁等级等。

(3) 雷达侦察告警设备测量信息的数据率

雷达侦察告警设备测量信息通常是在发现威胁信号后立即给出，此后对同一威胁信号通常几秒更新一次数据。

(4) 雷达侦察告警设备的测向原理

电子侦察设备的测向基本原理是利用侦察测向天线对不同方向到达的电磁波所具有的振幅或相位响应特性，确定雷达辐射源的入射方位。常用的测向方法有振幅法测向和相位法测向。

① 振幅法测向。振幅法测向是根据天线系统侦收信号的相对振幅大小来确定辐射源方位角。常用的振幅法测向技术有波束搜索法测向、全向振幅单脉冲测向和空间多波束测向技术。

② 相位法测向。相位法测向是根据天线对不同到达方向电磁波的相位响应来测量辐射源方位角。常用的相位法测向技术有数字式相位干涉仪测向和线性相位多模圆阵测向技术。

2.2　导航气象信息

2.2.1　舰艇导航系统

船舶在海上航行，必须知道自身的位置、航速、航向和航程。由于各种舰船，特别是导弹核潜艇的出现，为了满足发射导弹和稳定其他装置的需要，除要求导航系统提供上述数据外，还要提供水平基准信号。舰船的导航方法有多种，根据获得导航数据的手段，其方法大致可分为两类：观测舰位法和推算舰位法。

观测舰位法，是依靠观测外部目标或接受外部（光波、无线电波）信息来确定舰位的。这种导航方法主要有地文导航、天文导航、无线电导航和卫星导航等。

推算舰位法，是用舰船自身的导航设备，不断测量舰船的航向、航速或加速度，加入初始位置，推算舰船的瞬时位置。例如，利用陀螺罗经测量舰船的航向，利用计程仪连续地测量出舰船相对于海水的速度，将速度在相应的坐标系上分解，再对时间积分，可以求出舰船的航程。惯性导航法是一种推算舰位法。它是利用加速度计测量舰船的运动加速度，对时间进行两次积分，从而确定舰位。

表 2-2-1 给出了几种常用导航设备的性能和优缺点。

表 2-2-1 常用导航设备性能对照表

名　称	频　段	覆盖范围	定位时间	输出数据	精　度	优缺点
惯性导航		全球		经纬度、航向、航速、纵摇、横摇	定位精度为 0.4～0.7 n mile(10h)；航向误差 1′以内，水平误差 5″～8″	自主式，有航向、航速，位置和姿态输出，能长期在水下潜航；有积累误差，造价高
卫星导航	150 MHz 400 MHz	全球	定位时间 8～15 min，定位间隔平均 1.5～2 h	经纬度	50 m 圆概率(双频)，128 m(单频)	精度高，使用范围广，全球，全天候；不能连续定位，需要推算法支援，不能入水，造价中等
天文导航		全球	40 s	经纬度、航向修正量	1 n mile	精度有限，受气候限制
奥米加导航仪	10.2 MHz 11.3 MHz 13.6 MHz	全球	搜索约 3 min，连续跟踪	经纬度	1～2 n mile	全球全天候，水下接受，水下深度可达 12～15 m，造价低；精度有限，有多值性
劳兰 C 导航仪	100 kHz	1200 n mile，覆盖北半球海域的 2/3	搜索约 3 min，连续跟踪	经纬度	0.25～1.2 n mile	精度高，无多值性，使用范围广；造价中等，覆盖区不够大，入水较浅
全球定位系统	1 227 MHz 1 575 MHz	全球	连续定位	绝对三维位置、速度、时间	P 码：水平方向 7 m，垂直方向 9 m，速度 0.1 m/s，时间 15 ns；C/A 码：水平方向 25 m，垂直方向 35 m，速度 0.1 m/s，时间 100 ns	精度高，连续定位，多用性好，陆海空、军民共用；造价中至高等

由此可知：

① 惯性导航具有优良的工作特性，能连续提供定位和姿态等多种导航信息，但是误差随时间积累，因此不能单独长时间工作，必须定期加以校准，且系统造价高，这限制了它的应用范围。

② 卫星导航提供的船位信息精度高，且在全球范围内都可以得到，但是卫星定位信息存在几何精度系数好坏影响精度及受制于人的问题。

③ 无线电定位信息连续、长期稳定、精度高，但受区域、时间和气候影响较大，其庞大的岸台也易被干扰和摧毁。

因此，任何一种导航设备的性能和应用范围都有一定的局限性，不可能完全满足现代各种舰船的导航要求。为了实现高精度、高可靠性、全球、全天候和水上水下连续定位的导航，途径之一是把这些单一的导航设备组合起来，构成一个有机的整体，形成组合导航系统。

在水面舰艇导航系统中，主要的导航设备有惯性导航系统、平台罗经、陀螺罗经、磁罗经、GPS、回声测深仪、计程仪、气象仪、导航雷达等。导航系统的设备水平都在不断提高，如美国从 1995 年开始，航空母舰上的惯性导航系统用环形激光陀螺仪代替静电陀螺仪和液浮陀螺仪；用环形激光陀螺罗经代替平台罗经；用舰载接收机代替无线电导航设备；用多普勒计程仪代替电磁计程仪。

舰船导航技术随着科学技术的发展而发展。20 世纪 60 年代初出现了组合导航，70 年代初出现了综合舰桥系统，80 年代出现了组合导航控制系统，90 年代出现了导航、控制、通信一体化系统，导航自动化的程度越来越高。导航已经从单纯提供导航数据到具有导航制导的功能，向导航、制导和控制等多功能的方向发展。

2.2.2　捷联垂直基准

火控设备、雷达和光电指向器等设备均需要导航仪提供实时的舰艇姿态角及姿态角速度，而过去这些信息均由位于舰艇摇摆中心附近的主导航设备（如平台罗经、方位水平仪和惯导系统等）提供。在驱逐舰、护卫舰与航空母舰等大中型舰艇上，火炮、雷达天线和光电指向器等设备的安装点往往远离舰艇摇摆中心，而且船体变形随着环境温度、负载的变化和风浪冲击等因素呈动态变化，因此主导航设备提供的姿态角并不能反映炮塔、天线座和光电指向器所在点的真实姿态角。舰载挠性捷联垂直基准设备可安装在雷达、光电指向器、火炮或导弹发射架等的安装部位，连续提供安装部位的纵摇、横摇及姿态角速度等信息，可以补偿因为大型水面舰艇的甲板在温度场、风浪、发射导弹和炮弹的冲击及内部机器的振动等作用下造成的甲板变形对武器的影响，从而提高武器系统的命中精度。

1. 系统组成

所谓"捷联(Strap Down)"，在英文中的原意是"捆绑"，而"捷联垂直基准"就是将惯性敏感元件（陀螺和加速度计）直接安放在载体上通过解算对外输出安装部位的纵摇角、横摇角及其角速度等信息。

捷联垂直基准设备一般由惯性测量装置和电子线路部分组成。

惯性测量装置一般刚性安装在火控系统中的雷达、光电指向器、火炮或导弹发射架等的安装部位。但当惯性元件特别敏感的频率是载体运动的频率时，必须将其安装在减震基座上，以隔离载体的这种运动。惯性测量装置中包括三个单自由度的陀螺仪或两个双自由度的陀螺仪和三个加速度计，这些惯性元件安装在一个刚性构件上，这个构件直接或通过减震基座安装在载体上。

捷联垂直基准设备相对于平台式惯性导航系统省掉机电式的导航平台，在计算机内建立所谓"数学解析平台"取代几何实体平台，在计算机内完成各种坐标系的转换、数据补偿、解算姿态角信息等功能。由于系统中的计算机既要接收陀螺在静态时的每小时百分之几度的陀螺漂移的数据，又要接收载体在运动时每秒几十度的角速度的数据，动态范围高达 $10^6 \sim 10^7$，这就要求计算机有较长的字长。由于载体运动的角速度比较快，要实时采集陀螺和加速度计的数据并及时解算出姿态角才能反映载体的运动情况，这就要求计算机的速度要快。数字信号处理器(DSP)能够满足上述要求,非常适合在捷联垂直基准设备中应用。

捷联垂直基准设备测量出光电跟踪仪、舰炮和雷达等安装位置的姿态角和姿态角速度后,一般通过局域网与雷达、光电和火控设备接口,并接收主导航设备通过局域网发来的初始对准信息。导航解算的数据还要传送给控制显示装置,以便进行系统调试、命令输入和状态显示等操作,为此捷联垂直基准设备采用双计算机的工作方式。由计算机完成外围的接口部分功能,由 DSP 完成系统的计算功能,两个计算机之间通过双口 RAM 进行数据交换。

捷联垂直基准设备的基本组成框图如图 2-2-1 所示。

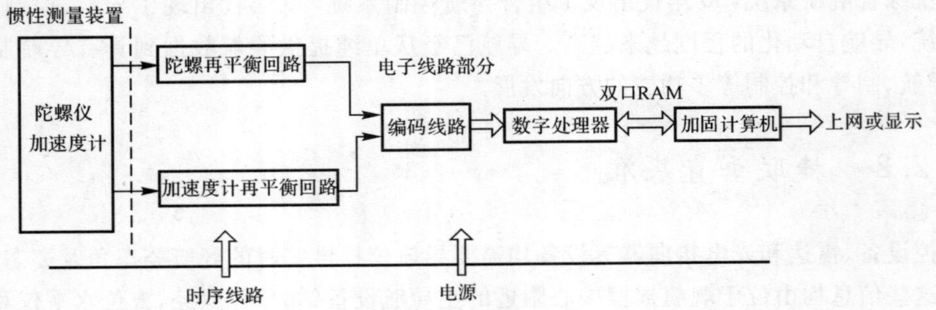

图 2-2-1 捷联垂直基准设备的基本组成框图

2. 系统特点

由捷联垂直基准设备的基本组成可以看出,该设备具有如下的特点:

① 惯性元件可以直接安装在载体上,安装方便,易于维护和更换。

② 惯性敏感传感器可以直接给出载体坐标系轴上的线加速度和角速度等信息,以供载体稳定控制和武器装备控制系统所用。

③ 由于去掉了具有常平架的平台,一则消除了稳定平台稳定过程中的各种误差;二则由于不存在机电结合的常平架装置,使整个系统可以做得小而轻,便于使用和维护。

④ 用"数学平台"取代机械平台,增加了导航计算机的计算量,同时因载体姿态角的变化速率很快,故相应的姿态计算必须有高速度的计算机。这就是说,捷联垂直基准设备对导航计算机性能提出了更高的要求。

⑤ 惯性元件的工作环境比平台式惯性导航系统中的惯性元件要差,惯性元件误差对系统误差的影响要比平台式惯性导航系统大。因此,捷联垂直基准设备对惯性元件的要求比平台式要高,要求惯性元件在载体的振动、冲击、温度等环境下精确工作,相应的参数和性能要有很高的稳定性。

捷联垂直基准设备结构简单、功耗小、造价低、启动快、使用简单方便、可靠性高、维修性好,更适合大规模批量生产。

3. 机械编排

捷联垂直基准设备的机械实体布局、采用的坐标系及解析计算方法的总和称为机械编排。

捷联垂直基准设备和平台式惯性导航系统一样,都是基于惯性导航的基本原理,在这里简要介绍捷联垂直基准设备在实际使用中的机械编排。

(1) 坐标系的定义

在捷联垂直基准设备中使用的坐标系均采用右手螺旋法则，各坐标系取向和定义如下：

① 地心惯性坐标系(i 系)。把在空间静止或匀速直线运动的参考坐标系称为惯性坐标系；把坐标系原点取在地球地心时的右手直角惯性坐标系称为地心惯性坐标系。

② 地球坐标系(e 系)。地球坐标系是原点位于地心，与地球固联，其中一轴与极轴重合的右手直角坐标系，它相对惯性坐标系以地球自转角速率 Ω 旋转，$\Omega = 15.041\,088°/\text{h}$。$O_eX_e$ 轴指向格林尼治经线，O_eY_e 轴指向东经 90° 方向，O_eZ_e 轴与地心坐标系的 O_iZ_i 轴重合沿地轴指向地球的北极。

③ 地理坐标系(t 系)。地理坐标系是原点位于运载体所在的地球表面，其中一轴与地理垂线重合的右手直角坐标系。对于导航系统，地理坐标系的原点 O 选取在载体的重心处，O_tX_t 指东，O_tY_t 指北，O_tZ_t 沿垂线方向指天，通常称东北天坐标系。

④ 载体坐标系(b 系)。载体在运动中由于受外界因素的影响，经常出现偏航和纵摇、横摇，为了确定载体相对当地地理坐标系的角位置，就需要有与载体固连的坐标系。载体坐标系的原点是载体重心 O，纵轴 O_bY_b 沿载体首尾线方向并指向首向，横轴 O_bX_b 指向载体的右向，O_bZ_b 轴垂直于载体的甲板平面。

⑤ 惯性元件坐标系。惯性元件坐标系是由惯性元件的敏感轴构成的坐标系。一般惯性元件的坐标系要与载体坐标系保持一致，以便测量出载体坐标系各轴上的角速度分量和线加速度分量。

(2) 姿态角的定义

载体(甲板)坐标系相对于当地地理坐标系所确定的状态可以用姿态角表示。载体的姿态角是载体纵摇角、横摇角和航向角的统称。

甲板纵轴轴向在水平面内投影方向成为艏向，用北向基准线和艏向方向之间的夹角表示航向角 C_w，通常以顺时针方向计量；甲板纵轴与水平面之间的夹角称为纵摇角 ψ，舰艏向上为正；甲板横轴与水平面之间的夹角称为横摇角 θ，左舷向上为正。当已知航向角、纵摇角和横摇角的大小时，则甲板相对当地地理坐标系的角位置完全可以确定。捷联垂直基准设备关心的是横摇角和纵摇角及其角速度。

(3) 机械编排要点

捷联垂直基准设备的机械编排是根据上述定义的坐标系来确定的。

捷联垂直基准设备是一种利用计程仪速度进行阻尼的捷联式姿态基准。为保持较好的姿态角精度，系统采用水平阻尼的导航方式。机械编排的要点说明如下：

陀螺仪和加速度计输出的角度增量和速度增量先用补偿算法进行处理，以消除数据估算误差。

用计程仪速度阻尼的水平(导航)回路产生地理坐标系相对于惯性坐标系的总角速度，对陀螺信号进行空间补偿。

空间补偿后的陀螺数据，即载体坐标系相对于地理坐标系的角度增量用来构成四元数微分方程，对此微分方程积分，即得到四元数的即时值。将四元数进行代数组合，可以得到载体坐标系变换为地理坐标系的姿态矩阵。

姿态矩阵用来将载体的加速度和计程仪速度变换到地理坐标系和求取载体姿态角。

捷联垂直基准设备的机械编排方框图如图 2-2-2 所示。

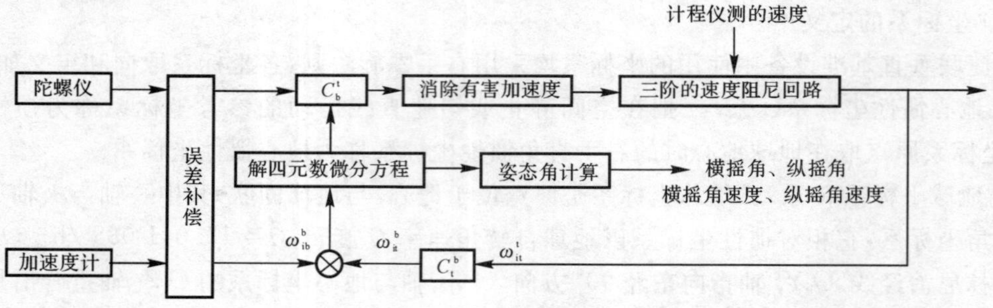

图 2-2-2 捷联垂直基准设备机械编排框图

以上介绍的机械编排，在系统的初始对准和导航阶段都可以采用。

初始对准就是在较短的时间内以一定的精度确定出从载体坐标系到地理坐标系的姿态矩阵。初始对准可以是不依赖外部信息，主要利用地球自转角速度和地球重力向量来实现对准的自主式对准；也可以是通过机电或光学方法引入主惯导系统的航向姿态信息作为姿态矩阵的初值，迅速将数学平台对准地理坐标系的非自主式对准。初始对准结束后，捷联垂直基准就进入导航阶段，可以对外提供光电跟踪仪、舰炮和雷达等安装位置的姿态角和姿态角速度信息，实现雷达、光电稳定指向器的控制和消除形变的火控解算，提高武器系统的精度。

4. 发展趋势

现代捷联系统的特点是：有一定的精度、反应时间短、可靠性高、体积小、质量轻。随着惯性元件和高速、大容量的数字计算机的不断发展，从国际上看，捷联系统已在大部分的场合取代了平台式系统，它是惯性技术的主要发展方向。舰载捷联姿态基准在国外舰船上的应用已较为普遍，它既可作为中低精度的导航设备，又可作为雷达、光电跟踪仪、舰炮等设备的姿态基准，提高武器系统的使用精度。捷联惯性系统中使用的惯性元件已由液浮陀螺、挠性陀螺发展到激光陀螺、静电陀螺和光纤陀螺。

国外典型的挠性仪表捷联基准系统如德国的 LSR-85 型和法国的 SCL-2 型应用较为广泛。20 世纪 90 年代初，各工业发达国家普遍重视船体变形的影响及测量、校正技术。德国 LITEF 公司在 LSR-85 的基础上研制成 LSR-85-DTC 系统，即动态变形校正器，其性能指标为：航向精度 5 m rad，水平精度 1 m rad，变形校正精度 1 m rad。德国安修斯公司生产的捷联式激光陀螺惯性导航系统的精度可达到：航向 $\leqslant 4'$(RMS)，纵、横摇角 $\leqslant 1.75'$(RMS)，位置 $\leqslant 0.1$ n mile/h(CEP)（与 GPS 组合），$\leqslant 0.8$n mile/h(CEP)（纯惯性状态），输出数据更新率为 200 Hz。

现代舰载武器系统、观测系统随着射程（作用距离）与精度的提高，对姿态精度的要求也不断提高，而甲板变形等带来的影响已经不容忽视，现较为经济适用的方案就是配备捷联式姿态基准设备。

2.2.3 气象信息

气象仪可以给出风向、风速、气温、气压及相对湿度的信息。气象仪的原理框图如图 2-2-3

所示。

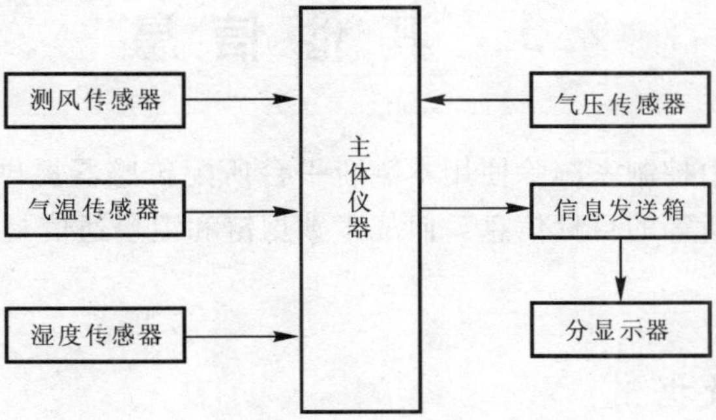

图 2-2-3　气象仪的原理框图

风向测量是由风吹动小“飞机”尾翼，尾翼带动小“飞机”机身转动，通过机械结构带动格雷码盘，光电管接收通过码盘透过的光，给出指示风向的格雷码组信息。

风速测量是由风吹动小“飞机”旋桨旋转，风速越大旋桨的转速越快，再由它带动金属传感片激发开关变成脉冲量输出风速信息。

利用铂电阻温度计可以测量气温和水温，但要克服传输电缆的线电阻的影响，因此在技术上采用三线制或四线制，或者用铂电阻制成振荡器来测温度。

气压传感器是采用压电激励谐振筒式压力传感器。它是由一薄壁金属圆筒作为感受力的敏感元件，该元件以一确定规律的频率振动，当外界气压变化时，其谐振频率也会随之改变，输出气压信息。

相对湿度传感器目前选用湿敏半导体为器件的传感器或是以高分子薄膜式湿敏电容为器件的传感器。

气象仪的基本测量项目、测量范围及准确度见表 2-2-2。这些信息可以以串口的形式对外输出。

表 2-2-2　气象仪的基本测量项目、测量范围及准确度

测量项目	测量范围	准确度
瞬时风速	1 ~ 70 m/s	±0.5 m/s
瞬时风向	0 ~ 360°	±5°
平均风速	1 ~ 70 m/s	±0.5 m/s
平均风向	0 ~ 360°	±5°
气　温	−40 ~ 50℃	±0.5℃
相对湿度	30% ~ 100%RH	±5%RH
气　压	810 ~ 1050 hPa	±1.5 hPa

2.3 其他信息

舰艇综合指挥与火力控制系统除使用本舰艇平台所配传感器提供的目标信息外,还可使用来自外部平台或指挥所等的目标信息。而战术数据链和卫星通信是舰艇接收外部信息的主要手段。

2.3.1 战术数据链

1. 战术数据链的用途和基本功能

(1) 战术数据链的用途

战术数据链,在美国称为 TADIL(Tactical Data Information Link),在北约称为 Link,是采用无线电通信装备和数据通信规程,直接为作战指挥和武器控制系统提供支持、服务的数据通信系统。美国国防部对战术数据链的定义为:战术数据链是用于传输机器可读的战术数字信息的标准通信链路。

数据链作为军队指挥、控制与情报系统传输信息的工具和手段,是信息化战争中的一种重要通信方式。战术数据链的主要用途是保证战场上各个作战平台之间战术数据实时、准确、自动、保密地传输和交换。

(2) 战术数据链的功能与特点

战术数据链主要具有战术数据发送、接收,数据加密/解密和抗干扰等功能。新型的战术数据链还具有精确定位和识别、相对导航、通信中继等功能。

战术数据链是一种面向作战应用的系统,传输的主要信息是具有实时性要求的格式化作战数据。与一般的通信系统相比,战术数据链具有如下几个特点:

① 信息传输的实时性。战术数据链由于传输的是与作战应用直接相关的目标信息和指挥引导等战术数据,对目标信息的更新周期具有确定的要求,因此,战术数据链在提供足够传输带宽的同时,必须保证传输时延以满足信息传输的实时性要求。

② 信息传输的可靠性。战术数据链主要通过无线信道来传输信息。信号在无线信道传输的过程中,要跨越复杂电磁环境的战场空间。为了保证战术数据持续、稳定地高质量传输,必须确保传输的可靠性。

③ 信息传输的安全性。为了不让敌方截获我方信息,战术数据链一般都具有加密手段,针对不同敏感级别的信息采用不同的信息加密技术,以确保数据传输的安全性。

④ 信息格式的一致性。为了方便地实现各个作战平台之间的互通互联,避免信息在网络间交换时因格式转换造成延迟,战术数据链都具有统一的信息格式。

2. 常用的战术数据链

为适应作战方式的多样化,数据链也有着多种类型,各种数据链都有其特定的用途和服务对象。应用于海军舰艇、飞机等作战单元的战术数据链,从应用角度可分为三类。

第一类是以搜集和处理情报资料、传递战术数据、共享信息资源为主的数据链。它通常用于传输处理后的传感器数据，需要较高的传输速率和较低的差错率，一般用在电子侦察机、预警机、无人侦察机和水面舰艇上，其典型代表为 11 号数据链。

第二类是以命令传递、战情回报、请示、勤务通信及空中战术行动的引导指挥为主的数据链。它通常用于传输简单的非语音命令数据或战情资料，所需的传输速率不高，但须确保数据准确、可靠，一般在战斗机、攻击机、武装直升机上使用，其典型代表为 4 号数据链。

第三类是综合数据链。这种数据链路同时拥有上述两类数据链的功能，甚至能同时传送数字话音。这种数据链不仅传输速率高，而且还具有抗干扰和保密的双重功能，是当前机载、舰载数据链路的主流，其典型代表为 16 号数据链。

以下将分别对 4 号、11 号和 16 号数据链进行简要介绍。

(1)4 号数据链

4 号数据链，北约称之为 Link 4，而美国称为 TADIL C，是一种非保密时分数字数据链路，使用串行传输和标准报文格式。4 号数据链有多种类型，其中 Link 4A 主要用于舰载平台与机载平台之间的数据通信。

Link 4A 数据链是一种采用命令-响应协议的半双工或全双工飞机控制链路，通常把战术和支援飞机与飞机控制单元连接起来，用以在控制站和受控飞机之间传输飞机控制和目标信息。Link 4A 系统一般由控制站终端分系统、传输分系统和受控站终端分系统组成；而一个典型的终端分系统包括：UHF 无线电设备、数据终端设备、计算机数据处理器和用户接口设备。

Link 4A 数据链工作在 UHF 频段，频段传输速率为 5 Kb/s，信道间隔 25 kHz，数据吞吐量为 3 Kb/s，舰对空作用距离为 170 n mile，空对空作用距离为 300 n mile。采用单频时分多址技术和频移键控调制方式进行信息传输。其控制报文为 V 序列报文，而应答报文为 R 序列报文；报文格式一般有 5 部分，依次为：同步脉冲串、保护间隔、起始位、数据、发射非键控位；控制站数据终端设备每 32 ms 传送一次报文，其中 14 ms 为发送期，18 ms 为应答接收期，飞机只有接收到控制报文才会传送应答报文。

Link 4A 数据链具有高可靠性、易于维护和操作、连接时间短等优点，但数据吞吐量有限，无电子对抗能力，报文保密性能比较差，只能满足有限的参与者(最多 8 个)。

(2)11 号数据链

11 号数据链，北约称为 Link 11，美军称为 TADIL A，主要用于舰船之间、舰队与岸基指挥所之间的情报交换。

Link 11 是一条保密的半双工网络化数字数据链，采用并行传输和标准报文格式，主要用于实时交换电子战数据，空中、水面、水下的航迹，并传输命令、告警和指令信息，在机载、地基和舰载战术数据系统之间交换数字信息。一个典型的 Link 11 系统由计算机、通信保密设备、数据终端机、HF 或 UHF 无线电设备组成，数据终端机与无线电设备相连，完成所有与网络操作有关的控制功能。

Link 11 数据链工作在 HF 和 UHF 两个频段，标准的传输速率为 1.2 Kb/s 和 2.4 Kb/s，信道间隔 3 kHz。在 HF 频段能覆盖信息发送点周围 300 n mile 的区域，在 UHF 频段时能够达到舰对舰 25 n mile、舰对空 150 n mile 的覆盖。以 M 序列报文传输信息，采用模拟音频信号传输数据和语音信号，报文格式包括同步头、相位参考帧、数据帧、起始终止码和地址码。

为了有效实现自动联网数据通信，使网络各系统之间能有效地交换战术信息，Link 11 数据链有网络同步、网络测试、轮询、广播、短广播、无线电沉寂等6种工作模式。“轮询”工作模式是其主要工作方式。

Link 11数据链由于采用定频技术,抗干扰能力比较弱,而且传输速率低,系统容量有限,不具备语音传输功能。

(3)16号数据链

Link 16数据链是美国和北约部队广泛采用的一种新型战术数据链。美军称其为战术数据信息链路J(TADIL J),是伴随着美国三军联合战术信息分发系统(简称JTIDS)的研制、发展和应用而形成的新一代数据链。

Link 16是保密、大容量、抗干扰、无节点的数据链路,采用联合战术信息分发系统传输特性和接口设计规划所规定的协议、约定和固定长度报文格式。一个典型的Link 16数据链路系统由计算机、数据终端机、JTIDS终端及天线组成。

Link 16号数据链路工作在Lx频段,信道间隔为3MHz,数据速率为28.8 Kb/s(1类终端)和115.2 Kb/s(2类终端),在工作频段内信息发送覆盖范围达300 n mile,中继后可达500 nm。该数据链通过信息广播方式进行数据交换,采用最小移频键控调制方式,选用直接序列扩频、快速跳频、信道编码及脉冲工作等抗干扰方式,以保证信息传输的准确性、安全性。

Link 16采用向每个JTIDS单元分配单独时隙进行数据传输的网络设计,以时分多址为工作方式,信息报文以J序列为标准。报文信息将时间轴划分为许多个长为12.8 min的时元,每个时元又划分为64个长为12 s的时帧,每个时帧又划分为1 536个长为7.812 5 ms的时隙,以时隙为单位将资源分配给系统成员。

与Link 11,Link 4A相比,Link 16数据链系统性能有着明显的改进:数据率、抗干扰能力、保密性能和参与者数量有了很大的提高;其最显著的特点是具有相对导航、精确定位和识别功能以及组网能力。

3. 战术数据链的基本组成

战术数据链系统由硬件和软件两部分组成。其软件部分实际上是一套协议规范,它对战术数据链的传输方式、传输的信息格式、各节点的组网方式、使用的硬件规格等进行了具体规定。战术数据链的基本组成如下:

①通信设备:通过所选媒介物理传递数据所必需的设备(如无线电台和通信协议)。

②报文标准:报文标准定义所交换的信息内容(如格式和实现规则)。

③人机接口:用于操作员输入和读出信息。

④操作规程:管理和指导通过链路交换的信息的使用。

一个典型的数据链系统组成如图2-3-1所示。

其中,战术数据系统主要用于接收各种传感器和操作员发出的各种数据,并将其编排成标准的报文格式。计算机内的输入/输出缓存器用于数据的存储分发,同时接收链路中其他战术数据系统发送来的各种数据。加密机用于确保网络中数据传输的安全。数据终端设备是数据链网络的核心,主要由调制解调器、网络控制器和可选的密码机等组成,通信规程、报文协议的实现都在数据终端设备内,它控制着整个数据链的工作并负责与综合指控系统或传感器等用户的接口设备进行数据交换。无线电台用于调制后信号的外部发射与接收。

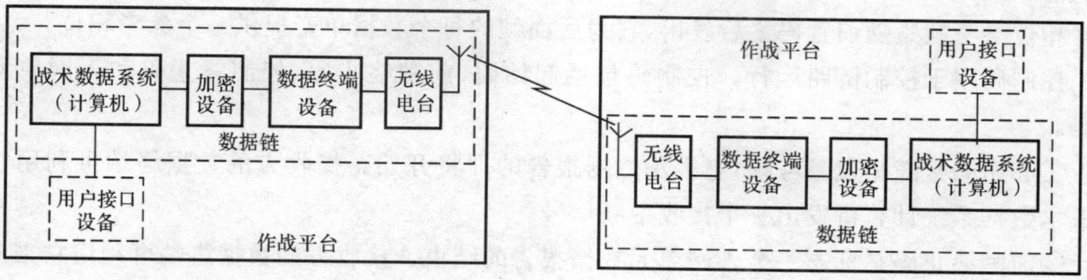

图 2-3-1　典型的数据链系统组成框图

4. 战术数据链的基本工作原理

在上面所介绍的 4 号、11 号和 16 号战术数据链，由于其系统组成、报文标准、传输格式、工作方式等方面有很大的不同，因此它们的工作原理也有很大的不同。下面将以 11 号链为例简要说明数据链的工作原理。

为了有效实现自动联网数据通信，使网络各系统之间能有效地交换战术信息，11 号数据链网络采用"轮询"工作方式。它指定一个站点作为数据网控制站，网内其他成员称为从属站（前哨站）。典型的 11 号数据链网络如图 2-3-2 所示。

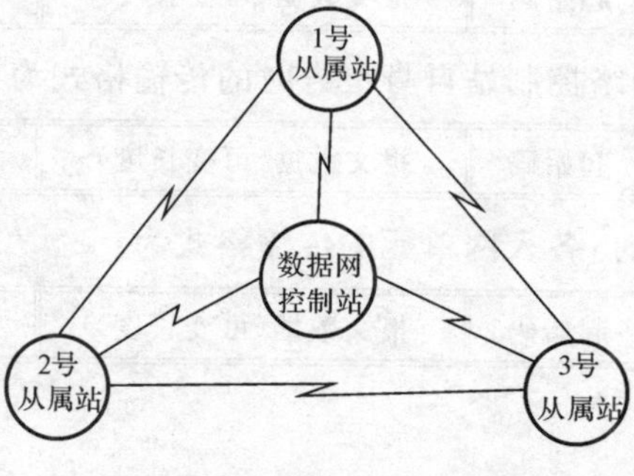

图 2-3-2　典型的 11 号数据链网络

在轮询工作方式下，每个入网单元以时分方式共用 1 个频率进行信息发送。在不发送时，每个入网单元都检测该频率，以了解其他网络单元的发送情况。每一个入网单元都指定一个唯一的地址码，由数据网控制站对整个网络进行管理，为所有地址码建立一个轮换呼叫序列。在这个序列中，每个从属站都分配有一个时隙，并严格限定任一个时刻只有一个入网单元发送。当网络控制站呼叫某一入网单元时，该入网单元要发送它的数据，而在剩余时间内，该入网单元要接收其他网络单元的数据。

(1)传输格式

11 号数据链的报文格式主要有两种类型：一种是数据报文，用于目标信息和态势命令的发送；另一种是控制报文，用于校准网络。每个数据报文由 60 bit 组成，分为两帧，每帧 30 bit。每帧中有 6 个 bit 用于检错纠错，剩余的 24 bit 用于传输信息。

11 号数据链的传输报文由前置码、相位参考帧、控制码和报文数据组成。

前置码(报头)是每次传输的前5帧,分别用于多普勒校正和同步。

相位参考帧紧随前置码之后发出,它为后面帧的每个数据单音提供一个参考相位。

控制码用于控制链路运行。控制码包括起始码、前哨终止码、控制终止码和入网单元地址码。

①起始码紧随相位参考帧,它表示数据报告的即将开始。接收方的数据终端可利用它来向战术数据系统计算机发出一个接收中断信号。

②前哨终止码是标志一个入网单元数据报告的结束。接收方的数据终端可利用它来向战术数据系统计算机发出一个接收结束的中断信号。

③控制终止码是由网络控制站发送的,它表示网络控制站自身报告的结束。

④地址码用于标识每一个入网单元,每个入网单元都有一个唯一的地址码。

在起始码和终止码之间的是报文数据。报文数据是用户所要传输的战术信息,可包括任意数量的帧,每帧30 bit数据,数据报文紧随起始码发出。

当采用轮询工作方式,网络控制站呼叫时的传输格式为:

前置码	相位参考	地址码

当采用轮询工作方式,从属站回答时的传输格式为:

前置码	相位参考	起始码	报文数据(可变长度)	前哨终止

当采用轮询工作方式,网络控制站自身报告时的传输格式为:

前置码	相位参考	起始码	报文数据(可变长度)	控制终止	地址码

当采用短广播工作方式时,各入网单元的传输格式为:

前置码	相位参考	起始码	报文数据(可变长度)	前哨终止

(2)主要工作流程

在轮询工作方式下,数据网控制站按照轮换呼叫序列通过发送询问信息启动网络传输,询问信息包括下一个要发送的从属站的地址码。所有从属站均接收询问信息,并把接收到的地址码与自己的地址码相比较,确认是自己地址的从属站转换到发送状态,并在回答信息中发送战术数据。网络中每一个从属站均接收该从属站的回答信息,并把接收的战术数据送入自己的战术数据系统。如果该从属站要发送的数据超过分配给它的允许时间,它就停下来等待下一次轮换呼叫。如果该从属站没有要发送的数据,也同样要用回答信息响应。一个从属站回答信息传输结束后,数据网控制站就转换到发送状态,再发送下一个询问信息。这一过程不断重复,直到结束。

除轮询方式外,11号链还可在广播方式下工作。当选择广播方式时,由某一入网单元连续向网络内的所有单元发送数据。一旦广播开始,将一直自动保持下去,直到操作员干预转换为新的工作方式为止。

2.3.2　卫星通信

1. 舰载卫星通信设备的用途

卫星通信就是无线电通信站之间利用卫星作为中继站进行的通信。随着卫星通信技术的飞速发展，卫星通信在军事通信领域内已成为不可或缺的部分，显示出其强大的生命力。卫星通信的主要特点如下：

①通信距离远，覆盖面积大，不受地理条件限制。

②以广播方式为主，便于实现多址连接。

③通信容量大，能传送的业务类型多。

④信道传输稳定，通信质量高。

⑤机动性好。

卫星通信系统组成的基本示意图如图 2-3-3 所示。在卫星通信系统中，通信卫星主要起中继作用，把一个地面站送来的信号经变频和放大后，再传送到另一端的地面站。地面站实际是卫星系统与地面系统的接口，地面用户通过地球站出入卫星系统，形成传输链路。为保证系统的正常运行，卫星通信系统还必须要有测控系统和监测管理系统配合。

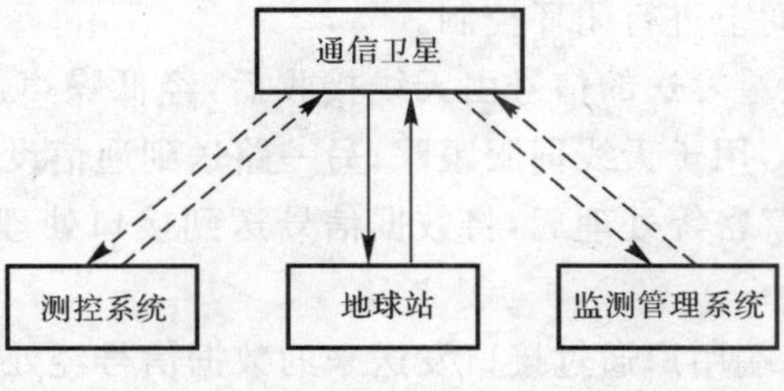

图 2-3-3　卫星通信系统的基本组成

舰载卫星通信设备的主要用途就是实现舰艇平台与指挥所或其他作战平台之间数据和命令等的实时、准确、自动、保密的传输。在舰艇平台配有卫星通信设备的情况下，舰艇综合指控系统可通过舰载卫星通信设备接收来自于其他作战平台的目标信息。但是，仅仅对于用户来讲，舰载卫星通信如同战术数据链一样，只是一种数据传输链路，通常由舰艇通信系统根据需要选择数据传输链路，可以是短波通信链路，也可以是卫星通信链路，用户并不需要知道采用的是何种数据传输链路。

2. 舰载卫星通信设备的基本组成

舰载卫星通信设备主要由天线系统、通信设备、数据终端等组成，如图 2-3-4 所示。

①天线系统主要包括天线、稳定平台、平台控制器、天线控制器。

②天线控制器主要包括卫星信号接收单元、控制模块、位置采集设备等。

③通信设备主要包括基带、调制解调器、上变频器、下变频器、保密机等。

④数据终端主要用于与其他数据终端设备之间的数据交换。

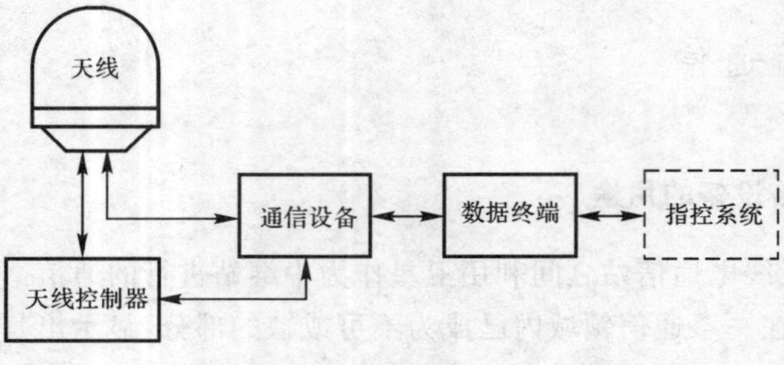

图 2-3-4 舰载卫星通信设备的基本组成

3. 舰载卫星通信设备的基本工作原理

当舰船航行时，为保证天线能始终对准卫星需要做以下的工作。首先根据采集到的舰船当前的经纬度、舰船的航向信息和需要对准的卫星位置，计算出天线的方位角、俯仰角及极化角度，然后根据计算结果，调整天线的俯仰角、方位角和极化角度，并根据接收到的卫星信标信号的强弱判断是否对准卫星，当信号最强时即表明已经对准卫星，这样初始捕获卫星的过程完成。其次在舰船运动中为保证实时跟踪卫星，主要根据各类传感器检测天线的运动变化情况，控制天线进行逆向运动作为补偿，另外根据接收卫星信标信号强弱来调整跟踪精度，在方位、仰角以及交叉水平三维方向上进行闭环控制。

当进行数据接收时，卫星发送的信号由天线接收后，经低噪声放大器放大，送到舱内并分成两路，一路给天线控制器，用于天线伺服跟踪；另一路送到通信设备经变频后送到信道单元，信道单元进行解调、译码、解密等处理后，将数据信号送到接口处理，提供给相关终端用户（如综合指控系统）使用。

当进行数据发送时，终端用户通过接口发送来的数据信号经处理后，送到保密机进行加密处理，然后送到信道单元，调制到中频输出；中频信号经频率变换后送到舱外的功放单元，由功放单元进行功率放大，送到天线发至卫星。

第3章 水面舰艇数据融合和目标综合识别

3.1 基本概念

3.1.1 定义

数据融合(Data Fusion,DF)的字面意义容易理解,即对来自多个传感器或信息源的数据进行综合和提炼。但同其他许多名词如 Agent、智能等一样,至今缺乏一个为领域研究者普遍接受的定义。

人脑可以看做是多传感器数据融合的一个非常好的范例。它能融合 5 种(7 个)器官(眼、耳、鼻、舌和皮肤)接收的 5 类信息(视觉、听觉、嗅觉、味觉和触觉),进行实时决策。这种能力同样也体现在动物身上。这里特别重要的是:人脑可以根据需要在不同的级别层次上进行融合,这种非常灵活的处理结构,正是数据融合技术研究所追求的目标。

从传感器的角度看,DF 可以看成是传感器分裂过程的一个逆过程(A Fission Inversion Process)。此时,传感器可以看做是面对物理环境的一些窗口,透过这些窗口可以观测到以一定的频率出现的物理现象。传感器获取信息(量测)的过程可以看做是一种分裂,称之为传感器导致的分裂;融合实际就是传感器分裂过程的一个逆过程。因此,理想的融合则是希望能够获取并且恢复尽可能多的传感器的信息。那什么是数据融合呢? 有三个典型定义:

①Wald 给出的定义:DF 是一个形式化的框架,由用于联合多个数据源数据的明确的方法和工具组成。融合的目的是为了获得较高质量的信息。这里"较高质量"的确切含义则取决于应用。

②美国国防部的定义:DF 主要指一种多层次、多侧面的处理过程,包括对多源数据进行检测、相关组合和评估,从而提高对观察实体的状态和身份估计的精度,以及对战场态势、威胁及其重要程度进行适时完整的评价。

③1998 年 Buede 和 Waltz 给出的定义:DF 是一个自适应的知识创建过程,通过对来自各种信息源的一致或不一致观测数据的校正、相关和合并处理,建立起有组织信息索引集,并由此对某个特定观测区域的结构、行为进行建模、理解和解释。

3.1.2 结构模型

1. JDL 模型

在 DF 的理论和模型研究中,最有代表性的当数美国国防部 1986 年成立的实验室联合指导处——数据融合工作组(the Joint Directors of Laboratories—Data Fusion Working Group)。他们的工作成果概括为数据融合过程模型(简称JDL模型)和数据融合专门词汇(A Data Fusion Lexicon,DFL)。其中,JDL模型在DF领域已得到广泛的认同,DFL则统一了该领域的基本术语。JDL模型是一个通用的面向功能的概念化的模型,采用分层结构,其顶层由八个部分组成,包括信息源、人机交互、信息源预处理、第一级处理(对象精炼)、第二级处理(态势精炼)、第三级处理(威胁精炼)、第四级处理(过程精炼)和数据管理,如图3-1-1所示。其各部分功能简述如下。

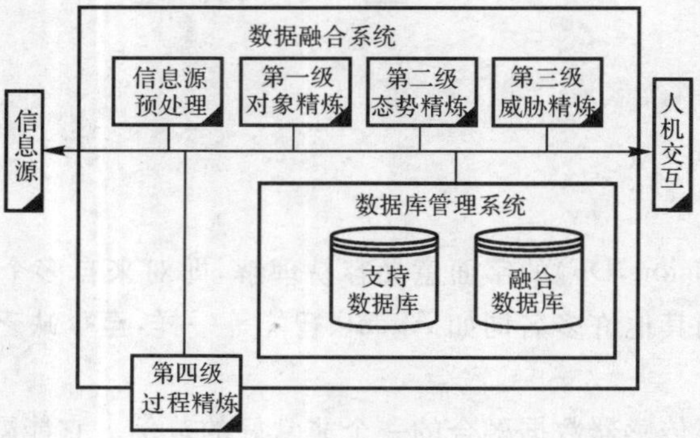

图3-1-1 DF的过程模型(JDL模型)

①信息源:是指输入数据的来源,包括与融合系统相连的各种传感器、地理信息、天气信息和其他支持数据库和知识库。其难点是信息源的选择,因为对一项特定的处理任务而言(如跟踪精度),并不总是信息源越多越好,这是由于传感器融合得到的结果可能比从一组传感器中选定的最合适的传感器得到的结果要差。

②人机交互:是指指挥员采用文字、图形、声音和触觉接口等各种方式同融合系统之间的交流。存在的难点是如何处理负面信息。

③信息源预处理:是指将数据源的数据合理、适时地分配到对应处理级的过程。难点是如何将融合的重点放在与当前态势最密切的数据上,从而减轻系统的处理负荷。

④第一级处理(对象精炼):该处理过程将位置、参数和身份信息进行组合,获得单个对象(例如,发射架、各种平台、武器和同地域相关的军事目标)的精确的表示。面临的挑战包括密集目标环境下的数据互联、复杂的信号传播环境(例如,多路径传播、通道之间的相互干涉、杂波干扰)下实体身份的辨识和快速机动目标的跟踪等。

⑤第二级处理(态势精炼):第二级处理对当前环境上下文中的对象和事件之间关系进行分析,并给出进一步的说明。态势精炼的焦点集中在相关信息上(例如,物理接近度、通信、因果关系和瞬时关系等)。

⑥第三级处理(威胁精炼):第三级处理把当前的态势映射到未来,根据敌方的威胁、友方和敌方的弱点,推断出己方军事行动取胜的机会。威胁判断的难点包括如何基于己方的作战原则、训练水平和政治环境知识库以及当前的态势,对敌方意图进行预测,对交战后果进行评估。其中第二和第三级处理所面临的共同的挑战是如何建立一个可行的,由规则、框架和剧本组成的知识库,从而在有限的信息条件下对敌军可能采取的对抗措施进行预测,选择对于己方最有利的作战方案。另外,威胁精炼实际上是包含诸多不确定性(例如,敌我双方的意图、武器

的杀伤力和取胜机会等)的多方对策问题。

⑦第四级处理(过程精炼):第四级处理主要是对正在进行的数据融合系统的性能进行评估。目前主要采用的手段是效用理论和基于知识的方法。

⑧数据管理:即管理数据融合数据库,包括数据检索、存储、归档、压缩、关联查询和数据保护。该处理过程的难点在于,一方面融合数据库中存在大量不同类型的数据(如图像、信号数据、向量、文本数据等),又不断吸收传感器的新采集的数据,同时还要满足快速检索的需要。

JDL 模型每个部分又可以分解为若干子过程,如第一级处理可分为:坐标变换、数据/目标相关、目标的位置、运动学、属性和身份的估计等。在 JDL 模型顶层八个部分中,第一级处理(对象精炼)是整个系统的基础,而数据互联技术又是对象精炼的核心。本节下面将着重讨论对象精炼融合原理。

2. NBS 模型

美国国家标准局体系结构(National Bureau of Standard Architecture)模型设计的目的是用来控制机器人系统。该体系结构采用基于小脑模型的算法计算机(Cerebella Model Arithmetic Computer, CMAC)结构,如图 3-1-2 所示;采用一种分级面向目标的行为模型(the Hierarchical Goal-Directed Behavior Model),将复杂的任务划分成后续的简单任务进行处理。这里机器人控制系统通过分级目标导向的行为模型构建,传感器数据从低层进入模型,通过传感器处理和模式识别模块过滤后,实现对机器人行为的控制。其中,世界模型可以看做是基于知识的启发式规则,当行为与世界模型处理结果不一致时,通过检测观测与行为之间的偏差调整后续行为。

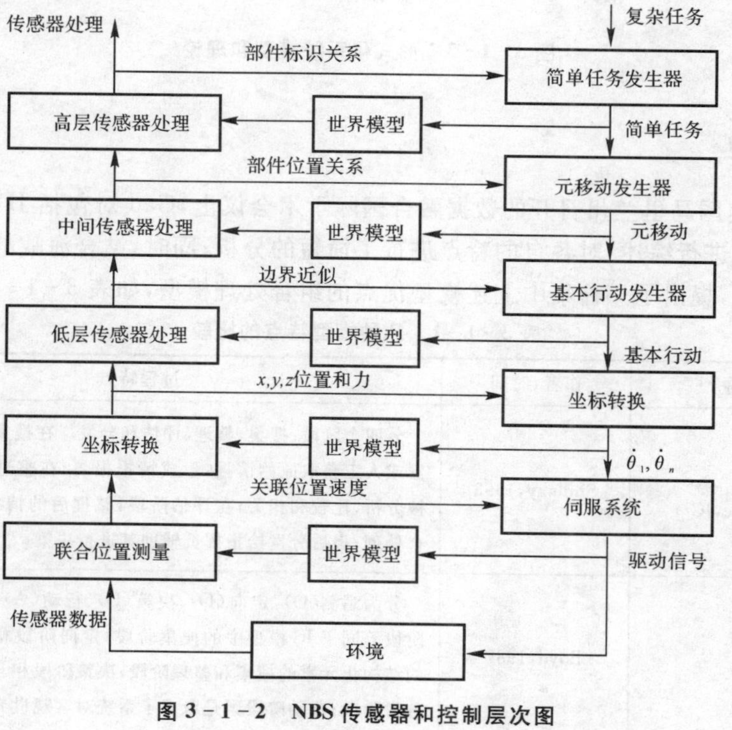

图 3-1-2 NBS 传感器和控制层次图

3. 形式化系统模型

形式化系统体系结构(Formal-System Architecture)是由 Kokar 和 Zavoleas 提出的一种传感器/数据融合体系结构。这种体系结构概念视图如图 3-1-3 所示,采用面向对象原理,对象通过存储的数据和处理单元组成。这种体系结构的核心是融合操作对模型和理论同时进行,融合过程通过组合两种模型和两种理论得到一种模型和理论来解释客观世界。

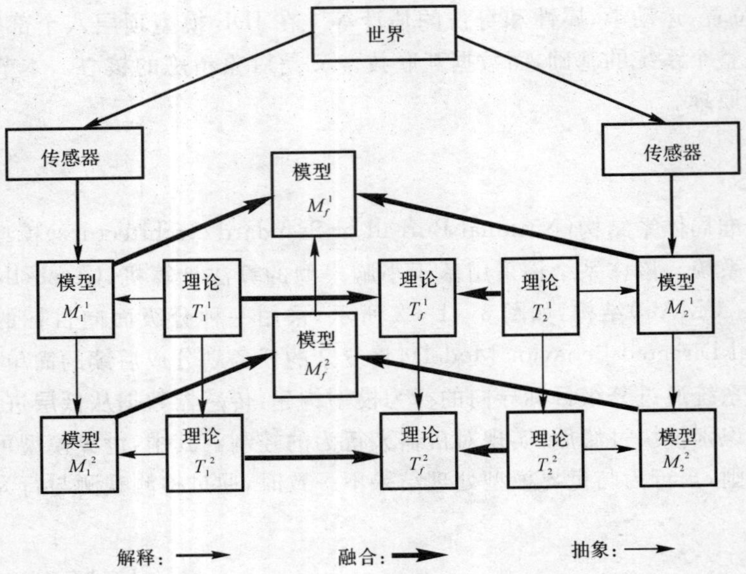

图 3-1-3 形式化系统模型和理论

4. 其他模型

2002 年在美国马里兰州召开的数据融合国际学术会议上,Gad 对包括 JDL 模型在内的 7 种体系结构模型进行综述,对各自的特点进行了简短的分析;同时,结合海战战场目标检测、跟踪和识别的特点,提出了一种集中上述模型优点的组合处理模型,如表 3-1-1 所示。

表 3-1-1 几种模型特点的比较

模型名称	作者、时间	过程特点
情报周期模型 Intelligence Cycle,IC	Shulsky,1993	分四个阶段:搜集、整理、评估和分发。在搜集阶段,通过传感器或人工获取原始情报,形成情报报告;在整理阶段,情报报告被分析、比较和相关;在评估阶段,整理后的情报报告将进行融合处理;最后分发给指挥员辅助其进行决策
控制环模型 OODALoop	Boyd,1987	分为观测(O)、定向(O)、决策(D)、行动(A)四个阶段。观测阶段等同于 IC 模型中的搜集阶段;定向阶段相当于 IC 模型中的结构化元素的搜集和整理阶段;决策阶段相当于 IC 模型中的分发阶段;行动阶段则是考虑了系统对客观世界的作用效果

续 表

模型名称	作者、时间	过程特点
瀑布模型 Waterfall	Bedworth,1994	瀑布模型主要关注低级的处理过程：传感器和信号处理相当于 JDL 模型中的一级处理；特征抽取和模式处理相当于 JDL 模型中的二级处理；态势评估对应三级处理；决策对应四级处理。该模型的不足之处是缺少对反馈的处理机制
达沙瑞什模型 Dasarathy Model	Dasarathy,1997	该模型基于融合的功能而不是所面临的任务，将融合过程抽象为决策(符号和信念的估价)、特征(中间级信息)和数据三级处理。因此，融合可以发生在各个处理级，也可是它们之间的转换处理
多功能模型 Omnibus Model	Bedworth,2000	该模型克服了以前模型的缺点，包含了它们的优点，模型特别强调反馈的作用，数据融合过程的循环特点通过采用 OODA 模型体现；保真性表示通过瀑布模型嵌入四个处理过程；同时明确了融合处理的位置
扩展的 OODA 模型	Shahabzian,2001	扩展的 OODA 提供一种机制用来处理并发、多个交互融合过程，通过分解成 N 个高层功能的集合，这些功能通过观测、定向、决策、行动的检查构成 OODA 模型，每一个功能又可以进一步分解和评估成对应的 OODA 模型

可以看出，上述各种模型是针对特定的应用范畴提出的，各有特点。其共同之处是采用信息分层或分级的处理思想。

Gad 针对目标跟踪体系结构应用，采用了 JDL 框架处理数据，在行动阶段利用了 OODA 控制环模型，如图 3－1－4 所示，而在环中采用了多功能模型，最后功能级的处理通过扩展的 OODA 模型实现。

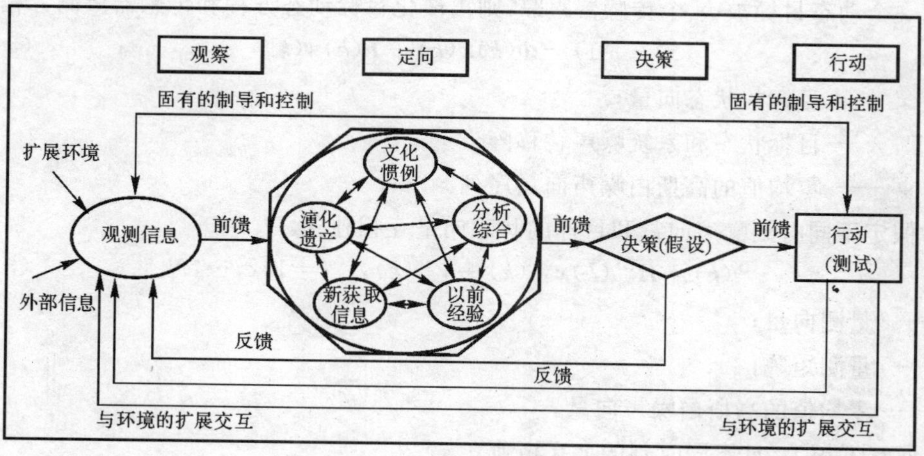

图 3－1－4　OOAD 控制环模型

注意：(1)定向如何调整观测、调整决策、调整行动，同时通过反馈，其他现象进入感知和观测窗口；

(2)整个环(不仅仅是定向)是一个固有的预示、认同和理解、相关、抑制多测面参照过程。

3.2 水面舰艇融合原理

3.2.1 方法分类

当一个目标被多个不同的传感器跟踪时，如何组合这些传感器的量测数据获得比其中任何一个单个传感器更好的估计呢？目前，有多种融合方法来处理这一问题，具体可以分为两类：状态向量融合（State Vector Fusion）和量测融合（Measurement Fusion）。

所谓状态向量融合，就是采用一组滤波器获得基于单个传感器量测的状态估计值，然后进行融合获得一个改善的联合估计值；而量测融合则是直接融合量测数据获得一个加权的或组合的量测，然后选择一个滤波器根据融合量测得到最终的估计值，如图 3-2-1 和图 3-2-2 所示。

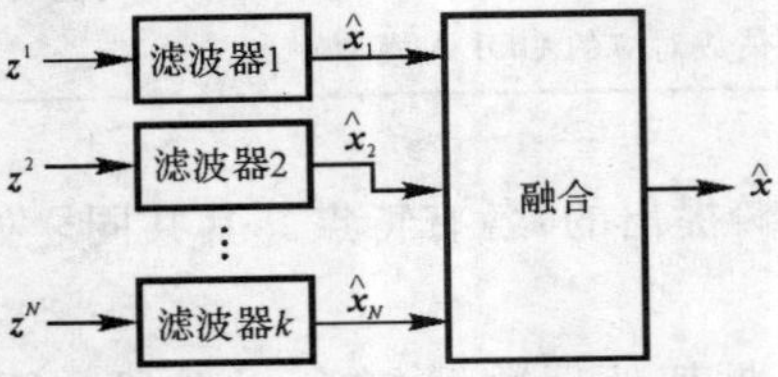

图 3-2-1 状态向量融合

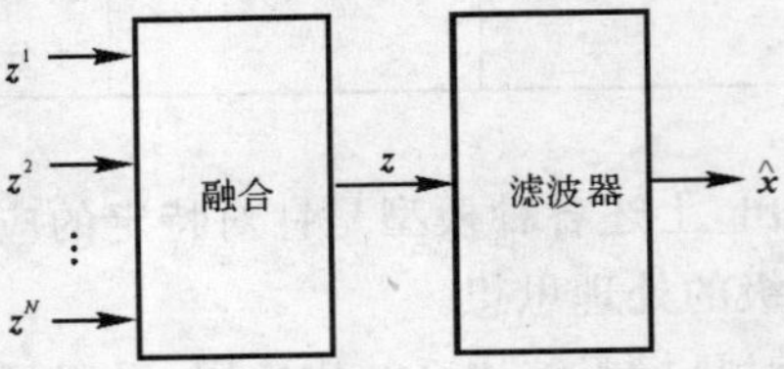

图 3-2-2 量测融合

考虑一个动态目标被 N 个传感器跟踪，则离散化目标动态方程和传感器量测方程如下：

$$\boldsymbol{x}(k+1)=\boldsymbol{\Phi}(k)\boldsymbol{x}(k)+\boldsymbol{\Gamma}(k)\boldsymbol{w}(k) \tag{3-2-1}$$

式中，$\boldsymbol{x}$ —— 目标的状态向量；

$\boldsymbol{\Phi},\boldsymbol{\Gamma}$ —— 目标状态和系统噪声转移阵；

$\boldsymbol{w}$ —— 零均值的高斯白噪声向量序列。

同时假定不同时刻噪声向量和目标的状态向量互相独立。

$$\boldsymbol{z}^{(i)}(k)=\boldsymbol{H}^{(i)}(k)\boldsymbol{x}^{(i)}(k)+\boldsymbol{v}^{(i)}(k),\quad i=1,2,\cdots,N \tag{3-2-2}$$

式中，$\boldsymbol{z}$ —— 量测向量；

$\boldsymbol{H}$—— 量测矩阵；

$\boldsymbol{v}$ —— 零均值的高斯白噪声向量。

$\boldsymbol{v}$ 与 $\boldsymbol{w}$ 互不相关，且不同时刻的 $\boldsymbol{v}$ 互相独立。

$\boldsymbol{w}(k)$，$\boldsymbol{v}(k)$ 的协方差矩阵已知为 $\boldsymbol{Q}(k)$，$\boldsymbol{R}(k)$。式(3-2-2)中上标(i)表示第 i 个传感器量测方程，k 表示 k 时刻。

下面将分别给出量测融合和状态向量融合公式。

3.2.2 量测融合

所谓量测融合是将式(3-2-2)的传感器模型综合成如下单个模型：

$$z(k)=\boldsymbol{H}(k)\boldsymbol{x}(k)+\boldsymbol{v}(k) \tag{3-2-3}$$

具体的合成方法又可以分两种。第一种通过扩展滤波器中量测向量的维数实现融合，以下简称量测融合方法1(Measurement Fusion 1, MF1)。式(3-2-3)由如下方法得到：

$$\boldsymbol{z}(k)=\boldsymbol{z}_{\mathrm{I}}(k)=(\boldsymbol{z}^1(k),\boldsymbol{z}^2(k),\cdots,\boldsymbol{z}^N(k))^{\mathrm{T}} \tag{3-2-4}$$

$$\boldsymbol{H}(k)=\boldsymbol{H}_{\mathrm{I}}(k)=(\boldsymbol{H}^1(k),\boldsymbol{H}^2(k),\cdots,\boldsymbol{H}^N(k))^{\mathrm{T}} \tag{3-2-5}$$

$$\boldsymbol{R}(k)=\boldsymbol{R}_{\mathrm{I}}(k)=\mathrm{diag}(\boldsymbol{R}^1(k),\boldsymbol{R}^2(k),\cdots,\boldsymbol{R}^N(k)) \tag{3-2-6}$$

第二种采用最小均方误差(Minimum Mean Square Error, MMSE)准则对多传感器的量测数据组合，组合后得到的量测向量维数不变，下面简称融合方法2(Measurement Fusion 2, MF2)。

$$\boldsymbol{z}(k)=\boldsymbol{z}_{\mathrm{II}}(k)=\left[\sum_{i=1}^{N}(\boldsymbol{R}^{(i)}(k))^{-1}\right]^{-1}\sum_{i=1}^{N}(\boldsymbol{R}^{(i)}(k))^{-1}\boldsymbol{z}^{(i)}(k) \tag{3-2-7}$$

$$\boldsymbol{H}(k)=\boldsymbol{H}_{\mathrm{II}}(k)=\left[\sum_{i=1}^{N}(\boldsymbol{R}^{(i)}(k))^{-1}\right]^{-1}\sum_{i=1}^{N}(\boldsymbol{R}^{(i)}(k))^{-1}\boldsymbol{H}^{(i)}(k) \tag{3-2-8}$$

$$\boldsymbol{R}(k)=\boldsymbol{R}_{\mathrm{II}}(k)=\left[\sum_{i=1}^{N}(\boldsymbol{R}^{(i)}(k))^{-1}\right]^{-1} \tag{3-2-9}$$

由式(3-2-1)和式(3-2-3)采用卡尔曼滤波器可以得到最小方差意义下目标状态向量的最优无偏估计。滤波和预测公式如下：

$$\boldsymbol{K}(k)=\boldsymbol{P}(k\mid k-1)\boldsymbol{H}^{\mathrm{T}}(k)[\boldsymbol{H}(k)\boldsymbol{P}(k\mid k-1)\boldsymbol{H}^{\mathrm{T}}(k)+\boldsymbol{R}(k)]^{-1} \tag{3-2-10}$$

$$\hat{\boldsymbol{x}}(k\mid k)=\hat{\boldsymbol{x}}(k\mid k-1)+\boldsymbol{K}(k)[\boldsymbol{z}(k)-\boldsymbol{H}(k)\hat{\boldsymbol{x}}(k\mid k-1)] \tag{3-2-11}$$

$$\boldsymbol{P}(k\mid k)=[\boldsymbol{I}-\boldsymbol{K}(k)\boldsymbol{H}(k)]\boldsymbol{P}(k\mid k-1) \tag{3-2-12}$$

$$\hat{\boldsymbol{x}}(k+1\mid k)=\boldsymbol{\Phi}(k)\hat{\boldsymbol{x}}(k\mid k) \tag{3-2-13}$$

$$\boldsymbol{P}(k+1\mid k)=\boldsymbol{\Phi}(k)\boldsymbol{P}(k\mid k)\boldsymbol{\Phi}^{\mathrm{T}}(k)+\boldsymbol{\Gamma}(k)\boldsymbol{Q}(k)\boldsymbol{\Gamma}^{\mathrm{T}}(k) \tag{3-2-14}$$

3.2.3 状态向量融合

状态向量融合也称为航迹融合，问题表述为：设 $\hat{\boldsymbol{x}}^{(i)}(k\mid k), i=1,2,\cdots,N$ 分别表示 k 时刻来自 N 个不同的传感器的 N 条航迹估计值，若判定它们来自同一个目标，那么怎样才能获得更精确的目标参数。不失一般性，下面讨论中只考虑其中 i,j 两个传感器，其卡尔曼滤波方程如下($m=i,j$)：

$$\hat{\boldsymbol{x}}^{(m)}(k+1\mid k+1)=\boldsymbol{\Phi}(k)\hat{\boldsymbol{x}}^{(m)}(k\mid k)+\boldsymbol{K}^{(m)}(k+1)[\boldsymbol{z}^{(m)}(k+1)-\boldsymbol{H}^{(m)}(k+1)\boldsymbol{\Phi}(k)\hat{\boldsymbol{x}}^{(m)}(k\mid k)] \tag{3-2-15}$$

$$\boldsymbol{K}^{(m)}(k+1)=\boldsymbol{P}^{(m)}(k+1\mid k)(\boldsymbol{H}^{(m)}(k+1))^{\mathrm{T}}[\boldsymbol{H}^{(m)}(k+1)\boldsymbol{P}^{(m)}(k+1\mid k)(\boldsymbol{H}^{(m)}(k+1))^{\mathrm{T}}+\boldsymbol{R}^{(m)}(k+1)]^{-1} \tag{3-2-16}$$

$$\boldsymbol{P}^{(m)}(k\mid k+1)=\boldsymbol{\Phi}(k)\boldsymbol{P}^{(m)}(k\mid k)\boldsymbol{\Phi}^{\mathrm{T}}(k)+\boldsymbol{\Gamma}(k)\boldsymbol{Q}(k)\boldsymbol{\Gamma}^{\mathrm{T}}(k) \tag{3-2-17}$$

$$\boldsymbol{P}^{(m)}(k+1 \mid k+1)=[\boldsymbol{I}-\boldsymbol{K}^{(m)}(k+1)\boldsymbol{H}^{(m)}(k+1)]\boldsymbol{P}^{(m)}(k+1 \mid k) \tag{3-2-18}$$

1971 年，Singer 和 Kanyuck 最先提出一种直观的、可用于计算机处理的航迹融合方法，下面简称为航迹融合方法 1(Track Fusion1，TF1)。该方法假定两条航迹估计误差是不相关的。融合公式如下：

$$\hat{\boldsymbol{x}}^{F}(k \mid k)=\hat{\boldsymbol{x}}^{(i)}(k \mid k)+\boldsymbol{P}^{(i)}(k \mid k)[\boldsymbol{P}^{E}(k \mid k)]^{-1}[\hat{\boldsymbol{x}}^{(j)}(k \mid k)-\hat{\boldsymbol{x}}^{(i)}(k \mid k)] \tag{3-2-19}$$

$$\boldsymbol{P}^{F}(k \mid k)=\boldsymbol{P}^{(i)}(k \mid k)-\boldsymbol{P}^{(i)}(k \mid k)[\boldsymbol{P}^{E}(k \mid k)]^{-1}[\boldsymbol{P}^{(i)}(k \mid k)]^{\mathrm{T}} \tag{3-2-20}$$

式中，$\boldsymbol{P}^{F}(k \mid k)$—— 融合航迹状态滤波值的误差协方差矩阵；

$$\boldsymbol{P}^{E}(k \mid k)=\boldsymbol{P}^{(i)}(k \mid k)+\boldsymbol{P}^{(j)}(k \mid k) \tag{3-2-21}$$

1981 年，Bar-Shalom 对该问题进行研究，认为假定传感器的量测误差不相关是成立的，但是由于过程噪声与目标的机动特性相关，这对于不同滤波器来说是相同的，即两个传感器的状态估计误差相关，下面简称为航迹融合方法 2(Track Fusion 2，TF2)。式(3-2-19)、式(3-2-20)、式(3-2-21) 分别变成

$$\begin{aligned}\hat{\boldsymbol{x}}^{F}(k \mid k)=&\hat{\boldsymbol{x}}^{(i)}(k \mid k)+[\boldsymbol{P}^{(i)}(k \mid k)-\boldsymbol{P}^{C}(k \mid k)]\\&[\boldsymbol{P}^{E}(k \mid k)]^{-1}[\hat{\boldsymbol{x}}^{(j)}(k \mid k)-\hat{\boldsymbol{x}}^{(i)}(k \mid k)]\end{aligned} \tag{3-2-22}$$

$$\begin{aligned}\boldsymbol{P}^{F}(k \mid k)=&\boldsymbol{P}^{(i)}(k \mid k)-[\boldsymbol{P}^{(i)}(k \mid k)-\boldsymbol{P}^{C}(k \mid k)]\\&[\boldsymbol{P}^{E}(k \mid k)]^{-1}[\boldsymbol{P}^{(i)}(k \mid k)-\boldsymbol{P}^{C}(k \mid k)]^{\mathrm{T}}\end{aligned} \tag{3-2-23}$$

$$\boldsymbol{P}^{E}(k \mid k)=\boldsymbol{P}^{(i)}(k \mid k)+\boldsymbol{P}^{(j)}(k \mid k)-\boldsymbol{P}^{C}(k \mid k)-[\boldsymbol{P}^{C}(k \mid k)]^{\mathrm{T}} \tag{3-2-24}$$

式中，$\boldsymbol{P}^{C}(k \mid k)$—— 两传感器航迹估计误差的交叉协方差矩阵，计算公式如下：

$$\begin{aligned}\boldsymbol{P}^{C}(k \mid k)=&[\boldsymbol{I}-\boldsymbol{K}^{(i)}(k)\boldsymbol{H}^{(i)}(k)]\boldsymbol{\Phi}(k)\boldsymbol{P}^{C}(k-1 \mid k-1)\boldsymbol{\Phi}^{\mathrm{T}}(k)\\&[\boldsymbol{I}-\boldsymbol{K}^{(j)}(k)\boldsymbol{H}^{(j)}(k)]^{\mathrm{T}}+[\boldsymbol{I}-\boldsymbol{K}^{(i)}(k)\boldsymbol{H}^{(i)}(k)]\boldsymbol{\Gamma}(k)\\&\boldsymbol{Q}(k)\boldsymbol{\Gamma}^{\mathrm{T}}(k)[\boldsymbol{I}-\boldsymbol{K}^{(j)}(k)\boldsymbol{H}^{(j)}(k)]^{\mathrm{T}}\end{aligned} \tag{3-2-25}$$

3.2.4 原理分析

上面讨论的 2 类 4 种融合方法，成立的一个基本条件是不同传感器的量测或状态估计值为同一时刻来自同一目标的数据，即必须满足文献中提到的同时性要求。

比较两种不同的量测融合方法，可以得到：

① 当不同的传感器的观测矩阵相同时，即使量测噪声特性不同，两种量测融合方法是等价的，这种情况下 MF2 与 MF1 相比具有较小的计算负载；

② 当不同的传感器的观测矩阵不相同时，MF1 在融合的性能上要优于 MF2，这是由于 MF1 利用所有量测的信息，并且在有些情况下，MF2 不可用。

分析 MF2 与 TF2 在稳态情况下的估计误差协方差阵的性能有：MF2 相比于 TF2，其性能要改善 6% ～ 8%。这种改善的内在原因是基于全局数据集的充分统计量无法用局部数据集的充分统计量的综合来表示。

当单个自传感器滤波器能观、能控，即稳态滤波协方差阵满足正定条件(稳态交叉协方差阵为一个离散李亚普诺夫(Lyapunov) 方程的解) 时，TF2 的性能优于 TF1 的性能；同时认为对于两个噪声特性不同的传感器，TF2 的性能只是略微优于其中性能较好的传感器。当两个传感器噪声特性相差较大时，则不主张进行状态向量融合。对上述问题进行了进一步研究表

明，解等价于求解稳态交叉协方差阵积分方程，该方程的解为一个矩阵求逆，其矩阵的元素与单个跟踪器参数相关；对于同一种类型的传感器，上述矩阵又可以化为劳斯-赫尔维茨(Routh-Hurwitz)矩阵，即为线性系统状态稳定性问题，由此可求得数值解，其结果表明 TF2 由于考虑了交叉协方差阵，性能比 TF1 的改善程度。

此外，通过改进 TF2 得到一种最优的状态向量融合方法，有研究者已经证明 TF2 只是极大似然(Maximum Likelihood，ML)意义下的最优，而不是 MMSE 意义下的最优。如果已知一些相关先验估计值，采用贝叶斯公式可以推导出 MMSE 意义下的最优估计，由此得到航迹融合方法 3(Track Fusion3，TF3)，公式如下：

$$\begin{aligned}\hat{\boldsymbol{x}}^F(k \mid k) = \boldsymbol{P}^F(k \mid k)[&(\boldsymbol{P}^{(i)}(k \mid k))^{-1}\hat{\boldsymbol{x}}^{(i)}(k \mid k) + (\boldsymbol{P}^{(j)}(k \mid k))^{-1}\hat{\boldsymbol{x}}^{(j)}(k \mid k) - \\ &(\bar{\boldsymbol{P}}^{(i)}(k \mid k))^{-1}\bar{\boldsymbol{x}}^{(i)}(k \mid k) - (\bar{\boldsymbol{P}}^{(j)}(k \mid k))^{-1}\bar{\boldsymbol{x}}^{(j)}(k \mid k) - \\ &(\bar{\boldsymbol{P}}^{E}(k \mid k))^{-1}\bar{\boldsymbol{x}}^{F}(k \mid k)]\end{aligned} \tag{3-2-26}$$

$$\begin{aligned}\boldsymbol{P}^F(k \mid k) = [&(\boldsymbol{P}^{(i)}(k \mid k))^{-1} - (\boldsymbol{P}^{(j)}(k \mid k))^{-1} - (\bar{\boldsymbol{P}}^{(i)}(k \mid k))^{-1} - \\ &(\bar{\boldsymbol{P}}^{(j)}(k \mid k))^{-1} + (\bar{\boldsymbol{P}}^{F}(k \mid k))^{-1}]^{-1}\end{aligned} \tag{3-2-27}$$

式中，$(\bar{\boldsymbol{x}}^{(i)}(k \mid k), \bar{\boldsymbol{P}}^{(i)}(k \mid k))$，$(\bar{\boldsymbol{x}}^{(j)}(k \mid k), \bar{\boldsymbol{P}}^{(j)}(k \mid k))$，$(\bar{\boldsymbol{x}}^{F}(k \mid k), \bar{\boldsymbol{P}}^{F}(k \mid k))$ 分别为传感器 i，j 和融合航迹 k 时刻状态估计值及其方差的先验值。

可以证明，在稳态情形下 TF3 等价于 MF2。

对不同分辨率的传感器(低分辨率雷达和高分辨率光电)跟踪群目标的航迹融合研究表明：雷达跟踪数据给出的是群目标的中心，而光电则能分辨出不同目标轨迹数据。此时，采用最近邻法进行相关处理，融合航迹的性能可能低于性能最低的传感器性能。

下面将从多目标跟踪(状态估计与融合)几个典型应用：航迹处理(单个雷达数据处理)、多雷达数据关联、多传感器航迹融合、雷达与红外融合、图像融合等方面，揭示融合处理问题的基本的处理过程和算法。

3.3　水面舰艇航迹处理

3.3.1　概述

搜索传感器(搜索雷达、搜索声呐、红外警戒设备等)每次进行扫描(环扫或扇扫)，可得到多个目标信号，这些信号由检测系统根据信号的特性和设计检测准则判定目标的存在后，录取得到一组目标数据，即点迹数据。

所谓“航迹”，是指飞机、导弹等航行体在空中、水面或水下运动的轨迹。事实上，一条航迹包括属于同一目标的点迹序列以及由之计算出来的目标位置数据、速度等运动参数和某些属性参数等。

航迹处理则是将搜索传感器量测到的多目标数据经过互联、交接、汇编等处理，得到目标航迹并维持对目标当前状态估计的过程，也称为多目标跟踪处理。单传感器航迹处理，即指武器系统对单一搜索传感器得到的量测数据进行的航迹处理。

如图 3-3-1 所示，航迹处理过程是一个递推处理过程。点迹数据首先被用于更新已经建立的目标航迹，即进行点迹与航迹的相关处理。若点迹与已经建立的目标航迹相关，则称之为有效点迹或相关点迹(有效量测或相关量测)，否则称为自由点迹或自由量测。已经进行过(点迹与航迹)相关处理和(点迹和点迹)互联处理的自由点迹，称之为历史自由点迹，简称历史点迹。经相关处理后的自由点迹和历史点迹，被用于航迹起始，以确定哪些点迹属于同一目标并建立新的目标航迹。当目标逃离搜索传感器的探测范围，或者目标被摧毁，或者因为目标机动、目标进入传感器盲区、地物遮挡等原因导致搜索传感器丢失目标或探测不到目标时，根据航迹的质量评估结果进行航迹撤销或终结。最后，在新的量测数据到达之前，对已经完成相关处理的目标航迹，需要进行滤波和预测处理，以确定下一时刻相关波门的位置和大小，重新开始下一个时刻的递推处理循环。

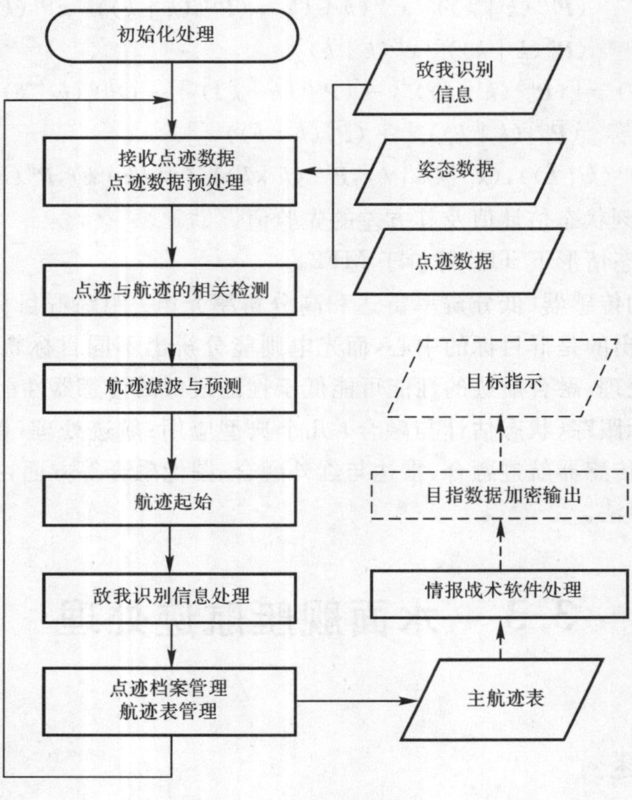

图 3-3-1 航迹处理流程

综上所述，航迹处理的主要内容包括：

① 航迹起始：从自由点迹和历史点迹中检测出所有属于同一目标的点迹并按照一定的航迹起始准则建立新的目标航迹。

② 相关检测：对新得到的量测点迹与已经建立的目标航迹进行关联检测，确定并记录与已建立航迹属于同一目标的那些点迹。

③ 滤波处理：根据点迹与航迹的相关结果，更新目标的状态估计(当前新的位置参数和运动参数)。

④ 外推计算：根据已有的航迹数据，计算可能的下一个录取时刻的目标位置。

⑤ 航迹管理：对航迹的质量进行评估，并根据评估结果确定对航迹的撤销或终止，以及对

航迹的分叉、航迹合并等进行处理。

单传感器航迹处理的关键问题，在于如何有效地进行数据关联，包括点迹与点迹的互联和点迹与航迹的关联处理。一方面，因缺乏目标环境的先验知识，无法确切知道目标个数和目标的状态，搜索传感器也不可避免地存在量测误差、虚警和漏警。这些不确定因素是导致数据关联关系模糊的基本原因。另一方面，同一目标在同一传感器上得到的量测因为其物理源相同、检测原理和手段相同从而必定存在某些相似特征，这是数据关联处理的物理基础。

自1955年Wax提出多目标跟踪的概念后，近几十年来，航迹处理技术的研究取得了丰硕的成果。其中，有代表性的包括：1971年Singer提出的最近邻域方法，1974年Sittler提出的航迹分裂方法，1975年Bar-Shalom和Tse提出的概率数据互联方法，1977年Reid提出的多假设方法，1984年Blom提出的多模型方法，1988年Bar-Shalom和Blom提出的相互作用多模型——概率数据关联滤波等。Chang，Chong，Mori等人在多传感器多目标跟踪的一般理论和算法方面进行了研究，导出了以典型的现有算法为其子集的一般算法。

从国内来说，董志荣对航迹处理进行了比较深入系统的研究，提出了集合论描述法，在周宏仁、戴自立、孙仲康等人的相关文献著作中也对航迹处理方法有不同程度的描述。在实际系统中使用的航迹处理方法基本上都属于最近邻域方法。下一小节中将对此类方法进行详细的介绍说明。

随着数据融合理论的日渐成熟，航迹处理技术也在不断发展，已不局限于单传感器和传统的数字处理方法，正逐步深入到分布式多传感器的情况，并引入了神经网络方法、模糊集理论等新的技术方法。

3.3.2　集合论描述法

本小节以两坐标搜索雷达为例，对边扫描边跟踪系统中的集合论描述航迹处理方法进行详细的介绍说明。

搜索雷达通常按照规定的转速进行全方位扫描，每扫描过一个扇区(一般将以搜索雷达天线回转中心为原点的平面等分为8、16、32甚至64个扇形区域，每个区域称为一个扇区)，便将检测录取得到的点迹数据输出到航迹处理计算机。扇区编号是以天线扫过正北后的扇区为第1个扇区的。在进行航迹处理之前，需要对输入的点迹数据进行必要的预处理。

(1) 点迹纠错

根据搜索传感器的最大/最小作用距离、盲区位置等，对搜索传感器作用范围外的点迹视为不合理点迹而予以剔除。

(2) 点迹排序

为了后续处理上的方便，需对点迹进行排序：按方位从小到大、方位相同时按距离从小到大排序。

(3) 坐标变换

搜索雷达测得的点迹数据为极坐标数据，而航迹处理需要直角坐标数据，所以要进行坐标变换。极坐标(β,d)到直角坐标(x,y)的变换公式为

$$\begin{cases} x = d\sin\beta \\ y = d\cos\beta \end{cases} \tag{3-3-1}$$

(4) 点迹分裂处理

由于多路径效应、目标横向宽度等因素的影响，同一目标可能产生两个甚至多个相邻近的点迹，这种现象就是点迹的分裂现象。点迹分裂的处理方法，根据搜索传感器的分辨力，合理选择距离阈值 d_f、方位阈值 β_f，对一组点迹 $\{(d_r,\beta_r) \mid 1 \leqslant r \leqslant N\}$（排序后），当

$$\begin{cases} d_j - d_i < d_f \\ \beta_j - \beta_i < \beta_f \end{cases}, \quad 1 \leqslant i < j \leqslant N \tag{3-3-2}$$

成立时，用其重心点代替点迹 (d_i,β_i)，其余的点迹 $\{(d_r,\beta_r) \mid i < r \leqslant j\}$ 予以删除。

(5) 录取波门控制

根据人工设置的录取波门（包括波门的内 / 外属性），对不在波门范围内的点迹予以剔除。

1. 航迹起始

如前所述，点迹可分为自由量测点迹、自由历史点迹、相关点迹。航迹起始就是从自由量测点迹和历史点迹中找出属于同一目标的所有点迹，构成一个初始相关的点迹序列并建立测试起始航迹的过程。

在叙述航迹起始方法之前，首先对航迹起始相关的准则和一些基本概念予以说明。

在航迹起始过程中需要遵从的法则和依据，称为初始相关准则。适用于航迹起始的初始相关准则主要内容如下：

① 同一扫描周期中的点迹不互联，当目标逆扫描线方向运动过正北或目标沿正北线运动时，同一扫描周期可能两次得到该目标的点迹；当目标顺扫描线方向运动过正北或目标沿正北线运动时，可能有一个或多个扫描周期得不到该目标的量测点迹。

② 当有多个自由量测点迹时，逐一建立初始相关域进行相关处理。

③ 在得到一个或几个初始相关点后，即可对其他周期里目标可能出现的位置进行预测，并以预测点为中心建立相关域，然后进行套点相关处理。当预测点相关域中有多个点迹时，分别取到该相关域中心（预测点）的距离最近的点迹，作为其相关点，而当相关域中没有点迹时，认为该相关域套空。

④ 根据取舍原则（n/m 原则，即 m 个周期里有 n 个相关点迹即认为是一个新目标），当初始相关序列满足设定的条件（如残差不大于设定阈值等）时，则认为该相关序列是一测试起始航迹。

⑤ 若某量测点迹的初始相关域套空，或其初始相关域不空，但均未建立起始航迹，则认为该点迹为自由点迹。

符合初始相关准则的相关序列，称之为测试起始航迹。对于测试起始航迹，需对目标在下一周期里可能出现的位置进行预测，建立相应的跟踪波门和套门逻辑，在新的量测点迹到来时进行跟踪相关处理。

(1) 建立初始相关序列

通常一次扫描后自由点迹的分布，有三种典型的情况：

① 存在大量虚警，甚至形成明显的带状或环状点迹区域。此时可采用半自动录取方式确定有效的点迹，航迹起始处理仅对人工辅助录取或辅助确定的有效点迹进行。

② 存在分布相对密集的团状点迹块。此时可取点迹块的中心为有效点迹，航迹起始处理

对该有效点迹进行。

③ 分布稀疏的孤立点迹。航迹起始处理对每个点迹依次进行。

如图 3-3-2 所示，P_1 是搜索传感器检测到的一个有效自由量测点迹(称为航迹头)。以该点迹为中心建立一个称为"初始相关域"或"初始相关波门"的区域。在下一个天线扫描周期中，在该区域内检测到的点迹 P_2，则很可能是第一次录取到的目标在第二个扫描周期新位置的点迹，从而初步判断 P_2 与 P_1 相关，即认为它们是同一目标在前、后两个相邻周期里的点迹，可连成一条可能的航迹 —— 试验航迹。事实上，因为虚警、干扰和噪声的存在，它们之中也可能有一个甚至两个都是虚警点迹，因而该航迹的可信程度不高，需要用后续扫描数据来进行检测和确认。确认的方法是，根据这两个点迹的数据，预测目标在下一个搜索雷达扫描周期里可能出现的位置 P_3，以之为中心建立一个"跟踪波门"，当下一周期内检测到位于该波门内的点迹时，便可认为试验航迹得以确认为一个目标，从而可转入正常的航迹后续相关 / 跟踪处理过程。

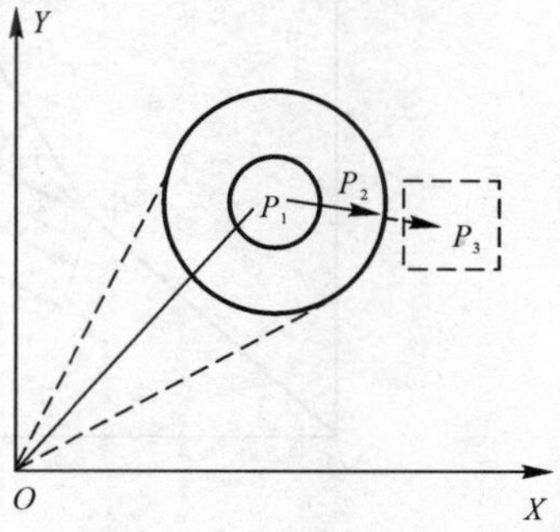

图 3-3-2　航迹起始原理图

对于初始相关域，亦称"捕获波门"，可根据实际的需要选用不同形状和不同大小的波门(相关域)。常用的初始相关域有环形、扇形、矩形等，对于三坐标搜索雷达，则为球形、楔形和椭球形等。

上述航迹起始方法是一种传统的方法，其缺点是当自由点迹较多时，需要维持和管理的航迹头很多，每个自由量测点迹均需要计算初始相关域，计算效率不高，空间开销也很大。

基于不同的战术技术要求，可选用圆形、环形、扇环形、似菱形等不同形状的初始相关域。对于确定初始相关域形状和大小的参数，主要考虑下列因素：

① 目标的战术特性要求；

② 目标可能的最大速度和最小速度；

③ 目标现在点的坐标；

④ 传感器的扫描周期和量测误差；

⑤ 目标的径向长度和角向宽度。

通常，对海上目标，可选用圆形或环形(见图 3-3-3 和图 3-3-4)初始相关域。对空中快速目标，可选用扇环形或似菱形(见图 3-3-5 和图 3-3-6)初始相关域。

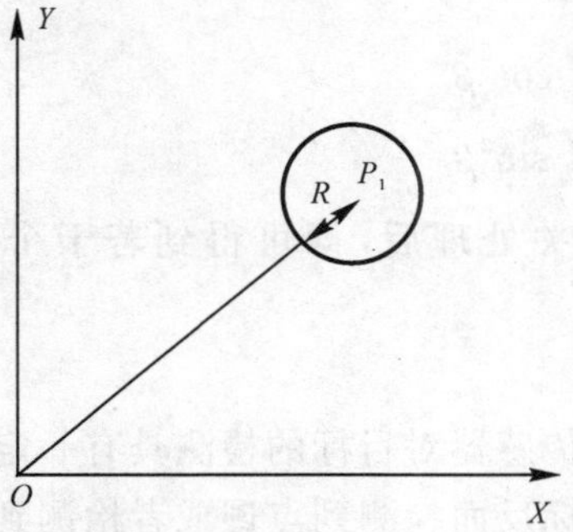

图 3-3-3　圆形初始相关域

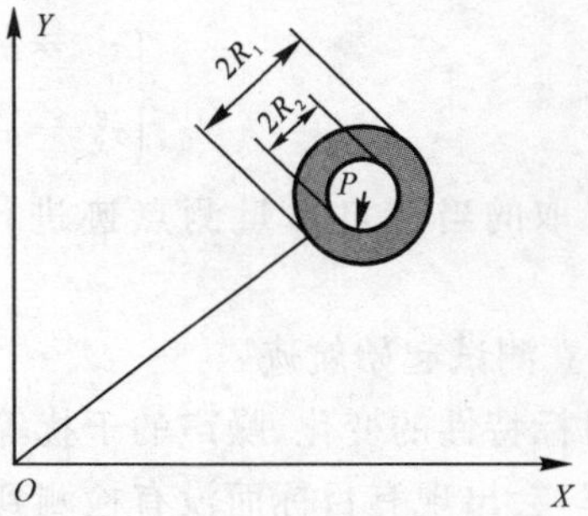

图 3-3-4　环形初始相关域

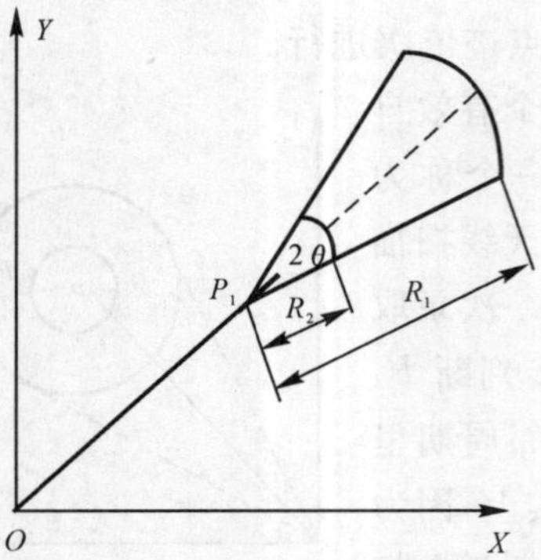

图 3-3-5 扇环形初始相关域

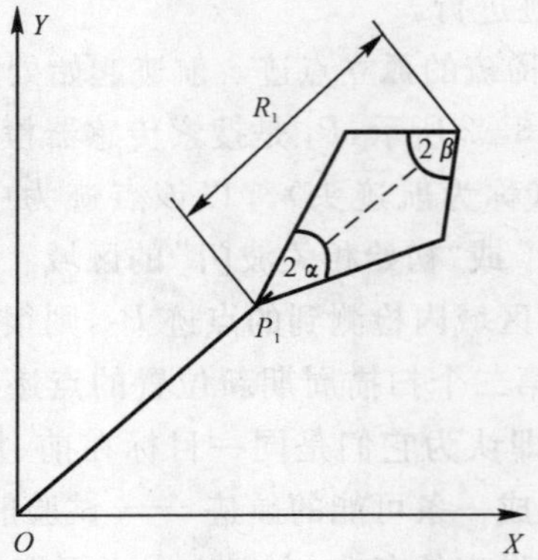

图 3-3-6 似菱形初始相关域

给定点 $P_1(x_1, y_1)$ 及参数 R_1, R_2, θ，判定点 $P(x, y)$ 是否在该扇环形初始相关域中的计算公式为

$$\begin{cases} R_2^2 \leqslant (x - x_1)^2 + (y - y_1)^2 \leqslant R_1^2 \\ |xy_1 - x_1 y| \leqslant (xx_1 + yy_1 - d_1^2)\tan\theta \end{cases} \tag{3-3-3}$$

式中，d_1—— 点迹 P_1 的距离，$d_1 = \sqrt{x_1^2 + y_1^2}$。

对于似菱形初始相关域，判定点 $P(x, y)$ 是否在相关域中的计算公式为

$$|xy_1 - x_1 y| \leqslant \min\{(xx_1 + yy_1 - d_1^2)\tan\alpha, [R_1 d_1 - (xx_1 + yy_1 - d_1^2)]\tan\beta\} \tag{3-3-4}$$

对于套取中间点的相关域，通常根据目标运动假定，以及目标当前点位置和初始相关域中相关点的位置，预测目标在前面第 i 个周期中的量测位置，然后以此预测点为中心，建立矩形相关域。在目标一次运动假定下，预测点的计算如下：

$$\hat{\boldsymbol{X}}^i = \boldsymbol{X}^0 + \frac{i}{N}(\boldsymbol{X}^0 - \boldsymbol{X}^N), \quad 1 \leqslant i < N \tag{3-3-5}$$

式中，$\boldsymbol{X}^0$—— 当前周期的自由量测点迹坐标向量；

$\boldsymbol{X}^N$—— 前数第 $N+1$ 周期历史点迹的向量；

$\hat{\boldsymbol{X}}^i$—— 预测的第 $i+1$ 周期历史点的直角坐标向量。

至于中间点相关域的大小，主要考虑预测点的位置误差、目标的机动性能、目标大小等因素，其边长可取为 $\kappa_c \sigma_{\hat{x}_i}$ 和 $\kappa_c \sigma_{\hat{y}_i}$（$\kappa_c$ 为常数）。其中，

$$\begin{cases} \sigma_{\hat{x}_i}^2 = \sigma_{\hat{d}_i}^2 \sin^2\hat{\beta}_i + \hat{d}_i^2 \sigma_{\hat{\beta}_i}^2 \cos^2\hat{\beta}_i \\ \sigma_{\hat{y}_i}^2 = \sigma_{\hat{d}_i}^2 \cos^2\hat{\beta}_i + \hat{d}_i^2 \sigma_{\hat{\beta}_i}^2 \sin^2\hat{\beta}_i \end{cases} \tag{3-3-6}$$

在对录取的当前自由量测点迹进行上述初始相关处理后，即可得到若干个初始相关序列。

(2) 建立测试起始航迹

由于目标特性的变化、噪声的干扰等因素的影响，传感器对目标的检测具有一定的发现概率和虚警率，会出现有目标而没有检测到点迹、没有目标反而检测到点迹或者检测到的点迹不是源于目标等情况。在目标密集环境中，还容易出现初始相关域之间相互重叠、多个初始相关点迹序列会争夺相同的点迹资源，从而与给定的初始相关准则发生冲突。因此，对于已经建立

的初始相关序列，还必须确立具体的相关准则以解除模糊相关，进行初始滤波以计算目标的运动参数，并对目标在下一时刻可能出现的位置进行预测，建立跟踪波门，为后续时刻点迹与航迹的相关检测做好准备。下面对此作具体的分析。

当初始相关域内检测到多个点迹时，须对每个初始相关点建立一个初始序列，分别对第 2 点进行预测并进行套点相关处理。

在得到第 3 点，而对第 2 点进行预测后进行的第 2 点的相关检测结果为相关域套空，即没有检测到目标点，此时因为还无法确定是传感器漏测还是该点迹序列是由杂波或虚警产生的虚假航迹，所以须对第 4 点进行预测并进行相关检测。当第 4 点相关域内有相关点时得到一个置信度更高的相关序列，当没有相关点时，可暂时保留该序列。

在得到第 3 点，而对第 2 点进行预测后进行的第 2 点的相关检测结果为在相关域内检测到多个目标点迹时，一种简单的做法是取离预测点"最近"的点迹作为相关点，也可以先记录下来，在随后的处理中予以考虑。

对于初始相关序列，需要根据相关情况进行滤波，以计算目标的运动参数。以一个坐标方向为例，初始滤波问题可转化为以下最小化问题：

$$\min f(x, v_x) \equiv \sum_{i \in \Delta} \{[x-(i-1)v_x T]-x_i\}^2 \tag{3-3-7}$$

式中，Δ—— 初始相关序列中点迹对应的下标集合；

T—— 搜索雷达的扫描周期。

针对具体情况，求解式(3-3-7)即得到相应的滤波值 $\hat{x}$ 与 $\hat{v}_x$ 的计算公式。相应的残差平方和为

$$\varepsilon_x^2 = \sum_{i \in \Delta} \{[\hat{x}-(i-1)\hat{v}_x T]-x_i\}^2 \tag{3-3-8}$$

当多个初始相关序列含有相同的相关点迹时，根据一个点迹仅属于一个目标的原则，必须确定这些相关点唯一归属哪个初始相关序列。首先，根据设计的初始相关准则和初始滤波的结果，可删除那些不合要求(例如滤波残差不满足条件)的初始相关序列。

(3) 人工辅助航迹起始

人工辅助航迹起始，是指由操作手在显控台上观察显示屏上的目标视频回波，人工录取点迹数据以辅助建立航迹的过程。

录取的点迹一般仅用于建立航迹头或测试起始航迹，建立航迹的准则与自动方式相同，航迹后续相关过程也与自动方式的处理过程相同。录取点迹的方法是，操作手转动模球 / 鼠标，将光标压住目标回波，同时按下录取键，计算机计算出光标对应的实际位置数据后立即发送给航迹处理系统。可连续录取，直到建立起所关心目标的航迹或无法继续承取(如目标脱离传感器探测范围)为止。

通常人工录取的点迹数据，还包含显示的最小分辨单元误差、模球 / 鼠标的定位误差、录取的时间延时带来的误差等，因此在建立捕获波门时要考虑上述误差源的影响。一种弥补的方法是，首先以人工录取点为中心建立一个辅助波门，若该波门内有自动录取的点迹，则不用人工点迹而改用自动录取的点迹来建立初始相关域。人工辅助航迹起始方法，一般仅适用于目标环境比较复杂，自动建立航迹比较困难或者自动建立航迹的虚假航迹过多的情况。

还有一种人工辅助速率跟踪的方式，是连续人工录取多个点迹建立航迹，建立航迹后操作手还须密切监视自动录取的情况，丢点时再次录取(即人工补点)，以维持航迹的连续性。这种

方式自动化程度较低，但在有较强干扰或目标频繁机动时较可靠，只是精度较差。

2. 航迹滤波与外推计算

航迹滤波与外推是实现自动跟踪目标的基础。滤波与外推通常是在完成对航迹当前周期里的相关检测之后，即在航迹后续相关处理过程中进行。后续相关处理的流程大致如图3－3－7所示。

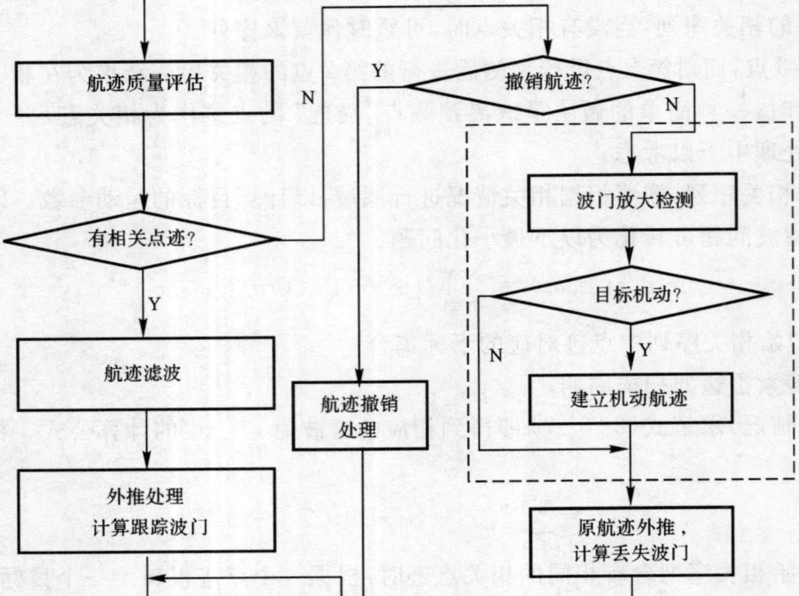

图3－3－7　后续相关处理流程

在每个扫描周期里，对每个已建立的目标航迹进行相关检测，对同一目标航迹来说，检测到的点迹序列是一个在时间上离散、按目标自身运动规律形成的空间位置序列。在目标运动过程中，大气扰动、传感器自身的噪声等因素均会给量测数据带来随机误差，传感器对目标的检测往往还会存在一定的系统误差。滤波是一个对目标当前的状态向量进行估计的过程，通常是利用上一时刻的状态估计结果和当前时刻实时得到的量测数据，按一定的滤波算法进行递推计算来实现的。外推也称为预测，是根据已知的目标航迹状态和运动参数，按照设计的目标运动模型预测目标在下一周期可能出现的位置。

滤波与外推均属于估计理论的范畴，是现代控制理论在多目标跟踪技术领域中的典型应用。时域状态空间方法是估计理论的主要方法之一，其主要特点是用状态向量来反映系统内部特性。对于离散线性时变系统，状态空间法可用状态方程和量测方程来描述：

$$\boldsymbol{X}(k+1)=\boldsymbol{A}(k)\boldsymbol{X}(k)+\boldsymbol{B}(k)\boldsymbol{u}(k)+\boldsymbol{G}(k)\boldsymbol{w}(k) \tag{3-3-9}$$

$$\boldsymbol{z}(k)=\boldsymbol{H}(k)\boldsymbol{X}(k)+\boldsymbol{v}(k) \tag{3-3-10}$$

式中，$\boldsymbol{z}(k)$—— 量测向量；

$\boldsymbol{X}(k)$—— 目标在 k 时刻的状态向量；

$\boldsymbol{A}(k)$—— 状态(转移)矩阵；

$\boldsymbol{H}(k)$—— 量测矩阵；

$\boldsymbol{B}(k)$—— 控制矩阵；

$\boldsymbol{u}(k)$—— 控制向量；

$\boldsymbol{G}(k)$—— 状态噪声系数矩阵；

$\boldsymbol{w}(k),\boldsymbol{v}(k)$—— 分别表示状态噪声和量测噪声。

目标模型很多，包括微分多项式模型、匀速直线运动模型(CV 模型)、匀加速直线运动模型(CA 模型)、时间相关模型、半马尔科夫模型、Singer 模型、Noval 统计模型、当前统计模型等。对于 CV 模型，在一个直角坐标方向上的状态矩阵和状态噪声系数矩阵分别为

$$\boldsymbol{A}(k)=\begin{pmatrix}1 & T_k\\0 & 1\end{pmatrix},\quad \boldsymbol{G}(k)=\begin{pmatrix}T_k^2/2\\T_k\end{pmatrix}\tag{3-3-11}$$

对于 CA 模型，在一个直角坐标方向上的状态矩阵和状态噪声系数矩阵分别为

$$\boldsymbol{A}(k)=\begin{bmatrix}1 & T_k & T_k^2/2\\0 & 0 & T_k\\0 & 0 & 1\end{bmatrix},\quad \boldsymbol{G}(k)=\begin{bmatrix}T_k^2/4\\T_k/2\\1\end{bmatrix}\tag{3-3-12}$$

对于单传感器航迹处理，使用最多的还是 CV 模型和 CA 模型，其他模型往往用来进行目标机动判别时使用。常见的最小二乘滤波、$\alpha-\beta$ 滤波、$\alpha-\beta-\gamma$ 滤波都可归结为卡尔曼滤波的特殊形式。

3. 点迹与航迹互联

为了寻找航迹的后续相关点，需要以预测点为中心，建立一个矩形或其他形状的相关区域，称之为后续相关域，即通常所谓的跟踪波门。跟踪波门的大小与下列因素有关：

① 航迹的预测误差；

② 航迹的质量；

③ 搜索传感器的量测误差和扫描周期；

④ 目标的机动能力。

波门形状和大小的设置，应使目标点迹落入波门内的概率尽可能大，而同时尽量避免在波门内出现过多的与目标无关的点迹。

建立跟踪波门后，当新的量测数据到来时，即须进行点迹与航迹的相关检测。相关检测就是将落入跟踪波门内的点迹检测出来，并确定哪些点迹属于哪些航迹的匹配过程，即对点迹按航迹进行分类的过程。分类之后，多目标的航迹处理就转化成单目标的跟踪问题。

事实上，相关检测就是一个假设检验问题：

H_0：该量测点迹不属于指定的目标航迹；

H_1：该量测点迹属于指定的目标航迹。

对于新息 $\boldsymbol{e}(k+m)$，在假设 H_1 下是一个均值为零、方差为 Σ_e 的高斯分布随机向量；在假设 H_0 下，若对虚假点迹的概率分布没有先验知识可用，则假定其概率密度是不变的常数，因此，假设检验变为显著性检验。

$$\boldsymbol{e}(k+m)=\boldsymbol{z}(k+m)-\boldsymbol{H}(k+m)\boldsymbol{X}(k+m\mid k)\tag{3-3-13}$$

$$\boldsymbol{\Sigma}_e=\boldsymbol{R}(k+m)+\boldsymbol{H}(k+m)\boldsymbol{P}(k+m\mid k)\boldsymbol{H}^{\mathrm{T}}(k+m)+\boldsymbol{Q}(k+m)T^4/4\tag{3-3-14}$$

$$p_1(\boldsymbol{e}(k))=\frac{1}{2\pi\boldsymbol{\Sigma}_e^{1/2}}\exp\left(-\frac{1}{2}\boldsymbol{e}(k)\boldsymbol{\Sigma}_e^{-1}\boldsymbol{e}^{\mathrm{T}}(k)\right)\leqslant\chi^2 \tag{3-3-15}$$

在极坐标下，有

$$\boldsymbol{\Sigma}_e=\begin{bmatrix}\sigma_d^2 & 0\\ 0 & \sigma_\beta^2\end{bmatrix}+\begin{bmatrix}\hat{\sigma}_d^2(k+m\mid k) & 0\\ 0 & \hat{\sigma}_\beta^2(k+m\mid k)\end{bmatrix}+\frac{T^4}{4}\begin{bmatrix}\sigma_{a,d}^2 & 0\\ 0 & \sigma_{a,\beta}^2\end{bmatrix} \tag{3-3-16}$$

而在直角坐标系下，有

$$\boldsymbol{\Sigma}_e=\begin{bmatrix}\sigma_x^2 & \sigma_{xy}\\ \sigma_{xy} & \sigma_y^2\end{bmatrix}+\begin{bmatrix}\hat{\sigma}_x^2(k+m\mid k) & \hat{\sigma}_{xy}(k+m\mid k)\\ \hat{\sigma}_{xy}(k+m\mid k) & \hat{\sigma}_y^2(k+m\mid k)\end{bmatrix}+\frac{T^4}{4}\begin{bmatrix}\sigma_{a,x}^2 & \sigma_{a,xy}\\ \sigma_{a,xy} & \sigma_{a,y}^2\end{bmatrix} \tag{3-3-17}$$

式中，$\sigma_{a,d}^2,\sigma_{a,\beta}^2,\sigma_{a,x}^2,\sigma_{a,xy},\sigma_{a,y}^2$——均为有关目标加速度的方差。

对于一步预测，若认为两个坐标方向互不相关，则有

$$\frac{\sigma_x^2(k+1\mid k)}{\sigma_x^2}=\frac{\sigma_y^2(k+1\mid k)}{\sigma_y^2}=\frac{2(2k+1)}{k(k-1)},\quad \frac{\sigma_{a,x}^2}{\sigma_x^2}=\frac{\sigma_{a,y}^2}{\sigma_y^2} \tag{3-3-18}$$

因此，

$$\sqrt{\frac{\boldsymbol{\Sigma}_{x,e}}{\sigma_x^2}}=\sqrt{\frac{\boldsymbol{\Sigma}_{y,e}}{\sigma_y^2}}=\sqrt{1+\frac{2(2k+1)}{k(k-1)}+\frac{T^4\sigma_{a,x}^2}{4\sigma_x^2}} \tag{3-3-19}$$

从而假设检验问题简化为

$$|\boldsymbol{x}-\hat{\boldsymbol{x}}(k+1\mid k)|\leqslant K_c\sigma_x\sqrt{1+\frac{2(2k+1)}{k(k-1)}+\frac{T^4\sigma_{a,x}^2}{4\sigma_x^2}} \tag{3-3-20}$$

式中，K_c——常数。

由式(3-3-20)可知，随着相关点迹数目的增加，在正常相关(有相关点迹)时跟踪波门逐步缩小到一个稳定值。但在丢失点迹的情况下，由卡尔曼滤波/预测公式可知，多步预测的协方差矩阵的系数将会增大，相应的跟踪波门(也称为丢失波门)也将放大。对实际跟踪过程来说，波门的大小是根据相关情况和滤波预测结果而不断进行动态调整的。

以上介绍了跟踪波门的计算方法和原理。在实际应用上，一般都是采用边相关边滤波的方法，即相关检测为滤波提供新息，利用滤波预测的结果计算跟踪波门以帮助分类，如此重复进行。在实现方法上可将相关检测分为粗相关和细相关两个过程。前者仅仅是利用跟踪波门将落入门内的点迹检测出来；后者在粗相关的基础上确定已检测出来的可能相关点迹对航迹的归属关系。下面描述最近邻域方法的细相关的准则和方法。

在最近邻域方法中，点迹与航迹的相关须遵循下列相关准则：

① 若波门套空，则以预测点为目标的新点迹，跟踪波门放大，以便再次录取点迹，必要时可进行机动检测并建立机动航迹。

② 当某一航迹与一个点迹相关时，则确定该点迹为该航迹的相关点迹。

③ 当某一航迹同时与多个点迹相关，这些点迹中的某几个又与其他航迹唯一相关时，确定这几个点迹属于与其唯一相关的航迹而与本航迹不相关。

④ 当某一航迹同时与多个点迹相关，取离预测点距离最近的点迹作为该航迹的相关点迹。

⑤ 不与确认航迹相关的点迹，再考虑其与试验航迹的相关，不与任何航迹相关的点迹作为自由点迹。

⑥ 当跟踪波门跨越正北线时，须在相邻的两个周期里进行相关检测。

⑦ 当多条航迹均和同一点迹唯一相关时，若其中有确认航迹，则该点迹属于该确认航迹，有多个确认航迹时属于与其距离最近的确认航迹；若没有确认航迹与该点迹相关，则该点迹属于与其距离最近的航迹。

当在波门内检测不到点迹时，往往有多种可能性，例如目标机动、目标回波特性变化、传感器不稳定或受到干扰、目标被遮挡等。这时如果加大跟踪波门，有可能在下一周期重新检测到目标点迹。加大波门在当前周期重新检测一次，有可能在原波门边缘附近检测到点迹，这时考虑到这样的点迹也可能是虚假点迹，所以可建立一条机动航迹来按新检测到的点迹进行滤波，同时对原来的航迹进行外推，待在后续周期里根据检测结果决定对航迹的取舍。

在工程应用中往往采用对航迹进行分类的办法来提高相关检测的效率。例如，可简单将航迹区分为固定目标航迹、匀速直线航迹、机动目标航迹。对于固定目标航迹，其检测门限可为一固定值；对匀速直线航迹，不必考虑目标加速度噪声的影响；对机动目标航迹，则须考虑机动加速度的影响。

为尽可能避免模糊相关和错误相关的发生，往往还使不同类的航迹在相关过程中具有不同的优先程度。例如，将航迹区分为试验航迹、确认航迹，优先考虑点迹与确认航迹的相关。

另外，在最近邻域相关方法中引入概率数据互联或模糊决策理论的思想，可有效提高相关检测的成功率。简单地说，当进行波门套点时先将落入波门内的所有点迹（或者离预测点最近的至多 M 个相关点迹）记录下来；在对所有航迹的波门检测完成之后，再按照模糊决策的思想进行解除模糊相关的处理，或者按照概率数据互联的方法进行滤波。

定义一个表示点迹 z 与航迹 i 的关联程度大小的函数

$$f(\boldsymbol{z}-\boldsymbol{h}(k)\boldsymbol{x}(k\mid k-1))=$$

$$\exp\left(-\frac{1}{2}\left[\boldsymbol{z}-\boldsymbol{h}(k)\boldsymbol{x}(k\mid k-1)\right]\boldsymbol{S}_k^{-1}\left[\boldsymbol{z}-\boldsymbol{h}(k)\boldsymbol{x}(k\mid k-1)\right]^{\mathrm{T}}\right) \tag{3-3-21}$$

那么，当发生模糊关联时，可构造关联矩阵 $\boldsymbol{R}=(r_{ij})$，r_{ij} 表示点迹 j 与航迹 i 的关联程度值。为方便起见，对 $\boldsymbol{R}$ 的同一行各元素按关联值从大到小排列。同时构造点迹地址编码矩阵 $\boldsymbol{D}=(d_{ij})$，d_{ij} 表示与航迹 i 关联的第 j 个点迹的地址。当且仅当矩阵 $\boldsymbol{R}$ 的第 1 列元素对应的地址编码矩阵有相同元素时，存在模糊相关，此时须将点迹分配给关联值大的航迹，解除该点迹与相应关联值小的航迹的关联关系。如此反复比较，直到没有模糊相关的情况存在为止。

在解除模糊关联之后，就需要对航迹进行滤波处理。随着传感器的不断扫描，每次得到的新量测点迹经预处理后，按下面的顺序对点迹进行分类处理。

① 与航迹相关。每个周期 / 扇区得到新的量测点迹后，首先考虑其与确认航迹的相关性，然后再考虑其与试验航迹的相关性，采用最近邻域方法进行相关处理。在与所有航迹的相关处理完成后，与确认航迹相关的点迹予以删除，与试验航迹相关的点迹则予以保留。

② 初始建航。航迹相关处理完成后，考虑对量测点迹与历史点迹进行初始建航处理。与初始航迹关联的点迹在建航完成后即被删除。

③ 历史自由点迹管理。不与任何航迹相关的点迹，即为自由点迹。在点迹与航迹的相关处理和点迹之间的互联处理（初始建航）完成之后，剩下的点迹作为历史自由点迹被保存管理，并用于下一周期 / 扇区的相关处理和初始建航处理。

4. 航迹管理

航迹管理包括航迹批号管理、分类管理和航迹质量管理，其目的就是评估航迹质量的优劣，以确定航迹的建立、维持、撤销／终止状态，为维持一个完整、正确、唯一的目标航迹档案提供质量标准。

航迹批号管理确定航迹的唯一性。当航迹起始建立新的测试起始航迹时，其批号与所有已建立航迹不同，可采取的方法是与已建立的航迹比较，如果属于同一目标，则仅保留其中质量较好的航迹。这种航迹合并方法，须在每个航迹的相关检测和滤波外推完成之后进行。此外，当航迹分叉、撤销或终止时，也须对批号进行管理。

航迹质量管理的理论基础是跟踪终结理论。常用的跟踪终结方法，是根据连续多次扫描周期中航迹丢失目标点迹的次数确定航迹撤销。通常采用给航迹评分的方法来对航迹质量进行评估。

① 对于起始航迹，综合考虑其残差大小和相关点迹的个数等因素而赋予航迹以某个质量等级分数。

② 在航迹的后续相关过程中，根据相关情况，通过状态转移方法来修改其质量得分。

航迹与量测点迹的相关情况可分为正常相关、冲突相关和不相关。正常相关是指与该航迹相关的点迹，不与其他任何航迹相关；冲突相关是指与该航迹相关的点迹同时与其他航迹相关；不相关是指跟踪波门套空，其连续套空的次数称为不相关次数。例如，当航迹正常相关时，相应航迹质量得分增加一个常数；当航迹丢失点迹时，质量得分减掉一个常数。当航迹质量得分低于设定的门限值时，认定航迹为撤销航迹而予以终止；当航迹质量得分高于设定的确认门限值时，认为航迹跟踪质量已趋于稳定，认定航迹为确认航迹，否则为试验航迹。

3.3.3 其他航迹处理方法

1. 全邻域航迹处理方法

1974 年，Singer 与 Housewright 提出了全邻最优滤波器。

$$\hat{\boldsymbol{X}}(k \mid k) = \hat{\boldsymbol{X}}(k \mid k-1) + \sum_{i=1}^{L(k)} P_i(k)\boldsymbol{b}_i(k \mid k-1) \tag{3-3-22}$$

式中， $P_i(k)$ ——k 时刻航迹 i 正确的概率；

$\boldsymbol{b}_i(k \mid k-1)$ —— 航迹 i 在 $k-1$ 时刻对 k 时刻的状态向量预测偏差的均值；

$L(k)$ ——k 时刻全部可能的航迹数，$L(k)=[1+m(k)]L(k-1)$；

$m(k)$ ——k 次扫描期间的候选回波数。

这种滤波器既考虑了所有候选回波（空间累积信息），也考虑了跟踪历史信息（时间累积信息）。

2. 概率数据互联

1975 年，Bar-Shalom 和 Tse 提出了概率数据互联滤波器（PDA）。

记 $Z(k)=\{\boldsymbol{z}_j(k) \mid j=1,2,\cdots,m(k)\}$，表示传感器在 k 时刻的量测集合；$Z^k=\{Z(n) \mid n=$

$1,2,\cdots,k\}$ 表示到 k 时刻止的所有量测集；$\theta_i(k)$ 表示 $z_i(k)$ 是源于目标的正确量测的事件；$\theta_0(k)$ 表示 k 时刻的量测没有一个是正确量测的事件；$\hat{\boldsymbol{X}}(k\mid k-1)$ 为根据 $1,2,\cdots,k-1$ 时刻所有量测对 k 时刻的预测数据，令

$$\hat{\boldsymbol{X}}_i(k\mid k)=E(\boldsymbol{X}(k)\mid\theta_i(k),Z^k)\tag{3-3-23}$$

则有

$$\begin{aligned}\hat{\boldsymbol{X}}(k\mid k)=E(\boldsymbol{X}(k)\mid Z^k)=&\\&\sum_{i=0}^{m(k)}E(\boldsymbol{X}(k)\mid\theta_i(k),Z^k)\boldsymbol{P}(\theta_i(k)\mid Z^k)=\\&\sum_{i=0}^{m(k)}\beta_i(k)\hat{\boldsymbol{X}}_i(k\mid k)=\\&\hat{\boldsymbol{X}}(k\mid k-1)+\boldsymbol{K}(k)\boldsymbol{e}(k)\end{aligned}\tag{3-3-24}$$

式中，$\beta_i(k)$—— 量测 i 源于目标的概率；

$\boldsymbol{e}(k)$—— 组合新息，$\boldsymbol{e}(k)=\sum\limits_{i=1}^{m(k)}\beta_i(k)[\boldsymbol{z}_i(k)-\hat{\boldsymbol{z}}_i(k\mid k-1)]$。

协方差矩阵的更新公式为

$$\begin{aligned}\boldsymbol{P}(k\mid k)=&[\boldsymbol{I}-(1-\beta_0(k)\boldsymbol{K}(k)\boldsymbol{H}(k)]\boldsymbol{P}(k\mid k-1)+\\&\boldsymbol{K}(k)\Big[\sum_{i=0}^{m(k)}\beta_i(k)\boldsymbol{e}_i(k)\boldsymbol{e}_i^{\mathrm{T}}(k)-\boldsymbol{e}(k)\boldsymbol{e}^{\mathrm{T}}(k)\Big]\boldsymbol{K}^{\mathrm{T}}(k)\end{aligned}\tag{3-3-25}$$

这种概率数据互联方法，需要用到三个基本的假定条件：

① 虚假量测在跟踪波门内服从均匀分布；

② 正确量测服从高斯分布；

③ 每个目标在每个采样周期至多有一个真实量测，其概率为 P_D。

当用概率数据互联方法计算关联概率时，仅考虑关联区域内当前时刻的所有量测，而不考虑这些量测是否可能来自其他目标，概率加权值在各航迹之间对立进行计算。其主要问题是需要计算所有可能量测的概率，计算量太大而难以满足实时性要求。

3. 联合概率数据互联

针对概率数据互联方法不能处理跟踪波门重叠、目标航迹交叉的情况，Bar Shalom 提出了联合概率数据互联(Joint Probabilistic Data Association，JPDA) 方法，也称为最优贝叶斯方法，其关联概率是用所有的量测和航迹来计算的。在JPDA算法中，Bar Shalom 引入了“聚”这一概念，即相互重叠的关联区的集合。将量测点迹按“聚”进行分割，可大大减少关联概率的计算量，同时也降低了错误相关的概率。

JPDA 方法基于两个基本假设：

① 每个量测点迹有唯一源，即要么源于某个目标，要么源于杂波或虚警；

② 对于给定的目标，同一时刻最多有一个量测点迹属于该目标。

满足上述两个假设的事件称为可能事件(Possible Event)。

设 $\theta(k)=\{\theta_j(k)\mid j=1,2,\cdots,m(k)\}$ 表示 k 时刻所有可能的联合事件的集合，其中，

$$\theta_i(k)=\bigcap_{j=1}^{m(k)}\theta_{jt_j}^i(k)\tag{3-3-26}$$

表示第 i 个联合事件(表示 k 时刻 $m(k)$ 个量测和 n 个目标的一种可能状态)，$\theta_{jt_j}^i(k)$ 表示量测

$z_j(k)$ 在该事件中源于目标 $t_j(t_j>0)$ 或源于杂波/虚警($t_j=0$)的事件。于是,第 j 个量测与目标 t 关联的事件可表示为

$$\theta_{jt}(k)=\bigcup_{i}\theta_{jt}^{i}(k) \qquad (3-3-27)$$

定义联合事件 $\theta_i(k)$ 的关联矩阵

$$\boldsymbol{\Omega}(\theta_i(k))=(\omega_{jt}^{i}(\theta_i(k))),\quad \omega_{jt}^{i}(\theta_i(k))=\begin{cases}1 & \text{在 } \theta_i(k) \text{ 中 } \boldsymbol{z}_j(k) \text{ 源于目标 } t\\ 0 & \text{在 } \theta_i(k) \text{ 中 } \boldsymbol{z}_j(k) \text{ 不源于目标 } t\end{cases} \qquad (3-3-28)$$

以及

$$\tau_j(\theta_i(k))=\sum_{t=0}^{n}\omega_{jt}^{i}(\theta_i(k))=\begin{cases}1 & \text{在 } \theta_i(k) \text{ 中量测 } \boldsymbol{z}_j(k) \text{ 源于某目标 } t\\ 0 & \text{在 } \theta_i(k) \text{ 中量测 } \boldsymbol{z}_j(k) \text{ 不源于任何目标 } t\end{cases} \qquad (3-3-29)$$

$$\delta_t(\theta_i(k))=\sum_{j=1}^{m(k)}\omega_{jt}^{i}(\theta_i(k))=\begin{cases}1 & \text{在 } \theta_i(k) \text{ 中目标 } t \text{ 与某量测 } \boldsymbol{z}_{jt}(k) \text{ 关联}\\ 0 & \text{在 } \theta_i(k) \text{ 中目标 } t \text{ 不与任何量测关联}\end{cases} \qquad (3-3-30)$$

则

$$\boldsymbol{\tau}(\theta_i(k))=(\tau_1(\theta_i(k)),\tau_2(\theta_i(k)),\cdots,\tau_{m(k)}(\theta_i(k))) \qquad (3-3-31)$$

$$\boldsymbol{\delta}(\theta_i(k))=(\delta_1(\theta_i(k)),\delta_2(\theta_i(k)),\cdots,\delta_n(\theta_i(k))) \qquad (3-3-32)$$

分别反映在联合事件 $\theta_i(k)$ 中任一量测的关联结果与任一目标的检测结果。因此,在 k 时刻与目标 t 关联的事件具有以下性质:

① 正交性。

$$\theta_{it}(k)\cap\theta_{jt}(k)=\varnothing,\quad i\neq j \qquad (3-3-33)$$

② 完备性。

$$P\left(\bigcup_{j=0}^{m(k)}\theta_{jt}(k)\right)=1,\quad t=0,1,\cdots,n \qquad (3-3-34)$$

因此,对目标 t 的状态估计为

$$\begin{aligned}\hat{\boldsymbol{X}}^t(k\mid k)=E(\boldsymbol{X}^t(k)\mid Z^k)=&\\ &\sum_{j=0}^{m(k)}E(\boldsymbol{X}^t(k)\mid\theta_{jt}(k),Z^k)P(\theta_{jt}(k)\mid Z^k)=\\ &\sum_{j=0}^{m(k)}\beta_{jt}(k)\hat{\boldsymbol{X}}_j^t(k\mid k)\end{aligned} \qquad (3-3-35)$$

其中,

$$\beta_{jt}(k)=P(\theta_{jt}(k)\mid Z^k)=P\left(\bigcup_{i=1}^{m(k)}\theta_{jt}^{i}(k)\mid Z^k\right)=\sum_{i=1}^{m(k)}P(\theta_i(k)\mid Z^k)\omega_{jt}(\theta_i(k)) \qquad (3-3-36)$$

$$\begin{aligned}P(\theta_i(k)\mid Z^k)=&\\ &F(\Phi(\theta_t(k)))\prod_{j=1}^{m(k)}N_{t_j^i}^{\tau_j(\theta_t(k))}[z_j(k)]\prod_{t=1}^{n}(P_D^t)^{\delta_t(\theta_i(k))}[1-P_D^t]^{1-\delta_t(\theta_i(k))}\end{aligned} \qquad (3-3-37)$$

$$F(\Phi(\theta_t(k)))=\frac{\Phi(\theta_t(k))!}{cm(k)!\,V^{\Phi(\theta_t(k))}}\mu_F(\Phi(\theta_t(k)))=\begin{cases}\dfrac{\lambda^{\Phi(\theta_t(k))}}{C_1} & \text{对于泊松分布}\\[2ex] \dfrac{\Phi(\theta_t(k))!}{cm(k)!\,V^{\Phi(\theta_t(k))}} & \text{对于均匀分布}\end{cases}$$

(3-3-38)

$$\mu_F(\Phi(\theta_t(k)))=\begin{cases}\dfrac{(\lambda V)^{\Phi(\theta_t(k))}}{\Phi(\theta_t(k))!}\mathrm{e}^{-\lambda V} & \text{对于泊松分布}\\[2ex] \varepsilon & \text{对于均匀分布}\end{cases} \qquad (3-3-39)$$

相应的滤波协方差更新公式为

$$\boldsymbol{P}^t(k \mid k) = \boldsymbol{P}^t(k \mid k-1) + (1-\beta_{0t}(k))\boldsymbol{K}(k)\boldsymbol{S}^t(k)\boldsymbol{K}^{\mathrm{T}}(k) + \sum_{j=0}^{m(k)} \beta_{0t}(k)\{\hat{\boldsymbol{X}}_j^t(k \mid k)[\hat{\boldsymbol{X}}_j^t(k \mid k)]^{\mathrm{T}} - \hat{\boldsymbol{X}}^t(k \mid k)[\hat{\boldsymbol{X}}^t(k \mid k)]^{\mathrm{T}}\} \quad (3-3-40)$$

4. 多假设方法

Reid 于 1977 年提出了多假设跟踪(Multiple Hypothesis Tracking) 方法。其中,"假设"的含义和联合概率数据关联中的联合事件含义基本相同,不同的是在形成假设时对任一量测既要考虑虚警概率,也要考虑新目标出现的概率,k 时刻的假设是由 $k-1$ 时刻的假设和当前累积量测集合关联得到的。多假设方法的过程包括聚的形成、假设生成、假设概率的计算、假设管理(删除低概率假设、合并相接近的假设) 等环节。这是目前在理论上最完善的方法,但由于假设数量呈指数增长而难以实时应用。

5. 神经网络 / 模糊推理方法

数据关联的首要任务,实质就是真假点迹和真假航迹的识别和分类。神经网络方法通过合适地选择能量函数,在样本训练集基础上确定必要的判决规则并按这些规则进行判决和分类,理论上它可以无限逼近 JPDA 方法,同时可实现对关联概率的快速计算,因而在航迹处理方面独具优势。

1995 年,敬忠良对基于神经网络的数据关联和多目标跟踪进行了系统全面的研究和论述,并利用模拟退火算法和博兹曼随机神经网络,克服了神经网络收敛慢和易收敛于局部极小、多假设类方法中的组合爆炸等问题。

3.4 几类典型融合问题

3.4.1 点迹融合

1. 天线不同步转动的同地雷达

在不同瞬时,由于不同雷达波束的指向各不相同,此时观测数据(点迹) 将出现在不同的方位扇区,所以,单雷达系统中的点迹时序与邻接扇区的规则扫描同步的情形将不复存在。点迹应按其检测时间处理,而航迹的更新涉及不相邻的检测扇区。为了外推下次关联的航迹,应计算同一个目标下次点迹到达的时间。天线不同步转动的同地雷达点迹时序如图 3-4-1 所示。

令 T_i 为第 i 个传感器扫描周期,t_i 为第 i 个传感器航迹的最后更新时间,则下一次更新时间为

$$t = \min\ (t_i + T_i) \quad (3-4-1)$$

式中求最小值的过程是在可能检测到该目标的一组不同的雷达上进行的。

在单雷达情况下，对未曾相关过的以及对已处理扇区稍有延迟的航迹都进行外推。但对多雷达跟踪情况，只有当式(3-4-1)求出的相应检测时延超过给定值时才作外推。因此，为了更新每个航迹，必须周期性地检查检测时延。就点迹-航迹关联而言，典型的单雷达系统的方位编排方法仍然适用。

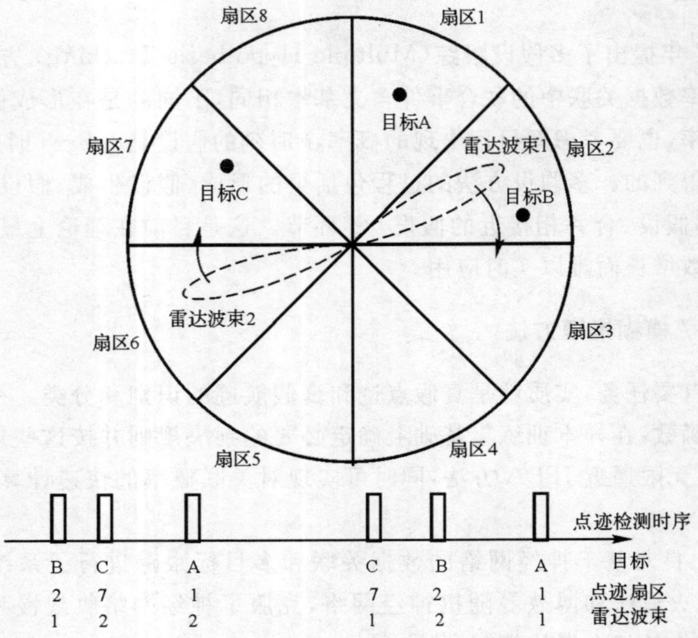

图 3-4-1 天线不同步转动的同地雷达点迹时序

2. 非同地雷达

在这种情况下，当考虑集中式结构多雷达跟踪系统时，由于各雷达的坐标参考系不同，故完全不能用方位分区法。为了确保进行正确的顺次处理，点迹和航迹数据应按它们的时序编排。事实上，即使在单雷达情况下，也能够按时序来编排数据，因为方位是与时间成正比的。因此，从这一点上看，除了更新时间可以变化外，单雷达和多雷达之间并不存在根本的区别(见图 3-4-2)。

图 3-4-3 所示为基于点迹(它来自任一雷达)到达时间的一种数据编排方法。它有三个存储表可用，分别叫航迹表、点迹表和航迹参数表。航迹表可以时间 Δ 为间隔按时间分区排列。对每个时区，给定了航迹识别号 n，预计出现下个点迹的时间 t 和提供该点迹的雷达标志 I。但是，每个时区可能包含一组以上的与几个航迹有关的各种信息。点迹表也是随时间的增大以 Δ 为间隔顺次排列。对时区内每个目标给定坐标(X_m,Y_m)、观测时间 t_m 和雷达标志 I。航迹参数表则按航迹识别号排列。每个存储区包含有与某个航迹有关的全部参数：位置和速度分量、预测下一个观测值的时间、跟踪滤波器的参数和跟踪状态(如稳定、暂时或加速状态)。

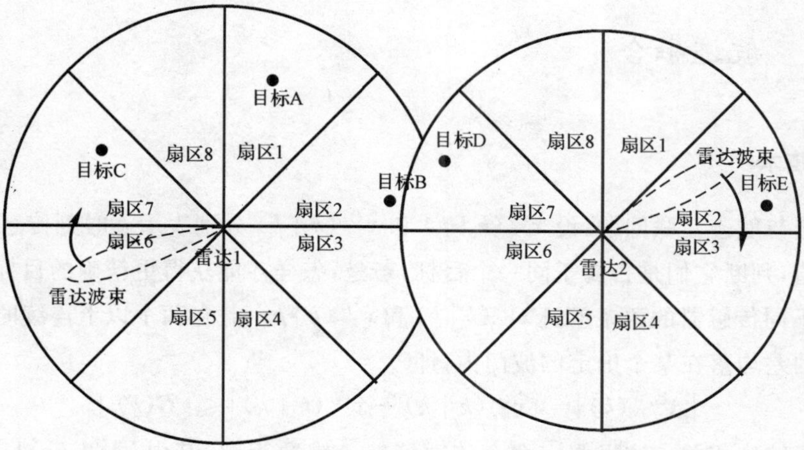

图 3-4-2　天线不同步转动的两个非同地雷达

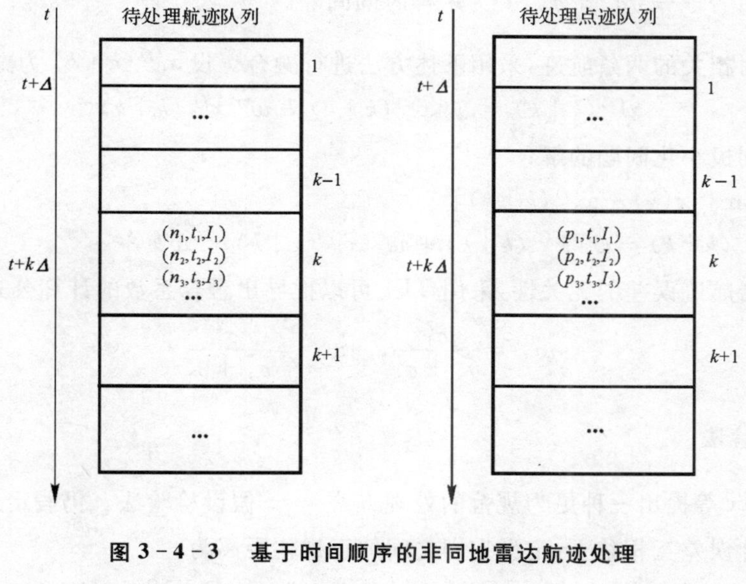

图 3-4-3　基于时间顺序的非同地雷达航迹处理

现在来研究点迹-航迹配对问题。扫描一下点迹表，设点迹 P^* 为(p_m^*，t_m^*，I_m^*)，考虑航迹表中适当数目的时区，比如说，$k=3$，也就是考虑包含的时区和邻近的时区。在这些时区中，可能包含有随时可以关联的航迹。假设有某些航迹是属于这些时区，而且具有像点迹 P^* 一样的雷达标志。把该点迹坐标与每个被选用的航迹比较，统计距离为最小的航迹与点迹 P^* 关联。用滤波算法来更新航迹参数表中的数据。为了更新航迹，必须确定下次点迹的预计检测时间以及提供这一点迹的雷达标志。上述参数可以通过公式求得，并用来更新航迹表。接着再考虑点迹表中的下一个点迹，重复整个处理过程。对那些属于延迟时区不再与工作区关联的（比如时延大于 $k-1$ 区）仍未能关联上的航迹，可采取外推的方法，与任何航迹关联不上的点迹，则可看成新航迹的起始。这种编排和扫描雷达数据的方式，保证所有点迹和航迹完全按顺序处理。

3.4.2 航迹融合

1. 波门技术

考虑航迹与航迹互联问题：设 $\hat{\boldsymbol{x}}^{(i)}(k \mid k)$ 和 $\hat{\boldsymbol{x}}^{(j)}(k \mid k)$ 分别表示 k 时刻传感器 i 和 j 的两条航迹估计值，判断它们是否属于同一个目标，若是，怎样才能获得更精确的目标参数。

对来自不同传感器的两条航迹 $\hat{\boldsymbol{x}}^{(i)}(k \mid k)$ 和 $\hat{\boldsymbol{x}}^{(j)}(k \mid k)$，若在两个以上连续时刻，它们估计值所有属性的差均落在某个确定的波门内，即

$$|\boldsymbol{\Delta}^{(i,j)}(k)| = |\hat{\boldsymbol{x}}^{(i)}(k \mid k) - \hat{\boldsymbol{x}}^{(j)}(k \mid k)| \leqslant |\boldsymbol{G}(k)| \tag{3-4-2}$$

则认为这两条航迹相关。这里假定两个传感器航迹维数相同，其中 $|\boldsymbol{\Delta}^{(i,j)}(k)|$ 表示对向量的各个分量计算其绝对值，$\boldsymbol{G}(k)$ 为一个向量，对应二维航迹，它由位置和速度门限值组成，前者取 $3\sqrt{\sigma_i^2+\sigma_j^2}$，后者取 $\dfrac{3}{T}\sqrt{\sigma_i^2+\sigma_j^2}$，$T$ 为采样时间间隔。

对于判定为相关的两条航迹，采用下述方法进行融合。设 $\hat{\boldsymbol{x}}^{(f)}(k \mid k)$ 为融合航迹，则

$$\hat{\boldsymbol{x}}^{(f)}(k \mid k) = w^{(i)}\hat{\boldsymbol{x}}^{(i)}(k \mid k) + w^{(j)}\hat{\boldsymbol{x}}^{(j)}(k \mid k) \tag{3-4-3}$$

加权系数为下列极小化问题的解：

$$\begin{cases} \min\{[\boldsymbol{x}(k) - \hat{\boldsymbol{x}}^{(f)}(k \mid k)]^2\} \\ \hat{\boldsymbol{x}}^{(f)}(k \mid k) = w^{(i)}\hat{\boldsymbol{x}}^{(i)}(k \mid k) + w^{(j)}\hat{\boldsymbol{x}}^{(j)}(k \mid k), \quad w^{(i)} + w^{(j)} = 1 \end{cases} \tag{3-4-4}$$

考虑不同传感器航迹误差的无关性，采用 TF1 可以推导出融合系数的计算公式：

$$w^{(i)} = \frac{\sigma_j^2}{\sigma_i^2+\sigma_j^2}, \quad w^{(j)} = \frac{\sigma_i^2}{\sigma_i^2+\sigma_j^2} \tag{3-4-5}$$

2. 假设检验法

后来，Singer 等提出一种更为规范的处理方法 —— 假设检验法。仍假定来自两个不同传感器航迹的估计误差互相独立，定义它们之间的正规化距离为

$$d_{ij} = [\hat{\boldsymbol{x}}^{(i)}(k \mid k) - \hat{\boldsymbol{x}}^{(j)}(k \mid k)]^{\mathrm{T}}[\boldsymbol{P}^{(i)}(k \mid k) + \boldsymbol{P}^{(j)}(k \mid k)]^{-1}[\hat{\boldsymbol{x}}^{(i)}(k \mid k) - \hat{\boldsymbol{x}}^{(j)}(k \mid k)] \tag{3-4-6}$$

对于二维航迹，由统计知识知 d_{ij} 服从自由度为 4 的 χ^2 分布。考虑以下假设检验问题：

$$\begin{cases} \mathrm{H}_0: d_{ij} < \delta \quad (\text{同一目标}) \\ \mathrm{H}_1: d_{ij} \geqslant \delta \quad (\text{不同目标}) \end{cases} \tag{3-4-7}$$

理论上 d_{ij} 门限的选择，要使得 $P(d_{ij} < \delta \mid_{\mathrm{H}_0}) = \alpha$ 成立。

在多目标的情形，特别是当航迹密集时，目标航迹之间会形成复杂的相关关系。下面叙述一种工程上常用的算法 —— 序贯最小正规化距离最近邻航迹相关（the Sequential Minimum Normalized Distance Nearest Neighbor，SMNDNN）算法。设来自传感器 i 的 m 条航迹（T_i，$i=1,2,\cdots,m$）和来自传感器 j 的 n 条航迹（T_j，$j=1,2,\cdots,n$）通过了水平度为 α 的假设检验，形成的相关矩阵为：

$$\begin{bmatrix} T_i/T_j & T_1 & T_2 & \cdots & T_n \\ T_1 & d_{11} & d_{12} & \cdots & d_{1n} \\ T_2 & d_{21} & d_{22} & \cdots & d_{2n} \\ \vdots & \vdots & \vdots & & \vdots \\ T_m & d_{m1} & d_{m2} & \cdots & d_{mn} \end{bmatrix} \tag{3-4-8}$$

根据上述相关矩阵，采用 SMNDNN 算法的相关处理步骤如下：

① 将正规化距离 d_{ij} 由小到大进行排序；

② 检查正规化距离序列中的每个航迹对，若该航迹对中某条航迹已在该航迹对的左边出现，则将该航迹对从序列中删除；

③ 对通过检查的 d_{ij}，认为其对应航迹对两两相关。

对已相关的航迹，可以采用并行或串行两种融合方法。前者通过计算所有传感器航迹的均方误差最小值进行融合，此时，所有 N 个传感器航迹的状态估计值和它对应的协方差阵都同时送到融合中心。计算后可以得到

$$\hat{\boldsymbol{x}}^{(f)}(k \mid k) = \boldsymbol{P}(k \mid k) \sum_{i=1}^{N} \boldsymbol{P}^{(i)}(k \mid k)^{-1} \hat{\boldsymbol{x}}^{(i)}(k \mid k) \tag{3-4-9}$$

$$\boldsymbol{P}^{-1}(k \mid k) = \sum_{i=1}^{N} [\boldsymbol{P}^{i}(k \mid k)]^{-1} \tag{3-4-10}$$

串行法则对多个传感器的航迹两两进行融合，计算公式如下：

$$\begin{aligned} \hat{\boldsymbol{x}}^{(f)}(k \mid k) = {} & \boldsymbol{P}^{(j)}(k \mid k)[\boldsymbol{P}^{(i)}(k \mid k) + \boldsymbol{P}^{(j)}(k \mid k)]^{-1} \hat{\boldsymbol{x}}^{(i)}(k \mid k) + \\ & \boldsymbol{P}^{(i)}(k \mid k)[\boldsymbol{P}^{(i)}(k \mid k) + \boldsymbol{P}^{(j)}(k \mid k)]^{-1} \hat{\boldsymbol{x}}^{(j)}(k \mid k) \end{aligned} \tag{3-4-11}$$

$$\boldsymbol{P}(k \mid k) = \boldsymbol{P}^{(i)}(k \mid k)[\boldsymbol{P}^{(i)}(k \mid k) + \boldsymbol{P}^{(j)}(k \mid k)]^{-1} \boldsymbol{P}^{(j)}(k \mid k) \tag{3-4-12}$$

其中，串行法是实际处理中的常用方法。有研究者认为，当多个传感器的噪声方差相当时，融合后的航迹精度稍稍优于精度最高的传感器的航迹；其中特别是对于两个同类型的传感器，融合的效果最好。而当传感器的噪声相差较大时，融合航迹的精度将低于最高精度的传感器航迹，因此在这种情况下，建议采用较好质量传感器的航迹，而不主张融合。

对于估计误差相关的情况，处理过程与上面类似，差别只是在计算正规化距离的方法上面，此处不再详细讨论。

目前，工程上处理航迹互联问题的一种典型技术由基于 SMNDNN 相关和基于 SMMSE 融合组成。它主要存在以下几方面的不足：

① 采用了不同传感器航迹估计误差互相独立的错误假设计算航迹的正规化距离。

② 只根据当前的正规化距离矩阵进行相关判断，忽略了相关的历史信息，导致相关不稳定。

③ 采用正规化距离最小优先的相关准则，导致航迹互联的错误相关率和漏相关率随着航迹密集度的增加而上升。

3. 全局寻优航迹互联

从原理上讲，航迹互联是一个多阶段决策问题，可以用动态规划法求解。但由于该问题的高度非线性特性，其最优解通常无法获得。由航迹互联问题的特点，假定传感器 i 的每一条航迹至多只存在一条传感器 j 的航迹与之相关，反之亦然。这样，k 时刻确定航迹的关联关系等

价于求解下式表示的极小化问题：

$$\min\ \{s(k)\}=\sum_{i=1}^{m(k)}\sum_{j=1}^{n(k)}c_{ij}(k)d'_{ij}(k) \tag{3-4-13}$$

其中矩阵$(c_{ij}(k))$表示来自两个不同的传感器航迹i和j之间的关联分配矩阵，其中

$$c_{ij}(k)=\begin{cases}1 & k\text{时刻航迹}i\text{与航迹}j\text{相关}\\ 0 & k\text{时刻航迹}i\text{与航迹}j\text{不相关}\end{cases} \tag{3-4-14}$$

满足

$$\sum_{i=1}^{m(k)}c_{ij}(k)\leqslant 1\quad \text{且}\quad \sum_{j=1}^{n(k)}c_{ij}(k)\leqslant 1 \tag{3-4-15}$$

此外，矩阵$\boldsymbol{A}'(k)=(d'_{ij}(k))$为滑窗累积正规化距离矩阵，则

$$d'_{ij}(k)=\sum_{l=k-N}^{k}[\rho^{k-l}d_{ij}(l)]\Big/\sum_{l=k-N}^{k}\rho^{k-l} \tag{3-4-16}$$

式中，若某个$d_{ij}(l)$不存在，则取其为0；N为滑窗的长度，通常设置为4或5；ρ为衰减系数，$0<\rho\leqslant 1$，当$\rho=1$时，表示无衰减。

因此，不同传感器之间的航迹相关问题就变为，根据式(3-4-13)表示的极小化问题求矩阵$(c_{ij}(k))_{m(k)\times n(k)}$的解。这在直观上也非常清楚，即能够使两个传感器航迹与航迹之间的累积正规化距离最小化的分配矩阵即为问题的解。

当$m=n$时，式(3-4-13)表示线性规划中的一个标准分配问题。

当$m>n$时，可以在传感器j中引入$(m-n)$条虚拟航迹，并设

$$d'_{ij}(k)=2\max_{1\leqslant j\leqslant n}\{d'_{ij}(k)\},\quad \forall j>n \tag{3-4-17}$$

从而将其化为标准分配问题。

当$m<n$时，处理方法类同。

对于两个传感器的密集区航迹相关问题，总可以通过添加虚拟航迹的方法将式(3-4-13)变换成一个标准分配问题，然后再采用匈牙利方法求出k时刻最优关联矩阵。基于滑窗累积正规化距离WCND全局寻优航迹互联技术的处理步骤如下：

①k时刻根据传感器i的m条航迹和传感器j的n条航迹计算出该时刻正规化距离矩阵$\boldsymbol{A}(k)$。

② 选定滑窗N和衰减系数ρ，再计算出滑窗累积正规化距离矩阵$\boldsymbol{A}'(k)=(d'_{ij}(k))$。

③ 构造式(3-4-13)所示的极小化问题，若$m\neq n$，通过添加虚拟航迹，将问题化为标准分配问题。

④ 将矩阵$\boldsymbol{A}'(k)$进行约化(矩阵的每一行的元素减去该行的最小元素，同时将每一列的元素减去该列的最小元素)，得到矩阵$\boldsymbol{A}''(k)$。

⑤ 根据矩阵$\boldsymbol{A}''(k)$寻找独立分配子集(或最大分配元集)C'。

⑥ 若$|C'|=m$，计算停止，已找到关联问题的最优解$c_{ij}^*=1,(i,j)\in C'$，其他$c_{ij}^*=0$，转⑦；否则，采用修改约化矩阵的方法对$\boldsymbol{A}''(k)$进行进一步约化，转④。

⑦ 对于所有$c_{ij}^*=1$对应的航迹对(i,j)，认为传感器i和传感器j对应的这两条航迹相关。

⑧ 采用TF2估计相关航迹的融合值和协方差阵。

⑨ 结束。

3.4.3　雷达与红外融合

上面的讨论主要集中在相同类型传感器的航迹互联问题上。在实际中，碰到的很多情况是异类传感器航迹之间的互联，如雷达和电子侦察机(ESM)、雷达和红外警戒系统(IRST)等。下面以二坐标雷达(距离和方位角)与红外警戒系统(方位角和俯仰角)的航迹之间的互联形成完整的三坐标航迹为例进行介绍。

1. 问题概述

雷达与红外数据融合的目的是：将二坐标雷达输出的方位、距离航迹信息和红外系统输出的方位、俯仰航迹信息进行相关判断和综合处理，得到关于目标的三坐标航迹信息。

由于红外警戒探测设备输出的方位测量精度优于雷达测量方位，如果以雷达测量坐标系为基准坐标系，则需要对红外设备输出的方位和俯仰进行转换，必然增大方位和俯仰的误差，即增大了两维信息的误差；如果以红外警戒探测设备的测量坐标系为基准坐标系，则只需对雷达测量的距离进行坐标转换，尽管带来转换误差，但只是在一维信息精度上有损失。基于这种考虑，我们选择红外警戒探测设备的测量坐标系为基准坐标系。

不失一般性，假设雷达和红外警戒探测设备安装在同一个舰艇平台上，此时它们在垂直距离上差距较小，可以忽略不计，同时忽略两探测系统的基座变形可能带来的误差，即认为二者在同一水平面。

坐标原点 O_2 设为红外设备测量原点；Y 坐标轴为本舰纵向对称线，舰首指向为正方向；X 坐标轴为水平面内垂直于 Y 坐标轴的射线，左舷为正方向；Z 坐标轴为垂直于平面 XO_2Y 的射线，向上为正方向。O_1 为雷达测量原点，与 O_2 相距 D_0，线段 O_1O_2 与 Y 轴夹角为 θ，如图 3-4-4 所示。

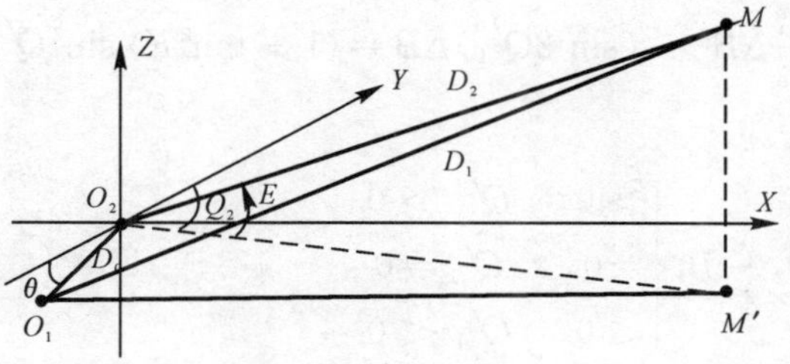

图 3-4-4　两坐标雷达与红外警戒探测设备探测到同一批目标示意图

2. 雷达到红外测量坐标系的转换

(1) 距离的变换

如图 3-4-4 所示，M 为目标所处位置，M' 为 M 在平面 XO_2Y 的投影；O_1M 为雷达对目标的测量距离，$O_1O_2=D_0$，$O_1M=D_1$，$O_2M=D_2$；B_1，B_2，C_w 分别表示雷达、红外对目标测量的方位角和本舰的航向角；$\angle MO_2M'=E$ 为红外设备测量的俯仰，$\angle YO_2M'=Q_2$ 为红外设备测量的本舷角，$Q_2=B_2-C_w$。

在 $\triangle O_1M'O_2$ 中，利用余弦定理得

$$(O_1M')^2=(O_1O_2)^2+(O_2M')^2-2(O_1O_2)(O_2M')\cos\angle O_1O_2M'$$

即

$$D_1^2-D_2^2\sin^2E=D_0^2+D_2^2\cos^2E+2D_0D_2\cos E\cos(Q_2+\theta)$$

整理得

$$D_2^2+2D_0D_2\cos E\cos(Q_2+\theta)+D_0^2-D_1^2=0$$

解方程,可得雷达对目标的测量距离转换到红外坐标系上为

$$D_2=\sqrt{D_1^2-D_0^2[1-\cos^2E\cos^2(Q_2+\theta)]}-D_0\cos E\cos(Q_2+\theta) \tag{3-4-18}$$

(2) 方位角变换

在$\triangle O_1M'O_2$中,利用正弦定理得

$$O_2M'=O_1O_2\frac{\sin(B_1-C_w+\theta)}{\sin(B_2-B_1)} \tag{3-4-19}$$

$$O_1M'=O_1O_2\frac{\sin(B_2-C_w+\theta)}{\sin(B_2-B_1)} \tag{3-4-20}$$

在$\triangle O_2M'M$中,利用正切定理得

$$\tan E=\frac{\sqrt{D_1^2-(O_1M')^2}}{O_2M'} \tag{3-4-21}$$

经整理可得

$$\sin^2(B_2-B_1)=\frac{D_0^2}{D_1}[\sin^2(B_2-C_w+\theta)+\tan^2E\sin^2(B_1-C_w+\theta)] \tag{3-4-22}$$

取$Q'_1=B_1-C_w$,$\Delta B=B_2-B_1$,由式(3-4-22)可得

$$\left(\frac{D_1^2}{D_0^2}-\cos 2Q'_1\right)\sin^2\Delta B-\frac{1}{2}\sin 2Q'_1\sin 2\Delta B=(1+\tan^2E)\sin^2Q'_1 \tag{3-4-23}$$

当$D_1\geqslant 50D_0$时,由于$\Delta B\leqslant 0.0283$,因此$\sin\Delta B\approx\Delta B$,$\sin 2\Delta B\approx 2\Delta B$。式(3-4-23)近似简化为

$$\frac{D_1^2}{D_0^2}\Delta B^2-(\sin 2Q'_1)\Delta B=(1+\tan^2E)\sin^2Q'_1 \tag{3-4-24}$$

解上述方程,并且

$$\Delta B=B_2-B_1\begin{cases}>0, & Q'_1>0\\=0, & Q'_1=0\\<0, & Q'_1<0\end{cases} \tag{3-4-25}$$

$$\Delta B=\frac{\sin 2Q'_1+\sqrt{\sin^2 2Q'_1+4\dfrac{D_1^2}{D_0^2}(1+\tan^2E)\sin^2Q'_1}}{2\dfrac{D_1^2}{D_0^2}}=$$

$$\sin Q'_1\left[\frac{\cos Q'_1+\sqrt{\cos^2Q'_1+\dfrac{D_1^2}{D_0^2}(1+\tan^2E)}}{\dfrac{D_1^2}{D_0^2}}\right]\overset{D_1\gg D_0}{\approx}$$

$$\frac{D_0}{D_1}\sqrt{1+\tan^2E}\sin Q'_1 \tag{3-4-26}$$

$$B_2=B_1+\Delta B \tag{3-4-27}$$

3. 相关判断

考虑到两传感器坐标系原点之间的距离与目标探测距离相比非常小，在进行相关判断时忽略这一差别，认为两传感器的测量原点重合，由此所产生的误差在确定相关波门门限时予以考虑。

由于雷达和红外警戒探测设备输出的测量信息中，属于相同种类的信息只有方位，因此可通过比较两传感器的方位信息间的差值来确定可能相关与否。

相关判断分两步进行。首先是粗相关判断，通过粗相关判断的组合进行相关确认判断。

同一坐标系中的两组测量值：雷达测量$\{t_l, D_1^{(i)}, \alpha_1^{(i)}\}$和红外测量$\{t'_l, \alpha_2^{(j)}, \gamma_2^{(j)}\}$，它们共同的测量为方位角$\{\alpha_1^{(i)}(t_l)\}$，$\{\alpha_2^{(j)}(t'_l)\}$，利用它们进行相关性检验。

(1) 粗相关

$$\begin{cases}|\alpha_2^{(j)}(t'_l) - [\alpha_1^{(i)}(t_l) + \dot{\alpha}_1^{(i)}(t_l)(t'_l - t_l)]| > \lambda_1\sqrt{\sigma_{\alpha_1}^2 + \sigma_{\alpha_2}^2}, \\ |\alpha_2^{(j)}(t'_l) - \alpha_1^{(i)}(t_l)| > \lambda_2\sqrt{\sigma_{\alpha_1}^2 + \sigma_{\alpha_2}^2},\end{cases} \quad \lambda_1, \lambda_2 \in [4,5] \tag{3-4-28}$$

两式任一成立，都可判断雷达测量的第 i 个目标与红外测量的第 j 个目标不相关。

(2) 精相关

假定若干秒内，方位角符合二次曲线。作如下假设检验。

零假设：两组测量的$(\alpha(t_0), \dot{\alpha}(t_0), \ddot{\alpha}(t_0))$全部相等。

对立假设：两组测量的$(\alpha(t_0), \dot{\alpha}(t_0), \ddot{\alpha}(t_0))$不全相等。

如果零假设成立，则可认为两组测量$\{\alpha_1^{(i)}(t_l)\}$与$\{\alpha_2^{(j)}(t'_l)\}$是来自同一目标；如果对立假设成立，则可认为两组测量$\{\alpha_1^{(i)}(t_l)\}$与$\{\alpha_2^{(j)}(t'_l)\}$不是来自同一目标。

以下省略上标 i, j。记

$$\begin{cases}\boldsymbol{Y}_1 = \begin{pmatrix}\alpha_1(t_1) \\ \alpha_1(t_2) \\ \vdots \\ \alpha_1(t_{n_1})\end{pmatrix}, & \boldsymbol{Y}_2 = \begin{pmatrix}\alpha_2(t'_1) \\ \alpha_2(t'_2) \\ \vdots \\ \alpha_2(t'_{n_2})\end{pmatrix} \\ \boldsymbol{C}_1 = \begin{pmatrix}(t_1 - t_0) \\ (t_2 - t_0) \\ \vdots \\ (t_{n_1} - t_0)\end{pmatrix}, & \boldsymbol{C}_2 = \begin{pmatrix}(t'_1 - t_0) \\ (t'_2 - t_0) \\ \vdots \\ (t'_{n_2} - t_0)\end{pmatrix} \\ \boldsymbol{d}_1 = \begin{pmatrix}\frac{(t_1 - t_0)^2}{2} \\ \frac{(t_2 - t_0)^2}{2} \\ \vdots \\ \frac{(t_{n_1} - t_0)^2}{2}\end{pmatrix}, & \boldsymbol{d}_2 = \begin{pmatrix}\frac{(t'_1 - t_0)^2}{2} \\ \frac{(t'_2 - t_0)^2}{2} \\ \vdots \\ \frac{(t'_{n_2} - t_0)^2}{2}\end{pmatrix}\end{cases} \tag{3-4-29}$$

$$\begin{cases}\overline{Y}_1=\dfrac{1}{n_1}\sum\limits_l \alpha_1(t_l), & \overline{Y}_2=\dfrac{1}{n_2}\sum\limits_l \alpha_1(t'_l) \\ \overline{C}_1=\dfrac{1}{n_1}\sum\limits_l (t_l-t_0), & \overline{C}_2=\dfrac{1}{n_2}\sum\limits_l (t'_l-t_0) \\ \overline{d}_1=\dfrac{1}{n_1}\sum\limits_l \dfrac{(t_l-t_0)^2}{2}, & \overline{d}_2=\dfrac{1}{n_2}\sum\limits_l \dfrac{(t'_l-t_0)^2}{2}\end{cases} \tag{3-4-30}$$

构造相关检验统计量为

$$\boldsymbol{Q}=(L_1,\ L_2)\begin{bmatrix}P_{11} & P_{12}\\ P_{21} & P_{22}\end{bmatrix}^{-1}\begin{bmatrix}L_1\\ L_2\end{bmatrix}n_1\sigma_1^{-2} \tag{3-4-31}$$

式中，

$$\begin{aligned}L_1&=\overline{Y}_1-\hat{x}_0-\hat{\dot{x}}_0\overline{C}_1-\hat{\ddot{x}}_0\overline{d}_1\\ L_2&=\frac{1}{n_1}\boldsymbol{C}_1^{\mathrm{T}}\boldsymbol{Y}_1-\hat{x}_0\overline{C}_1-\hat{\dot{x}}_0\frac{1}{n_1}\boldsymbol{C}_1^{\mathrm{T}}\boldsymbol{C}_1-\hat{\ddot{x}}_0\frac{1}{n_1}\boldsymbol{d}_1^{\mathrm{T}}\boldsymbol{C}_1\end{aligned} \tag{3-4-32}$$

$$\begin{bmatrix}\hat{x}_0\\ \hat{\dot{x}}_0\\ \hat{\ddot{x}}_0\end{bmatrix}=(\boldsymbol{A}_W^{\mathrm{T}}\boldsymbol{A}_W)^{-1}\boldsymbol{A}_W^{\mathrm{T}}\boldsymbol{Z} \tag{3-4-33}$$

$$(\boldsymbol{A}_W^{\mathrm{T}}\boldsymbol{A}_W)=\begin{bmatrix}\sigma_1^{-2}n_1+\sigma_2^{-2}n_2 & \sigma_1^{-2}n_1\overline{C}_1+\sigma_2^{-2}n_2\overline{C}_2 & \sigma_1^{-2}n_1\overline{d}_1+\sigma_2^{-2}n_2\overline{d}_2\\ * & \sigma_1^{-2}\boldsymbol{C}_1^{\mathrm{T}}\boldsymbol{C}_1+\sigma_2^{-2}\boldsymbol{C}_2^{\mathrm{T}}\boldsymbol{C}_2 & \sigma_1^{-2}\boldsymbol{C}_1^{\mathrm{T}}\boldsymbol{d}_1+\sigma_2^{-2}\boldsymbol{C}_2^{\mathrm{T}}\boldsymbol{d}_2\\ * & * & \sigma_1^{-2}\boldsymbol{d}_1^{\mathrm{T}}\boldsymbol{d}_1+\sigma_2^{-2}\boldsymbol{d}_2^{\mathrm{T}}\boldsymbol{d}_2\end{bmatrix} \tag{3-4-34}$$

$$\boldsymbol{A}_W^{\mathrm{T}}\boldsymbol{Z}=\begin{bmatrix}\sigma_1^{-2}n_1\overline{Y}_1+\alpha_2^{-2}n_2\overline{Y}_2\\ \alpha_1^{-2}\boldsymbol{C}_1^{\mathrm{T}}\boldsymbol{Y}_1+\sigma_2^{-2}\boldsymbol{C}_2^{\mathrm{T}}\boldsymbol{Y}_2\\ \alpha_1^{-2}\boldsymbol{d}_1^{\mathrm{T}}\boldsymbol{Y}_1+\sigma_2^{-2}\boldsymbol{d}_2^{\mathrm{T}}\boldsymbol{Y}_2\end{bmatrix} \tag{3-4-35}$$

记

$$\boldsymbol{T}\overset{\text{def}}{=\!=}\begin{bmatrix}1 & \overline{C}_1 & \overline{d}_1\\ \overline{C}_1 & \dfrac{1}{n_1}\boldsymbol{C}_1^{\mathrm{T}}\boldsymbol{C}_1 & \dfrac{1}{n_1}\boldsymbol{C}_1^{\mathrm{T}}\boldsymbol{d}_1\\ \overline{d}_1 & \dfrac{1}{n_1}\boldsymbol{d}_1^{\mathrm{T}}\boldsymbol{C}_1 & \dfrac{1}{n_1}\boldsymbol{d}_1^{\mathrm{T}}\boldsymbol{d}_1\end{bmatrix} \tag{3-4-36}$$

$$\begin{bmatrix}P_{11} & P_{12} & P_{13}\\ P_{21} & P_{22} & P_{23}\\ P_{31} & P_{32} & P_{33}\end{bmatrix}\overset{\text{def}}{=\!=}\boldsymbol{T}-(n_1\sigma_1^{-2})\boldsymbol{T}(\boldsymbol{A}_W^{\mathrm{T}}\boldsymbol{A}_W)^{-1}\boldsymbol{T} \tag{3-4-37}$$

注：

①$(\hat{x}_0,\hat{\dot{x}}_0,\hat{\ddot{x}}_0)$ 是用两设备的测量值 $\boldsymbol{Y}_1$ 与 $\boldsymbol{Y}_2$ 共同求得的二次曲线参数 $(\hat{\alpha}(t_0),\hat{\dot{\alpha}}(t_0),\hat{\ddot{\alpha}}(t_0))$。

②L_1 检验两者的 $\alpha(t_0)$ 是否相等，对于编队运动情况。

L_2 检验两者的 $\dot{\alpha}(t_0)$ 是否相等，对于交叉运动情况。

Q 适用于编队和交叉同时出现的情况。

③ 还有一项 L_3 未采用，是检验两者的 $\ddot{\alpha}(t_0)$ 是否相等。

④σ_1^2，σ_2^2 是两设备方位角的测量方差。

⑤ 相关检验统计量 Q 不仅适用于方位角，而且如果两设备的共同测量值是距离或仰角，则同样适用。

⑥t_0 可任选，如选择

$$t_0=\frac{1}{n_1}\sum_l t_l$$

此时 $\overline{C_1}=0$，$\boldsymbol{d}_1^{\mathrm{T}}\boldsymbol{C}_1=0$，$L_1$，$L_2$ 简化为

$$L_1=\overline{Y}_1-\hat{x}_0-\hat{\dot{x}}_0\,\overline{d_1} \tag{3-4-38}$$

$$L_2=\frac{1}{n_1}\boldsymbol{C}_1^{\mathrm{T}}\boldsymbol{Y}_1-\hat{\dot{x}}_0\,\frac{1}{n_1}\boldsymbol{C}_1^{\mathrm{T}}\boldsymbol{C}_1 \tag{3-4-39}$$

4. 融合处理

对于雷达测量数据，将方位、距离测量进行二阶平滑滤波，滤波平滑值转换到红外坐标系后，三坐标信息还缺俯仰信息，我们把主航迹的俯仰递推到雷达时刻，同时俯仰变化率保持不变，即可得到雷达时刻的三坐标信息。对此三坐标信息进行极坐标系到直角坐标系的转换，得到直角坐标信息，然后进行平滑滤波，得到当前雷达时刻的平滑滤波估计，然后转化到极坐标系即可得到当前雷达时刻的关于目标的极坐标系信息。

对于红外测量数据，将方位、俯仰测量进行二阶平滑滤波，得到滤波平滑值，当前时刻还缺距离信息，我们把主航迹的距离递推到红外时刻，同时距离变化率保持不变，即可得到红外时刻的三坐标信息。对此三坐标信息进行极坐标系到直角坐标系的转换，得到直角坐标信息，然后进行平滑滤波，得到当前红外时刻的平滑滤波估计，然后转化到极坐标系即可得到当前红外时刻的关于目标的极坐标系信息。

具体的平滑、滤波算法这里从略。

3.4.4　图像融合

1. 问题描述

图像配准是指将不同时间、从不同视角、用不同传感器获取的同一场景的图像，按其在场景中的几何位置重叠在一起的过程。图像配准是计算机视觉、图像分析和医学影像等研究领域中十分重要的问题。图像配准是融合战术图像（如无人机图像）和卫星图像信息的必要和关键步骤。

设 M 和 I 分别表示战术图像和卫星图像，图像配准可以表述为：寻找一个几何变换 g 和一个灰度变换 f，使得

$$I(x,y)=f(M(g(x,y))) \tag{3-4-40}$$

图像配准的全部工作就是寻找满足式（3-4-40）的几何变换 g。对于目标定位来说，灰度变换是不必要的。实际问题中，由于噪声的存在、成像条件的差异等问题，两幅图像严格匹配是不可能的。因此，将问题重新表述为：寻找一个几何变换 g，使得

$$\varepsilon = \mathrm{dist}(I(x,y), M(g(x,y))) \tag{3-4-41}$$

最小。其中 $\mathrm{dist}(a,b)$ 为 a 和 b 之间差异的某种度量。

2. 基本分析

图像配准的第一个基本问题是确定赖以配准的图像特征，灰度值是最基本的特征。如果成像条件、成像设备相同，根据灰度值进行图像配准是可行的。但如果战术图像和卫星图像的摄取间隔时间太长，采用的成像设备和成像条件不同，那么通常同样的场景在图像中的表现是不同的。例如，同一场景的可见光图像和红外图像是截然不同的，而天气的阴晴变化对图像也会产生很大的影响。因此，灰度值作为战术图像和卫星配准的特征，不具有鲁棒性。

通过观察发现，尽管战术图像和卫星图像的灰度值表现出各种各样的变化，但是，即使图像的类型不同，如可见光和红外，图像中表现出的结构特征仍具有一致性。这正是图像配准赖以进行的基础。图像的结构特征刻画了物体的轮廓，表现为一系列的边缘、线、角点等。边缘、线和角点等特征可以采用一些基本的图像处理算法，如Canny算子和Harris算子等来检测。

变换空间的确定是图像配准的另一个基本问题，即采用什么样的空间几何变换将战术图像覆盖到卫星图像上。战术图像相对于卫星图像存在多种变形，如旋转、两个方向不同比例的缩放、位置的平移、图像四周的畸变以及由于场景变化带来的变形，但图像配准算法只需要考虑图像获取过程带来的变形，而不必考虑场景的变化。另外，由于一般情况下图像的非线性变形并不严重，为减小计算量，图像配准算法只考虑线性形变，对于图像四周的畸变则不予考虑。通常，仿射变换能够满足战术图像和卫星图像配准和目标定位的精度要求。

仿射变换的一般形式可以表达为

$$\begin{pmatrix} x' \\ y' \end{pmatrix} = \begin{pmatrix} a & c \\ d & b \end{pmatrix} \begin{pmatrix} x \\ y \end{pmatrix} + \begin{bmatrix} t_x \\ t_y \end{bmatrix} \tag{3-4-42}$$

其中 $\begin{pmatrix} a & c \\ d & b \end{pmatrix}$ 表示缩放、旋转和剪切变形，$\begin{bmatrix} t_x \\ t_y \end{bmatrix}$ 表示战术图像在两个方向的平移，$\begin{pmatrix} x \\ y \end{pmatrix}$，$\begin{pmatrix} x' \\ y' \end{pmatrix}$ 分别表示战术图像和卫星图像的坐标。

3. 图像配准算法

互相关，或者称为模板匹配，是一种基本的图像配准方法，也是一种模式识别方法。互相关系数表达了两幅图像相似的程度，归一化的互相关系数定位为

$$CC = \frac{\sum\sum M(g(x,y))I(x,y)}{\left[\sum\sum I^2(x,y)\right]^{\frac{1}{2}}} \tag{3-4-43}$$

显然，式(3-4-43)的极大值对应于式(3-4-35)的极小值。对于战术图像的每一个坐标变换，都可以根据式(3-4-43)得到一个互相关系数。对应于最大互相关系数(残差最小)的变换 g 即为使两幅图像匹配的最佳变换。

利用灰度值之间相关性的模板匹配方法有很多改进形式，序贯相似性检测算法(Sequential Similarity Detection Algorithms)就是其中的一个。该算法采用 L_1 范数度量两幅图像的相似性，其计算要比传统相关性方法简单得多：

$$E = \sum\sum \left| M(g(x,y)) - I(x,y) \right| \tag{3-4-44}$$

其归一化形式定义为

$$E=\sum\sum|M(g(x,y))-\overline{M}-I(x,y)+\overline{I}| \quad (3-4-45)$$

式中，$\overline{M}$，$\overline{I}$—— 分别为战术图像和相应的局部区域卫星图像的均值。

实践中，即使不作归一化处理，一般也能够保证找到最佳变换。而传统的互相关方法则需要对互相关系统做归一化处理，增加了计算量。

序贯相似性检测算法的另一个优点是采用了序贯搜索策略。按照序贯搜索策略，对于任何一个可能的变换，一旦残差超过某一阈值就结束计算，而不再考虑其余的像素点。序贯搜索技术大大降低了计算复杂度，而其配准精度基本不受影响。

正如前面提到的，边缘轮廓是比灰度值更为可靠的图像配准特征。边缘轮廓是一个点集，是图像灰度值变化比较剧烈的点，能够表达图像中的一些基本结构。仍然用 M 和 I 表示战术图像和卫星图像的边缘轮廓，那么战术图像和卫星图像配准就变成两个点集 M 和 I 的匹配问题。度量边缘轮廓之间的相似性有许多方法，如链码等，但这些方法都没有考虑可能存在的场景的较大变化。由于卫星图像和无人机图像的摄取可能间隔很长时间，场景的局部变化是普遍存在的，所以两个点集之间相似性度量标准的选择必须使算法具有局部图像匹配的能力，以克服局部场景变化的影响。部分 Hausdorff 距离就是能够比较两个图形局部相似性的一种度量。

已知两个点集 A 和 B，A 和 B 之间的 Hausdorff 距离定义为

$$H(A,B)=\max\ (h(A,B),h(B,A)) \quad (3-4-46)$$

其中

$$h(A,B)=\sup_{a\in A}\inf_{b\in B}\|a-b\| \quad (3-4-47)$$

这里，$\|\cdot\|$ 表示定义在坐标平面上的某种范数(如 L_p 范数)，通常采用 L_2(欧几里德) 范数。函数 $h(A,B)$ 称为从点集 A 到 B 的有向 Hausdorff 距离。如果 A 和 B 为紧集，则有

$$h(A,B)=\max_{a\in A}\min_{b\in B}\|a-b\| \quad (3-4-48)$$

对于点集 A 中的每一点，计算到点集 B 中最近点的距离，所有这些距离中的最大值就是 $h(A,B)$。凭直觉即可看出，如果 $h(A,B)=d$，那么点集 A 中任一点一定在点集 B 中某一点的 d 邻域内，并且有某一点到点集 B 中最近一点的距离正好是 d。

从 Hausdorff 距离的定义可以看出，如果两个点集在平面上的分布完全相同，则其 Hausdorff 距离为零；分布的差别越大，Hausdorff 距离就越大。因此，两个点集之间的 Hausdorff 距离确实能够度量两个点集之间的相似性。

卫星图像和战术图像的摄取可能间隔很长时间，在这段时间场景可能已经发生了较大的变化。另一方面，由于噪声的存在，两幅图像的边缘轮廓也不可能完全相同。因此我们希望，即使存在一些差别，两幅图像仍然能够精确配准。现在，将 Hausdorff 距离修改为

$$H_{kl}(A,B)=\max\ (h_k(A,B),h_l(B,A)) \quad (3-4-49)$$

其中，$h_k(A,B)$ 表示将点集 A 中任一点到点集 B 的距离由小到大排序后的第 k 个值，$h_l(B,A)$ 具有类似的意义。$H_{kl}(A,B)$ 称为部分 Hausdorff 距离。

根据部分 Hausdorff 距离的定义，战术图像和卫星图像配准问题可以表述为：在仿射变换空间 G 中寻找一个变换 g，使得 Hausdorff 距离 $H_{kl}(g(M),I)$ 具有最小值，即 $\min\limits_{g\in G}(H_{kl}(g(M),I))$。这里，$M$ 和 I 分别表示 Canny 边缘检测算子检测到的战术图像和卫星图像边缘点构成的

集合。

试验表明，融合战术图像、卫星图像和地理信息库，从而实现远程岸上目标的快速精确定位，在技术上是完全可行的。该技术能为各种舰载远程打击武器提供准确的目标信息和射击效果观察手段。战术图像和卫星图像的配准是该技术的核心。必须指出，任何一种算法都有其适用范围，必须根据具体的应用选择合适的算法。图像配准仍然是一个需要进一步深入研究的课题，其目的就是提高算法的鲁棒性、计算有效性和配准精度。

3.5 目标综合识别

目标识别在现代战争中具有很重要的意义。指挥员只有在弄清楚目标的敌我属性以及目标类型、目标位置和运动诸参数后，才能下达攻击命令；武器系统也只有得到各种目标参数之后才能准确地击中目标。而现代战争由于武器系统的作用范围扩大、准确性提高、威力增强以及更加隐蔽，使战场时空关系复杂化，指挥员决策更加困难。

目标识别技术就是通过综合利用统计信号处理、数字信号处理和图像处理、小波分析、人工神经网络、高阶谱分析、非平稳信号分析和模糊信息处理等诸多现代信号和信息处理方法，对所获得的信息进行专门的分析和处理，这样将会对目标的状态、组成特征有更多的了解，对目标本身及其周围的环境有更深刻的认识，从而实现目标识别。

目标识别主要由预处理、特征提取与分类决策几个部分组成。其中预处理主要是去噪等；特征提取主要用于解决目标识别中特征信息的获取、分析和处理；分类决策是用各种识别方法把识别对象归为某一类别。随着现代战场环境的日益复杂和各种目标特征控制技术的进一步发展，目标的可观测性越来越低，目标识别技术面临更多的困难。基于数据融合的目标综合识别技术利用各类传感器的性能优势，具有提高目标识别系统的稳定性、可靠性，增强系统的抗干扰能力和环境适应能力，提高目标识别的准确度，降低目标识别的不确定性等诸多优点。

3.5.1 目标识别框架

不同传感器提供的目标信息一般分为目标动态信息和目标身份信息。目标动态信息是描述目标的位置、运动的动态参数，通常包括目标的位置、速度、航向等；目标身份信息可以看成有助区分目标身份的有关信息，包括目标的传感器特性信息、特征信息和身份说明等，如图3-5-1所示。传感器特性主要包括频率、脉宽、重复频率、扫描周期等；特征信息主要包括目标形状、尺寸、结构等；身份说明主要包括类型、种类、威胁属性、型号、舷号等。

目标识别建立在输入数据的基础上，不同的输入数据就决定了其适用的不同层次和范围，这主要取决于输入数据的获取机理及其受环境的影响和获得数据的分辨率。不同获取机理的传感器提供的数据，反映着目标不同的特征，也就决定了适用不同的识别层次与范围。

目标识别是输入对象划分类别的处理过程，其结果与使用的输入数据和采用的分类方法密切相关。需要划分的类别受目标识别的需求所制约，不同的需求确定分类的具体内涵，也随之确定相应分类必须具备的性能。目标识别的需求大体可以划分为五个层次，如图3-5-2所示。目标识别的五个层次，因其分类任务内涵不同，对目标表述的精细程度的需求不一样。

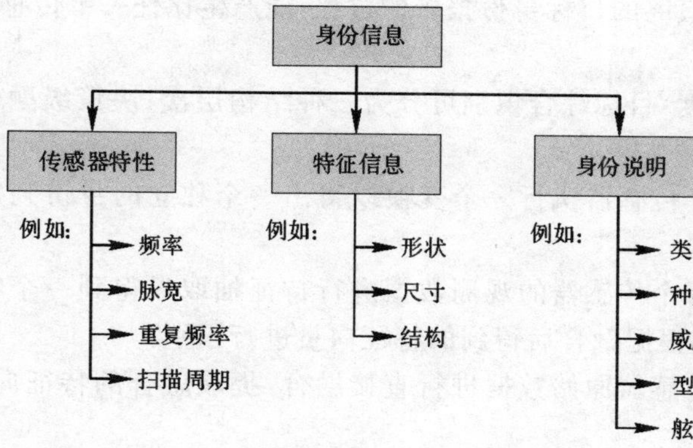

图 3-5-1　目标身份信息

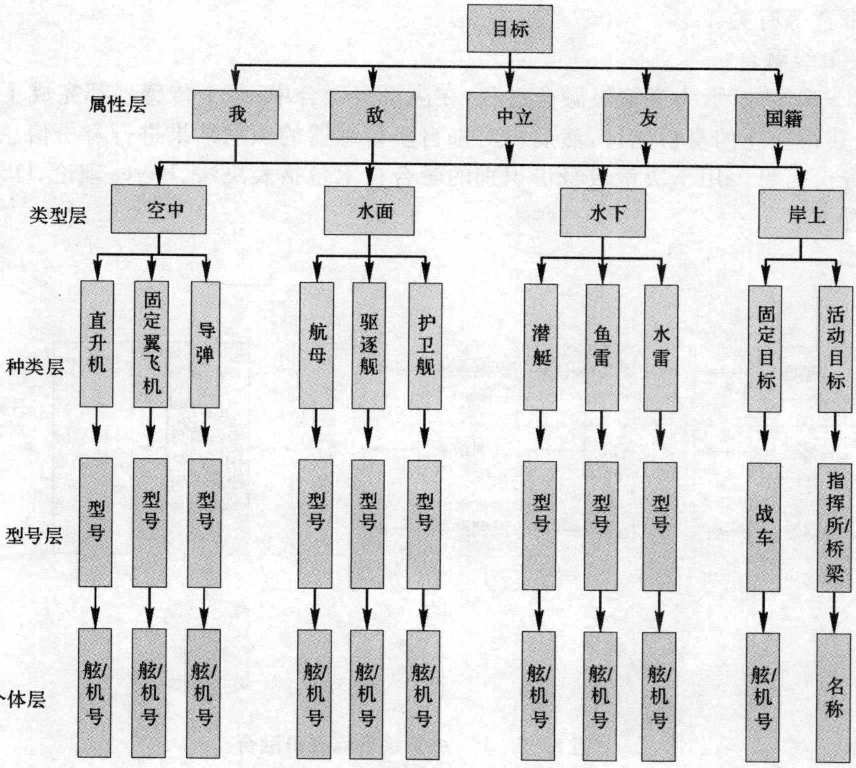

图 3-5-2　目标识别的层次结构图

3.5.2　目标综合识别的基本原理

目标识别是模式识别技术在多传感器数据融合中的重要应用，两个主要的功能如下：

① 特征提取：从原始数据中提取对目标识别有用的目标信息。

② 目标识别：对以上数据作适当处理，完成特征信息与目标身份间的关联与判决。

目标综合识别是针对各类传感器的各种探测信息或直接的身份报告，利用各种目标识别融合方法对其综合得到最终的目标身份报告的过程，能产生比任一单传感器更具体、更精确的身份估计和判决。

一般按信息抽象程度，目标综合识别可分为三种结构层次：决策级融合、特征级融合和数据级融合。

① 决策级融合：每个传感器执行一个变换以得出一个独立的身份判定，来自每个传感器的身份判定继而被融合。

② 特征级融合：对每个传感器的观测数据进行特征抽取以得到一个特征向量，然后把这些特征向量融合起来，并根据融合后得到的特征向量进行识别。

③ 数据级融合：对传感器原始数据进行直接融合，提取融合的特征向量并由此进行目标识别判定。

并没有对所有应用环境都适用的目标识别融合结构，结构类型的选择既要能对给定的任务具有优化检测和识别的性能，也要受技术能力（软、硬件）的制约，同时还与传感器质量、传输数据的带宽等有关。

(1) 决策级融合

如图 3-5-3 所示为决策级融合过程，在决策级融合中，每个传感器都完成了特征提取与目标识别，获得独立的身份估计，然后再对来自多传感器的识别结果进行身份信息融合得到最终的目标身份信息。用于决策级身份识别的融合技术包括表决法、Bayes 理论、DS 证据理论和模糊集法等。

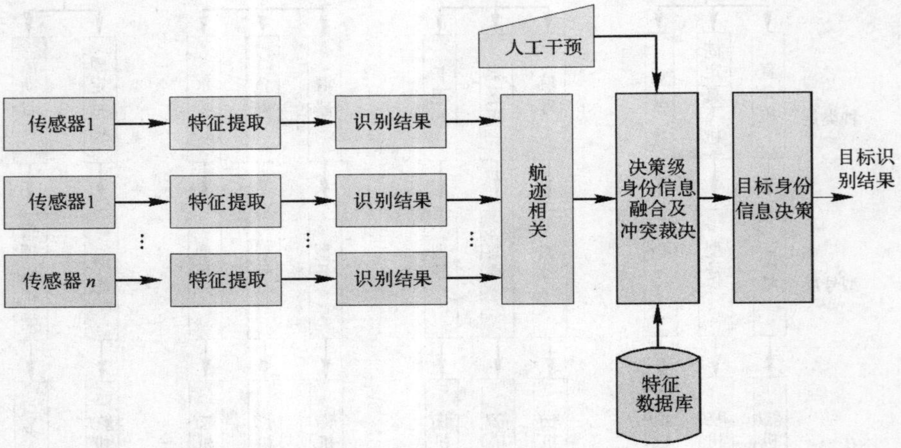

图 3-5-3　决策级目标身份融合

对多个传感器给出的识别结果，利用决策级融合算法对其综合处理得出比单一传感器更可靠的身份识别报告。

(2) 特征级融合

如图 3-5-4 所示为特征级融合过程。在特征级融合中，每个传感器完成了特征提取，并获得了来自每个传感器的特征向量。对多个传感器提取到的特征信息，利用各种融合算法进行特征融合. 利用融合后的特征向量进行识别从而给出目标的身份报告。在这种方法中，必须使用相关处理把特征向量分成有意义的群组。由于特征向量之间可能具有较大差别，因而位置信息（距离、方位、高度或经纬度）在相关处理过程中通常是有用的。用于特征级身份估计的融合技术包括聚类算法、模板算法和神经网络等。

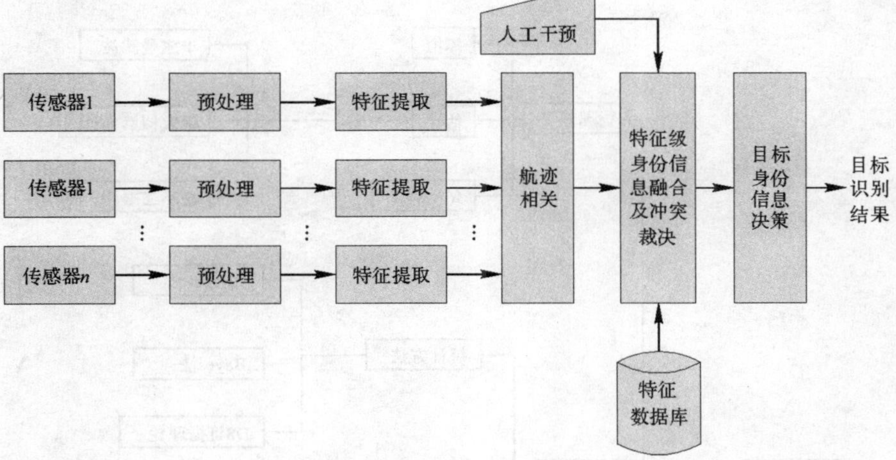

图 3-5-4　特征级目标身份融合

(3) 数据级融合

如图 3-5-5 所示为数据级融合过程。在数据级融合中，对来自同等级的传感器原始数据进行直接融合，然后对基于融合的传感器数据进行特征提取和身份识别。为了实现这种数据级的信息融合，所有的传感器必须是同类型的。通过对原始数据进行关联，来确定要融合的数据是否来自同一目标。融合后的目标识别可以像单传感器一样处理。如成像传感器数据级融合涉及图像画面像素级的融合，因而数据级融合也常称为像素级融合。像素级融合主要用于图像复合、图像分析和理解、同类雷达波形的直接合成等。数据级融合的优点是保留了尽可能多的原始信息，缺点是信息处理量大，因而处理实时性较差。

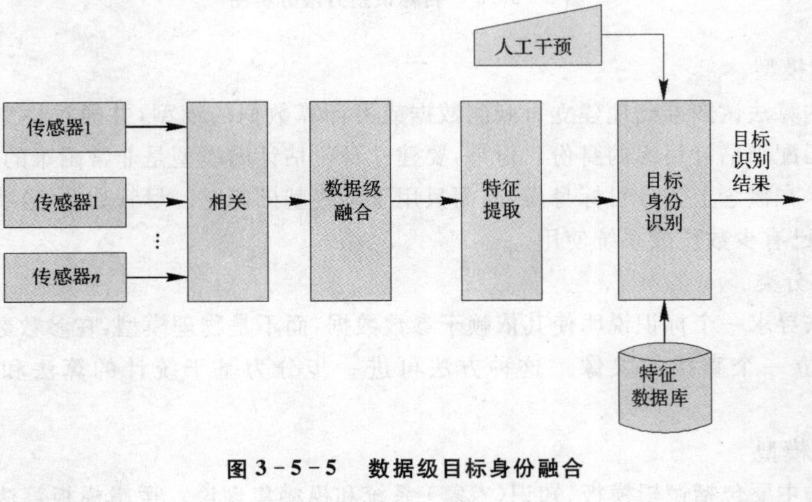

图 3-5-5　数据级目标身份融合

3.5.3　目标综合识别算法

迄今为止，关于目标识别算法的准确统一的分类尚不存在。如图 3-5-6 所示是目标识别算法的一种概念性分类，这种分类方法将目标识别算法大体上分为三类：物理模型；参数分类；认知模型。

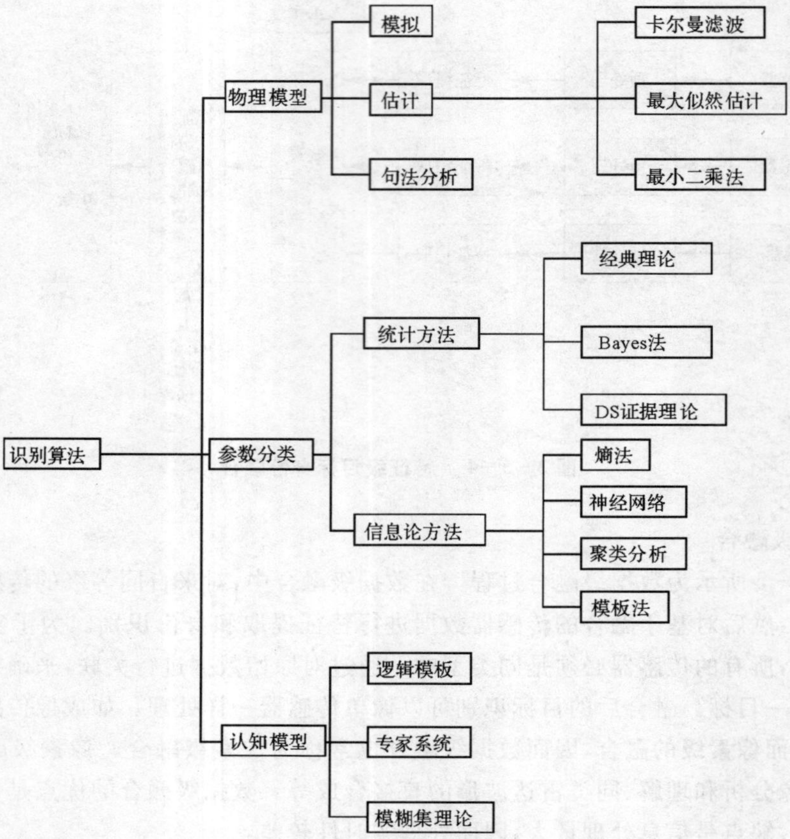

图 3-5-6　目标识别方法分类图

(1) 物理模型

该类中的算法试图准确地建立可观测数据或可计算数据的模型，并通过模型化数据与实际数据进行匹配来估计目标的身份。但是，要建立身份估计的模型是非常困难的，它只能利用一些经典技术在概念上估计目标身份，因而只用于某些基础研究。尽管如此，这些方法在技术上是可行的，已有少数作战系统使用。

(2) 参数分类

这种算法寻求一个标识说明使其依赖于参数数据，而不是物理模型，在参数数据和一个标识说明间，建立一个直接的映像。这种方法可进一步分为基于统计的算法和基于信息的算法。

(3) 认知模型

这种算法主要包括逻辑模板、知识（专家）系统和模糊集理论。逻辑模板算法是将一个预先确定的模式（或模板）与观测数据进行匹配，确定条件是否满足，从而进行推理。自 20 世纪 70 年代中期以来，逻辑模板算法已成功地用于目标识别系统。基本的模板算法能够用来进行多传感器的观测数据与预先规定的条件匹配。

1. 基于 DS 证据理论的目标识别方法

(1)DS 理论基本概念

① 识别框:DS 理论中最基本的概念就是识别框,记为 U(如$\{q_1,q_2,\cdots,q_n\}$),表示所有涉及的事件 q_i 的集合,并且 U 内的元素是互不相容的。

② 基本概率赋值:设 U 为一识别框架,则函数 $m:2^U \to [0,1]$ 在满足下列条件

$$\begin{cases} m(\varnothing)=0 \\ \sum\limits_{A\subset U} m(A)=1 \end{cases} \tag{3-5-1}$$

时,称 $m(A)$ 为 A 的基本概率赋值(BPA)。

$m(A)$ 表示对命题 A 的精确信任程度,而不是对 A 的总的信任。

③ 信任函数:设 U 为一识别框架,函数 $m:2^U \to [0,1]$ 是 U 上的基本概率赋值,定义函数

$$\begin{cases} Bel:2^U \to [0,1] \\ Bel(A)=\sum\limits_{B\subset A} m(B), \quad \forall A \subset U \end{cases} \tag{3-5-2}$$

称该函数是 U 上的信任函数。

④ 焦元:若识别框架 U 的一子集为 A,具有 $m(A)>0$,则称 A 为信任函数 Bel 的焦元。所有焦元的并称为核。

⑤Dempster 组合规则:设 m_1 和 m_2 是 2^U 上的两个互相独立的基本概率赋值,设 Bel_1 和 Bel_2 是同一识别框架 U 上的两个信任函数,m_1 和 m_2 分别是其对应的基本概率赋值,焦元分别为 $A_1,\cdots,A_k$ 和 $B_1,\cdots,B_r$,又设

$$k=\sum_{\substack{i,j \\ A_i\cap B_j=\varnothing}} m_1(A_i)m_2(B_j) \tag{3-5-3}$$

则

$$m(A)=\begin{cases} \dfrac{\sum\limits_{\substack{i,j \\ A_i\cap B_j=A}} m_1(A_i)m_2(B_j)}{1-k}, & \forall A\subset U, A\neq\varnothing \\ 0, & A=\varnothing \end{cases} \tag{3-5-4}$$

不同的证据代表不同的信息来源,两个系统的基本概率赋值表示了不同系统对各命题的支持度,$m_1(A_1)$,$m_2(A_2)$ 表示两个系统的 A_1,A_2 共同支持 A 的信息。多个证据合成时,可由 $m_1,m_2,\cdots,m_n$ 递归组合得到 m,如

$$m(A)=m_1\oplus m_2\oplus\cdots\oplus m_n=\frac{\sum\limits_{\cap A_j=A}\prod\limits_{1\leqslant i\leqslant n} m_i(A_j)}{1-\sum\limits_{\cap A_j=\varnothing}\prod\limits_{1\leqslant i\leqslant n} m_i(A_j)} \tag{3-5-5}$$

(2)DS 证据理论的局限性

① 当证据冲突时,结论与常理相反。

例 1:设辨识框架为 $\Theta=\{A,B,C\}$,有 2 个证据的基本概率分配

$$m_1:m_1(A)=0.99,\ m_1(B)=0.01$$

$$m_2: m_2(B)=0.01\ ,\ m_2(C)=0.99$$

由 DS 组合公式可知，$m(A)=m(C)=0$ ，$m(B)=1$ ，$K=0.9999$ 。

分析组合结果：尽管 A 和 C 命题分别在不同证据中的都有很高的概率分配函数值，但组合后概率分配函数值变为 0，而 B 在两个证据中的概率分配函数值都很小，但是在组合结果中却变为了确定性的命题。这种不合理组合结果的产生原因是，例 1 中两个证据之间高度冲突。

② 在证据冲突时，识别结果的不稳定。

例 2：设辨识框架为 $\Theta=\{A\ ,\ B\ ,\ C\}$ ，有 2 个证据的基本概率分配

$$m_1: m_1(A)=0.99\ ,\ m_1(B)=0.01$$

$$m_2: m_2(B)=0.01\ ,\ m_2(A\cup B)=0.01,\ m_2(C)=0.98$$

由 DS 组合公式可知，$m(A)=0.98$ ，$m(B)=0.02$ ，$K=0.9899$。

例 2 仅对例 1 做了微小的调整，证据组合结果却发生了根本性变化。

③ 低信任度报告影响了高信任度报告。

例 3：设辨识框架为 $\Theta=\{A\ ,\ B\}$ ，有 2 个证据的基本概率分配

$$m_1(A)=0.8,\ m_1(\Theta)=0.2$$

$$m_2(B)=0.7,\ m_2(\Theta)=0.3$$

由 DS 组合公式可知，$m(A)=0.546$，$m(B)=0.318$，$m(\Theta)=0.136$。

可以看出，低信任度报告影响了高信任度报告。

④ 对高度冲突证据无能为力。

$$m_1(A)=1.0,\quad m_2(B)=1.0$$

此时组合公式中分母项为零，Dempster 规则无法对其进行组合，也就是说，Dempster 规则无法处理完全不一致的证据，不能产生直观合意的结果，不能满足基本概念 ②。

(3)DS 证据理论改进

国内外近年来针对冲突证据的合成问题，相继提出了不少改进方法，这些方法可大致分为两类：对证据合成规则的改进和对冲突证据的修正。

第一类方法认为：证据高度冲突下使用 Dempster 结合规则产生不合理结论是由该规则的归一化步骤所产生的。新的结合规则主要是解决如何将冲突重新分配的问题。

第二类方法认为：Dempster 结合规则本身没有错，当证据高度冲突时应该首先对冲突证据进行预处理，然后再使用 Dempster 规则。如 Murphy 的证据平均方法。

(ⅰ)Yager 改进方法

①Yager 方法：Yager 认为冲突的证据是不可靠的，此时对整个命题的无知程度仍然很高，因此去掉了 DS 组合规则中的归一化过程，把冲突证据携带的那部分置信度赋给了未知命题。Yager 合成规则为

$$\begin{cases} m(A)=\sum\limits_{A_i\cup B_j\cup C_l\cdots=A} m_1(A_i)m_2(B_j)m_3(C_l)\cdots, & \forall A\subset\Theta, A\neq\varnothing \\ m(\Theta)=k \end{cases} \tag{3-5-6}$$

其中，$k=\sum\limits_{A_i\cap B_j\cap C_l\cdots=\varnothing} m_1(A_i)m_2(B_j)m_3(C_l)\cdots<1$，称为证据的冲突系数。

Yager 方法把冲突转化成了整体的不确定性，但是它完全否定了冲突信息的可用性，实际

上冲突证据中也包含有用的信息，Yager 方法没有利用这部分信息。

②Yager 改进方法 1：为了修正 Yager 组合规则的不足，提出了一种证据合成规则，把冲突概率 k 按各个命题的平均置信度加权进行分配。假设有 n 个证据，改进后的合成规则为

$$\begin{cases} m(A)=\sum\limits_{A_i\cup B_j\cup C_l\cdots=A} m_1(A_i)m_2(B_j)m_3(C_l)\cdots+kq(A), & \forall A\subset\Theta, A\neq\varnothing \\ q(A)=\dfrac{1}{n}\sum\limits_{i=1}^{n}m_i(A) \end{cases} \tag{3-5-7}$$

该改进方法用各命题的平均置信度通过加权策略来修正规则的不足，使合成结果统一到多个证据的统计平均分布上，反映了少数服从多数的思想，其决策结果更符合人的直观判断。

③Yager 改进方法 2：Yager 改进方法 1 没有考虑证据源的可信度对各命题的影响，在此基础上进行进一步的改进，改进后的合成规则为

$$\begin{cases} m(A)=\sum\limits_{A_i\cup B_j\cup C_l\cdots=A} m_1(A_i)m_2(B_j)m_3(C_l)\cdots+k\varepsilon q(A), & \forall A\subset\Theta, A\neq\varnothing \\ m(\Theta)=\sum\limits_{A_i\cup B_j\cup C_l\cdots=\Theta} m_1(A_i)m_2(B_j)m_3(C_l)\cdots+k\varepsilon q(\Theta)+k(1-\varepsilon) \end{cases} \tag{3-5-8}$$

其中，ε 表示证据集的有效性系数，$k(1-\varepsilon)$ 表示冲突概率剩余部分，直接分配给未知命题。

(ⅱ)Murphy 的证据平均方法

Murphy 分析了已有的改进方法，提出了一种证据平均组合规则，具体的步骤是：首先将证据的基本概率指派进行平均，之后再用 Dempster 组合规则进行信息融合。与其他方法相比，该组合规则可以处理冲突证据，且收敛速度较快。但是 Murphy 的平均方法只是将多源信息进行简单的平均，没有考虑各个证据之间的相互关联，这是该方法的不足之处。

设有 n 个证据 $M=(m_1,m_2,\cdots,m_n)$，则

$$m(A_i)=\frac{1}{n}\sum_{j=1}^{n}m_j(A_i) \tag{3-5-9}$$

对平均证据 m 利用 Dempster 结合规则作 $n-1$ 次自组合即可处理证据高度冲突的信息融合问题。

(ⅲ)基于加权平均证据组合方法

当使用 DS 理论解决实际问题时，一直以来存在不适应解决多证据冲突的问题。将 Dempster 结合规则进行改进和推广的方法往往是解决了证据冲突问题而又带来新的问题，如增加了新的附加条件、受融合顺序影响等。在应用 DS 理论进行目标综合识别的过程中，关键是合理、有效地利用结合规则。在对冲突重新分配方法的研究基础上，考虑工程实用性，对 DS 理论的核心，即 Dempster 结合规则的使用作改进，加强结合规则的鲁棒性。基本思想是：当信息源的识别结果不冲突时，可以直接利用 Dempster 结合规则；当信息源的识别结果冲突时，则对证据进行加权平均后再利用 Dempster 结合规则。

① 证据无冲突情况下的 DS 理论应用。此时直接应用 Dempster 结合规则：首先计算各个证据的基本概率赋值函数、信任函数和似然函数；然后用 Dempster 结合规则计算所有证据联合作用的基本概率赋值函数、信任函数和似然函数；最后根据一定的决策规则选择联合作用下支持度最大的假设。

② 证据高度冲突情况下的DS理论应用。如果式(3-5-3)中$k>\varepsilon$(ε为经验值),认为两个证据高度冲突,因此,不能直接使用Dempster结合规则。此时采用证据加权平均的方法,先对证据作预处理,然后再利用Dempster结合规则。

改进的证据组合方法的核心思想是:系统信息源所收集的多个证据应该具有不同的权重,如果一个证据被其他证据所支持,则该证据比较可信,其权重也较大,它对最终融合结论的影响也较大;反之,如果一个证据与其他证据的冲突都较大,则该证据的可信度较低,其权重也较低,它对最终融合结论的影响也较小。通过判断证据的可信度,对证据的基本概率指派进行加权平均后,再利用Dempster方法进行融合。

假设系统收集到n个证据,预处理的步骤如下:

① 计算证据之间的距离d_{BPA}。设m_1和m_2是2^U上两个互相独立的基本概率赋值,则

$$d_{BPA}(m_1,m_2)=\sqrt{\frac{1}{2}(\|m_1\|^2+\|m_2\|^2-2<m_1,m_2>)} \tag{3-5-10}$$

其中$\|m_1\|^2=<m_1,m_1>$,$<m_1,m_2>$为两个向量的内积。

用距离矩阵$\boldsymbol{D}_M$表示证据之间两两距离,

$$\boldsymbol{D}_M=\begin{bmatrix} 0 & d_{12} & \cdots & d_{1j} & \cdots & d_{1n} \\ \vdots & \vdots & & \vdots & & \vdots \\ d_{i1} & d_{i2} & \cdots & d_{ij} & \cdots & d_{in} \\ \vdots & \vdots & & \vdots & & \vdots \\ d_{n1} & d_{n2} & \cdots & d_{nj} & \cdots & 0 \end{bmatrix} \tag{3-5-11}$$

② 计算证据两两相似性。定义证据体之间的相似性测度为$Sim(m_i,m_j)=1-d_{BPA}(m_i,m_j)$,表示为相似性矩阵

$$\boldsymbol{S}_M=\begin{bmatrix} 1 & S_{12} & \cdots & S_{1j} & \cdots & S_{1n} \\ \vdots & \vdots & & \vdots & & \vdots \\ S_{i1} & S_{i2} & \cdots & S_{ij} & \cdots & S_{in} \\ \vdots & \vdots & & \vdots & & \vdots \\ S_{n1} & S_{n2} & \cdots & S_{nj} & \cdots & 1 \end{bmatrix} \tag{3-5-12}$$

③ 计算证据的可信度。指定系统中证据体m_i的支持度$Sup(m_i)=\sum_{\substack{j=1\\ j\neq i}}^{n}Sim(m_i,m_j)$,则可计算证据$m_i$的可信度$Crd(m_i)$,可信度$Crd(m_i)$可以作为证据$m_i$的权重。

$$Crd(m_i)=\frac{Sup(m_i)}{\sum_{i=1}^{n}Sup(m_i)} \tag{3-5-13}$$

④ 对证据作加权平均。获取加权平均证据$m=(m(A_1),m(A_2),\cdots,m(A_N))$,其中

$$m(A_i)=\sum_{j=1}^{n}Crd(m_j)\cdot m_j(A_j)\quad i=1,2,\cdots,N \tag{3-5-14}$$

对加权平均证据m利用Dempster结合规则作$n-1$次自组合即可有效地处理证据高度冲突的信息融合问题。

(4) 应用分析

现有 5 个证据,其中 $m(A)$,$m(B)$ 和 $m(C)$ 分别表示识别目标 A(大型舰船)、B(中型舰船)、C(小型舰船)的基本概率赋值。

$m_1: m_1(A)=0.5,\ m_1(B)=0.2,\ m_1(C)=0.3$;

$m_2: m_2(A)=0,\ m_2(B)=0.9,\ m_2(C)=0.1$;

$m_3: m_3(A)=0.55,\ m_3(B)=0.1,\ m_3(C)=0.35$;

$m_4: m_4(A)=0.55,\ m_4(B)=0.1,\ m_4(C)=0.35$;

$m_5: m_5(A)=0.55,\ m_5(B)=0.1,\ m_5(C)=0.35$。

采用一般 DS 方法、Murphy 方法、改进的证据加权平均方法的识别结果如表 3-5-1 所列。

表 3-5-1　三种证据组合方法的比较

证据组合方法	m_1, m_2	m_1, m_2, m_3	m_1, m_2, m_3, m_4	m_1, m_2, m_3, m_4, m_5
一般 DS 组合方法	$m(A)=0$ $m(B)=0.857\,1$ $m(C)=0.142\,9$	$m(A)=0$ $m(B)=0.631\,6$ $m(C)=0.368\,4$	$m(A)=0$ $m(B)=0.328\,8$ $m(C)=0.671\,2$	$m(A)=0$ $m(B)=0.122\,8$ $m(C)=0.877\,2$
Murphy 组合方法	$m(A)=0.154\,3$ $m(B)=0.746\,9$ $m(C)=0.098\,8$	$m(A)=0.350\,0$ $m(B)=0.522\,4$ $m(C)=0.127\,6$	$m(A)=0.602\,7$ $m(B)=0.262\,7$ $m(C)=0.134\,6$	$m(A)=0.795\,8$ $m(B)=0.093\,2$ $m(C)=0.111\,0$
改进的证据加权平均组合方法	$m(A)=0.154\,3$ $m(B)=0.746\,9$ $m(C)=0.098\,8$	$m(A)=0.581\,6$ $m(B)=0.243\,9$ $m(C)=0.174\,5$	$m(A)=0.806\,0$ $m(B)=0.048\,2$ $m(C)=0.145\,8$	$m(A)=0.890\,9$ $m(B)=0.008\,6$ $m(C)=0.100\,5$

可以看出,一般 DS 方法无法有效处理冲突证据,$m(A)$ 始终为 0,尽管以后收集到的证据都是支持目标 A 的,由于证据 m_2 否定了 A,所以最终不认为被识别的目标是 A。

Murphy 方法和改进的证据加权平均组合方法都能识别出目标 A。但是由于 Murphy 方法没有考虑证据之间的相关性,当系统收集到第 4 个证据时,Murphy 方法才识别出目标 A;而改进的证据加权平均组合方法收集到第 3 个证据时就可以正确识别目标。究其原因,Murphy 方法通过将证据进行平均以"抵消"证据 m_2 这一"坏值"的影响,但是 Murphy 方法只是对证据简单平均,在某些情况下,系统需要收集更多的证据才能"抵消""坏值"的影响;而改进的证据加权平均组合方法考虑了证据之间的相互关联的特性,考虑了各个证据的有效性,有效地降低了"坏值"对最终结果的影响,使得在比较少的证据下就能使结果收敛为正确的目标。

2. 基于 Bayes 理论的目标识别方法

(1)Bayes 基本理论

Bayes 理论基于 Bayes 统计理论,它综合了先验信息和试验提供的信息,形成了关于假设的可能性大小的当前认识,这个从先验信息到后验信息的转化过程就是 Bayes 统计的特征。Beyes 统计的基本观点是把未知参数看做一个有一定概率分布的随机变量。这个分布总结了在抽样以前对未知参数的了解，因此称为先验分布。

设 Θ 是有限集，2^{Θ} 表示 Θ 所有子集集合，如果函数 $Bel:2^{\Theta}\rightarrow[0,1]$ 满足以下条件：

①$P(\varnothing)=0$；

②$P(\Theta)=1$；

③Bayes 加法法则：如果 $A,B\subset\Theta,A\cap B=\varnothing$，那么

$$P(A\cup B)=P(A)+P(B) \tag{3-5-15}$$

④Bayes 条件法则：如果 $P(A)>0$，那么

$$P(B\mid A)=\frac{P(B\cap A)}{P(A)} \tag{3-5-16}$$

Bayes 信任函数可看成是信任函数的子集，Bayes 的条件法则是 Dempster 结合规则的特例。所以 Bayes 理论是 DS 证据理论的一个特例。

在一个随机试验中，n 个互不相容的事件 $A_1,A_2,\cdots,A_n$ 必然发生 1 个，且只能发生 1 个，用 $P(A_i)$ 表示 A_i 发生的概率，则有

$$\sum_{i}^{n}P(A_i)=1$$

设 B 为任一事件，则根据条件概率式(3-5-16)和全概率公式，有

$$P(A_i\mid B)=\frac{P(B\mid A_i)P(A_i)}{\sum_{j}^{n}P(B\mid A_j)P(A_j)} \tag{3-5-17}$$

这就是著名的 Bayes 公式。

(2) Bayes 理论在目标识别中的应用

假设有 N 个传感器，目标识别类别划分 $O_1,O_2,\cdots,O_m$，类别可以是目标属性（敌、我、中立、不明）、类型（空、海、岸、不明）、种类等。

① 获取关于目标身份的先验概率 $P(O_1),P(O_2),\cdots,P(O_m)$。

② 获得每个传感器关于目标身份或判定的不确定性，即 $P(D_i\mid O_j),i=1,2,\cdots,N;j=1,2,\cdots,m;O_j$ 为所有可能的 m 个可能分类。

③ 计算目标身份的融合概率。

$$P(O_j\mid D_1,D_2,\cdots,D_N)=\frac{P(D_1,D_2,\cdots,D_N\mid O_j)P(O_j)}{P(D_1,D_2,\cdots,D_N)} \tag{3-5-18}$$

如果 $D_1,D_2,\cdots,D_N$ 相互独立，则

$$P(D_1,D_2,\cdots,D_N\mid O_j)=P(D_1\mid O_i)P(D_2\mid O_i)\cdots P(D_N\mid O_i) \tag{3-5-19}$$

④Bayes 的判决规则为

$$P(O_j\mid D_1,D_2,\cdots,D_N)=\max_{j=1,2,\cdots,m}[P(O_j\mid D_1,D_2,\cdots,D_N)] \tag{3-5-20}$$

如图 3-5-7 所示为应用 Bayes 理论对多传感器目标身份融合识别结构框图。N 个传感器分别给出目标身份的判定 $P(D_i\mid O_j)$，经过 Bayes 统计推理后，计算得到目标身份的融合概率 $P(O_j\mid D_1,D_2,\cdots,D_N)$，按照 Bayes 判决规则，最终获得目标综合身份信息。

Bayes 推理在许多领域有广泛的应用，但在目标识别中直接使用这一公式主要有三个困难：第一，一个证据的概率是在大量的统计数据的基础上得出的，这使得定义先验函数非常困

难；第二，要求各证据之间是不相容或相互独立的，当存在多个可能假设和多条件相关事件时，计算复杂性迅速增加；第三，缺乏分配总的不确定性的能力。

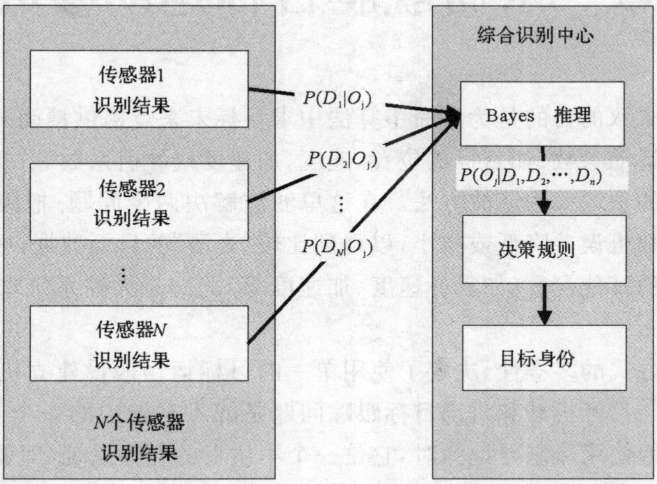

图 3-5-7　应用 Bayes 理论对多传感器目标身份融合识别结构框图

第4章 水面舰艇目标运动参数解算

目标运动参数求取的目的是为解命中算法中求目标未来点提供精确的目标运动态势。目标运动态势以目标运动参数(如目标的位置、速度、加速度或导引系数等)的形式给出的。

目标运动参数的求取采用滤波方法。在这里滤波解决两个问题:把跟踪传感器对目标位置的量测数据中的随机误差降低或减小,以得到比较"光滑"的目标数据;根据目标坐标的变化规律确定目标运动的其他参数(如目标速度、加速度等)。这是火控系统求解射击诸元首先要解决的重要问题。

由于目标运动方式的多样性,决定了使用单一的目标运动假设建立机动模型是不可能完全适应现代作战的。目标机动和机动目标跟踪问题是战术对抗中的一个基本课题,特别是舰炮火控系统。当舰炮使用非制导炮弹时,它是一个本质上的开环系统,即要根据已经取得的目标数据,去预测以后一段时间内目标的运动规律是比较困难的事情,解决起来有非常大的技术难度。要建立工程实用的机动目标模型,有必要深入地分析各种目标对舰艇的典型攻击样式,如比例导引运动、俯冲攻击和曲线机动等。结合目标物理特性和跟踪传感器的量测特性,提取其物理过程并分别予以建模,使各模型能较好地适应相应的机动方式。

4.1 目标典型机动样式

战争的基本原则是在有效打击敌人的条件下,最大程度地保存自己。这一原则使得大量远程精确制导武器在战争中投入使用。精确制导是20世纪70年代初提出的制导技术新概念。精确制导武器已在越南战争、中东战争、马岛战争、海湾战争、科索沃战争和伊拉克战争中显示出"威力倍增"的性能。反舰导弹是一种可以利用空中、陆地、海上和水下多种平台从敌防区外发射、对各种目标实施纵深打击的精确制导武器。

现代反舰导弹的成功,主要依赖于推进技术和制导技术的突破,其制导系统是反舰导弹最终作战效果的决定性因素之一。到目前为止已成熟的或正在研制的反舰导弹末制导技术有惯性制导、主动雷达末制导、指令制导、红外成像末制导等16种。

由于飞机、导弹类目标在大气层中飞行,其自身动力学特性十分复杂,再加上大气湍流,要精确描述目标的运动方程是十分困难的。目前我们对匀速、匀加速、比例导引运动等几种基本的运动规律有所了解,而对诸如末端跃升俯冲等运动规律知之甚少。下面在分析两种典型的反舰导弹运动规律的基础上,归纳出需要研究的反舰导弹对舰艇攻击样式。

(1)奥托马特导弹运动规律

奥托马特导弹是意大利和法国联合研制的反舰导弹,有舰射、空射和岸射三种类型。可打击各种水面舰艇,射程为60~80 km(Ⅰ型)、100~180 km(Ⅱ型),巡航速度为0.9 *Ma*①,巡航

---

① 1 *Ma*=340 m/s。

高度为 30 m，由惯性导航和高度表控制。如图 4－1－1 所示，在距离目标 7.3km 处（点 6），末制导雷达开机，捕获目标后继续在 30 m 高度上平飞至离目标 5.2 km（点 7）时，导弹开始爬高，在 120 m（空射爬到 200 m）高度再平飞，导弹对目标进行方位瞄准（点 8 至点 9）。这种爬高能较好地抓住真正的目标，避开诱惑干扰并使防御火力不易瞄准导弹。当导弹与目标瞄准线的夹角等于或超过 5°时（点 9），开始向目标俯冲，约 1 s 后（点 10），导弹按比例导引规律飞行，轴线在俯仰方向上也对准目标，攻击目标的角度为 7°。

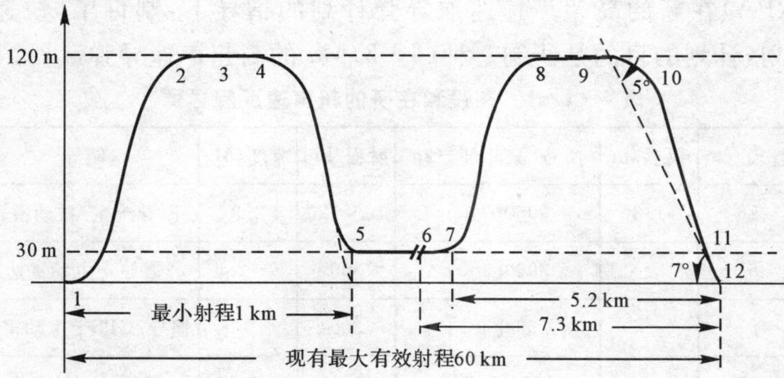

图 4－1－1　奥托马特导弹的飞行弹道

（2）白蛉导弹运动规律

白蛉导弹是俄罗斯彩虹设计局于 20 世纪 70 年代中期开始研制的，80 年代中期装备部队，是世界上第一种成功装备的超声速舰对舰导弹。它的射程为 10～120 km，巡航速度 2.3 *Ma*，巡航高度为 20 m（末段为 7 m），采用惯性中继制导＋无线电高度表＋主/被动雷达制导的方式。如图 4－1－2 所示，当进入目标区的末制导阶段时，白蛉导弹以（10～15）*g* 过载进行 S 形机动或跃升飞行，进一步增加了舰载防御系统防御的难度。在距离目标 6～7 km 时方位上开始按比例导引规律飞行，末端在距目标 1.5 km 处由 7～20 m 爬升到 40 m 高度，然后对舰艇实施俯冲攻击。

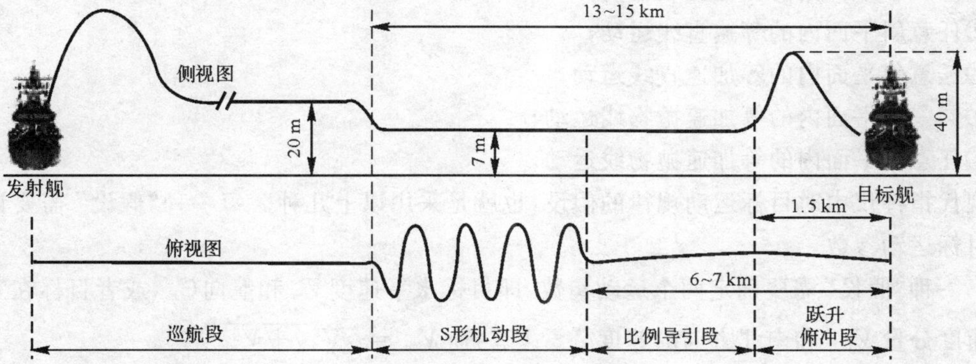

图 4－1－2　白蛉导弹的飞行弹道

通过分析“飞鱼”“奥托马特”和“白蛉”等反舰导弹攻击样式可以看出，大量的反舰导弹使用比例导引、末端跃升俯冲规律攻击舰艇。

比例导引规律是指导弹速度向量的转动角速度与导弹到舰艇的视线转动角速度成一定比

例的导引方法。导弹以比例导引规律接近舰艇称做比例导引运动。这种导引法广泛地应用于各种导弹，如“飞鱼”“鱼叉”“迦伯列Ⅲ”“奥托马特”等。通常我们考虑导弹只在水平面上作比例导引机动，实际上有的导弹实现双平面（水平和垂直平面）制导，这在建模时必须考虑。

像上述作跃升俯冲的导弹还有美国的“捕鲸叉”和“战斧”导弹，它们都是在末端距目标2km处跃升，俯冲角为7°。

表4-1-1列出了世界上一些现役和在研的超声速反舰导弹。1996年，美国国防部高级研究计划局（DARPA）在新的高超声速巡航导弹计划的指导下，制订了“快速反应导弹演示器”（ARRMD）计划，计划的目的是研制一种（6～8）*Ma* 的高超声速导弹武器。

表4-1-1　在役和在研的超声速反舰导弹

名称	总长/m	直径/cm	翼展/m	质量[战斗部]/kg	射程/km	速度/*Ma*	制导	开发完成时间
白蛉 3M80	9.39	76	1.3	3950[300]	10～120	2.3	惯导＋主/被动雷达	1980年
宝石	8.9	67		3900[250]	300	2～2.5	惯导＋主动雷达	2000—2001年
阿尔法				2500[300]	300	3	惯导/GPS＋主动雷达	2003年
ANF	5.38	38	0.96	860[165]	200	2.5～3	惯导＋主动雷达	2004年

4.2　目标运动规律的假设

空中目标能够在航向、速度和高度上进行机动。一般假设下面几种情况：当目标高度不变时，在同一水平面内机动；当目标高度改变时，在任意斜平面内机动；若航向、速度都不改变，是等速直线运动；若只改变速度，不改变航向，是等加速直线运动；若航向、速度一起改变，则是等加速抛物线运动。将上述各种机动进行组合，可以归纳为五种情况：

①同一水平面内的等速直线运动；

②任意斜平面内的等速直线运动；

③任意斜平面内的等加速直线运动；

④同一水平面内的等加速抛物线运动；

⑤任意斜平面内的等加速抛物线运动。

现代指挥仪中对目标运动规律的假设，也就是采用以上几种。每一种“假设”需要计算不同的目标运动参数。

第一种“假设”需要确定两个运动参数，即目标水平速度V_m和航向C_m，或者目标在东西方向的速度分量V_{mx}和南北方向的速度分量V_{my}，而$V_{ms}=\sqrt{V_{mx}^2+V_{my}^2}$。

第二种“假设”除了需要确定V_{ms}，C_m外，还要计算V_{mh}，即高度的变化率——第3个参数。而$V_{mh}=\dot{h}$，$V_m=\sqrt{V_{mh}^2+V_{ms}^2}$，$V_m$为目标速度。

第三种“假设”除了需要确定V_{mx}，V_{my}，V_{mh}外，还应计算a_{mx}，a_{my}和a_{mh}，共6个参数。a_{mx}，a_{my}和a_{mh}分别为东西、南北和垂直方向的加速度。$a_{mx}=\ddot{x}$，$a_{my}=\ddot{y}$，$a_{mh}=\ddot{h}$。

第四种“假设”应确定V_{ms}，C_m和a_{ms}，ω_m共4个参数，其中a_{ms}为目标水平加速度，ω_m为目

标旋回的角速度。$a_{ms}=\sqrt{a_{mx}^2+a_{my}^2}$，因为此时 $a_{mh}=0$。

第五种“假设”应确定 V_m，H_m 和 a_m，ω_m 共 4 个参数。a_m 为目标的加速度，

$$a_m=\sqrt{a_{mx}^2+a_{my}^2+a_{mh}^2} \tag{4-2-1}$$

我们总是希望目标运动假设能够符合目标运动的实际，因此要求火控系统设置多种“假设”，以提高射击效果，但是实际上很难做到。首先，因为设置多种目标运动假设后，还需要解决及时地判断目标做哪一种运动，以便及时转换到这一种目标运动假设进行计算的问题。现在对这个问题还没有很好的解决办法，目前比较流行的做法是使用交互式多模型算法(Interface Multiple Model，IMM)。因此，即使设置多种“假设”，如果不能及时转换，同样达不到提高射击效果的目的。其次，目标运动假设设置愈多，要确定的目标运动参数也就多，而且这些参数对时间导数的次数愈高，则误差也愈大。例如，对目标做等加速直线运动和做等速直线运动，用同样的平滑方法求出目标运动参数，比较它们计算提前坐标的误差。前者的均方误差比后者大五倍多。因此，“假设”复杂，虽然能够使计算条件与目标实际运动相接近，但是求取高阶导数引起的误差也将增大，最后并不能达到提高射击效果的目的。但如果对目标运动规律的假设过于简单，也满足不了实际使用的需要，使计算条件与目标运动实际情况不相符合，降低了解命中问题的准确性。所以，当确定解命中问题目标假设的方案时，应兼顾实际需要和精度要求能否达到。对设置多种假设的情况，使用时应根据目标性质、战术特点及允许求取目标运动参数的时间等因素，恰当地选定目标运动假设，发现目标运动规律改变时，及时进行转换，以适应目标运动实际情况。

4.3　坐标系的选取

在火控系统中，选取直角坐标系、球(极)坐标系、柱坐标系或混合坐标系来表示不同参考系下的点，就产生了不同参考系下的不同坐标。

实践表明，坐标系的选择直接影响着火控系统状态变量，因而影响着状态方程和量测方程的结构，从而对目标运动参数计算产生影响。如何选择最佳坐标系，没有一般的理论方法，要靠经验，靠多方案的比较，靠对物理问题洞察和掌握的程度，靠对所提的数学模型实现的难易的了解。

选优的原则与系统模型状态变量的选择原则有关，这些原则是相互制约的。当采用瞄准线(球)坐标系时，可直接使用量测噪声特性，且可实现各量测值之间的不相关，但是状态变量的微分方程组是非线性的，给火控解算实现带来困难。当选用直角坐标系时，可满足状态变量的微分方程组是线性方程组的要求，这是采用直角坐标系的优点；但直角坐标系下的量测方程变成非线性方程，同时不能使用物理量测的量测噪声，且此时的各量测为数学转换后的数字量测，它们失去了物理量测间不相关的品质，这些都是选取直角坐标系的缺点。传统上，在求取目标运动参数时使用舰艇地理直角坐标系，而跟踪传感器对目标的量测数据是在瞄准线坐标系上，将它变换到舰艇地理直角坐标系后使各分量之间的噪声有相关性。下面分别对舰艇地理坐标系和瞄准线坐标系进行介绍。

4.3.1 舰艇地理坐标系

定义舰艇地理坐标系 $OXYH$ 为：原点 O 位于舰艇摇摆中心，OX 轴平行于水平面指向正东，OY 轴平行于水平面指向正北，OH 轴垂直平面 OXY，铅垂向上为正。

当坐标系的原点设在运动物体上时，此时坐标系相对地球是运动的，称此坐标系为相对坐标系。例如，舰艇以观测仪器测量目标的方位、距离和高低角时，即采用以观测器材为原点的相对球坐标系。这样的坐标系随着本舰航行而移动。

当坐标系原点设在地球上某一固定点时，称此坐标系为绝对坐标系，例如，岸炮连以雷达或测距仪为坐标原点。这样的坐标系相对地球是不动的。

舰载武器是安装在运动舰艇上的，因此，整个解命中问题必须在相对坐标系内考虑。仅在求目标运动参数时，为了保证求目标运动参数的精度，需要在绝对直角坐标系内求取。

求取目标运动要素时，需要将测量的球坐标变换为直角坐标，同时将相对坐标变换到绝对坐标。

由相对球坐标变换为相对直角坐标的关系为

$$\begin{cases} x = D\cos\varepsilon_m \sin\beta_m \\ y = D\cos\varepsilon_m \cos\beta_m \\ h = D\sin\varepsilon_m \end{cases} \tag{4-3-1}$$

为了把相对球坐标变为绝对直角坐标，必须消去本舰运动引起的坐标变化量。本舰速度在 X，Y 方向的分量分别为

$$\begin{cases} V_{wx} = V_w \sin C_w \\ V_{wy} = V_w \cos C_w \end{cases} \tag{4-3-2}$$

式中，V_w，C_w—— 本舰速度和航向。

如果球坐标 D，β_m，ε_m 以一定的间隔时间 ΔT 输入一次，则在 ΔT 这段时间内本舰所走的航程在 X，Y 方向分别为：$V_{wx}\Delta T$ 和 $V_{wy}\Delta T$。经过 n 个间隔时间，本舰航程为每个间隔时间内航程之和。设 S_{wx}，S_{wy} 分别为 X，Y 方向在 n 个间隔时间内本舰航程的总和。则

$$\begin{cases} S_{wx} = \sum\limits_{k=1}^{n} V_{wxk}\Delta T \\ S_{wy} = \sum\limits_{k=1}^{n} V_{wyk}\Delta T \end{cases} \tag{4-3-3}$$

式中，k—— 累加的间隔数(或输入的次数)。

这样，相对球坐标变为绝对直角坐标的公式为

$$\begin{cases} x_m = D\cos\varepsilon_m \sin\beta_m + S_{wx} \\ y_m = D\cos\varepsilon_m \cos\beta_m + S_{wy} \\ h_m = D\sin\varepsilon_m \end{cases} \tag{4-3-4}$$

经过坐标变换后，x_m，y_m 和 h_m 的坐标原点是第一次测定目标坐标时，本舰观测部位在地球上所处的位置。

4.3.2　瞄准线坐标系

现代火控系统有的已经使用“步进”笛卡儿坐标系，其坐标按跟踪指向器法线方向来定位。这种坐标系在连续时间里和跟踪指向器系统一起转动，是非惯性的。下面简要介绍一下该坐标系。

瞄准线坐标系 $O_aX_aY_aZ_a$，原点 O_a 是跟踪器旋转轴与俯仰轴的交点，O_aX_a 轴为跟踪器俯仰轴（右平行于甲板），O_aY_a 轴为跟踪瞄准线（如对于跟踪雷达来说，就是天线系统等强信号方向），O_aZ_a 轴垂直于平面 $O_aX_aY_a$，轴 O_aX_a，O_aY_a 和 O_aZ_a 组成右手直角坐标系。如图 4－3－1 所示，Δq，$\Delta\varepsilon$ 为舷角和高低角跟踪偏差。

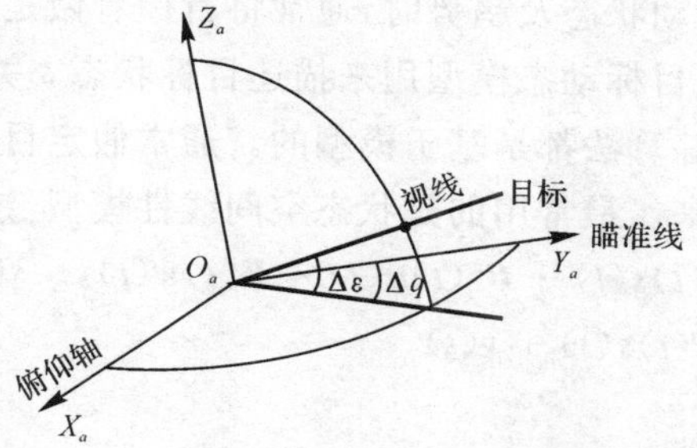

图 4－3－1　瞄准线坐标系与跟踪误差角

坐标系目标的坐标为（x_a，y_a，z_a）；斜距 $D\approx y_a$。

在瞄准线坐标系下，目标的坐标为

$$\begin{bmatrix} x_a \\ y_a \\ z_a \end{bmatrix} = \begin{bmatrix} D\cos\Delta\varepsilon\sin\Delta q \\ D\cos\Delta\varepsilon\cos\Delta q \\ D\sin\Delta\varepsilon \end{bmatrix} \approx \begin{bmatrix} D\Delta q \\ D \\ D\Delta\varepsilon \end{bmatrix} \tag{4－3－5}$$

在瞄准线坐标系中，其量测方式有这样的一个特点，它的坐标轴方向与跟踪器量测量的方向相互对应。可以足够准确地认为，各坐标量测之间保持了互不相关。因此，跟踪器的原始量测信息可以得到充分利用，也便于获得真实的目标量测噪声统计特性。

瞄准线坐标系的另一个特点是，以角误差测量为基础求取目标状态的算法，在方法的本质上实现了所谓的误差补偿原理。从物理意义上来讲，在瞄准线坐标系中求得的目标状态不受角误差本身的影响，而只受角误差的测量误差的影响。换句话说，也就是瞄准线的指向不影响目标状态的求取，即瞄准线的控制过程是独立的，是可以和目标状态求取相分离的。这是应用目标状态反馈控制原理的基础。

4.4　目标运动模型

实现目标跟踪和预测的关键在于如何从带有噪声的观测量中提取出有用的目标状态信息，多数目标跟踪算法基于目标运动建模技术。目标运动建模的主要难点在于目标运动的不确定性。一个好的目标运动模型将有利于从有限的观测信息中更准确地获取目标状态信息。

目标运动建模是机动目标跟踪的核心问题之一。一般所建立的机动目标模型既要符合机动实际,又要便于数学处理。现役的舰艇火控系统大多采用一次假设的运动模型和最小二乘滤波方法,有的加入自适应调整观测时间,部分项目采用了自适应卡尔曼滤波理论。近30年来,人们对机动目标的统计模型和卡尔曼滤波的自适应算法进行了大量研究,并取得了丰硕的成果。最具代表性的是Singer(1970),Chan(1979),Moose(1979),Berg(1983),Bogler(1987),Song(1988),Bar-Shalom(1989),周宏仁(1991),董志荣(1995),Li X. R(2000—2003)等提出的模型。由于控制理论及计算机技术在火控系统中的应用,以往很多难以实现的算法,现在可以改进并发展利用之。机动目标模型的建立应该打破传统的等时间间隔、线性、时常、平稳过程的限制。

当跟踪目标、估计目标运动状态及趋势时,通常将目标看做是空间没有形状和大小的点目标,尤其在目标动态建模中。目标动态模型用来描述目标状态 $\boldsymbol{s}$ 关于时间的变化情况。

几乎所有的机动目标跟踪算法都是基于模型的。通常假定目标运动及其观测都是可以用已知的数学模型精确表述出来。最常用的是状态空间线性模型(连续时间模型)为

$$\dot{\boldsymbol{s}}(t)=\boldsymbol{A}(t)\boldsymbol{s}(t)+\boldsymbol{B}^{u}(t)\boldsymbol{u}(t)+\boldsymbol{B}(t)\boldsymbol{w}(t),\quad \boldsymbol{s}(t_0)=\boldsymbol{s}_0 \tag{4-4-1a}$$

$$\boldsymbol{m}(t)=\boldsymbol{C}(t)\boldsymbol{s}(t)+\boldsymbol{v}(t) \tag{4-4-1b}$$

或离散时间模型为

$$\boldsymbol{s}(k+1)=\boldsymbol{\Phi}(k+1\mid k)\boldsymbol{s}(k)+\boldsymbol{G}(k)\boldsymbol{u}(k)+\boldsymbol{w}(k) \tag{4-4-2a}$$

$$\boldsymbol{m}(k)=\boldsymbol{\Theta}(k)\boldsymbol{s}(k)+\boldsymbol{v}(k) \tag{4-4-2b}$$

以离散时刻 t_k 状态方程为例,$\boldsymbol{s}(k)$,$\boldsymbol{m}(k)$ 和 $\boldsymbol{u}(k)$ 分别是目标状态、观测和控制输入向量,当目标跟踪时,控制输入向量 $\boldsymbol{u}(k)$ 经常被假设为与目标加速度有关的量,它往往是未知的;$\boldsymbol{\Phi}(k+1\mid k)$,$\boldsymbol{\Theta}(k)$ 和 $\boldsymbol{G}(k)$ 分别是适当维的系统状态转移矩阵、观测矩阵和控制输入矩阵;$\boldsymbol{w}(k)$ 和 $\boldsymbol{v}(k)$ 分别是系统模型噪声和观测噪声,且噪声 $\boldsymbol{w}(k)$ 和 $\boldsymbol{v}(k)$ 为互不相关的随机噪声序列,其统计特性为:

$$E[\boldsymbol{w}(k)]=0;\quad E[\boldsymbol{w}(k)\boldsymbol{w}^{\mathrm{T}}(j)]=\boldsymbol{Q}(k)\delta_{kj}$$

$$E[\boldsymbol{v}(k)]=0;\quad E[\boldsymbol{v}(k)\boldsymbol{v}^{\mathrm{T}}(j)]=\boldsymbol{R}(k)\delta_{kj}$$

式中,$\boldsymbol{Q}(k)$,$\boldsymbol{R}(k)$—— 系统噪声和观测噪声协方差矩阵。

上面的状态空间模型包含目标动态模型(式(4-4-1a)或式(4-4-2a))和观测模型(式(4-4-1b)或式(4-4-2b))。

目标的运动通常分为两类模式:机动(Maneuver)和非机动(Non-maneuver)。这里定义非机动运动为匀速直线运动,所有其他运动均属于机动模式。下面对其中一维 x 的情况进行描述。

4.4.1 匀速直线运动模型

1. 连续时间模型

众所周知,在三维物理空间中描述点目标的匀速直线运动(Constant Velocity,CV)使用三维位置和速度向量就可以表示目标状态。以其中一维 x 为例,定义状态向量 $\boldsymbol{s}=(x,\dot{x})^{\mathrm{T}}$。

若目标为非机动点目标，则$\ddot{x}(t)=0$。实际上，运动模型可考虑$\ddot{x}(t)=w(t)\approx 0$，通常称为CV模型。

匀速直线运动的速度为常数，即加速度为0，坐标x对时间t的二阶导数为0，也就是说x满足方程

$$\ddot{x}(t)=0 \tag{4-4-3}$$

而实际中把目标的加速度作为随机噪声处理，即

$$\ddot{x}(t)=w(t)\approx 0 \tag{4-4-4}$$

式中，$w(t)$是均值为零、方差为σ^2的高斯白噪声过程，可看做是由于随机扰动带来的模型误差。

$$E[\boldsymbol{w}(t)]=0,\quad E[\boldsymbol{w}(t)\boldsymbol{w}^{\mathrm{T}}(s)]=\sigma^2\delta(t-s) \tag{4-4-5}$$

由此得到连续时间系统的状态方程

$$\dot{\boldsymbol{s}}(t)=\boldsymbol{A}(t)\boldsymbol{s}(t)+\boldsymbol{B}(t)\boldsymbol{w}(t) \tag{4-4-6}$$

$$\boldsymbol{s}(t)=\begin{pmatrix}x(t)\\ \dot{x}(t)\end{pmatrix},\quad \boldsymbol{A}(t)=\begin{pmatrix}0&1\\0&0\end{pmatrix},\quad \boldsymbol{B}(t)=\begin{pmatrix}0\\1\end{pmatrix} \tag{4-4-7}$$

$x,\dot{x},\ddot{x}$分别为目标在x轴上的位置、速度和加速度分量。

若目标发生机动，即目标运动表现出变加速度$\boldsymbol{a}(t)$特性时，目标模型应为

$$\dot{\boldsymbol{s}}(t)=\boldsymbol{A}(t)\boldsymbol{s}(t)+\boldsymbol{B}(t)\boldsymbol{a}(t) \tag{4-4-8}$$

对跟踪系统来说，目标的机动是未知的。很显然，如何描述$\boldsymbol{a}(t)$是一个复杂的问题。

2. 离散时间模型

为将式(4-4-6)离散化，先变换为

$$\frac{\mathrm{d}}{\mathrm{d}t}(\mathrm{e}^{-\boldsymbol{A}t}\boldsymbol{s}(t))=\mathrm{e}^{-\boldsymbol{A}t}(\dot{\boldsymbol{s}}(t)-\boldsymbol{A}\boldsymbol{s}(t))=\mathrm{e}^{-\boldsymbol{A}t}\boldsymbol{B}\boldsymbol{w}(t)$$

其中

$$\mathrm{e}^{\boldsymbol{A}t}=\sum_{i=0}^{\infty}\frac{\boldsymbol{A}^i t^i}{i\,!}=\boldsymbol{I}+\boldsymbol{A}t+\frac{1}{2!}\boldsymbol{A}^2t^2+\frac{1}{3!}\boldsymbol{A}^3t^3+\cdots=\begin{pmatrix}1&t\\0&1\end{pmatrix}$$

对上式在区间$[t_k,t_{k+1}]$积分，经简化得

$$\boldsymbol{s}(k+1)=\mathrm{e}^{\boldsymbol{A}\tau_k}\boldsymbol{s}(k)+\int_0^{\tau_k}\mathrm{e}^{\boldsymbol{A}(\tau_k-t)}\boldsymbol{B}\boldsymbol{w}(t_k+t)\mathrm{d}t \tag{4-4-9}$$

而$\tau_k=t_{k+1}-t_k$为k时刻到$k+1$时刻之间的间隔，t_k是第k个采样的时刻。于是式(4-4-9)为

$$\boldsymbol{s}(k+1)=\boldsymbol{\Phi}(k+1\mid k)\boldsymbol{s}(k)+\boldsymbol{w}(k) \tag{4-4-10}$$

其中

$$\boldsymbol{s}(k)=\begin{pmatrix}x(k)\\ \dot{x}(k)\end{pmatrix},\quad \boldsymbol{\Phi}(k+1\mid k)=\begin{pmatrix}1&\tau_k\\0&1\end{pmatrix} \tag{4-4-11}$$

$$\boldsymbol{w}(k)=\int_0^{\tau_k}\mathrm{e}^{\boldsymbol{A}(\tau_k-t)}\boldsymbol{B}\boldsymbol{w}(t_k+t)\mathrm{d}t \tag{4-4-12}$$

$$\boldsymbol{Q}(k)=E[\boldsymbol{w}(k)\boldsymbol{w}^{\mathrm{T}}(k)]=\sigma^2\begin{pmatrix}q_{11}&q_{12}\\q_{21}&q_{22}\end{pmatrix} \tag{4-4-13}$$

$$q_{11}=\tau_k^3/3,\quad q_{12}=q_{21}=\tau_k^2/2,\quad q_{22}=\tau_k \tag{4-4-14}$$

另外，CV模型的另一种离散时间系统表达式(Friedland模型)将加速度$\boldsymbol{a}(k)$直接看做系

统噪声 $\boldsymbol{w}(k)$，即 $\boldsymbol{w}(k)$ 是均值为零、方差为 σ^2 的高斯白噪声序列，因此，

$$\begin{pmatrix} x(k+1) \\ \dot{x}(k+1) \end{pmatrix} = \begin{pmatrix} 1 & \tau_k \\ 0 & 1 \end{pmatrix} \begin{pmatrix} x(k) \\ \dot{x}(k) \end{pmatrix} + \begin{pmatrix} \tau_k^2/2 \\ \tau_k \end{pmatrix} \boldsymbol{w}(k) \tag{4-4-15}$$

$$\boldsymbol{Q}(k) = \sigma^2 \begin{pmatrix} q_{11} & q_{12} \\ q_{21} & q_{22} \end{pmatrix} \tag{4-4-16}$$

$$q_{11} = \tau_k^4/4, \quad q_{12} = q_{21} = \tau_k^3/2, \quad q_{22} = \tau_k^2 \tag{4-4-17}$$

4.4.2　匀加速运动模型

1. 连续时间模型

与匀速模型类似，匀加速模型满足：

$$\dddot{x}(t) = 0 \tag{4-4-18}$$

匀加速运动模型(Constant Acceleration，CA)在实际中把目标的加加速度作为随机噪声处理，即

$$\dddot{x}(t) = w(t) \approx 0 \tag{4-4-19}$$

$w(t)$ 满足式(4-4-5)，由此得到其连续时间系统的状态方程

$$\dot{\boldsymbol{s}}(t) = \boldsymbol{A}(t)\boldsymbol{s}(t) + \boldsymbol{B}(t)w(t) \tag{4-4-20}$$

$$\boldsymbol{s}(t) = \begin{bmatrix} x(t) \\ \dot{x}(t) \\ \ddot{x}(t) \end{bmatrix}, \quad \boldsymbol{A}(t) = \begin{bmatrix} 0 & 1 & 0 \\ 0 & 0 & 1 \\ 0 & 0 & 0 \end{bmatrix}, \quad \boldsymbol{B}(t) = \begin{bmatrix} 0 \\ 0 \\ 1 \end{bmatrix} \tag{4-4-21}$$

2. 离散时间模型

与匀速直线模型类似，对 CA 模型进行离散化，得到

$$\boldsymbol{s}(k+1) = \boldsymbol{\Phi}(k+1 \mid k)\boldsymbol{s}(k) + \boldsymbol{w}(k) \tag{4-4-22}$$

其中

$$\boldsymbol{s}(k) = \begin{bmatrix} x(k) \\ \dot{x}(k) \\ \ddot{x}(k) \end{bmatrix}, \quad \boldsymbol{\Phi}(k+1 \mid k) = \begin{bmatrix} 1 & \tau_k & \tau_k^2/2 \\ 0 & 1 & \tau_k \\ 0 & 0 & 1 \end{bmatrix} \tag{4-4-23}$$

$$\boldsymbol{Q}(k) = E[\boldsymbol{w}(k)\boldsymbol{w}^{\mathrm{T}}(k)] = \sigma^2 \begin{bmatrix} q_{11} & q_{12} & q_{13} \\ q_{21} & q_{22} & q_{23} \\ q_{31} & q_{32} & q_{33} \end{bmatrix} \tag{4-4-24}$$

$$\begin{cases} q_{11} = \tau_k^5/20, \quad q_{12} = q_{21} = \tau_k^4/8, \quad q_{13} = q_{31} = \tau_k^3/6 \\ q_{22} = \tau_k^3/3, \quad q_{23} = q_{32} = \tau_k^2/2, \quad q_{33} = \tau_k \end{cases} \tag{4-4-25}$$

同样，CA 模型的另一种离散时间系统表达式(Ramachandra 模型)将加速度直接看做系统噪声 $\boldsymbol{w}(k)$，即 $\boldsymbol{w}(k)$ 是均值为零、方差为 σ^2 的高斯白噪声序列，因此，

$$\begin{bmatrix} x(k+1) \\ \dot{x}(k+1) \\ \ddot{x}(k+1) \end{bmatrix} = \begin{bmatrix} 1 & \tau_k & \tau_k^2/2 \\ 0 & 1 & \tau_k \\ 0 & 0 & 1 \end{bmatrix} \begin{bmatrix} x(k) \\ \dot{x}(k) \\ \ddot{x}(k) \end{bmatrix} + \begin{bmatrix} \tau_k^3/6 \\ \tau_k^2/2 \\ \tau_k \end{bmatrix} \boldsymbol{w}(k) \tag{4-4-26}$$

$$\boldsymbol{Q}(k)=\sigma^2\begin{bmatrix} q_{11} & q_{12} & q_{13} \\ q_{21} & q_{22} & q_{23} \\ q_{31} & q_{32} & q_{33} \end{bmatrix} \tag{4-4-27}$$

$$\begin{cases} q_{11}=\tau_k^6/36, \quad q_{12}=q_{21}=\tau_k^5/12, \quad q_{13}=q_{31}=\tau_k^4/6 \\ q_{22}=\tau_k^4/4, \quad q_{23}=q_{32}=\tau_k^3/2, \quad q_{33}=\tau_k^2 \end{cases} \tag{4-4-28}$$

4.4.3　Singer 模型

1. 连续时间模型

Singer 模型假设目标加速度 $\boldsymbol{a}(t)$ 是零均值一阶 Markov 过程，其自相关函数为指数衰减形式：

$$R_a(\tau)=E[\boldsymbol{a}(t)\boldsymbol{a}(t+\tau)]=\sigma_a^2\mathrm{e}^{-\alpha|\tau|}, \quad \alpha \geqslant 0 \tag{4-4-29}$$

式中，σ_a^2 —— 机动加速度的方差；

α —— 机动时间常数 τ_m 的倒数，即机动频率，$\alpha=1/\tau_m$，通常其经验取值范围：转弯机动时间 $\tau_m \approx 60$ s，逃避机动时间 τ_m 约为 $10 \sim 20$ s。

σ_a^2，α 为在$(t,t+\tau)$ 区间内决定目标机动特性的参数，精确选定参数 σ_a^2，α 是成功使用 Singer 模型的关键。

图 4-4-1 是目标加速度相关函数示意图。

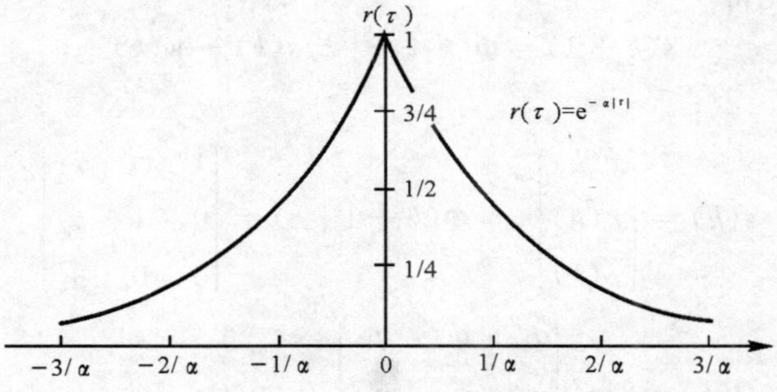

图 4-4-1　目标加速度相关函数示意图

Singer 模型假设机动加速度的概率密度服从三元均匀混合分布（Ternary-uniform Mixture），如图 4-4-2 所示，即目标无机动的概率为 P_0，以最大加速度 $\pm a_{\max}$ 加速或减速的概率为 $P_{\max}$，加速度在区间$(-a_{\max},a_{\max})$ 的其他区域服从均匀分布。于是得到

$$\sigma_a^2=\frac{a_{\max}^2}{3}(1+4P_{\max}-P_0) \tag{4-4-30}$$

对时间相关函数 $R_a(t)$ 应用 Wiener-Kolmogorov 白化程序后，机动加速度 $a(t)$ 可用输入为白噪声的一阶时间相关模型来表示，即

$$\dot{a}(t)=-\alpha a(t)+w(t) \tag{4-4-31}$$

式中，$w(t)$—— 均值为零、方差为 $2\alpha\sigma_a^2$ 的高斯白噪声。

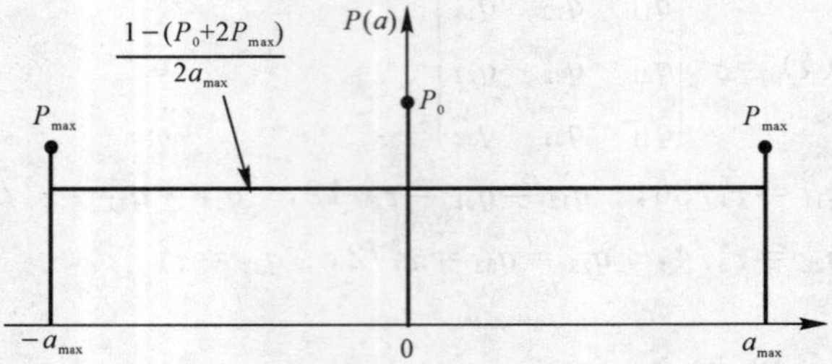

图 4-4-2 服从三元均匀混合分布的目标加速度概率密度函数(PDF)

这样就得出一阶时间相关模型，即 Singer 模型：

$$\dot{\boldsymbol{s}}(t)=\boldsymbol{A}(t)\boldsymbol{s}(t)+\boldsymbol{B}(t)w(t) \tag{4-4-32}$$

$$\boldsymbol{s}(t)=\begin{bmatrix}x(t)\\ \dot{x}(t)\\ \ddot{x}(t)\end{bmatrix},\quad \boldsymbol{A}(t)=\begin{bmatrix}0&1&0\\0&0&1\\0&0&-\alpha\end{bmatrix},\quad \boldsymbol{B}(t)=\begin{bmatrix}0\\0\\1\end{bmatrix} \tag{4-4-33}$$

Singer 模型用有色噪声而不是白噪声描述机动加速度更为切合实际，这也正是 Singer 模型多年来较受青睐的原因。但 Singer 模型本质上是个先验的模型，没有使用在线信息，大部分参数都是事先设定的。

2. 离散时间模型

将上述模型离散化得

$$\boldsymbol{s}(k+1)=\boldsymbol{\Phi}(k+1\mid k)\boldsymbol{s}(k)+\boldsymbol{w}(k) \tag{4-4-34}$$

其中

$$\boldsymbol{s}(k)=\begin{bmatrix}x(k)\\ \dot{x}(k)\\ \ddot{x}(k)\end{bmatrix},\quad \boldsymbol{\Phi}(k+1\mid k)=\begin{bmatrix}1&\tau_k&\alpha_1\\0&1&\alpha_2\\0&0&\alpha_3\end{bmatrix}$$

$$\boldsymbol{Q}(k)=2\alpha\sigma_\alpha^2\begin{bmatrix}q_{11}&q_{12}&q_{13}\\q_{21}&q_{22}&q_{23}\\q_{31}&q_{32}&q_{33}\end{bmatrix} \tag{4-4-35}$$

而

$$\begin{cases}\alpha_1=(\alpha\tau_k-1+\mathrm{e}^{-\alpha\tau_k})/\alpha^2=(\tau_k-\alpha_2)/\alpha\\ \alpha_2=(1-\mathrm{e}^{-\alpha\tau_k})/\alpha=(1-\alpha_3)/\alpha\\ \alpha_3=\mathrm{e}^{-\alpha\tau_k}\end{cases} \tag{4-4-36}$$

$$\begin{cases}q_{11}=(1-\mathrm{e}^{-2\alpha\tau_k}+2\alpha\tau_k+2\alpha^3\tau_k^3/3-2\alpha^2\tau_k^2-4\alpha\tau_k\mathrm{e}^{-\alpha\tau_k})/(2\alpha^5)\\ q_{12}=q_{21}=(\mathrm{e}^{-2\alpha\tau_k}+1-2\mathrm{e}^{-\alpha\tau_k}+2\alpha\tau_k\mathrm{e}^{-\alpha\tau_k}-2\alpha\tau_k+\alpha^2\tau_k^2)/(2\alpha^4)\\ q_{13}=q_{31}=(1-\mathrm{e}^{-2\alpha\tau_k}-2\alpha\tau_k\mathrm{e}^{-\alpha\tau_k})/(2\alpha^3)\\ q_{22}=(4\mathrm{e}^{-\alpha\tau_k}-3-\mathrm{e}^{-2\alpha\tau_k}+2\alpha\tau_k)/(2\alpha^3)\\ q_{23}=q_{32}=(\mathrm{e}^{-2\alpha\tau_k}+1-2\mathrm{e}^{-\alpha\tau_k})/(2\alpha^2)\\ q_{33}=(1-\mathrm{e}^{-2\alpha\tau_k})/(2\alpha)\end{cases} \tag{4-4-37}$$

可以看出，若机动时间常数 τ_m 增加（即 $\alpha\tau_k$ 减小，趋于 0），则 Singer 模型蜕变为匀加速模型。反之，若机动时间常数 τ_m 减小（即 $\alpha\tau_k$ 增大），则 Singer 模型蜕变为匀速模型，即加速度变成噪声。因此，对于 $0<\alpha\tau_k<\infty$，Singer 模型对应于目标介于匀速和匀加速之间的运动，它比匀加速和匀速模型有更大的目标机动模式覆盖范围。

4.4.4　机动目标"当前"统计模型

1. 连续时间模型

机动目标当前统计模型（Current Statistic，CS）在 Singer 模型上进一步发展，认为当目标正以某一加速度机动时，下一时刻的加速度取值是有限的，且只能在当前加速度的邻域内。机动目标当前统计模型本质上是非零均值时间相关模型（Singer 模型是零均值时间相关模型），其机动加速度的当前概率密度用修正的瑞利（Rayleigh）分布描述。其随机机动加速度在时间上仍符合一阶时间相关过程，即

$$\ddot{x}(t)=\bar{a}(t)+a_1(t) \tag{4-4-38}$$

$$\dot{a}_1(t)=-\alpha a_1(t)+w(t) \tag{4-4-39}$$

式中，$x(t)$ —— 目标位置；

$a_1(t)$ —— 零均值有色加速度噪声；

$\bar{a}(t)$ —— 机动加速度均值，且在每一采样周期内为常数；

α —— 机动（加速度）时间常数的倒数；

$w(t)$ —— 均值为零，方差为 $\sigma_w^2=2\alpha\sigma_a^2$ 的白噪声，σ_a^2 为目标加速度方差。

式（4-4-38）和式（4-4-39）可写为

$$\dddot{x}(t)=-\alpha\ddot{x}(t)+\alpha\bar{a}(t)+w(t)=-\alpha\ddot{x}(t)+w_1(t) \tag{4-4-40}$$

其中 $w_1(t)$ 是均值为 $\alpha\bar{a}(t)$ 的白噪声。一维情况下的状态方程为

$$\dot{\boldsymbol{s}}(t)=\boldsymbol{A}(t)\boldsymbol{s}(t)+\boldsymbol{B}^u(t)u(t)+\boldsymbol{B}(t)w(t) \tag{4-4-41}$$

其中

$$\boldsymbol{s}(t)=\begin{bmatrix}x(t)\\ \dot{x}(t)\\ \ddot{x}(t)\end{bmatrix},\quad \boldsymbol{A}(t)=\begin{bmatrix}0&1&0\\0&0&1\\0&0&-\alpha\end{bmatrix} \tag{4-4-42}$$

$$\boldsymbol{B}^u(t)=\begin{bmatrix}0\\0\\ \alpha\end{bmatrix},\quad u(t)=\bar{a}(t),\quad \boldsymbol{B}(t)=\begin{bmatrix}0\\0\\1\end{bmatrix} \tag{4-4-43}$$

在 Singer 模型中使用非条件 $P(a_{k+1})$ 表示 $k+1$ 时刻的 a_{k+1} 的概率密度，在当前统计模型中使用条件概率密度 $P(a_{k+1}\mid\hat{a}_k)$ 代替。显然使用条件概率密度包含了更精确的信息。非零均值条件瑞利分布表征机动加速度特性，因而更加切合实际。与 Singer 模型相比，它能更为真实地反映目标机动范围和强度的变化。

$$P(a \mid \hat{a}_k)=\begin{cases}\mu_k^{-2}(a_{\max}-a)\exp\left[-(a_{\max}-a)^2/(2\mu_k^2)\right], & 0<\hat{a}_k \text{ 且 } 0<a<a_{\max}\\ \mu_k^{-2}(a-a_{-\max})\exp\left[-(a-a_{-\max})^2/(2\mu_k^2)\right], & \hat{a}_k<0 \text{ 且 } a_{-\max}<a<0\\ 0 & \text{其他}\end{cases} \tag{4-4-44}$$

式中，$a_{\max}$，$a_{-\max}$——加速度的正/负的极限值，这里不要求 $a_{-\max}$ 为 $-a_{\max}$；

$\mu_k>0$——和 $\hat{a}_k$ 有关的常数。

这种时变的概率密度函数曲线如图4-4-3所示，两个示意图分别假定 $a_{-\max}=-4g$ 和 $a_{\max}=8g$ 的情况。从图中可以看出在每一个瞬时机动加速度的概率密度是不同的；一旦"当前"加速度即加速度的均值被给定，加速度的概率密度函数便完全确定。这种时变的加速度概率密度函数被称为"当前"概率密度函数。

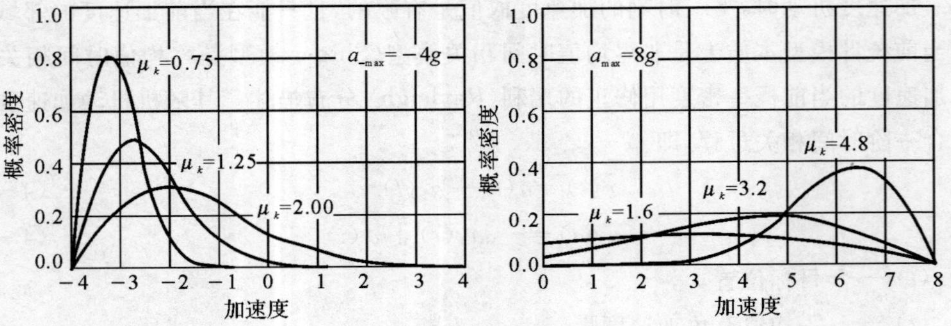

图4-4-3　具有可变均值的条件瑞利分布

因此

$$E(a \mid \hat{a}_k)=\begin{cases}a_{\max}-\sqrt{\pi/2}\,\mu_k, & \hat{a}_k>0\\ a_{-\max}+\sqrt{\pi/2}\,\mu_k, & \hat{a}_k<0\end{cases} \tag{4-4-45}$$

$$\sigma^2(a \mid \hat{a}_k)=E\left[(a_k-\bar{a}_k)^2 \mid \hat{a}_k\right]=\begin{cases}(2-\pi/2)\mu_k^2, & \hat{a}_k>0\\ (2-\pi/2)\mu_k^2, & \hat{a}_k<0\end{cases} \tag{4-4-46}$$

下面介绍另一种目标加速度模型为截断正态分布模型，假设目标最大加速度为 $a_{\max}$（不分正负）。

$$P(a \mid \hat{a}_k)=\begin{cases}\dfrac{1}{2\text{prob}(3)}\dfrac{1}{\sqrt{2\pi}\,\sigma_a}\exp\left[-\dfrac{(a-\hat{a}_k)^2}{2\sigma_a^2}\right], & a<a_{\max},\ |a-\hat{a}_k|\leqslant 3\sigma_a\\ 0, & \text{其他}\end{cases} \tag{4-4-47}$$

而

$$\sigma_a=(a_{\max}-|\hat{a}_k|)/3$$

其中

$$\text{prob}(t)=\frac{1}{\sqrt{2\pi}}\int_0^t e^{-y^2/2}\,dy,\quad t\geqslant 0,\quad \text{prob}(3)\approx 0.498\,65$$

可以得到

$$E(a \mid \hat{a}_k)=\hat{a}_k,\quad \sigma^2(a \mid \hat{a}_k)\approx 0.973\,34\sigma_a^2\approx\sigma_a^2 \tag{4-4-48}$$

随机加速度随均值 $\hat{a}_k$ 而变化的截断正态分布概率密度函数示意图如图4-4-4所示（图中假定 $a_{\max}=8g$）。

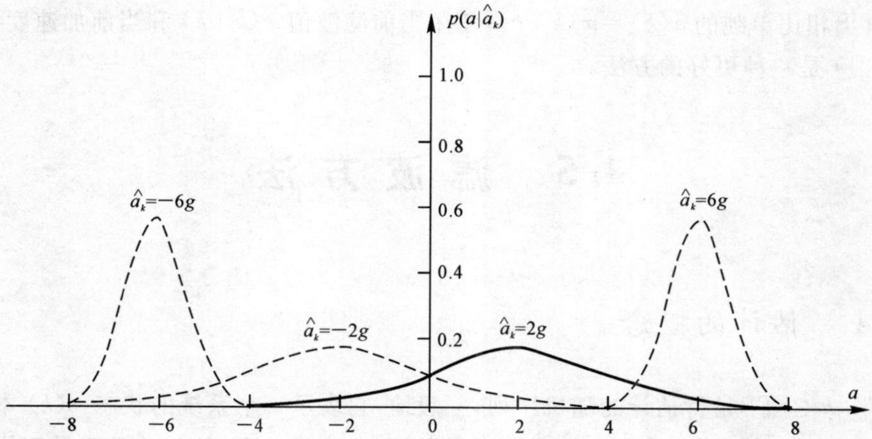

图 4-4-4　目标加速度的具有变化均值 $\hat{a}_k$ 的截断正态概率密度

2. 离散时间模型

将上述模型离散化得到

$$\boldsymbol{s}(k+1)=\boldsymbol{\Phi}(k+1\mid k)\boldsymbol{s}(k)+\boldsymbol{U}(k)\bar{a}(k)+\boldsymbol{w}(k) \tag{4-4-49}$$

其中

$$\boldsymbol{U}(k)=\begin{bmatrix}\tau_k^2/2\\ \tau_k\\ 1\end{bmatrix}-\begin{bmatrix}\alpha_1\\ \alpha_2\\ \alpha_3\end{bmatrix} \tag{4-4-50}$$

其他含义同式(4-4-35)～(4-4-37)，可以看出式(4-4-50)与 Singer 模型的差异为 Singer 模型的 $\bar{a}(k)=0$。

① 若当前加速度

$$\bar{a}(k)=E[\ddot{x}(k)\mid m(1),m(2),\cdots,m(k)]=\hat{\ddot{x}}(k\mid k) \tag{4-4-51}$$

式中，$m(i)$—— 各采样时刻的量测值，$i=1,2,\cdots,k$。

因此对式(4-4-49)的估计可为

$$\hat{\boldsymbol{s}}(k+1\mid k)=\boldsymbol{\Phi}(k+1\mid k)\hat{\boldsymbol{s}}(k\mid k)+\boldsymbol{U}(k)\bar{a}(k)=$$
$$\boldsymbol{\Phi}_0(k+1\mid k)\hat{\boldsymbol{s}}(k\mid k) \tag{4-4-52}$$

$$\boldsymbol{\Phi}_0(k+1\mid k)=\begin{bmatrix}1&\tau_k&\tau_k^2/2\\0&1&\tau_k\\0&0&1\end{bmatrix} \tag{4-4-53}$$

即在下面提到的卡尔曼滤波的一步预测实际上采用了匀加速运动模型。

② 将式(4-4-49)加速度状态分解如下：

$$\ddot{x}(k+1)=\mathrm{e}^{-\alpha\tau_k}\ddot{x}(k)+(1-\mathrm{e}^{-\alpha\tau_k})\bar{a}(k)+w_a(k) \tag{4-4-54}$$

因此对式(4-4-54)进行估计得

$$\bar{a}(k+1)=E[\ddot{x}(k+1)\mid m(1),m(2),\cdots,m(k)]=$$
$$\mathrm{e}^{-\alpha\tau_k}\hat{\ddot{x}}(k\mid k)+(1-\mathrm{e}^{-\alpha\tau_k})\bar{a}(k) \tag{4-4-55}$$

可以看出相比单纯的 $\bar{a}(k)=\hat{\ddot{x}}(k\mid k)$，使用当前滤波值 $\hat{\ddot{x}}(k\mid k)$ 和当前加速度 $\bar{a}(k)$ 加权确定 $\bar{a}(k+1)$ 是一种更好的方法。

4.5 滤波方法

4.5.1 估计的概念

设 $\{s(k), k\in T\}$ 是待估计的随机序列，一般地，它表示一个系统的状态，$s(k)$ 本身可以是一维的，也可以是多维的，但由于实际量测条件的限制，向量 $s(k)$ 的各分量不是都能直接被量测，可能只能量测到它的某些分量或各分量的某些线性组合，所以可获得的量测值为

$$\boldsymbol{m}(k)=\boldsymbol{\Theta}(k)\boldsymbol{s}(k)+\boldsymbol{v}(k) \tag{4-5-1}$$

式中，$\boldsymbol{v}(k)$—— 量测噪声。

式(4-5-1)表示可以量测到的是 $\boldsymbol{s}(k)$ 的某个分量或其线性组合，该方程称为量测方程。我们的问题是如何根据 $\boldsymbol{M}_j=(\boldsymbol{m}^{\mathrm{T}}(1),\boldsymbol{m}^{\mathrm{T}}(2),\cdots,\boldsymbol{m}^{\mathrm{T}}(j))^{\mathrm{T}}$ 来决定一个 $\boldsymbol{s}(k)$ 的近似值。

$$\hat{\boldsymbol{s}}(k\mid j)=f(\boldsymbol{M}_j) \tag{4-5-2}$$

$\hat{\boldsymbol{s}}(k\mid j)$ 称为根据 $\boldsymbol{M}_j$ 决定的 $\boldsymbol{s}(k)$ 的估计，而

$$\tilde{\boldsymbol{s}}(k\mid j)=\boldsymbol{s}(k)-\hat{\boldsymbol{s}}(k\mid j) \tag{4-5-3}$$

则称为 $\boldsymbol{s}(k)$ 的估计误差。若

$$\hat{\boldsymbol{s}}(k\mid j)=\boldsymbol{A}\boldsymbol{M}_j+\boldsymbol{b} \tag{4-5-4}$$

其中，$\boldsymbol{A}$ 为矩阵，$\boldsymbol{b}$ 为向量，则这种估计称为 $\boldsymbol{s}(k)$ 的线性估计。

另外，当 $k>j$ 时，估计称为预测或外推；当 $k=j$ 时，估计称为滤波；当 $k<j$ 时，估计称为平滑或内插。这三类统称为估计问题。在舰炮火控系统中，通常使用到滤波和外推两类。

① 无偏估计。若有

$$E[\tilde{\boldsymbol{s}}(k\mid j)]=E[\boldsymbol{s}(k)-\hat{\boldsymbol{s}}(k\mid j)]=0 \tag{4-5-5}$$

则称 $\hat{\boldsymbol{s}}(k\mid j)$ 为 $\boldsymbol{s}(k)$ 的无偏估计。

② 最小方差估计。若估计 $\hat{\boldsymbol{s}}(k\mid j)$ 使得

$$\boldsymbol{P}(k\mid j)=E[\tilde{\boldsymbol{s}}(k\mid j)\tilde{\boldsymbol{s}}^{\mathrm{T}}(k\mid j)]= \\ E[(\boldsymbol{s}(k)-\hat{\boldsymbol{s}}(k\mid j))(\boldsymbol{s}(k)-\hat{\boldsymbol{s}}(k\mid j))^{\mathrm{T}}] \tag{4-5-6}$$

达到最小，那么，这种 $\hat{\boldsymbol{s}}(k\mid j)$ 称为 $\boldsymbol{s}(k)$ 的最小方差估计。需要注意的是，在没有证明 $E[\boldsymbol{s}(k)-\hat{\boldsymbol{s}}(k\mid j)]=0$ 之前，还不能确认 $\boldsymbol{P}(k\mid j)$ 就是 $\tilde{\boldsymbol{s}}(k\mid j)$ 的方差。

定理 1 $\boldsymbol{s}(k)$ 的最小方差估计为已知量测值 $\boldsymbol{M}_j$ 条件下 $\boldsymbol{s}(k)$ 的均值，即

$$\hat{\boldsymbol{s}}(k\mid j)=E[\boldsymbol{s}(k)\mid \boldsymbol{M}_j] \tag{4-5-7}$$

下面简单地证明一下这个定理，记

$$\boldsymbol{s}=\boldsymbol{s}(k),\quad \hat{\boldsymbol{s}}(\boldsymbol{M}_j)=\hat{\boldsymbol{s}}(k\mid j),\quad E(\boldsymbol{s}\mid \boldsymbol{M}_j)=E[\boldsymbol{s}(k)\mid \boldsymbol{M}_j]$$

则有

$$\boldsymbol{P}(k\mid j)=E[\tilde{\boldsymbol{s}}(k\mid j)\tilde{\boldsymbol{s}}^{\mathrm{T}}(k\mid j)]=$$

$$E[(\boldsymbol{s}-\hat{\boldsymbol{s}}(\boldsymbol{M}_j))(\boldsymbol{s}-\hat{\boldsymbol{s}}(\boldsymbol{M}_j))^{\mathrm{T}}]=$$
$$E\Big[(\boldsymbol{s}-E(\boldsymbol{s}\mid\boldsymbol{M}_j)+E(\boldsymbol{s}\mid\boldsymbol{M}_j)-\hat{\boldsymbol{s}}(\boldsymbol{M}_j))$$
$$(\boldsymbol{s}-E(\boldsymbol{s}|\boldsymbol{M}_j)+\boldsymbol{E}(\boldsymbol{s}|\boldsymbol{M}_j)-\hat{\boldsymbol{s}}(\boldsymbol{M}_j))^{\mathrm{T}}\Big]=$$
$$E[(\boldsymbol{s}-E(\boldsymbol{s}|\boldsymbol{M}_j))(\boldsymbol{s}-E(\boldsymbol{s}|\boldsymbol{M}_j))^{\mathrm{T}}]+$$
$$E[(E(\boldsymbol{s}|\boldsymbol{M}_j)-\hat{\boldsymbol{s}}(\boldsymbol{M}_j))(E(\boldsymbol{s}|\boldsymbol{M}_j)-\hat{\boldsymbol{s}}(\boldsymbol{M}_j))^{\mathrm{T}}]+$$
$$E[(\boldsymbol{s}-E(\boldsymbol{s}|\boldsymbol{M}_j))(E(\boldsymbol{s}|\boldsymbol{M}_j)-\hat{\boldsymbol{s}}(\boldsymbol{M}_j))^{\mathrm{T}}]+$$
$$E[(E(\boldsymbol{s}|\boldsymbol{M}_j)-\hat{\boldsymbol{s}}(\boldsymbol{M}_j))(\boldsymbol{s}-E(\boldsymbol{s}|\boldsymbol{M}_j))^{\mathrm{T}}]$$

下面说明上式后两项等于 0。由于

$$\int_{-\infty}^{\infty}(\boldsymbol{s}-E(\boldsymbol{s}|\boldsymbol{M}_j))f(\boldsymbol{s}|\boldsymbol{M}_j)\,\mathrm{d}\boldsymbol{s}=E(\boldsymbol{s}|\boldsymbol{M}_j)-E(\boldsymbol{s}|\boldsymbol{M}_j)=0$$

可得

$$E[(\boldsymbol{s}-E(\boldsymbol{s}|\boldsymbol{M}_j))(E(\boldsymbol{s}|\boldsymbol{M}_j)-\hat{\boldsymbol{s}}(\boldsymbol{M}_j))^{\mathrm{T}}]=$$
$$\int_{-\infty}^{\infty}\int_{-\infty}^{\infty}(\boldsymbol{s}-E(\boldsymbol{s}|\boldsymbol{M}_j))(E(\boldsymbol{s}|\boldsymbol{M}_j)-\hat{\boldsymbol{s}}(\boldsymbol{M}_j))^{\mathrm{T}}f(\boldsymbol{s},\boldsymbol{M}_j)\,\mathrm{d}\boldsymbol{s}\mathrm{d}\boldsymbol{M}_j=$$
$$\int_{-\infty}^{\infty}\Big[\int_{-\infty}^{\infty}(\boldsymbol{s}-E(\boldsymbol{s}\mid\boldsymbol{M}_j))f(\boldsymbol{s}|\boldsymbol{M}_j)\,\mathrm{d}\boldsymbol{s}\Big](E(\boldsymbol{s}|\boldsymbol{M}_j)-\hat{\boldsymbol{s}}(\boldsymbol{M}_j))^{\mathrm{T}}f(\boldsymbol{M}_j)\,\mathrm{d}\boldsymbol{M}_j=0$$

同理可得

$$E[(E(\boldsymbol{s}|\boldsymbol{M}_j)-\hat{\boldsymbol{s}}(\boldsymbol{M}_j))(\boldsymbol{s}-E(\boldsymbol{s}|\boldsymbol{M}_j))^{\mathrm{T}}]=0$$

所以

$$\boldsymbol{P}(k\mid j)=E[(\boldsymbol{s}-E(\boldsymbol{s}|\boldsymbol{M}_j))(\boldsymbol{s}-E(\boldsymbol{s}|\boldsymbol{M}_j))^{\mathrm{T}}]+$$
$$E[(E(\boldsymbol{s}|\boldsymbol{M}_j)-\hat{\boldsymbol{s}}(\boldsymbol{M}_j))(E(\boldsymbol{s}|\boldsymbol{M}_j)-\hat{\boldsymbol{s}}(\boldsymbol{M}_j))^{\mathrm{T}}]\geqslant$$
$$E[(\boldsymbol{s}-E(\boldsymbol{s}|\boldsymbol{M}_j))(\boldsymbol{s}-E(\boldsymbol{s}|\boldsymbol{M}_j))^{\mathrm{T}}]$$

当且仅当 $\hat{\boldsymbol{s}}(\boldsymbol{M}_j)=\hat{\boldsymbol{s}}(k\mid j)=E[\boldsymbol{s}(k)|\boldsymbol{M}_j]$ 时，上式等号才成立，此时 $\boldsymbol{P}(k\mid j)$ 达到最小。最小方差估计的一个重要性质是它的无偏性。由于

$$E[E(\boldsymbol{s}(k)|\boldsymbol{M}_j)]=\int_{-\infty}^{\infty}E[\boldsymbol{s}(k)|\boldsymbol{M}_j]f(\boldsymbol{M}_j)\mathrm{d}\boldsymbol{M}_j=$$
$$\int_{-\infty}^{\infty}\Big[\int_{-\infty}^{\infty}\boldsymbol{s}(k)f(\boldsymbol{s}|\boldsymbol{M}_j)\mathrm{d}\boldsymbol{s}\Big]f(\boldsymbol{M}_j)\mathrm{d}\boldsymbol{M}_j=$$
$$\int_{-\infty}^{\infty}\int_{-\infty}^{\infty}\boldsymbol{s}(k)f(\boldsymbol{s},\boldsymbol{M}_j)\mathrm{d}\boldsymbol{s}\mathrm{d}\boldsymbol{M}_j=$$
$$E[\boldsymbol{s}(k)]$$

故

$$E[\tilde{\boldsymbol{s}}(k\mid j)]=E[\boldsymbol{s}(k)-\hat{\boldsymbol{s}}(k\mid j)]=E[\boldsymbol{s}(k)-E(\boldsymbol{s}(k)|\boldsymbol{M}_j])=0$$

即 $\hat{\boldsymbol{s}}(k\mid j)$ 为 $\boldsymbol{s}(k)$ 的无偏估计。

这个定理说明，最小方差估计实际上是：已知量测值 $\boldsymbol{M}_j$ 时 $\boldsymbol{s}(k)$ 的条件均值，所以最小方差估计又称为条件均值估计。综上所述，当用 $E[\boldsymbol{s}(k)|\boldsymbol{M}_j]$ 作为 $\boldsymbol{s}(k)$ 的估计时，它既是无偏估计，又是最小方差估计。

事实上，对目标位置的量测数据由于带有随机噪声（量测误差）而形成一个随机序列。根据有限的量测数据进行滤波求取目标的运动参数不可能完全消除随机误差，一般只能在某一指定准则意义下对有用信息做出估计。

根据估计计算依据的准则不同,可导出许多不同的数字估计方法。除了最小方差估计外还有诸如最小二乘估计、$\alpha-\beta(-\gamma)$ 估计、贝叶斯估计、最大验后估计、极大似然估计等。

4.5.2 最小二乘滤波

最小二乘法是数学家高斯(Gauss) 于 1795 年首先提出的,当时高斯利用它来确定行星的轨道参数。目前此法已应用到工程界的许多领域,同时在动态系统的参数估计方面也获得了广泛的应用,而且成为参数估计中最成熟、最基本的方法。

1. 最小二乘滤波原理

最小二乘的含义简单地说就是"误差的二次方和最小",即为估计未知量 X,对它进行 n 次测量,然后依据使得 X 的估计值 $\hat{X}$ 与各次测量值之间误差的二次方和最小的准则来确定 $\hat{X}$。由于使用误差二次方和最小的准则,因此称之为最小二乘法。本节仅从火控系统滤波的角度描述最小二乘滤波的一般原理。

根据目标位置的量测值来对目标位置坐标的真值进行估计,并进而求出目标运动参数,这是火控系统的主要任务之一。未知量是目标位置的真值和目标运动参数,测量值是每个时刻目标的位置观测值。目标位置的导数为目标速度,速度的导数为加速度,加速度的导数为加加速度 …… 而确定目标运动特征的目标运动参数指的就是目标位置、速度、加速度等参数。根据牛顿第二定律,目标任一时刻的位置可表示为下列 m 次多项式(其中 $\Delta(t)$ 为多项式近似的误差或称为残差):

$$x(t)=a_0+a_1t+a_2t^2+\cdots+a_mt^m+\Delta(t)=\sum_{i=1}^{m}a_it^i+\Delta(t) \tag{4-5-8}$$

下面利用最小二乘法对 $x(t)$ 作 n 次测量来确定目标运动参数 $a_0,a_1,a_2,\cdots,a_m$。假设 n 次测量的时刻分别为 $t_1,t_2,t_3,\cdots,t_n$,则有

$$x(t_k)=\sum_{i=1}^{m}a_it_k^i+\Delta(t_k),\quad k=1,2,\cdots,n \tag{4-5-9}$$

将式(4-5-9)写成矩阵形式为

$$\boldsymbol{X}=\boldsymbol{TA}+\boldsymbol{\varepsilon} \tag{4-5-10}$$

其中

$$\boldsymbol{X}=\begin{bmatrix}x(t_1)\\x(t_2)\\\vdots\\x(t_n)\end{bmatrix},\quad \boldsymbol{T}=\begin{bmatrix}1 & t_1 & t_1^2\cdots & t_1^m\\1 & t_2 & t_2^2\cdots & t_2^m\\\vdots & \vdots & \vdots & \vdots\\1 & t_n & t_n^2\cdots & t_n^m\end{bmatrix},\quad \boldsymbol{A}=\begin{bmatrix}a_0\\a_1\\\vdots\\a_m\end{bmatrix},\quad \boldsymbol{\varepsilon}=\begin{bmatrix}\Delta(t_1)\\\Delta(t_2)\\\vdots\\\Delta(t_n)\end{bmatrix} \tag{4-5-11}$$

根据最小二乘法的准则,系统阵 $\boldsymbol{A}$ 的确定就是使残差的二次方和最小,这时应取 $n>m$(通常是 $n\gg m$)。

$$J=\sum_{k=1}^{n}\Delta^2(t_k)=\boldsymbol{\varepsilon}^{\mathrm{T}}\boldsymbol{\varepsilon}=J_{\min}$$

$$J=(\boldsymbol{X}-\boldsymbol{TA})^{\mathrm{T}}(\boldsymbol{X}-\boldsymbol{TA})=\boldsymbol{X}^{\mathrm{T}}\boldsymbol{X}-\boldsymbol{X}^{\mathrm{T}}\boldsymbol{TA}-\boldsymbol{A}^{\mathrm{T}}\boldsymbol{T}^{\mathrm{T}}\boldsymbol{X}+\boldsymbol{A}^{\mathrm{T}}\boldsymbol{T}^{\mathrm{T}}\boldsymbol{TA}$$

对 J 求关于 $\boldsymbol{A}$ 的导数,并令其为 0,决定 J 达到最小时 $\boldsymbol{A}$ 所应满足的条件:

$$\left.\frac{\partial J}{\partial \boldsymbol{A}}\right|_{\boldsymbol{A}=\hat{\boldsymbol{A}}}=0$$

即

$$-\boldsymbol{T}^{\mathrm{T}}\boldsymbol{X}+\boldsymbol{T}^{\mathrm{T}}\boldsymbol{T}\hat{\boldsymbol{A}}=0$$

$$\hat{\boldsymbol{A}}=(\boldsymbol{T}^{\mathrm{T}}\boldsymbol{T})^{-1}\boldsymbol{T}^{\mathrm{T}}\boldsymbol{X} \tag{4-5-12}$$

当 $\boldsymbol{T}^{\mathrm{T}}\boldsymbol{T}$ 为非奇异矩阵时，按式(4-5-12)求出的 $\hat{\boldsymbol{A}}$ 称为参数 $\boldsymbol{A}$ 的最小二乘估计。

注意到在推导公式(4-5-12)时，每次量测的残差对估计参数都具有相同的重要性，即每个 $\Delta(t_k)$ 在 J 中所加的权相同，这种计算方法是一般最小二乘法。如果对 J 中每个残差 $\Delta(t_k)$ 加不同的权，令 $\boldsymbol{W}$ 表示加权矩阵($\boldsymbol{W}$ 限定为正定对称矩阵)，那么，加权以后的误差准则变成：

$$J_w=\boldsymbol{\varepsilon}^{\mathrm{T}}\boldsymbol{W}\boldsymbol{\varepsilon}=(\boldsymbol{X}-\boldsymbol{TA})^{\mathrm{T}}\boldsymbol{W}(\boldsymbol{X}-\boldsymbol{TA}) \tag{4-5-13}$$

用同样的办法，求 J 关于 $\boldsymbol{A}$ 的极小，即得到加权最小二乘估计 $\hat{\boldsymbol{A}}_w$ 的计算公式为

$$\hat{\boldsymbol{A}}_w=(\boldsymbol{T}^{\mathrm{T}}\boldsymbol{W}\boldsymbol{T})^{-1}\boldsymbol{T}^{\mathrm{T}}\boldsymbol{W}\boldsymbol{X} \tag{4-5-14}$$

当 $\boldsymbol{W}=\boldsymbol{I}$ 时，$\hat{\boldsymbol{A}}_w=\hat{\boldsymbol{A}}$。

2. 一次假设的最小二乘滤波

在式(4-5-8)中，若假设：

①$a_0\neq 0$ 和 $a_1\neq 0$，而 $a_2=a_3=\cdots=a_m=0$，则称目标作一次假设运动，即匀速直线运动；

②$a_0\neq 0,a_1\neq 0$ 和 $a_2\neq 0$，而 $a_3=a_4=\cdots=a_m=0$，则称目标作二次假设运动，即匀加速运动。

由于式(4-5-12)求解的不是递推方法，本小节和下一小节分别针对一次和二次假设的目标运动推导递推格式的最小二乘滤波方法。

(1) 累加格式的一次假设最小二乘滤波

目标作匀速直线运动，以目标在舰艇地理坐标系的一个方向 x(正东方向)为例进行讨论。将 $m=1,t_k=k\Delta t$ 带入式(4-5-12)，则有

$$\begin{cases}\hat{a}_0=\dfrac{2(2n+1)}{n(n-1)}\displaystyle\sum_{k=1}^{n}x_k-\dfrac{6}{n(n-1)}\sum_{k=1}^{n}kx_k\\ \hat{a}_1=-\dfrac{6}{n(n-1)\Delta t}\displaystyle\sum_{k=1}^{n}x_k+\dfrac{12}{n(n^2-1)\Delta t}\sum_{k=1}^{n}kx_k\end{cases} \tag{4-5-15}$$

其中简记 $x_k=x(t_k)$，于是 $t_n=n\Delta t$ 时刻的目标位置和速度的估值为

$$\begin{cases}\hat{x}_n=\hat{a}_0+\hat{a}_1t_n=-\dfrac{2}{n}\displaystyle\sum_{k=1}^{n}x_k+\dfrac{6}{n(n+1)}\sum_{k=1}^{n}kx_k\\ \hat{\dot{x}}_n=\hat{a}_1=-\dfrac{6}{n(n-1)\Delta t}\displaystyle\sum_{k=1}^{n}x_k+\dfrac{12}{n(n^2-1)\Delta t}\sum_{k=1}^{n}kx_k\end{cases} \tag{4-5-16}$$

(2) 递推格式的一次假设最小二乘滤波

为推导出递推格式的最小二乘滤波，依据滤波就是预测值和量测值的加权和的思想实质，假设：

$$\begin{cases}\hat{x}_n=\hat{x}_{n-1}+\hat{\dot{x}}_{n-1}\Delta t+k_1\left[x_n-(\hat{x}_{n-1}+\hat{\dot{x}}_{n-1}\Delta t)\right]\\ \hat{\dot{x}}_n=\hat{\dot{x}}_{n-1}+k_2\left[x_n-(\hat{x}_{n-1}+\hat{\dot{x}}_{n-1}\Delta t)\right]\end{cases} \tag{4-5-17}$$

其中 k_1 和 k_2 待定。将式(4-5-16)带入式(4-5-17)并比较各项系数可得

$$k_1=\frac{2(2n-1)}{n(n+1)},\quad k_2=\frac{6}{n(n+1)\Delta t} \tag{4-5-18}$$

于是得一次假设递推格式最小二乘滤波公式

$$\begin{cases}\hat{x}_n=\hat{x}_{n-1}+\hat{\dot{x}}_{n-1}\Delta t+\dfrac{2(2n-1)}{n(n+1)}[x_n-(\hat{x}_{n-1}+\hat{\dot{x}}_{n-1}\Delta t)]\\ \hat{\dot{x}}_n=\hat{\dot{x}}_{n-1}+\dfrac{6}{n(n+1)\Delta t}[x_n-(\hat{x}_{n-1}+\hat{\dot{x}}_{n-1}\Delta t)]\end{cases} \tag{4-5-19}$$

为更好地表述递推格式最小二乘滤波公式,令

$$\hat{\boldsymbol{X}}_n=\begin{bmatrix}\hat{x}_n\\ \hat{\dot{x}}_n\end{bmatrix},\quad \boldsymbol{\Phi}=\begin{pmatrix}1 & \Delta t\\ 0 & 1\end{pmatrix},\quad \boldsymbol{\Theta}=(1,0) \tag{4-5-20}$$

$$\boldsymbol{K}=\begin{bmatrix}k_1\\ k_2\end{bmatrix}=\left(\frac{2(2n-1)}{n(n+1)},\quad \frac{6}{n(n+1)\Delta t}\right)^{\mathrm{T}} \tag{4-5-21}$$

则式(4-5-19)变为

$$\hat{\boldsymbol{X}}(n|n-1)=\boldsymbol{\Phi}\hat{\boldsymbol{X}}(n-1) \tag{4-5-22}$$

$$\hat{\boldsymbol{X}}(n)=\hat{\boldsymbol{X}}(n\mid n-1)+\boldsymbol{K}(x_n-\boldsymbol{\Theta}\hat{\boldsymbol{X}}(n\mid n-1)) \tag{4-5-23}$$

3. 二次假设的最小二乘滤波

使用与一次假设同样的推导方法,可得递推格式的二次假设最小二乘滤波方法形式如式(4-5-22)和式(4-5-23),而其中的各矩阵定义如下:

$$\hat{\boldsymbol{X}}_n=\begin{bmatrix}\hat{x}_n\\ \hat{\dot{x}}_n\\ \hat{\ddot{x}}_n\end{bmatrix},\quad \boldsymbol{\Phi}=\begin{bmatrix}1 & \Delta t & \dfrac{\Delta t^2}{2}\\ 0 & 1 & \Delta t\\ 0 & 0 & 1\end{bmatrix},\quad \boldsymbol{\Theta}=(1,0,0) \tag{4-5-24}$$

$$\boldsymbol{K}=\begin{bmatrix}k_1\\ k_2\\ k_3\end{bmatrix}=\left(\frac{3(3n^2-3n+2)}{n(n+1)(n+2)},\quad \frac{18(2n-1)}{n(n+1)(n+2)\Delta t},\quad \frac{60}{n(n+1)(n+2)\Delta t^2}\right)^{\mathrm{T}} \tag{4-5-25}$$

4. 考虑本舰运动的最小二乘滤波

由于实际使用中本舰存在运动,为求出目标绝对速度及加速度,在作最小二乘滤波时需要考虑本舰航程修正。当由 $n-1$ 时刻状态预测 n 时刻状态时,考虑将本舰从 $n-1$ 时刻到 n 时刻的运动消除,即修正式(4-5-22)为

$$\hat{\boldsymbol{X}}(n\mid n-1)=\boldsymbol{\Phi}\hat{\boldsymbol{X}}(n-1)-\Delta S_x(n-1)\boldsymbol{\Theta}^{\mathrm{T}} \tag{4-5-26}$$

其中以 x 轴为例,$\Delta S_x(n-1)=V_w(n-1)\Delta t\cdot\sin C_w(n-1)$,而 $V_w(n-1)$ 为 $n-1$ 时刻本舰航速,$C_w(n-1)$ 为 $n-1$ 时刻本舰航向。

4.5.3 $\alpha-\beta(-\gamma)$ 滤波

假定目标做匀加速运动,滤波增益采用 $\alpha-\beta-\gamma$ 系数表示。

$$\begin{cases}\hat{x}(k\mid k)=\hat{x}(k\mid k-1)+\alpha(z_k-\hat{x}(k\mid k-1))\\ \hat{\dot{x}}(k\mid k)=\hat{\dot{x}}(k\mid k-1)+\dfrac{\beta}{\Delta T}(z_k-\hat{x}(k\mid k-1))\\ \hat{\ddot{x}}(k\mid k)=\hat{\ddot{x}}(k\mid k-1)+\dfrac{\gamma}{\Delta T^2}(z_k-\hat{x}(k\mid k-1))\end{cases}\tag{4-5-27}$$

其中

$$\begin{cases}\hat{x}(k\mid k-1)=\hat{x}(k-1\mid k-1)+\Delta T\cdot\hat{\dot{x}}(k-1\mid k-1)+\dfrac{1}{2}\Delta T^2\cdot\hat{\ddot{x}}(k-1\mid k-1)\\ \hat{\dot{x}}(k\mid k-1)=\hat{\dot{x}}(k-1\mid k-1)+\Delta T\cdot\hat{\ddot{x}}(k-1\mid k-1)\\ \hat{\ddot{x}}(k\mid k-1)=\hat{\ddot{x}}(k-1\mid k-1)\end{cases}\tag{4-5-28}$$

α-β-γ 取卡尔曼滤波的稳态增益。

4.5.4　卡尔曼滤波

卡尔曼滤波理论是美国学者卡尔曼和布西(Bush)于 1960 年初发展的一种离散线性时变系统状态的最小方差预测与滤波理论。由于卡尔曼滤波理论有着一个递推的表达形式，它特别适宜于在数字计算机上实现。目前卡尔曼滤波理论不仅是现代控制理论的一个重要支柱，而且被广泛应用于宇航、军事等领域。

1. 系统方程

卡尔曼滤波是建立在状态空间方法基础上的一种滤波方法，这里被估计的对象是系统的状态向量。卡尔曼滤波的系统方程是由状态方程和量测方程共同确定的。

(1) 状态方程

系统状态方程是描述系统状态变化规律的方程，在火控设备的火控解算中主要是描述来袭目标的运动特性。式(4-4-6)是以匀速直线运动目标的系统方程为例进行了说明。当然还可以建立辛格(Singer)模型或当前统计模型。不失一般性，可得相应的离散时间系统状态方程。

$$\boldsymbol{x}(k+1)=\boldsymbol{\Phi}(k+1\mid k)\boldsymbol{x}(k)+\boldsymbol{w}(k)\tag{4-5-29a}$$

式中，$\boldsymbol{x}(k)$—— 系统状态向量(n 维)；

$\boldsymbol{\Phi}(k+1\mid k)$ —— 系统状态从 k 时刻到 $k+1$ 时刻的状态转移矩阵($n\times n$ 维)；

$\boldsymbol{w}(k)$—— 系统本身的噪声向量(n 维)。

(2) 量测方程

系统的状态向量 $\boldsymbol{x}(t)$ 的各分量不是都能直接被量测，系统往往只能量测到状态向量的某些分量或各分量的某些线性组合。假设系统量测值 $\boldsymbol{y}(t)$ 为目标位置量，由于量测误差的存在，可得

$$\boldsymbol{y}(k)=\boldsymbol{\Theta}(k)\boldsymbol{x}(k)+\boldsymbol{v}(k)\tag{4-5-29b}$$

式中，$\boldsymbol{y}(k)$—— 量测向量(m 维)；

$\boldsymbol{\Theta}(k)$—— 状态向量到量测向量的转移矩阵($m\times n$ 维);

$\boldsymbol{v}(k)$ ——k 时刻量测误差向量(m 维)。

假设 $\boldsymbol{w}(k)$ 和 $\boldsymbol{v}(k)$ 均为高斯序列,$\{\boldsymbol{x}(0)\}$ 为高斯变量。且对 $\forall k,j\in T$ 都存在

$$\begin{cases}E[\boldsymbol{w}(k)]=0, & \operatorname{cov}[\boldsymbol{w}(k),\boldsymbol{w}(j)]=Q(k)\delta_{kj}\\ E[\boldsymbol{v}(k)]=0, & \operatorname{cov}[\boldsymbol{v}(k),\boldsymbol{v}(j)]=R(k)\delta_{kj}\\ \operatorname{cov}[\boldsymbol{w}(k),\boldsymbol{v}(j)]=0 & \\ E[\boldsymbol{x}(0)]=m_0, & \operatorname{var}[\boldsymbol{x}(0)]=P_0\\ \operatorname{cov}[\boldsymbol{x}(0),\boldsymbol{w}(k)]=0, & \operatorname{cov}[\boldsymbol{x}(0),\boldsymbol{v}(k)]=0\end{cases}\tag{4-5-30}$$

其中

$$Q(k)\geqslant 0,\quad R(k)>0,\quad P_0\geqslant 0$$

很显然,$\{\boldsymbol{x}(k),k\in T\}$ 是马尔可夫序列。现在来解决此序列的滤波与预测问题。

2. 卡尔曼滤波与预测公式

卡尔曼滤波公式的推导有各种不同的方法,如正交投影方法、新息法、矩阵配方法等。下面就简单介绍一种卡尔曼滤波公式的推导过程。

设 $k>j$,由式(4-5-29a)可知,k 与 j 瞬时的状态满足方程

$$\boldsymbol{x}(k)=\boldsymbol{\Phi}(k\mid j)\boldsymbol{x}(j)+\sum_{i=j+1}^{k}\boldsymbol{\Phi}(k\mid i)\boldsymbol{w}(i-1)\tag{4-5-31}$$

若已知从 1 到 j 时刻的 $\boldsymbol{y}$ 的量测值,即

$$\boldsymbol{Y}_j=(\boldsymbol{y}^{\mathrm T}(1),\boldsymbol{y}^{\mathrm T}(2),\cdots,\boldsymbol{y}^{\mathrm T}(j))^{\mathrm T}\tag{4-5-32}$$

那么根据最小方差估计原理,可得

$$\hat{\boldsymbol{x}}(k\mid j)=E[\boldsymbol{x}(k)\mid\boldsymbol{Y}_j]=\boldsymbol{\Phi}(k\mid j)E[\boldsymbol{x}(j)\mid\boldsymbol{Y}_j]+\sum_{i=j+1}^{k}\boldsymbol{\Phi}(k\mid i)E[\boldsymbol{w}(i-1)\mid\boldsymbol{Y}_j]\tag{4-5-33}$$

当 $i\geqslant j$ 时,有

$$E[\boldsymbol{w}(i)\mid\boldsymbol{Y}_j]=E[\boldsymbol{w}(i)\mid\boldsymbol{y}(1),\boldsymbol{y}(2),\cdots,\boldsymbol{y}(j)]=E[\boldsymbol{w}(i)]=0\tag{4-5-34}$$

故得状态预测公式为

$$\hat{\boldsymbol{x}}(k\mid j)=\boldsymbol{\Phi}(k\mid j)\hat{\boldsymbol{x}}(j\mid j)\tag{4-5-35}$$

考虑最小方差估计是一种无偏估计,所以上述的预测误差的方差可表示为

$$\begin{aligned}\boldsymbol{P}(k\mid j)=&E\{[\boldsymbol{x}(k)-\hat{\boldsymbol{x}}(k\mid j)][\boldsymbol{x}(k)-\hat{\boldsymbol{x}}(k\mid j)]^{\mathrm T}\}=\\&E\Big\{\Big[\boldsymbol{\Phi}(k\mid j)(\boldsymbol{x}(j)-\hat{\boldsymbol{x}}(j\mid j))+\sum_{i=j+1}^{k}\boldsymbol{\Phi}(k\mid i)\boldsymbol{w}(i-1)\Big]\\&\Big[\boldsymbol{\Phi}(k\mid j)(\boldsymbol{x}(j)-\hat{\boldsymbol{x}}(j\mid j))+\sum_{i=j+1}^{k}\boldsymbol{\Phi}(k\mid i)\boldsymbol{w}(i-1)\Big]^{\mathrm T}\Big\}\end{aligned}\tag{4-5-36}$$

当 $i\geqslant j$ 时,有

$$E[\boldsymbol{x}(j)\boldsymbol{w}^{\mathrm T}(i)]=0\tag{4-5-37}$$

成立,则

$$\boldsymbol{P}(k\mid j)=\boldsymbol{\Phi}(k\mid j)\boldsymbol{P}(j\mid j)\boldsymbol{\Phi}^{\mathrm T}(k\mid j)+\sum_{i=j+1}^{k}\boldsymbol{\Phi}(k\mid i)\boldsymbol{Q}(i-1)\boldsymbol{\Phi}^{\mathrm T}(k\mid i)\tag{4-5-38}$$

从式(4-5-35)与式(4-5-38)可知，要求出状态预测及预测状态的误差方差，需要先求出状态的滤波及滤波误差方差。

卡尔曼滤波理论的一个最大优点就是实现了一套递推线性滤波公式。它的出发点是给出初值 $\hat{\boldsymbol{x}}(0\mid 0)$ 和 $\boldsymbol{P}(0\mid 0)$，递推公式利用前一时刻的滤波结果 $\hat{\boldsymbol{x}}(k-1\mid k-1)$ 和 $\boldsymbol{P}(k-1\mid k-1)$ 经一步预测计算出卡尔曼滤波公式的中间结果 $\hat{\boldsymbol{x}}(k\mid k-1)$ 和 $\boldsymbol{P}(k\mid k-1)$。而对每个输入的 $\boldsymbol{y}(k)$，再计算出当前时刻的滤波值 $\hat{\boldsymbol{x}}(k\mid k)$ 和 $\boldsymbol{P}(k\mid k)$。下面分步推导出卡尔曼滤波公式。

① 一步预测。由式(4-5-35)与式(4-5-38)可知，状态的一步预测为

$$\hat{\boldsymbol{x}}(k\mid k-1)=\boldsymbol{\Phi}(k\mid k-1)\hat{\boldsymbol{x}}(k-1\mid k-1) \tag{4-5-39}$$

一步预测误差的方差为

$$\boldsymbol{P}(k\mid k-1)=\boldsymbol{\Phi}(k\mid k-1)\boldsymbol{P}(k-1\mid k-1)\boldsymbol{\Phi}^{\mathrm{T}}(k\mid k-1)+\boldsymbol{Q}(k-1) \tag{4-5-40}$$

② 新息。根据 $\boldsymbol{Y}_{k-1}=[\boldsymbol{y}^{\mathrm{T}}(1),\boldsymbol{y}^{\mathrm{T}}(2),\cdots,\boldsymbol{y}^{\mathrm{T}}(k-1)]^{\mathrm{T}}$ 对 $\boldsymbol{y}(k)$ 所作的最小方差预测的误差称为新息，根据随机过程知识可得新息为

$$\begin{aligned}\tilde{\boldsymbol{y}}(k)=&\boldsymbol{y}(k)-E[\boldsymbol{y}(k)\,|\,\boldsymbol{Y}_{k-1}]=\\&\boldsymbol{y}(k)-E[\boldsymbol{\Theta}(k)\boldsymbol{x}(k)\,|\,\boldsymbol{Y}_{k-1}]-E[\boldsymbol{v}(k)\,|\,\boldsymbol{Y}_{k-1}]=\\&\boldsymbol{y}(k)-\boldsymbol{\Theta}(k)\hat{\boldsymbol{x}}(k\,|\,k-1)\end{aligned} \tag{4-5-41}$$

由最小方差估计理论可知，$\tilde{\boldsymbol{y}}(k)$ 与 $\boldsymbol{Y}_{k-1}$ 相互独立，因而 $\{\tilde{\boldsymbol{y}}(k),k\in T\}$ 是零均值独立随机序列。

③ 滤波公式。根据定义有

$$\begin{aligned}\hat{\boldsymbol{x}}(k\,|\,k)=&E[\boldsymbol{x}(k)\,|\,\boldsymbol{Y}_k]=E[\boldsymbol{x}(k)\,|\,\boldsymbol{Y}_{k-1},\boldsymbol{y}(k)]=\\&E[\boldsymbol{x}(k)\,|\,\boldsymbol{Y}_{k-1}]+E[\boldsymbol{x}(k)\,|\,\tilde{\boldsymbol{y}}(k)]-E[\boldsymbol{x}(k)]=\\&\hat{\boldsymbol{x}}(k\,|\,k-1)+\mathrm{cov}\,[\boldsymbol{x}(k),\tilde{\boldsymbol{y}}(k)]\\&\mathrm{var}^{-1}[\tilde{\boldsymbol{y}}(k)]\,[\tilde{\boldsymbol{y}}(k)-E(\tilde{\boldsymbol{y}}(k))]=\\&\hat{\boldsymbol{x}}(k\,|\,k-1)+\boldsymbol{K}(k)[\boldsymbol{y}(k)-\boldsymbol{\Theta}(k)\hat{\boldsymbol{x}}(k\,|\,k-1)]\end{aligned}$$

即

$$\hat{\boldsymbol{x}}(k\,|\,k)=\hat{\boldsymbol{x}}(k\,|\,k-1)+\boldsymbol{K}(k)[\boldsymbol{y}(k)-\boldsymbol{\Theta}(k)\hat{\boldsymbol{x}}(k\,|\,k-1)] \tag{4-5-42}$$

④ 增益公式。式(4-5-42)中的

$$\boldsymbol{K}(k)=\mathrm{cov}\,[\boldsymbol{x}(k),\tilde{\boldsymbol{y}}(k)]\,\mathrm{var}^{-1}[\tilde{\boldsymbol{y}}(k)] \tag{4-5-43}$$

称为滤波增益矩阵。从式(4-5-42)可知，利用新息 $\tilde{\boldsymbol{y}}(k)$ 对预测值 $\hat{\boldsymbol{x}}(k\,|\,k-1)$ 进行修正，即得滤波值，而 $\boldsymbol{K}(k)$ 为修正系数阵。下面来计算 $\boldsymbol{K}(k)$ 矩阵。

$$\begin{aligned}\mathrm{cov}\,[\boldsymbol{x}(k),\tilde{\boldsymbol{y}}(k)]=&E\{[\boldsymbol{x}(k)-\bar{\boldsymbol{x}}(k)]\,[\tilde{\boldsymbol{y}}(k)-E(\tilde{\boldsymbol{y}}(k))]^{\mathrm{T}}\}=\\&E\{[\boldsymbol{x}(k)-\hat{\boldsymbol{x}}(k\,|\,k-1)+\hat{\boldsymbol{x}}(k\,|\,k-1)-\bar{\boldsymbol{x}}(k)]\,\tilde{\boldsymbol{y}}^{\mathrm{T}}(k)\}=\\&E\{[\tilde{\boldsymbol{x}}(k\,|\,k-1)+\hat{\boldsymbol{x}}(k\mid k-1)]\,\tilde{\boldsymbol{y}}^{\mathrm{T}}(k)\}-\bar{\boldsymbol{x}}(k)E[\tilde{\boldsymbol{y}}(k)]^{\mathrm{T}}=\\&E\{[\tilde{\boldsymbol{x}}(k\,|\,k-1)+\hat{\boldsymbol{x}}(k\,|\,k-1)]\,[\boldsymbol{\Theta}(k)\tilde{\boldsymbol{x}}(k\,|\,k-1)+\boldsymbol{v}(k)]^{\mathrm{T}}\}\end{aligned}$$

由于

$$\hat{\boldsymbol{x}}(k\,|\,k-1)=E[\boldsymbol{x}(k)\,|\,\boldsymbol{Y}_{k-1}]$$

即 $\hat{\boldsymbol{x}}(k\,|\,k-1)$ 是 $\boldsymbol{Y}_{k-1}$ 的线性函数，而 $\boldsymbol{v}(k)$ 与 $\boldsymbol{Y}_{k-1}=[\boldsymbol{y}^{\mathrm{T}}(1),\boldsymbol{y}^{\mathrm{T}}(2),\cdots,\boldsymbol{y}^{\mathrm{T}}(k-1)]^{\mathrm{T}}$ 中的所有元素相互独立，因而有

$$E[\hat{\boldsymbol{x}}(k|k-1)\boldsymbol{v}^{\mathrm{T}}(k)]=0$$

另外，$\boldsymbol{v}(k)$ 与 $\boldsymbol{x}(k)$ 也是相互独立的，因此

$$E[\tilde{\boldsymbol{x}}(k|k-1)\boldsymbol{v}^{\mathrm{T}}(k)]=E[(\boldsymbol{x}(k)-\hat{\boldsymbol{x}}(k|k-1))\boldsymbol{v}^{\mathrm{T}}(k)]=0$$

由于一步预测 $\hat{\boldsymbol{x}}(k|k-1)$ 与预测误差 $\tilde{\boldsymbol{x}}(k|k-1)$ 是互相独立的，即

$$E[\hat{\boldsymbol{x}}(k|k-1)\tilde{\boldsymbol{x}}^{\mathrm{T}}(k|k-1)]=0$$

综合上面几个式子可得

$$\mathrm{cov}\ [\boldsymbol{x}(k),\tilde{\boldsymbol{y}}(k)]=\boldsymbol{P}(k|k-1)\boldsymbol{\Theta}^{\mathrm{T}}(k) \tag{4-5-44}$$

又

$$\begin{aligned}\mathrm{var}\ [\tilde{\boldsymbol{y}}(k)]=&E\{[\boldsymbol{y}(k)-\boldsymbol{\Theta}(k)\hat{\boldsymbol{x}}(k|k-1)][\boldsymbol{y}(k)-\boldsymbol{\Theta}(k)\hat{\boldsymbol{x}}(k|k-1)]^{\mathrm{T}}\}=\\&E\{[\boldsymbol{\Theta}(k)\tilde{\boldsymbol{x}}(k|k-1)+\boldsymbol{v}(k)][\boldsymbol{\Theta}(k)\tilde{\boldsymbol{x}}(k|k-1)+\boldsymbol{v}(k)]^{\mathrm{T}}\}=\\&\boldsymbol{\Theta}(k)\boldsymbol{P}(k|k-1)\boldsymbol{\Theta}^{\mathrm{T}}(k)+\boldsymbol{R}(k)\end{aligned} \tag{4-5-45}$$

将式(4-5-44)、(4-5-45)代入式(4-5-43)，得

$$\boldsymbol{K}(k)=\boldsymbol{P}(k|k-1)\boldsymbol{\Theta}^{\mathrm{T}}(k)\ [\boldsymbol{\Theta}(k)\boldsymbol{P}(k|k-1)\boldsymbol{\Theta}^{\mathrm{T}}(k)+\boldsymbol{R}(k)]^{-1} \tag{4-5-46}$$

⑤ 滤波方差。现在来计算滤波误差的方差阵

$$\boldsymbol{P}(k|k)=E[\tilde{\boldsymbol{x}}(k|k)\tilde{\boldsymbol{x}}^{\mathrm{T}}(k|k)]$$

由于

$$\begin{aligned}\tilde{\boldsymbol{x}}(k|k)=&\boldsymbol{x}(k)-\hat{\boldsymbol{x}}(k|k)=\\&\tilde{\boldsymbol{x}}(k|k-1)-\boldsymbol{K}(k)[\boldsymbol{y}(k)-\boldsymbol{\Theta}(k)\hat{\boldsymbol{x}}(k|k-1)]=\\&[\boldsymbol{I}-\boldsymbol{K}(k)\boldsymbol{\Theta}(k)]\tilde{\boldsymbol{x}}(k|k-1)-\boldsymbol{K}(k)\boldsymbol{v}(k)\end{aligned}$$

有

$$\begin{aligned}\boldsymbol{P}(k|k)=&[\boldsymbol{I}-\boldsymbol{K}(k)\boldsymbol{\Theta}(k)]\boldsymbol{P}(k|k-1)\ [\boldsymbol{I}-\boldsymbol{K}(k)\boldsymbol{\Theta}(k)]^{\mathrm{T}}+\boldsymbol{K}(k)\boldsymbol{R}(k)\boldsymbol{K}^{\mathrm{T}}(k)=\\&[\boldsymbol{I}-\boldsymbol{K}(k)\boldsymbol{\Theta}(k)]\boldsymbol{P}(k|k-1)-\boldsymbol{P}(k|k-1)\boldsymbol{\Theta}^{\mathrm{T}}(k)\boldsymbol{K}^{\mathrm{T}}(k)+\\&\boldsymbol{K}(k)\boldsymbol{\Theta}(k)\boldsymbol{P}(k|k-1)\boldsymbol{\Theta}^{\mathrm{T}}(k)\boldsymbol{K}^{\mathrm{T}}(k)+\boldsymbol{K}(k)\boldsymbol{R}(k)\boldsymbol{K}^{\mathrm{T}}(k)=\\&[\boldsymbol{I}-\boldsymbol{K}(k)\boldsymbol{\Theta}(k)]\boldsymbol{P}(k|k-1)-\boldsymbol{P}(k|k-1)\boldsymbol{\Theta}^{\mathrm{T}}(k)\boldsymbol{K}^{\mathrm{T}}(k)+\\&\boldsymbol{K}(k)\ [\boldsymbol{\Theta}(k)\boldsymbol{P}(k|k-1)\boldsymbol{\Theta}^{\mathrm{T}}(k)+\boldsymbol{R}(k)]\boldsymbol{K}^{\mathrm{T}}(k)\end{aligned}$$

由式(4-5-27)知

$$\boldsymbol{K}(k)\ [\boldsymbol{\Theta}(k)\boldsymbol{P}(k|k-1)\boldsymbol{\Theta}^{\mathrm{T}}(k)+\boldsymbol{R}(k)]=\boldsymbol{P}(k|k-1)\boldsymbol{\Theta}^{\mathrm{T}}(k)$$

将此式代入上式，得

$$\boldsymbol{P}(k|k)=[\boldsymbol{I}-\boldsymbol{K}(k)\boldsymbol{\Theta}(k)]\boldsymbol{P}(k|k-1) \tag{4-5-47}$$

由式(4-5-39)、(4-5-40)、(4-5-42)、(4-5-46)和(4-5-47)给出了一套递推算法，求解出 $\hat{\boldsymbol{x}}(k|k-1)$，$\boldsymbol{P}(k|k-1)$，$\boldsymbol{K}(k)$，$\hat{\boldsymbol{x}}(k|k)$ 和 $\boldsymbol{P}(k|k)$。

⑥ 滤波初值。在考虑选取初值前，让我们看一下滤波误差的均值。

$$\begin{aligned}E[\tilde{\boldsymbol{x}}(k|k)]=&E[\boldsymbol{x}(k)-\hat{\boldsymbol{x}}(k|k)]=\\&E\{\boldsymbol{x}(k)-\hat{\boldsymbol{x}}(k|k-1)-\boldsymbol{K}(k)[\boldsymbol{y}(k)-\boldsymbol{\Theta}(k)\hat{\boldsymbol{x}}(k|k-1)]\}=\\&[\boldsymbol{I}-\boldsymbol{K}(k)\boldsymbol{\Theta}(k)]E[\tilde{\boldsymbol{x}}(k|k-1)]-\boldsymbol{K}(k)E[\boldsymbol{v}(k)]=\\&[\boldsymbol{I}-\boldsymbol{K}(k)\boldsymbol{\Theta}(k)]E[\boldsymbol{\Phi}(k\mid k-1)\boldsymbol{x}(k-1)+\boldsymbol{w}(k-1)-\\&\boldsymbol{\Phi}(k\mid k-1)\hat{\boldsymbol{x}}(k-1|k-1)]=\\&[\boldsymbol{I}-\boldsymbol{K}(k)\boldsymbol{\Theta}(k)]\boldsymbol{\Phi}(k\mid k-1)E[\tilde{\boldsymbol{x}}(k-1|k-1)]\end{aligned} \tag{4-5-48}$$

式(4-5-48)表明，欲保证 k 时刻滤波无偏，即 $E[\tilde{\boldsymbol{x}}(k|k)]=0$，就必须保证 $k-1$ 时刻滤波无偏，即 $E[\tilde{x}(k-1|k-1)]=0$。依此类推，很显然，只要 $k=0$ 时刻滤波无偏，就可以保证

所有时刻是滤波无偏，预测也无偏。要使初值无偏，即

$$E[\boldsymbol{x}(0)-\hat{\boldsymbol{x}}(0|0)]=0$$

取

$$\hat{\boldsymbol{x}}(0|0)=E[\boldsymbol{x}(0)]=\boldsymbol{m}_0 \tag{4-5-49}$$

此时有

$$\boldsymbol{P}(0|0)=\mathrm{var}[\boldsymbol{x}(0)]=\boldsymbol{P}_0 \tag{4-5-50}$$

而 $\boldsymbol{m}_0$ 和 $\boldsymbol{P}_0$ 均为系统状态方程的初始条件。

⑦ 舰艇运动修正。上面推导的是标准卡尔曼滤波公式。在实际使用中没有考虑跟踪传感器随着舰艇运动的影响。由于舰艇的运动，使得跟踪传感器的输入数据在不同的时刻原点不同。下面还以匀速直线运动模型为例进行说明。

假设当前时刻（k 时刻）舰艇在该方向上的运动速度为 $V_{wx}(k)$，且当前时刻与上一时刻（$k-1$ 时刻）的时间间隔为 Δt。由于式(4-5-39)求出的预测值 $\hat{\boldsymbol{x}}(k|k-1)$ 是相对于 $k-1$ 时刻的，而量测值 $\boldsymbol{y}(k)$ 是相对于 k 时刻的，所以将式(4-5-20)改写为

$$\hat{\boldsymbol{x}}(k|k-1)=\boldsymbol{\Phi}(k|k-1)\hat{\boldsymbol{x}}(k-1|k-1)-(V_{wx}(k)\Delta t,\ 0)^{\mathrm{T}} \tag{4-5-51}$$

只要将式(4-5-51)替换式(4-5-39)，即式(4-5-51)、(4-5-40)、(4-5-46)、(4-5-42)和(4-5-47)给出在舰艇运动时的卡尔曼滤波公式。

⑧ 滤波程序框图。为程序实现的方便，下面将卡尔曼滤波公式组成的运行框图如图 4-5-1 所示，其中 N 为滤波的总步数。

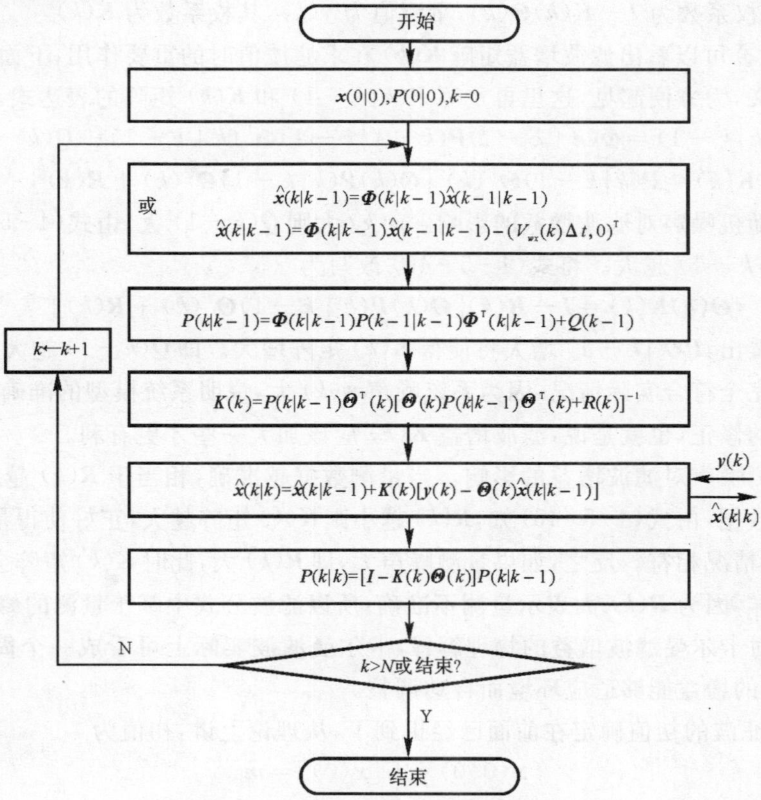

图 4-5-1　卡尔曼滤波程序框图

按下列程序框图编写程序，只要在采样间隔内完成滤波的一个周期计算，这样滤波就可以有序地在线计算下去。

3. 卡尔曼滤波的性质

① 卡尔曼滤波是线性、离散、递推、最小方差滤波。滤波器的输入是系统的观测输入 $\boldsymbol{y}(k)$，输出是状态估计 $\hat{\boldsymbol{x}}(k|k)$，滤波器的结构图可用图 4-5-2 表示。

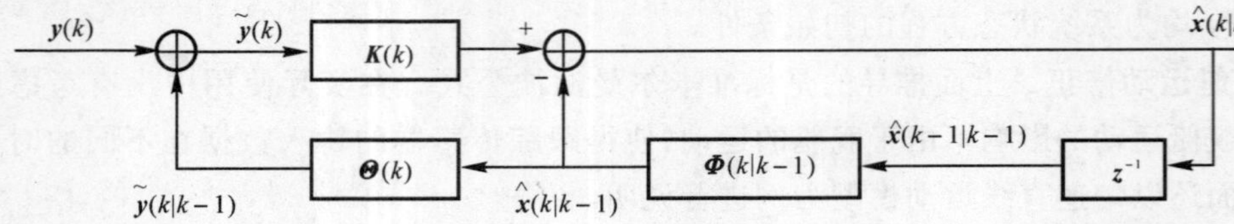

图 4-5-2 卡尔曼滤波器的结构框图

② 由式(4-5-30)可知，$\boldsymbol{Q}(k)$ 为半正定矩阵，即不是所有的状态都受到干扰。$\boldsymbol{Q}(k)$ 不为零表示存在系统噪声。$\boldsymbol{R}(k)$ 为正定矩阵意味着量测的每个分量都存在量测误差。这些假设是与实际相符合的。

③ 由式(4-5-42)可知，卡尔曼滤波值是预测值和新息的加权结果，预测值为 $\hat{\boldsymbol{x}}(k|k-1)$，其权系数为1；新息为 $\tilde{\boldsymbol{y}}(k)=\boldsymbol{y}(k)-\boldsymbol{\Theta}(k)\hat{\boldsymbol{x}}(k|k-1)$，其权系数为 $\boldsymbol{K}(k)$。

进一步分析可知状态滤波值本质上是预测值与量测值的加权结果。预测值为 $\hat{\boldsymbol{x}}(k|k-1)$，其权系数为 $\boldsymbol{I}-\boldsymbol{K}(k)\boldsymbol{\Theta}(k)$；量测值为 $\boldsymbol{y}(k)$，其权系数为 $\boldsymbol{K}(k)$。

④ 由性质③可以看出滤波增益矩阵 $\boldsymbol{K}(k)$ 在求滤波值时的重要作用，下面分析一下 $\boldsymbol{K}(k)$ 矩阵的物理含义，为方便起见，这里再重写 $\boldsymbol{P}(k|k-1)$ 和 $\boldsymbol{K}(k)$ 矩阵的表达式。

$$\boldsymbol{P}(k|k-1)=\boldsymbol{\Phi}(k|k-1)\boldsymbol{P}(k-1|k-1)\boldsymbol{\Phi}^{\mathrm{T}}(k|k-1)+\boldsymbol{Q}(k-1)$$

$$\boldsymbol{K}(k)=\boldsymbol{P}(k|k-1)\boldsymbol{\Theta}^{\mathrm{T}}(k)\left[\boldsymbol{\Theta}(k)\boldsymbol{P}(k|k-1)\boldsymbol{\Theta}^{\mathrm{T}}(k)+\boldsymbol{R}(k)\right]^{-1}$$

先看系统随机噪声对滤波增益的影响。$\boldsymbol{w}(k)$ 大则 $\boldsymbol{Q}(k-1)$ 大，由式(4-5-40)知 $\boldsymbol{Q}(k-1)$ 越大则 $\boldsymbol{P}(k|k-1)$ 越大。将式(4-5-46)改写为

$$\boldsymbol{\Theta}(k)\boldsymbol{K}(k)=\boldsymbol{I}-\boldsymbol{R}(k)\left[\boldsymbol{\Theta}(k)\boldsymbol{P}(k|k-1)\boldsymbol{\Theta}^{\mathrm{T}}(k)+\boldsymbol{R}(k)\right]^{-1}$$

从上式可看出，$\boldsymbol{P}(k|k-1)$ 增大将使得 $\boldsymbol{K}(k)$ 矩阵增大。即 $\boldsymbol{Q}(k-1)$ 越大使 $\boldsymbol{K}(k)$ 矩阵越大。这种结果完全符合实际情况，因为系统噪声 $\boldsymbol{w}(k)$ 大，说明系统模型的准确度差，这时应当加强基于量测的修正，也就是说，滤波增益 $\boldsymbol{K}(k)$ 应该加大一些才更有利。

再来看量测噪声对滤波增益的影响。当量测数据越准确，相当于 $\boldsymbol{R}(k)$ 越小，那么应该更多地使用量测数据，由式(4-5-46)知，$\boldsymbol{R}(k)$ 越小则 $\boldsymbol{K}(k)$ 矩阵越大，正好使得量测数据的权系数增大，与实际情况相符。反之，如果量测噪声大，即 $\boldsymbol{R}(k)$ 大，此时 $\boldsymbol{K}(k)$ 矩阵会自动减小。实际也正需要这样，因为 $\boldsymbol{R}(k)$ 大表示量测不准确，所以滤波公式中基于量测的修正应当减小。

根据上面对卡尔曼滤波增益的物理解释，卡尔曼滤波实际上可看成一个简单的自适应系统，因为滤波器的增益能够适应环境而自动调整。

⑤ 卡尔曼滤波的初值确定在前面已经提到了，从理论上讲，初值为

$$\hat{\boldsymbol{x}}(0|0)=E[\boldsymbol{x}(0)]=\boldsymbol{m}_0$$

$$\boldsymbol{P}(0|0)=\mathrm{var}\ [\boldsymbol{x}(0)]=\boldsymbol{P}_0$$

但在实际火控计算中，我们事先往往并不知道 $\boldsymbol{m}_0$ 和 $\boldsymbol{P}_0$ 的取值。一般地，对大多数线性滤

波器(准确地说是渐近稳定的卡尔曼滤波器)说来,初值选取是否准确对滤波值的影响随着时间的增长而逐渐减弱,直到消失。那么在事先对滤波器初始条件一无所知的情况下,初值就可以确定为

$$\hat{\boldsymbol{x}}(0|0)=\boldsymbol{x}(0)$$

$$\boldsymbol{P}(0|0)=\infty\boldsymbol{I}\text{ 或充分大}$$

但是,滤波初值选取的准确性会影响滤波器的收敛速度,即火控解算的反应时间。

⑥ 采用卡尔曼滤波的优点是,从理论上讲可以获得最小方差估计,但前提是,相应的噪声的统计特性 $\boldsymbol{Q}(k)$,$\boldsymbol{R}(k)$ 必须较准确地知道。

从滤波公式来看,如果系统矩阵 $\boldsymbol{\Phi}(k+1\mid k)$,$\boldsymbol{\Theta}(k)$ 和噪声方差矩阵 $\boldsymbol{Q}(k)$,$\boldsymbol{R}(k)$ 已知,就可以离线计算好滤波器的矩阵 $\boldsymbol{P}(k|k-1)$,$\boldsymbol{P}(k|k)$ 和 $\boldsymbol{K}(k)$,并存入计算机中。这样在实时控制时的在线计算量是很小的。

但在实际火控系统中,由于滤波器的系统噪声和量测噪声的统计特性 $\boldsymbol{Q}(k)$,$\boldsymbol{R}(k)$ 不能准确地知道,实际上是难以得到最小方差估计。而且实际中噪声方差矩阵 $\boldsymbol{Q}(k)$,$\boldsymbol{R}(k)$ 在不同的时刻取值不同,此时矩阵 $\boldsymbol{P}(k|k-1)$,$\boldsymbol{P}(k|k)$ 和 $\boldsymbol{K}(k)$ 只能在线计算。这也说明一点,在事先各种条件都不知道的情况下,卡尔曼滤波不一定就比最小二乘滤波效果要好。

4.6　机动检测方法

实现目标跟踪的关键在于如何从带有噪声的观测量中提取出有用的目标状态信息,多数目标跟踪算法基于目标运动建模技术。机动目标运动建模的主要难点在于目标运动的不确定性。一个好的目标运动模型将有利于从有限的观测信息中更准确地获取目标状态信息。有的机动目标跟踪算法同时使用两类滤波器来适应目标的不同运动:一类窄带低增益用于一般情况下的精确跟踪;另一类宽带高增益用于有效响应目标的机动。这样,在两种情况下均能达到比较好的跟踪性能。各个滤波器可以是相同(参数不同)或不同的目标运动模型。一个系统可能使用多个模型,但同时只有一个模型在起作用。

及时可靠地检测出目标机动模式也直接影响机动目标跟踪的性能。目标运动模式的改变或多或少会在目标观测信息中得以体现。因此机动检测实质上是通过观测量(被看做是随机过程)来检测目标运动模式的改变。

机动检测的两个基本问题是:目标何时开始机动?何时结束机动?在机动检测中,检测的重点是机动起始而不是机动结束时刻,这源于检测的难度和不正确检测的后果。通常检测机动结束时刻比检测起始时刻更具难度,因为非机动一般用匀速直线运动来描述,而机动包含了其他所有运动模式。机动检测实际上也是个估计问题,估计就必然存在滞后。所幸的是检测机动结束时刻的滞后要求不如检测机动起始时刻来得紧迫,因为假定目标非机动来跟踪机动目标可能导致目标丢失,而假定目标机动来跟踪非机动目标只是会降低一些跟踪性能。

机动检测和识别的方法很多,这里介绍的方法是:建立了非机动和机动两种目标模型,基于 χ^2 检验机动检测方法对非机动模型的观测残差和机动模型的输出加速度估计,同时进行机动检测以期更准确地检测目标机动、估计目标运动状态。

基于假设检验的一般概念可知,样本数越多,判定就越准确。也就是对固定虚警概率,大样本能提高检测概率。但是在机动检测问题中,如果为积累新息而选择较长的窗口长度,将加长机动检测的延迟。而长的延迟将会增加目标状态估计的误差。为避免长延迟带来大的估计

误差,应该选择小点的窗口长度。从另一个极端看,假设窗口长度很小,则每个时刻都没有足够的信息来作判定。这种情况将显著地减小检测概率,加长机动检测的延迟。因此,存在一个最优的窗口长度使得检测延迟最小。

平均延迟是系统模型和环境、机动模型和机动幅度、虚警概率及窗口长度的函数。假设虚警概率是根据系统要求给定的,如果选取的虚警概率小,则相应的门限就高,因此检测机动的延迟就大。这样,虚警概率与机动检测延迟成反比关系。机动的幅度也影响检测延迟。大机动使得新息序列有较大的均值,对固定虚警概率来说,能更早地检测到大机动。在实践中,机动幅度事先是未知的,不能用于系统优化。选择窗口长度能优化系统。

4.6.1 机动检测检验假设

如果目标没有作机动,对非机动目标模型而言,滤波残差 $\tilde{\boldsymbol{x}}(k)$ 应为零均值随机过程,同时对机动目标模型的加速度估计 $\hat{\boldsymbol{a}}(k)$ 也应是零均值随机过程,这里介绍的机动检测正是基于这一原则进行的。

检测目标是否机动是一个决策问题,可以公式化为假设检验问题:

H_0:目标非机动;

H_1:目标机动。

根据观测残差和控制输入的特性,在机动目标跟踪中很多机动检测使用 χ^2 检验或准 χ^2 检验,即在 H_0(检测机动开始)条件下,检测估计的统计量是否服从 χ^2 分布。假设在 H_0 条件下 ε 服从自由度为 n 的 χ^2 分布($\varepsilon \sim \chi_n^2$),且式(4-6-1)成立,则表明目标开始机动。

$$\varepsilon > \lambda = \chi_n^2(\alpha) \tag{4-6-1}$$

这里 $1-\alpha$ 是置信度,一般取为 95% 或 99%(即 α 取为 0.05 或 0.01)。当 $\varepsilon \leqslant \lambda$ 时并不表示机动消失。

4.6.2 基于观测残差的机动检测

归一化残差二次方为

$$\varepsilon_k = \tilde{\boldsymbol{x}}^{\mathrm{T}}(k)\boldsymbol{P}^{-1}(k|k)\tilde{\boldsymbol{x}}(k)$$

式中, $\tilde{\boldsymbol{x}}(k)$ —— 目标状态模型卡尔曼滤波的观测残差(或新息),$\tilde{\boldsymbol{x}}(k)=\boldsymbol{x}(k)-\hat{\boldsymbol{x}}(k|k)$;

$\boldsymbol{P}(k|k)$ —— $\boldsymbol{P}(k|k)=\mathrm{cov}[\tilde{\boldsymbol{x}}(k)]$。

可设计两种统计量进行假设检验,一种是在长度为 s 的滑动窗口 $[k-s+1,k]$ 内的和 ε_k^s,另一种是衰减记忆和 ε_k^ρ。

$$\begin{cases} \varepsilon_k^s = \sum\limits_{j=k-s+1}^{k} \varepsilon_j \\ \varepsilon_k^\rho = \sum\limits_{j=1}^{k} \rho^{k-j}\varepsilon_j = \rho\varepsilon_{k-1}^\rho + \varepsilon_k, \quad 0<\rho<1 \\ s_\rho = \dfrac{1}{1-\rho} \end{cases} \tag{4-6-2}$$

式中,s_ρ —— 衰减记忆和的等效窗口长度。

在线性高斯假设和 H_0 条件下,残差序列 $\{\tilde{\boldsymbol{x}}(k)\}$ 是零均值高斯白噪声。因此 ε_k 和 ε_k^s 为分

别服从自由度为 n_z 和 sn_z 的 χ^2 分布，即($\varepsilon_k \sim \chi^2_{n_z}$，$\varepsilon^s_k \sim \chi^2_{sn_z}$)，其中 $n_z = \dim(\tilde{\boldsymbol{x}}(k))$。作为高斯变量的加权和 ε^ρ_k 并不服从 χ^2 分布，但通过权匹配可将它近似看做 χ^2 变量，即近似认为

$$\varepsilon^\rho_k \sim \frac{1}{1+\rho}\chi^2_{n_\rho}, \quad n_\rho = n_z \frac{1+\rho}{1-\rho} \tag{4-6-3}$$

至此，可根据式(4-6-1)来检测机动起始，其中 $\varepsilon = \varepsilon_k$，$\varepsilon^s_k$ 或 ε^ρ_k。当窗口长度 s(或 s_ρ)比较长时，ε^s_k/s 或 $\varepsilon^\rho_k/s_\rho$ 的随机性很弱，但检测滞后较大。检测门限 λ 根据检测概率由相应分布确定。

4.6.3　基于输入估计的机动检测

如果目标没有机动，机动目标状态模型的加速度估计的 $\hat{\boldsymbol{a}}(k)$ 是零均值，因此在假设 H_0 条件下，$\varepsilon_k = \hat{\boldsymbol{a}}^{\mathrm{T}}(k)\Sigma_k^{-1}\hat{\boldsymbol{a}}(k)$ 服从自由度 n_a 的 $\chi^2_{n_a}$ 分布，这里 $\Sigma_k = \mathrm{cov}\,(\hat{\boldsymbol{a}}(k))$ 和 $n_a = \dim(\hat{\boldsymbol{a}}(k))$。至此，可根据式(4-6-1)来检测机动起始。为保证估计的置信度，同样也可以对 ε_k 求取滑动窗口和、衰减记忆和进行统计检验。但需要说明的是，这些和并不服从 χ^2 分布，只是实际工程使用时可近似认为服从 χ^2 分布。

4.7　剔 点 处 理

4.7.1　传统的剔点处理方法

经典的剔点方法：

$$x = x_{i-1} + \frac{1}{2}(x_{i-2} - x_{i-4}) \tag{4-7-1}$$

式中，x_{i-1}，x_{i-2} 和 x_{i-4} 是紧挨着现在点的四个历史点迹中的三个点，而 x 是该四个历史点的现在点外推值。

当 $|x_i - x| \geqslant \delta$ 时，就认为 x_i 即现在点的观测值为异常数据，而应以外推值 x 取代。

4.7.2　结合滤波的剔点处理

经典的四点剔点方法容易出现误判剔点的缺陷，并且在有的情况下无法使用。可以将对输入数据的异常点剔除结合滤波算法一并进行。考察滤波新息，如

$$\tilde{\boldsymbol{y}}(k) = \boldsymbol{y}(k) - \boldsymbol{\Theta}(k)\hat{\boldsymbol{x}}(k|k-1)$$

由于 $\tilde{\boldsymbol{y}}(k)$ 是零均值的高斯随机量，其协方差矩阵为

$$E[\tilde{\boldsymbol{y}}(k)\tilde{\boldsymbol{y}}^{\mathrm{T}}(k)] = \boldsymbol{\Theta}(k)\boldsymbol{P}(k|k-1)\boldsymbol{\Theta}^{\mathrm{T}}(k) + \boldsymbol{R}(k) \tag{4-7-2}$$

所以有下列不等式

$$|\tilde{\boldsymbol{y}}(k)| \leqslant C\sqrt{\boldsymbol{\Theta}(k)\boldsymbol{P}(k|k-1)\boldsymbol{\Theta}^{\mathrm{T}}(k) + \boldsymbol{R}(k)} \tag{4-7-3}$$

其中 C 为某门限常数。如果不等式成立则判别 $\boldsymbol{y}(k)$ 为正常观测值，反之则判别 $\boldsymbol{y}(k)$ 为野值，需要剔除。剔点方法是令滤波公式中的滤波增益 $\boldsymbol{K}(k) = \boldsymbol{0}$。

第5章　舰载武器射击(发射)诸元解算

5.1　舰炮射击诸元解算

5.1.1　命中解分布特性

讨论解命中问题，首先必须搞清楚命中解的分布特性，即搞清以下问题：在何种假设下命中解是存在的？如果存在，有唯一解还是多解？如果存在多解，希望选择哪个解？如何求取所选择的命中解？

假设目标在弹丸飞行时间 t_f 内作等加速运动，火炮火控系统的命中问题就是求下列方程的联立解。

$$\begin{cases} X_q = X_m + V_{mx}T + \frac{1}{2}a_{mx}T^2 + A_{cpx} \\ Y_q = Y_m + V_{my}T + \frac{1}{2}a_{my}T^2 + A_{cpy} \\ H_q = H_m + V_{mh}T + \frac{1}{2}a_{mh}T^2 + A_{cph} \\ D_q = \sqrt{X_q^2 + Y_q^2 + H_q^2} \end{cases} \tag{5-1-1}$$

$$\begin{cases} T = t_f + \Delta T \\ t_f = g(D_q, H_q) \end{cases} \tag{5-1-2}$$

式中，X_m, Y_m, H_m——目标现在点的直角坐标，通常是求解目标运动要素得到的目标位置；

V_{mx}, V_{my}, V_{mh}——通常是求解目标运动要素得到的、在直角坐标系下的目标速度分量；

a_{mx}, a_{my}, a_{mh}——通常是求解目标运动要素得到的、在直角坐标系下的目标加速度分量；

ΔT——解命中延迟时间，即从目标数据的采集瞬时至射击诸元的输出瞬时的时差；

$A_{cpx}, A_{cpy}, A_{cph}$——跟踪器相对于舰炮的基线修正分量；

X_q, Y_q, H_q——目标命中点的直角坐标；

D_q——命中点斜距；

$g(D_q, H_q)$——火炮射击的弹丸飞行时间逼近函数的常用形式。

实际上，当讨论命中解的分布特性时，解命中延迟时间、基线修正等因素都与它无关，故暂略之。不失一般性，方程(5-1-1)可以改写为

$$\begin{cases} X_q = X_m + f_x(t) \\ Y_q = Y_m + f_y(t) \\ H_q = H_m + f_h(t) \\ D_q = f(t) \equiv \sqrt{X_q^2 + Y_q^2 + H_q^2} \end{cases} \quad D_q > 0, t \geqslant 0 \tag{5-1-3}$$

式(5-1-3)为命中点预测公式,或称目标运动方程。

函数 f_x, f_y, f_h 是在 t 时间内三个直角坐标改变量。例如,在 X 坐标轴上的投影为等加速直线运动,则 $f_x(t) = V_{mx}t + a_{mx}t^2/2$;$f_x, f_y, f_h, f, g$ 都是连续可微函数。通常,弹丸飞行时间逼近函数 g 满足初值条件

$$g(0,0) = 0 \tag{5-1-4}$$

一般地说,$t = (D_q, H_q)$ 是 D_q 和 H_q 的二元函数。不失一般性,这里假设 H_q 为常数,即 t 仅是 D_q 的单变量函数。

$$t = g(D_q, H_q) \equiv g(D_q) \tag{5-1-5}$$

再假设该连续可微函数是单调的,则式(5-1-5)亦可以用反函数表示:

$$D_q = g^{-1}(t) \tag{5-1-6}$$

定义 1　设目标运动方程(5-1-3)中 $D_q = f(t)$ 在 $t \geqslant 0$ 上连续可微,在 $t = t_p$ 时刻 D_q 取最小值 $D_p = f(t_p)$,则称 D_p 为航路捷径;t_p 为航路捷径对应时间。

(注:t_p 仅是使得式(5-1-3)中的 D_q 取最小值的时间,它与弹丸飞行时间无关。)

航路捷径对应时间 t_p 容易计算。例如,当目标作等速运动时,有解析表达式:

$$t_p = \frac{-(XV_x + YV_y + HV_h)}{V_x^2 + V_y^2 + V_h^2}, \quad V_x^2 + V_y^2 + V_h^2 > 0$$

定义 2　设 t_i 为同时满足式(5-1-3)和式(5-1-6)的弹丸飞行时间,称 t_i 为一个命中解。当 $t_i < t_p$(航路捷径对应时间)时,称 t_i 为临近解;当 $t_i \geqslant t_p$ 时,称 t_i 为远离解。

定义 3　设式(5-1-3)$D_q = f(t)$ 和式(5-1-6)$D_q = g^{-1}(t)$ 满足以下三个条件:

①$D_q = f(t)$ 为定义在 $t \geqslant 0$ 区间上的连续可微函数,存在唯一的航路捷径 $D_p = f(t_p)$。当 $t \geqslant t_p$ 时,恒有导数 $\frac{\partial f(t)}{\partial t} \geqslant 0$;当 $t_p > 0$ 时,且当 $0 \leqslant t \leqslant t_p$ 时,恒有导数 $\frac{\partial f(t)}{\partial t} \leqslant 0$。

②$D_q = g^{-1}(t)$ 为单调递增的连续可微函数,即恒有导数 $\frac{\partial g^{-1}(t)}{\partial t} > 0$。

③ 初值条件:$f(0) > g^{-1}(0)$。

则称函数 $D_q = f(t)$ 和 $D_q = g^{-1}(t)$ 满足"基本假设"。

如果上述两个函数"基本假设"的三个条件同时成立,火炮火控命中解的分布问题有以下三个定理。

定理 1　如果 $D_q = f(t)$ 和 $D_q = g^{-1}(t)$ 满足上述的"基本假设",并且存在 $t^* > 0$,使得 $g^{-1}(t^*) > f(t^*)$,则必然存在 $t_1 \in (0, t^*)$,使等式 $f(t_1) = g^{-1}(t_1)$ 成立。

定理 2　如果 $D_q = f(t)$ 和 $D_q = g^{-1}(t)$ 满足"基本假设",而且临近解存在,那么,临近解是唯一的,而且它就是最小(命中)解。

但是,最小解不一定是临近解。因为当临近解不存在时,最小解是若干个远离解中的最小者。

定理1从理论上给出了命中解存在的充分条件，但是这个条件中的时间 t^* 寻找困难，而且这个条件并不是必要的。然而，对于临近解，下述的定理3给出它存在的充分必要条件，其关键是利用了航路捷径对应时间 t_p 作为定理1的时间 t^*，因为这个 t_p 通常是唯一的，而且是容易求取的。

定理3 设 $D_q=f(t)$ 和 $D_q=g^{-1}(t)$ 满足“基本假设”，则临近解存在的充分必要条件是：$g^{-1}(t_p)>f(t_p)$。

推论 设 $D_q=f(t)$ 和 $D_q=g^{-1}(t)$ 满足“基本假设”，则仅可能存在远离解的充分条件是：$g^{-1}(t_p)\leqslant f(t_p)$。

不难看出，在“基本假设”条件下命中解的分布特性如下(三者必居其一)：

① 有唯一的临近解，其余的命中解都是远离解。这种情况是最常见的。我们感兴趣的是临近解，特别是最小解的存在性和如何求取的问题。因为弹丸到达最小解的飞行时间最短，使得预测精度大大提高；最小解的时间最短，使得火控系统的反应时间最小；又因为飞行时间最短，最小解弹丸的存速大，临近态势的目标与弹丸相撞的相对动能大，使得弹丸对目标的毁伤能力大大提高。

判断临近解是否存在问题，这方法非常简单：首先，计算航路捷径对应的时间 t_p，然后计算 $g^{-1}(t_p)$ 和 $f(t_p)$。如果 $g^{-1}(t_p)>f(t_p)$，则临近的命中解一定存在，而且在 $(0,t_p)$ 区域里，命中解是唯一的。这是舰炮火控讨论怎样求解命中点的基本条件。

② 不存在临近解，全部命中解都是远离解。虽然远离解也属于命中解，但是它与临近解相比，远离解的预测时间长，预测精度大大下降；而且，远离态势的目标与弹丸相撞的相对动能大大减少，弹丸对目标的毁伤能力极大下降。因此，对远离解及它们的个数是不感兴趣的，尤其是在对空中目标时。

③ 不存在命中解。

下面讨论定义3中的“基本假设”对火炮火控系统目标运动模型的“限制”问题：

基本假设条件 ③ 极其容易满足，它对目标运动模型不构成什么“限制”。

如果目标运动假定采用匀速、匀加速等简单的运动形式，目标运动方程式(5-1-3)满足基本假设条件 ① 是不成问题的。基本假设条件 ② 是枪炮外弹道微分方程确定的物理规律：随着射程的增大，弹丸飞行时间单调递增。但是，逼近函数形式的弹丸飞行时间函数未必都满足条件 ②，特别是在分段逼近时常会破坏了函数的连续性和单调递增假设。如果弹丸飞行时间函数不满足条件 ②，或者别出心裁的目标运动假定不满足条件 ①，就可能改变命中解的上述分布特性。例如，临近解不再唯一，这样就给最小解的求取带来很大麻烦。

5.1.2 射表逼近解法

舰炮火控解算的主要任务是，在求得目标运动要素之后，根据外弹道方程组计算命中点，求出舰炮射击诸元。火控弹道模型主要有四种解法：外弹道方法(外弹道解析解法、外弹道解法)、射表方法(射表插值解法、射表逼近解法)。

外弹道方法就是直接求解外弹道微分方程组。外弹道解析解法是在特定的条件下，简化弹道模型，使外弹道微分方程能够直接积分，从而得到解析表达式。例如，低伸弹道的西亚切解法。外弹道解析解法属于外弹道方程组的一种近似解法(西亚切解法仅当射角不大于5°时才有足够的精度)，在一般情况下其精度不能满足现代火控系统的需求。

外弹道解法是采用数值积分法解外弹道微分方程组，这种解法可达到需要的计算精度，但是它要消耗大量的计算时间。对于 20 世纪的火控计算机，由于其运行速度不高，采用外弹道解法是极为困难的。

解命中的射表方法是通过某种算法对射表的表格数据进行离线处理，使之有一个既满足规定的精度要求、又大大节省火控计算机运行时间的结构形式，通过它产生所需的弹道参数。射表插值解法是把射表的全部表格数据存入计算机，通过插值(如线性插值、二次插值等)来逼近任意位置上的射表数值。这种解算方法计算时间短、精度高，但由于射表数据非常庞大，将占用计算机的大量存储空间，通常都超越了 20 世纪的火控计算机的承受能力。

射表逼近解法是按照某种最优准则，把射表数据用一个逼近函数代替，这样只需要把逼近函数的少量逼近系数存入计算机即可满足使用要求。一般地，“某种最优准则”常常被选择为逼近残差的平方和最小，这称之为最小二乘逼近(或最小二乘拟合)。确定逼近精度的准则是：优先考虑逼近的均方差，其次是最大绝对误差，然后才考虑最大相对误差。在满足精度要求的前提下，应当使得逼近表达式的项数最少、结构简单。采用的逼近表达式有多项式、有理分式和无理分式等。多项式结构形式简单，故常被采用。例如，某小口径炮射表在有效射程内弹丸飞行时间的表格数据约有 1 800 个，其多项式逼近系数为 8 个，存储容量减少了两个数量级；其逼近的均方差小于 0.007 5 s，最大绝对误差小于 0.025 s。

由于射表逼近解法能基本满足火控系统的精度指标需求，亦满足火控解算实时性和计算机存储空间的需求，所以在 20 世纪它被普遍采用。即使在今天，仍有它的用武之地。

1. 求解命中点

解命中问题方程(5-1-3)、(5-1-2)属于非线性方程，一般用迭代方法求解。在假定命中解存在而且唯一的条件下，讨论迭代求解的方法及其收敛性。

(1) 简单迭代法和改进迭代法

把弹丸飞行时间 t_f 简记为 t，选取其初值为 $t^{(0)}$，代入式(5-1-3)得

$$\begin{cases} H_q^{(0)} = H_m + f_h(t^{(0)}) \\ D_q^{(0)} = \sqrt{[X_m + f_x(t^{(0)})]^2 + [Y_m + f_y(t^{(0)})]^2 + [H_m + f_h(t^{(0)})]^2} \end{cases} \tag{5-1-7}$$

将式(5-1-7)代入式(5-1-2)得

$$t^{(1)} = g(D_q^{(0)}, H_q^{(0)}) \tag{5-1-8}$$

再将 $t^{(1)}$ 代入式(5-1-3)又得到 $D_q^{(1)}, H_q^{(1)}, \cdots$，如此继续下去，得到迭代序列：

$$\begin{aligned} t^{(0)} \to D_q^{(0)}, H_q^{(0)} \to t^{(1)} \to D_q^{(1)}, H_q^{(1)} \to t^{(2)} \to D_q^{(2)}, H_q^{(2)} \\ \to \cdots \to t^{(k)} \to D_q^{(k)}, H_q^{(k)} \to \cdots \end{aligned} \tag{5-1-9}$$

形如式(5-1-9)的迭代方法称为简单迭代法，如图 5-1-1 所示。

以下迭代方法称为改进迭代法。

$$\begin{cases} \bar{t}^{(0)} \equiv t^{(0)} \\ \bar{t}^{(j)} = (t^{(j)} + \bar{t}^{(j-1)})/2, \quad j = 1, 2, 3, \cdots \end{cases} \tag{5-1-10}$$

于是可以得到新的迭代序列：

$$\bar{t}^{(0)} \to D_q^{(0)}, H_q^{(0)} \to t^{(1)} \to \bar{t}^{(1)} \to D_q^{(1)}, H_q^{(1)} \to t^{(2)} \to \bar{t}^{(2)} \to D_q^{(2)}, H_q^{(2)} \to \cdots \tag{5-1-11}$$

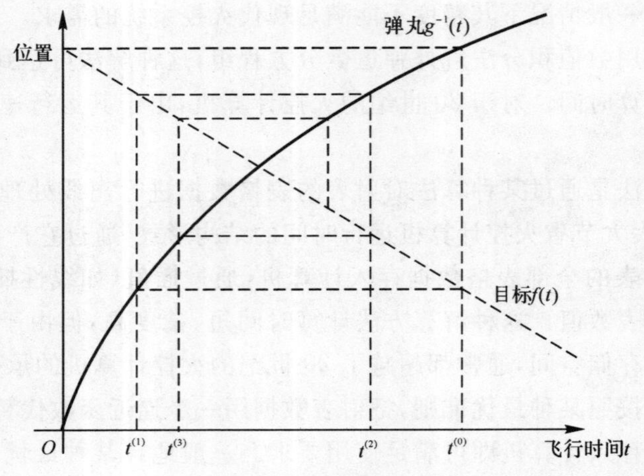

图 5-1-1 简单迭代法示意图

简单迭代法和改进迭代法的区别在于：前者用 $t^{(j)}$ 代入式(5-1-3)求出 $D_q^{(j)}$ 和 $H_q^{(j)}$，而后者用式(5-1-10)中的 $\bar{t}^{(j)}$ 代入式(5-1-3)求出和。

上述两种迭代方法的优点是公式简单。但是它们对式(5-1-3)、式(5-1-2)中的信息利用不充分，对于不同的目标运动状态其收敛速度不一致，更严重的缺陷是它们的收敛区域不能覆盖命中解的存在区域，特别是简单迭代法。

(2) 快速迭代法

首先，定义命中点 $A(x_q, y_q, H_q)$ 特征值为

$$I(A)=\frac{\partial g}{\partial X_q}V_{xq}+\frac{\partial g}{\partial Y_q}V_{yq}+\frac{\partial g}{\partial H_q}V_{Hq} \tag{5-1-12}$$

其中，函数 g 由式(5-1-2)给出，V_{xq}, V_{yq}, V_{Hq} 为目标在命中点的速度分量。

不难得到

$$I(A)=\frac{\partial g}{\partial D_q}\frac{\partial D_q}{\partial X_q}V_{xq}+\frac{\partial g}{\partial D_q}\frac{\partial D_q}{\partial Y_q}V_{yq}+\frac{\partial g}{\partial D_q}\frac{\partial D_q}{\partial H_q}V_{Hq}=\frac{\partial g}{\partial D_q}\frac{\mathrm{d}f}{\mathrm{d}t} \tag{5-1-13}$$

现在讨论特征值 $I(A)$ 的物理意义。为清楚起见，进一步假设 H_q 为常数，从而 $g(D_q, H_q)$ 成为 D_q 的单变量函数，因而可把它写为反函数 $D_q=g^{-1}(t)$。于是

$$I(A)=\frac{\mathrm{d}f}{\mathrm{d}t}\frac{\partial g}{\partial D_q}=\frac{\mathrm{d}f}{\mathrm{d}t}\Big/\frac{\partial D_q}{\partial g}=\frac{\mathrm{d}f}{\mathrm{d}t}\Big/\frac{\mathrm{d}g^{-1}}{\mathrm{d}t}$$

这里，$\frac{\mathrm{d}f}{\mathrm{d}t}$ 是目标在命中点 A 的距变率，它是函数 f 在 A 点的导数。$\frac{\mathrm{d}g^{-1}}{\mathrm{d}t}$ 是弹丸在 A 点的末速度。可见，$I(A)$ 是命中点的目标距变率和弹丸末速度之比。

与式(5-1-10)相对应，设 $S^{(j)}$ 为待定的迭代权系数，作

$$\begin{cases}\bar{t}^{(0)}\equiv t^{(0)}\\ \bar{t}^{(j)}=S^{(j)}t^{(j)}+(1-S^{(j)})\bar{t}^{(j-1)}, \quad j=1,2,3,\cdots\end{cases} \tag{5-1-14}$$

那么同样产生迭代序列(5-1-11)。不难得到

$$\bar{t}^{(k+1)}-\bar{t}^{(k)}=S^{(k+1)}(t^{(k+1)}-t^{(k)})+(1-S^{(k+1)})(\bar{t}^{(k)}-\bar{t}^{(k-1)})+$$
$$(S^{(k+1)}-S^{(k)})(t^{(k)}-\bar{t}^{(k-1)})=$$

$$[S^{(k+1)}I(A^{(k-1)})+1-S^{(k+1)}](\bar{t}^{(k)}-\bar{t}^{(k-1)})+$$
$$(S^{(k+1)}-S^{(k)})(t^{(k)}-\bar{t}^{(k-1)})$$

在上式中,忽略作为二阶无穷小量的第二项,则得到

$$\bar{t}^{(k+1)}-\bar{t}^{(k)}=[S^{(k+1)}I(A^{(k-1)})+1-S^{(k+1)}](\bar{t}^{(k)}-\bar{t}^{(k-1)})$$

于是,只要存在正常数 $\delta<1$,使得在命中点 A 的小邻域里有

$$\left|\frac{\bar{t}^{(k+1)}-\bar{t}^{(k)}}{\bar{t}^{(k)}-\bar{t}^{(k-1)}}\right|=|S^{(k+1)}I(A^{(k-1)})+1-S^{(k+1)}|\leqslant\delta \tag{5-1-15}$$

则当 $k\to\infty$ 时,$\bar{t}^{(k+1)}\to\bar{t}^{(k)}$,即迭代过程是收敛的。

若令 $S^{(k+1)}\equiv1$,则式(5-1-15)成为

$$|I(A^{(k-1)})|\leqslant\delta$$

这就是简单迭代法。显然,其收敛区域为 $-1<-\delta\leqslant I(A)\leqslant\delta<1$。

若令 $S^{(k+1)}\equiv\dfrac{1}{2}$,则式(5-1-15)成为

$$|(I(A^{(k-1)})+1)/2|\leqslant\delta$$

这就是改进迭代法,其收敛区域为 $-3<-2\delta-1\leqslant I(A)\leqslant2\delta-1<1$。不难看出,它比简单迭代法扩大了收敛区域。

现在讨论快速迭代法。考察式(5-1-15),如果 $|S^{(k+1)}I(A^{(k-1)})+1-S^{(k+1)}|$ 越小,则收敛速度越快。优选权系数 $S^{(k+1)}$,它使得目标函数 $J(S^{(k+1)})\equiv[S^{(k+1)}I(A^{(k-1)})+1-S^{(k+1)}]^2$ 极小。其充分必要条件是

$$\frac{\mathrm{d}J(S^{(k+1)})}{\mathrm{d}S^{(k+1)}}=0$$

于是,当 $I(A^{(k-1)})\neq1$ 时,从上式可解出

$$S^{(k+1)}=\frac{1}{1-I(A^{(k-1)})} \tag{5-1-16}$$

这就是快速迭代法的权系数 S 的计算公式,其中 $I(A)$ 是由式(5-1-13)给出的。

快速迭代法有如下优点:

它充分地利用了函数 f 和 g 中的信息,能够根据这两个方程在命中点小邻域内的导数之比去自动调节迭代权系数 S 之值,使收敛速度大大加快。

在快速迭代法中,必须 $I(A)\neq1$。因此,它的收敛区域为 $-\infty<I(A)<1$ 和 $1<I(A)<+\infty$,从理论上讲,当命中问题存在多解时,解的存在区域为 $-\infty<I(A)<+\infty$。可见快速迭代法的收敛区域几乎完全覆盖了解的存在区域。

计算特征值 $I(A)$ 的式(5-1-13)有缺点:对于不同的 f 和不同的 g,它的算法不具有通用性。而且一般地说,$I(A)$ 的解析式非常烦琐,计算量大。为此,对 $I(A)$ 的算法进行如下改进:在式(5-1-13)中,偏导数用相应的差商来近似:

$$I(A^{(j)})=\frac{t^{(j)}-t^{(j-1)}}{\bar{t}^{(j-1)}-\bar{t}^{(j-2)}}\quad(\text{当 } t^{(j-1)}\neq\bar{t}^{(j-2)}\text{ 时}) \tag{5-1-17}$$

采用式(5-1-17)的优点是具有通用性,也就是说,对于不同的 f 和不同的 g 来说,上述算法是不变的,而且公式简便,计算量少,因为式(5-1-17)中的 $t^{(j)}$,$t^{(i-1)}$,$\bar{t}^{(j-1)}$,$\bar{t}^{(j-2)}$ 等量都是迭代过程中的中间计算结果。然而,作为代价,用式(5-1-17)中的差商值进行迭代计算,其收敛速度稍慢于式(5-1-13)。

不难看出，权系数 S 计算公式采用式(5-1-13)的快速迭代法属于牛顿迭代法，亦称切线法，如图5-1-2所示。采用式(5-1-17)的快速迭代法属于割线法，亦称弦截法。

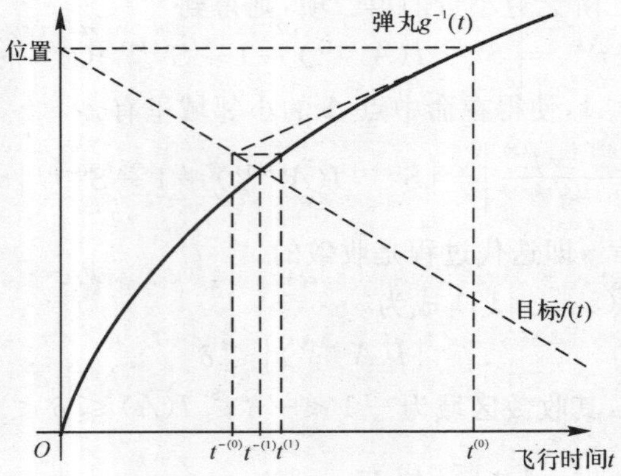

图5-1-2　快速迭代法示意图

既然解命中方程(5-1-3)、(5-1-2)是非线性方程，就可以套用数值分析教科书中的非线性方程迭代解法。例如，用改进弦截法求解命中点。该解法继承了弦截法的优点，收敛速度快于弦截法，其代价是其计算量比弦截法微有增加。

(3) 迭代初值

讨论非线性方程迭代方法时，通常都假设解存在而且唯一。即使如此，其迭代收敛性不仅取决于迭代方法，而且与迭代初值的选取范围有关。实际上，舰炮火控常常有两个(甚至更多)命中解，它破坏了解的唯一性假设，从而给求解命中点带来了麻烦。

权系数 S 的选择实际上属于迭代方法范畴。迭代方法确定之后，亦存在权系数 S 初值选择问题(通常，$0 < S_{初值} \leqslant 1$)，它对迭代收敛性亦有影响。其实，迭代初值问题是由时间初值和权系数初值共同确定的。理论分析和实践表明，以航路捷径对应时间作为弹丸飞行时间的迭代初值是非常好的选择，权系数初值接近于1是较好的选择。

2. 修正量计算

射表逼近解法引进了标准射击条件(标准弹道条件和标准气象条件)的概念。当实际射击条件与标准射击条件不一致时，再对这些偏差造成的影响予以修正，这称为弹道气象条件修正。

弹道修正量主要指弹丸初速修正量、药温修正量。对于弹重偏差可以不专门修正，但在同一次射击中要使用相同弹重符号的炮弹。气象修正量主要指空气密度修正量、纵风修正量和横风修正量。其中，空气密度修正量是根据气温、气压和相对湿度计算出来的。

在目标命中点坐标(X_q, Y_q, H_q)的基础上，加上弹道气象条件修正量，得到目标的弹道点坐标，亦称为虚拟点坐标。

$$\begin{cases} d_q = \sqrt{X_q^2 + Y_q^2} \\ D_{qx} = \sqrt{d_{qx}^2 + H_{qx}^2} \\ d_{qx} = d_q + \delta d_{qx} \\ H_{qx} = H_q + \delta H_{qx} \end{cases} \tag{5-1-18}$$

式中，d_q——命中点水平距离；

d_{qx},H_{qx},D_{qx}——弹道点水平距离、高度和斜距离；

$\delta d_{qx},\delta H_{qx}$——水平距离、高度上的综合修正量。

通常，修正量用水平距离、高度和方向上的线量形式引入，逼近公式算出单位修正量后，用下列公式综合：

$$\begin{cases}\delta d_{qx}=\Delta P\cdot\delta d_p-\Delta V_0\cdot\delta d_{v0}+\Delta W_z\cdot\delta d_{wz}+\sum K_d\\ \delta H_{qx}=\Delta P\cdot\delta H_p-\Delta V_0\cdot\delta H_{v0}+\Delta W_z\cdot\delta H_{wz}\\ \delta\beta=\arctan(\Delta W_h\cdot\delta\beta_w/d_{qx})\end{cases}\tag{5-1-19}$$

式中，δd_p——空气密度改变1%时在水平距离上的单位修正量，恒为正，在射表逼近解法中，它是射表逼近表达式，如果采用多项式逼近，其函数形式为$f(D_{qx},H_{qx})$或$f(d_{qx},H_{qx})$，其他单位修正量的函数形式类似；

δH_p——空气密度改变1%时在高度上的单位修正量，恒为正；

δd_{v0}——弹丸初速改变1%时在水平距离上的单位修正量，恒为正；

δH_{v0}——弹丸初速改变1%时在高度上的单位修正量，恒为正；

δd_{wz}——纵风改变10m/s时在水平距离上的单位修正量，恒为正；

δH_{wz}——纵风改变10m/s时在高度上的单位修正量，恒为正；

$\delta\beta_w$——横风改变10m/s时在方向上的单位修正量，单位是线量，恒为正；

$\sum K_d$——人工装定的水平距离校正量累加值(用于对海、对岸目标)；

ΔP——空气密度偏差量，即空气密度增减的百分数，增加为正；

ΔV_0——弹丸初速偏差量，即初速增减的百分数，增加为正；

ΔW_z——纵风偏差量，即风在瞄准面内水平方向分量，逆风为正，速度10 m/s；

ΔW_h——横风偏差量，即风在瞄准面内法线方向分量，右边吹来为正，速度10 m/s；

$\delta\beta$——横风方向修正量。

所谓横风W_h和纵风W_z是相对于射击方向β_q而言的，即垂直于射击方向的风速分量为横风，方向是向左为正；平行于射击方向的风速分量为纵风，逆风为正，如图5-1-3所示。

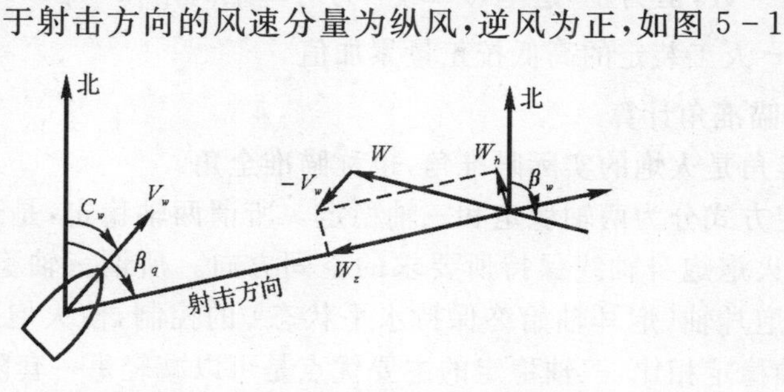

图5-1-3　横风、纵风分解示意图

设真风风速为W，风向为β_w，本舰航速为V_w，弹道方位角为β_q，则纵风偏差量为

$$\Delta W_z=W\cos(\beta_w-\beta_q)+V_w\cos(C_w-\beta_q)$$

横风偏差量为

$$\Delta W_h=W\sin(\beta_w-\beta_q)+V_w\sin(C_w-\beta_q)$$

需要指出，舰炮实际上是随着舰艇一起运动的。这样，使得弹丸在出炮口时的初速改变

了，在外弹道解法中可对此进行精确修正。但是，在射表方法中只能做近似计算，这里采用相对运动的方法：把坐标系的原点放在本舰上，目标命中点坐标按目标的相对速度计算，风的修正量亦按相对风计算。相对风是真风与航行风($-V_w$)的和向量。这样，就不再单独计算本舰运动的修正量。

3. 射击诸元计算

(1) 稳定瞄准角计算

在舰炮火控系统中，射击诸元一般是指火炮瞄准角，包括方向瞄准角和高低瞄准角。在稳定舰艇坐标系中，稳定方向瞄准角是以航向线为基准、从舰艏到火炮炮管轴线水平投影的角度。稳定高低瞄准角是以水平面为基准，炮管轴线和水平面之间的夹角。

地理坐标系(以正北为基准)的弹道方位角为

$$\beta_q = \arctan(X_q/Y_q) + \delta\beta - \gamma_d + \sum K_r \quad (5-1-20)$$

式中， γ_d—— 偏流修正量；

$\sum K_r$—— 人工装定的方向校正量累加值。

由于动力平衡角的存在，线膛火炮的弹丸绕其纵轴高速度右转，使得弹道总是向右偏离射击面，这称为偏流。它亦是射表逼近函数，恒为正。因为弹丸偏离于射击面右侧，所以在火控系统中必须向左修正。

将地理坐标系的弹道方向角换算为稳定方向瞄准角

$$\gamma = \beta_q - C_w$$

稳定高低瞄准角为

$$\varphi = \begin{cases} \arctan(H_{qx}/d_{qx}) + \alpha(d_{qx}, H_{qx}) + \sum K_\varphi & \text{对空} \\ \alpha(D_{qx}) & \text{对海} \\ \arctan(H_q/d_q) + \alpha(D_{qx}) & \text{对岸} \end{cases} \quad (5-1-21)$$

式中， α —— 距离角，它是在重力的作用下使得弹丸向下偏离射线的角量，是射表逼近函数，恒为正，这里，$\alpha(D_{qx})$ 为对海距离角；$\alpha(d_{qx}, H_{qx})$ 为对空距离角；

$\sum K_\varphi$—— 人工装定的高低校正量累加值。

(2) 不稳定瞄准角计算

不稳定瞄准角是火炮的实际瞄准角，也称瞄准全角。

舰炮的稳定方式分为两轴稳定和三轴稳定。所谓两轴稳定，是通过对正交的旋回轴和俯仰轴的控制，使火炮炮身轴线保持所要求的空间方向。所谓三轴稳定，是通过对正交的旋回轴、俯仰轴以及炮耳轴(炮耳轴始终保持水平状态)的控制，使火炮炮身轴线保持所要求的空间方向。与两轴稳定相比，三轴稳定的主要优点是可以减轻每一套随动系统的负载，这是用增加了一套炮耳轴稳定系统的代价换取的，它在大口径舰炮中有应用。这里仅讨论两轴稳定。

在不稳定舰艇坐标系中，不稳定方向瞄准角是指炮管轴线在甲板面上的投影与舰艇艏尾线的夹角。不稳定高低瞄准角是指炮管轴线与甲板面的夹角。

将 γ,φ 分解到稳定的舰艇直角坐标系：

$$\boldsymbol{U} = \begin{bmatrix} \mu_x \\ \mu_y \\ \mu_h \end{bmatrix} = \begin{bmatrix} \cos\varphi\sin\gamma \\ \cos\varphi\cos\gamma \\ \sin\varphi \end{bmatrix}$$

由稳定的舰艇直角坐标系经纵摇(艏向上为正)、横摇(右舷向下为正)变成不稳定的甲板坐标系,变换的方向矩阵为

$$\boldsymbol{M}_\theta \cdot \boldsymbol{M}_\psi$$

式中,$\boldsymbol{M}_\theta$,$\boldsymbol{M}_\psi$—— 横、纵摇方向矩阵。

$$\boldsymbol{M}_\theta = \begin{bmatrix} \cos\theta_b & 0 & -\sin\theta_b \\ 0 & 1 & 0 \\ \sin\theta_b & 0 & \cos\theta_b \end{bmatrix}, \quad \boldsymbol{M}_\psi = \begin{bmatrix} 1 & 0 & 0 \\ 0 & \cos\psi_0 & \sin\psi_0 \\ 0 & -\sin\psi_0 & \cos\psi_0 \end{bmatrix}$$

在不稳定舰艇直角坐标系内的瞄准矢量为

$$\begin{bmatrix} \mu_{bx} \\ \mu_{by} \\ \mu_{bh} \end{bmatrix} = \boldsymbol{M}_\theta \cdot \boldsymbol{M}_\psi \cdot \boldsymbol{U} \tag{5-1-22}$$

于是,在不稳定的甲板坐标系中,火炮的方向瞄准全角 γ_n、高低瞄准全角 φ_n 为

$$\begin{cases} \gamma_n = \arctan\left(\dfrac{\mu_{bx}}{\mu_{by}}\right) \\ \varphi_n = \arctan\left(\dfrac{\mu_{bh}}{\sqrt{\mu_{bx}^2 + \mu_{by}^2}}\right) \end{cases} \tag{5-1-23}$$

5.1.3　外弹道解法

1. 问题的提出

(1) 外弹道解法与射表逼近解法比较

外弹道解法是用数值积分法解算弹丸运动微分方程组,其公式繁多,内容深奥,使得数学功底较浅者望而生畏。但是,与射表逼近解法相比,外弹道解法有如下优点:

① 精度高。射表是对弹丸外弹道的近似,射表逼近又是对射表的近似。这两次近似,特别是第一次近似使射表逼近解法精度降低。在非标准弹道气象条件下,射表逼近解法未考虑弹丸初速偏差 ΔV_0、空气密度偏差 $\Delta\zeta$、真风等弹道气象条件之间的关联影响和非线性影响。当这些量的数值较大时,射表逼近解法产生一定的误差。不言而喻,与射表逼近解法相比,外弹道解法是高精度的。

② 空海统一。传统的射表分为对空射表和对海射表,两者的编拟要求与编拟方法是不同的。由于一些原因,对空射表在高度很低时的数值通常都是低精度的“外插”值,高度为零时的数值通常不等于相应的对海射表值。这样,就没有满足精度的射表对付处于低射角区、但又有一定高度的目标,例如岸上目标或低空来袭的导弹。这是若干年来传统火控系统存在的一个不足。

但是,外弹道解法是空海统一的,其得到的弹道诸元在射角和高度的任何区段,其中包括在低空和近距离的反导区段上都满足精度要求。

③ 通用性、经济性好。对于更换弹种,射表逼近解法要做许多事:编制射表(花费大);射表数据的最小二乘逼近;更换全部弹道诸元和修正量的百余个逼近系数,甚至更换逼近公式。但是,外弹道解法只需更换若干个气动力常数,因而通用性、经济性好,显然工作量也较小。

(2) 实时解算问题

虽然外弹道解法有许多优点，但是在舰炮火控系统中实时解算弹道方程却迟迟没有实现，原因是计算时间难以满足舰炮火控高实时需求。

射表逼近解法计算量是较小的。以弹丸飞行时间逼近函数为例，假定它是一个有 15 个系数的多项式，计算该多项式要进行 16 次实数乘法和 13 次实数加法运算。但是，外弹道解法计算量就大大增加了。对于最简单的质点弹道方程，如果用四阶龙格库塔法来解，仅计算一个步长的计算量就和射表逼近函数的计算量差不多。但是，N 个步长才能完成一次数值积分计算。假定射距为 1 500 m，步长为 10 m，那么 $N=150$。于是，质点弹道解法计算量是射表的两个数量级。有人曾对质点弹道、修正质点弹道和刚体弹道等越来越复杂的外弹道方程进行过计算量统计分析，认为后两者的计算量比质点弹道还要大 3 ～ 20 倍和 60 ～ 80 倍。虽然计算机速度快，但是对质点弹道的计算负荷都难以承担，就更不用说修正质点弹道等更复杂的。

然而在近几年，采用了的先进火控算法，亦由于计算机速度的大幅度提高，外弹道实时解法的应用有了突破性进展。目前，它已经应用于许多新型的舰炮火控系统中。

2. 弹丸弹道微分方程组

(1) 六自由度弹道微分方程组

$$\begin{cases}\dfrac{dv}{dt}=\dfrac{1}{m}\Big\{-\dfrac{1}{2}\rho v_r SC_x(v-w_{x_2})+\dfrac{1}{2}\rho SC'_y\dfrac{\delta_r}{\sin\delta_r}[v_r^2\cos\delta_2\cos\delta_1-v_{r\xi}(v-w_{x_2})]+\\ \qquad\dfrac{1}{2}\rho v_r SC''_z\dfrac{\delta_r}{\sin\delta_r}(-w_{x_2}\cos\delta_2\sin\delta_1+w_{y_2}\sin\delta_2)-mg\sin\theta\cos\psi\Big\}\\ \dfrac{d\theta}{dt}=\dfrac{1}{mv\cos\psi}\Big\{-\dfrac{1}{2}\rho v_r SC_x w_{y_2}+\dfrac{1}{2}\rho SC'_y\dfrac{\delta_r}{\sin\delta_r}(v_r^2\cos\delta_2\sin\delta_1-v_{r\xi}w_{y_2})+\\ \qquad\dfrac{1}{2}\rho v_r SC''_z\dfrac{\delta_r}{\sin\delta_r}[(v-w_{x_2})\sin\delta_2+w_{x_2}\cos\delta_2\cos\delta_1]-mg\cos\theta\Big\}\\ \dfrac{d\psi}{dt}=\dfrac{1}{mv}\Big\{-\dfrac{1}{2}\rho v_r SC_x w_{z_2}+\dfrac{1}{2}\rho SC'_y\dfrac{\delta_r}{\sin\delta_r}(v_r^2\sin\delta_2-v_{r\xi}w_{z_2})+\\ \qquad\dfrac{1}{2}\rho v_r SC''_z\dfrac{\delta_r}{\sin\delta_r}[-w_{y_2}\cos\delta_2\sin\delta_1-(v-w_{x_2})\cos\delta_2\sin\delta_1]+mg\sin\theta\cos\psi\Big\}\\ \dfrac{d\omega_\xi}{dt}=\dfrac{1}{C}(-\dfrac{1}{2}\rho Sl\,dm'_{xz}v_r\omega_\xi)\\ \dfrac{d\omega_\eta}{dt}=\dfrac{1}{A}(\dfrac{1}{2}\rho Slm'_z v_r\dfrac{\delta_r}{\sin\delta_r}v_{r\xi}-\dfrac{1}{2}\rho Sl\,dm'_{zz}\omega_\eta-\dfrac{1}{2}\rho Sl\,dm''_y\dfrac{\delta_r}{\sin\delta_r}\omega_\xi v_{r\eta}-\\ \qquad C\omega_\xi\omega_\zeta)+\omega_\zeta^2\tan\varphi_2\\ \dfrac{d\omega_\zeta}{dt}=\dfrac{1}{A}(-\dfrac{1}{2}\rho Slm'_z v_r\dfrac{\delta_r}{\sin\delta_r}v_{r\eta}-\dfrac{1}{2}\rho Sl\,dm'_{zz}\omega_\zeta-\dfrac{1}{2}\rho Sl\,dm''_y\dfrac{\delta_r}{\sin\delta_r}\omega_\xi v_{r\zeta}+\\ \qquad C\omega_\xi\omega_\eta)-\omega_\eta\omega_\zeta\tan\varphi_2\end{cases}$$

其中

$$\frac{dx}{dt}=v\cos\theta\cos\psi,\quad \frac{dy}{dt}=v\sin\theta\cos\psi,\quad \frac{dz}{dt}=v\sin\psi$$

$$\frac{d\varphi_a}{dt}=\frac{1}{\cos\varphi_2}\omega_\zeta,\quad \frac{d\varphi_2}{dt}=-\omega_\eta,\quad \frac{dp}{dt}=-g\rho\frac{dy}{dt}$$

$$v_{r\xi}=(v-w_{x_2})\cos\delta_2\cos\delta_1-w_{y_2}\cos\delta_2\sin\delta_1-w_{z_2}\sin\delta_2$$

$$v_{r\eta}=v_{r\eta_2}\cos\beta+v_{r\zeta_2}\sin\beta$$

$$v_{r\zeta}=-v_{r\eta_2}\sin\beta+v_{r\zeta_2}\cos\beta$$

$$v_{r\eta_2}=-(v-w_{x_2})\sin\delta_1-w_{y_2}\cos\delta_1$$

$$v_{r\zeta_2}=-(v-w_{x_2})\sin\delta_2\cos\delta_1+w_{y_2}\sin\delta_2\sin\delta_1-w_{z_2}\cos\delta_2$$

$$w_{x_2}=w_x\cos\theta\cos\psi+w_z\sin\psi$$

$$w_{y_2}=-w_x\sin\theta$$

$$w_{z_2}=-w_x\cos\theta\sin\psi+w_z\cos\psi$$

$$\delta_1=\arcsin\frac{\cos\varphi_2\cos(\varphi_a-\theta)}{\cos\delta_2}$$

$$\delta_2=\arcsin[\cos\psi\cos\varphi_2-\sin\psi\cos\varphi_2\cos(\varphi_a-\theta)]$$

$$\beta=\arcsin\frac{\sin\varphi_2\sin(\varphi_a-\theta)}{\cos\delta_2}$$

式中， x,y,z —— 弹丸在射面坐标系坐标量；

v —— 弹丸速度量；

θ,ψ —— 弹道倾角和偏角；

$\omega_\xi,\omega_\eta,\omega_\zeta$ —— 弹轴坐标系三个方向角速度；

C —— 轴向转动惯量；

A —— 横向转动惯量。

(2) 四自由度弹道微分方程组

四自由度弹道微分方程组见下式：

$$\begin{cases}\dfrac{\mathrm{d}v_x}{\mathrm{d}t}=-b_xv_rv_{rx}+b_yv_r^2\delta_{rx}+b_z\dot{\gamma}(\delta_{ry}v_{rz}-\delta_{rz}v_{ry})\\ \dfrac{\mathrm{d}v_y}{\mathrm{d}t}=-b_xv_rv_{ry}+b_yv_r^2\delta_{ry}+b_z\dot{\gamma}(\delta_{rz}v_{rx}-\delta_{rx}v_{rz})-g\\ \dfrac{\mathrm{d}v_z}{\mathrm{d}t}=-b_xv_rv_{rz}+b_yv_r^2\delta_{rz}+b_z\dot{\gamma}(\delta_{rx}v_{ry}-\delta_{ry}v_{rx})\\ \dfrac{\mathrm{d}\dot{\gamma}}{\mathrm{d}t}=-k_{zz}v_r\dot{\gamma}\end{cases}$$

其中

$$\frac{\mathrm{d}x}{\mathrm{d}t}=v_x,\quad \frac{\mathrm{d}y}{\mathrm{d}t}=v_y,\quad \frac{\mathrm{d}z}{\mathrm{d}t}=v_z$$

$$v_{rx}=v_x-w_x,\quad v_{ry}=v_y,\quad v_{rz}=v_z-w_z,\quad v_r=\sqrt{v_{rx}^2+v_{ry}^2+v_{rz}^2}$$

$$\delta_{r1}=\delta_1-\frac{w_x\sin\theta}{v_r},\quad \delta_{r2}=\delta_2+\frac{w_z}{v_r}$$

$$\theta_r=\arcsin\frac{v_{ry}}{v_r\cos\psi_r},\quad \psi_r=\arcsin\frac{v_{rz}}{v_r}$$

$$\delta_{rx}=-\delta_{r1}\sin\theta_r-\delta_{r2}\cos\theta_r\sin\psi_r$$

$$\delta_{ry}=\delta_{r1}\cos\theta_r-\delta_{r2}\sin\theta_r\sin\psi_r$$

$$\delta_{rz}=\delta_{r2}\cos\psi_r$$

$$\delta_1=\delta_{1d}+\delta_{1p},\quad \delta_2=\delta_{2d}+\delta_{2p}$$

$$\delta_{1d}=\delta_d\cos\left(v_0+\alpha^*\sqrt{\sigma}t\right),\quad \delta_{2d}=\delta_d\sin\left(v_0+\alpha^*\sqrt{\sigma}t\right),\quad \delta_d=\frac{\dot{\delta}_0}{2\alpha^*\sqrt{\sigma_0}}\mathrm{e}^{\kappa}$$

$$\frac{\mathrm{d}\kappa}{\mathrm{d}t}=-\left(\frac{k_{zz}+b_y-k_{xz}}{2}-\frac{k_{zz}-b_y-k_{xz}+2k_y}{2\sqrt{\sigma}}\right)$$

$$\alpha^*=\alpha v,\quad \alpha=\frac{C\dot{\gamma}}{2Av},\quad \sigma=1-\frac{k_z}{\alpha^2}$$

$$\delta_{1p}=\frac{\left[-k_{zz}\left(k_z+\dfrac{2\alpha\dot{\gamma}b_z}{v}\right)+4\alpha^2(b_y-k_y)\right]g\cos\theta}{\left[\left(k_z+\dfrac{2\alpha\dot{\gamma}b_z}{v}\right)^2+4\alpha^2(b_y-k_y)^2\right]v^2}$$

$$\delta_{2p}=\frac{2\alpha\left[\left(k_z+\dfrac{2\alpha\dot{\gamma}b_z}{v}\right)+k_{zz}(b_y-k_y)\right]g\cos\theta}{\left[\left(k_z+\dfrac{2\alpha\dot{\gamma}b_z}{v}\right)^2+4\alpha^2(b_y-k_y)^2\right]v^2}$$

$$k_z=\frac{\rho Slm'_z}{2A},\quad k_{zz}=\frac{\rho Sl\,\mathrm{d}m'_{zz}}{2A},\quad k_{yz}=\frac{\rho Sl\,\mathrm{d}m''_y}{2A},\quad k_{xz}=\frac{\rho Sl\,\mathrm{d}m'_{xz}}{2C}$$

式中，v_x,v_y,v_z—— 弹丸在射面坐标系速度量；

$\dot{\gamma}$ —— 自转角速度。

(3) 火箭弹微分方程

此部分仅限于讨论旋转尾翼式火箭弹。对无推力段，弹道微分方程组形式与旋转弹丸相应的方程组相同，仅需在相应的方程中加上尾翼导转力矩各分量。对中程火箭弹推力段，把推力和尾翼导转力矩各分量分别加入旋转弹丸弹道微分方程组相应的方程中即可。对远程火箭弹推力段，除加入推力和尾翼导转力矩各分量外，还要加入控制力和控制力矩。

3. 外弹道方程数值解法

常微分方程初值问题可表示为

$$\begin{cases}\dfrac{\mathrm{d}y}{\mathrm{d}t}=f(t,y), \\ y(a)=y_a,\end{cases}\quad a\leqslant t\leqslant b \tag{5-1-24}$$

设函数 $f(t,y)$ 在区域 $S=\{(t,y)\mid a\leqslant t\leqslant b,|y|<\infty\}$ 内连续且对变量 y 满足 Lipschitz 条件，即存在常数 $L>0$，对 S 内的任何两点 (t,y_1) 和 (t,y_2)，不等式 $|f(t,y_1)-f(t,y_2)|\leqslant L|y_1-y_2|$ 成立，因而初值问题的解 $y(t)$ 存在且唯一。

外弹道方程初值问题一般满足上面的条件，可用数值方法求解，两种常用的数值方法是龙格-库塔法和阿当姆斯法。

(1) 龙格-库塔法

龙格-库塔法的基本思想就是间接引用泰勒展开式，即用积分区间$[t_n,t_{n+1}]$上若干个点的右函数值 f 的线性组合来代替 f 的导数，然后用泰勒展开式确定相应的系数，这样既能避免计算 f 的各阶导数，又能保证精度。常用的四阶龙格-库塔公式为

$$\begin{cases} y_{n+1}=y_n+\dfrac{h}{6}(k_1+2k_2+2k_3+k_4) \\ k_1=f(t_n,y_n) \\ k_2=f(t_n+\dfrac{h}{2},y_n+\dfrac{h}{2}k_1) \\ k_3=f(t_n+\dfrac{h}{2},y_n+\dfrac{h}{2}k_2) \\ k_4=f(t_n+h,y_n+hk_3) \end{cases} \tag{5-1-25}$$

式中，h—— 积分步长。

(2) 阿当姆斯法

对所给微分方程(5-1-24)两端求积分，从 t_n 积分到 t_{n+1} 就得到等价的积分方程

$$y_{n+1}=y_n+\int_{t_n}^{t_{n+1}} f(t,y)\mathrm{d}t \tag{5-1-26}$$

可用插值多项式来代替式(5-1-26)右端的被积函数，使其离散化以得到数值公式。阿当姆斯预报校正法是这类积分方法的一个常用方法。

阿当姆斯预报公式为

$$y_{n+1}=y_n+\frac{h}{24}[55f(t_n,y_n)-59f(t_{n-1},y_{n-1})+37f(t_{n-2},y_{n-2})-9f(t_{n-3},y_{n-3})] \tag{5-1-27}$$

阿当姆斯校正公式为

$$y_{n+1}=y_n+\frac{h}{24}[9f(t_{n+1},y_{n+1})+19f(t_n,y_n)-5f(t_{n-1},y_{n-1})+f(t_{n-2},y_{n-2})] \tag{5-1-28}$$

4. 基于弹道积分的解命中方法

弹丸的外弹道微分方程是在地面坐标系积分的，弹道积分法解命中问题选在该坐标系求解。

目标运动参数是在地理坐标系给出的，把它变到地面坐标系。

记目标在地面坐标系的坐标为 x_t,y_t,z_t，弹丸在地面坐标系的坐标为 x_g,y_g,z_g。

为减少命中点求解的复杂性，把目标和弹丸坐标变成二维坐标。令

$$d_t=\sqrt{x_t^2+z_t^2},\quad d_g=\sqrt{x_g^2+z_g^2} \tag{5-1-29}$$

(d_t,y_t)，(d_g,y_g) 分别是目标和弹丸在命中点求解平面的坐标。

目标坐标 (d_t,y_t) 可表示为以飞行时间 t_f 为参数的函数，弹丸坐标 (d_g,y_g) 则要表示成以射角 θ_0 和飞行时间 t_f 为参数的函数。记

$$\begin{cases} f(\theta_0,t_f)=d_t(t_f)-d_g(\theta_0,t_f) \\ g(\theta_0,t_f)=y_t(t_f)-y_g(\theta_0,t_f) \end{cases} \tag{5-1-30}$$

解参数方程组

$$\begin{cases} f(\theta_0,t_f)=0 \\ g(\theta_0,t_f)=0 \end{cases} \tag{5-1-31}$$

可求出地面坐标系命中点射角 θ_0^* 和弹丸飞行时间 t_f^*，进而求出命中点其他数据。

由于 $f(\theta_0,t_f)$，$g(\theta_0,t_f)$ 是非线性方程，方程组(5-1-31)只能用迭代方法求解。应用

Newton 迭代法，有

$$\begin{bmatrix}\theta_{0k}\\ t_{fk}\end{bmatrix}=\begin{bmatrix}\theta_{0(k-1)}\\ t_{f(k-1)}\end{bmatrix}-\begin{bmatrix}\dfrac{\partial f(\theta_0,t_f)}{\partial\theta_0} & \dfrac{\partial f(\theta_0,t_f)}{\partial t_f}\\ \dfrac{\partial g(\theta_0,t_f)}{\partial\theta_0} & \dfrac{\partial g(\theta_0,t_f)}{\partial t_f}\end{bmatrix}^{-1}\begin{bmatrix}f(\theta_0,t_f)\\ g(\theta_0,t_f)\end{bmatrix},\quad k=1,2,\cdots \tag{5-1-32}$$

记

$$J(\theta_0,t_f)=\begin{vmatrix}\dfrac{\partial f(\theta_0,t_f)}{\partial\theta_0} & \dfrac{\partial f(\theta_0,t_f)}{\partial t_f}\\ \dfrac{\partial g(\theta_0,t_f)}{\partial\theta_0} & \dfrac{\partial g(\theta_0,t_f)}{\partial t_f}\end{vmatrix} \tag{5-1-33}$$

设 $f(\theta_0,t_f),g(\theta_0,t_f)$ 在包含根(θ_0^*,t_f^*)的区域 D 上二次连续可微，且 $J(\theta_0^*,t_f^*)\neq 0$，选取初值$(\theta_{00},t_{f0})$充分接近$(\theta_0^*,t_f^*)$，则 Newton 迭代过程(5-1-32)是二次收敛的。

大量仿真计算表明，迭代初值(θ_{00},t_{f0})取得好，最多迭代二次将能满足火控系统的精度要求。为此把上述算法改造为预估-校正算法。

(1) 预估

对 θ_0 和 t_f 的处理一样，以 y 记之。

选用二次预估式

$$y=a+bt+ct^2 \tag{5-1-34}$$

式中，t—— 解命中序数，$\Delta t_i=1$。

应用最近四点数据$\{y_i,y_{i-1},y_{i-2},y_{i-3}\}$，用最小二乘法估计 a,b,c 的值，经整理，下一时刻的预估值为

$$\hat{y}_{i+1}=y_i+\frac{1}{3}(4\Delta y_i+\Delta y_{i-1}-2\Delta y_{i-2}) \tag{5-1-35}$$

式中，

$$\Delta y_i=y_i-y_{i-1} \tag{5-1-36}$$

(2) 校正

在预估点对 $f(\theta_0,t_f)$ 和 $g(\theta_0,t_f)$ 作一阶泰勒展开

$$\begin{cases}f(\theta_0,t_f)=f(\hat{\theta}_{0i},\hat{t}_{fi})+\dfrac{\partial f(\theta_0,t_f)}{\partial\theta_0}\Delta\theta_0+\dfrac{\partial f(\theta_0,t_f)}{\partial t_f}\Delta t_f\\ g(\theta_0,t_f)=g(\hat{\theta}_{0i},\hat{t}_{fi})+\dfrac{\partial g(\theta_0,t_f)}{\partial\theta_0}\Delta\theta_0+\dfrac{\partial g(\theta_0,t_f)}{\partial t_f}\Delta t_f\end{cases} \tag{5-1-37}$$

式中，$\dfrac{\partial f(\theta_0,t_f)}{\partial\theta_0}$ 等四个偏导数可由目标和弹道数据计算出来。

解方程组

$$\begin{cases}f(\theta_0,t_f)=0\\ g(\theta_0,t_f)=0\end{cases} \tag{5-1-38}$$

求出 $\Delta\theta_0,\Delta t_f$，校正值

$$\begin{cases}t_{fi}=\hat{t}_{fi}+\Delta t_f\\ \theta_{0i}=\hat{\theta}_{0i}+\Delta\theta_0\end{cases} \tag{5-1-39}$$

(3) 再校正

根据 $\Delta\theta_0$,Δt_f 的大小,可再进行一次校正计算。以 t_{fi},θ_{0i} 作为新的 $\hat{t}_{fi}$,$\hat{\theta}_{0i}$。其他计算同(2)。

上面求出的 θ_{0i} 即为稳定高低角。

稳定方向角可按如下方法计算:

由 t_{fi} 计算地理系目标提前点坐标(x_p,y_p,h_p),求出方位角

$$\beta_p = \arctan(x_p / y_p) \tag{5-1-40}$$

由 θ_0,t_f 的预测误差及弹道坐标变化率计算地面系弹道命中点坐标(x_g,y_g,z_g),求出偏流角

$$P_g = \arctan(z_g / x_g) \tag{5-1-41}$$

计算稳定方向角

$$\beta = \beta_p - P_g - C_w \tag{5-1-42}$$

式中,C_w—— 本舰航向。

5.1.4　校射原理

在舰炮射击控制过程中存在射击偏差。使用射击校正方法能有效地减小射击偏差,提高命中目标的概率。不同的射击偏差可以使用不同的射击校正方法来修正。一种是针对武器系统固有的偏差、弹道气象参数准备等误差进行射前校正的虚拟校射方法;另一种是在射击过程中连续测量弹丸与目标之间的偏差进行处理并实时校正的闭环校射方法。

1. 虚拟校射

火炮射击的系统误差对命中目标的概率影响较大,可以在火炮开始射击目标前,通过试射进行系统误差的校正。校正算法通过设立“虚拟检查点”的方法,用跟踪雷达测量出射击目标投影面上试射弹丸与虚拟检查点之间的偏差,分离出射击的系统误差分量,并在当前的火炮射击瞄准角中引入相应的校正。

虚拟校射是用来单独修正弹道气象准备的误差。它主要是针对空中目标实施的。其具体运行及数学机理如下。

① 跟踪雷达上装定虚拟点(D,Q,ε)(稳定舰艇地理坐标系),本舰保持匀速直航。即认为跟踪雷达锁定的目标与本舰同速同向运动。

② 由虚拟点及装定的弹道、气象修正等参数计算射击诸元,并控制火炮对虚拟点进行射击。

③ 跟踪雷达测量的瞄准方向为(Q,ε),测到的弹丸落点偏差为(ΔQ,$\Delta\varepsilon$),则($Q+\Delta Q$,$\varepsilon+\Delta\varepsilon$)为弹丸实际落点方向。将其变换为以武器为原点的地理坐标系指向(β',ε')。

④ 得虚拟射校正量为

$$\begin{cases} \delta\beta = -(\beta' - \beta) \\ \delta\varepsilon = -(\varepsilon' - \varepsilon) \end{cases} \tag{5-1-43}$$

⑤ 多发校射时,对各偏差量加权平均以求取校正量为

$$\begin{cases}\Delta\beta=-\dfrac{1}{N}\sum\limits_{i=1}^{N}(\beta'-\beta) \\ \Delta\varepsilon=-\dfrac{1}{N}\sum\limits_{i=1}^{N}(\varepsilon'-\varepsilon)\end{cases} \quad (5-1-44)$$

2. 闭环校射

闭环火控不是一个新问题，利用目视观察弹着点、弹迹或炸点位置来实现对空中和地面目标射击校正的方法早已被应用。二战后，由于来袭目标速度提高，用人工观察估计的闭环校正方法已不再适用。另外，由于反舰导弹的出现，近程武器系统（Close-in Weapon System，CIWS）的概念在20世纪60年代中期出现，同时提出了闭环校射火控设计思想。

闭环校射作为近程反导舰炮武器系统提出的新课题，是现代舰炮火控区别于传统火控的主要特征之一。无论是在理论研究还是工程实现方面都需要解决诸多的问题。

几十年来，各国海军都致力于发展近程反导舰炮武器系统。先后研制出的密集阵、守门员、达多等火控系统均采用了闭环校射原理。我国许多学者在70年代后对闭环校射原理进行了大量研究，取得了丰硕的研究成果。

(1) 闭环校射原理

在射击过程中，跟踪传感器连续测量弹丸与目标在等距离时的偏差（即脱靶量），火控系统的闭环校射算法对测量的脱靶量数据进行变换、滤波、分离，并预测后继弹丸的脱靶量，进而实时校正射击诸元。如图5-1-4所示，它是一种综合的一揽子校射方案，不是针对某一种射击误差的修正。这些偏差在常规火控系统中往往无法得到实时校正。闭环校射的作用是在不能保证首发命中时，提高后续弹的命中率。

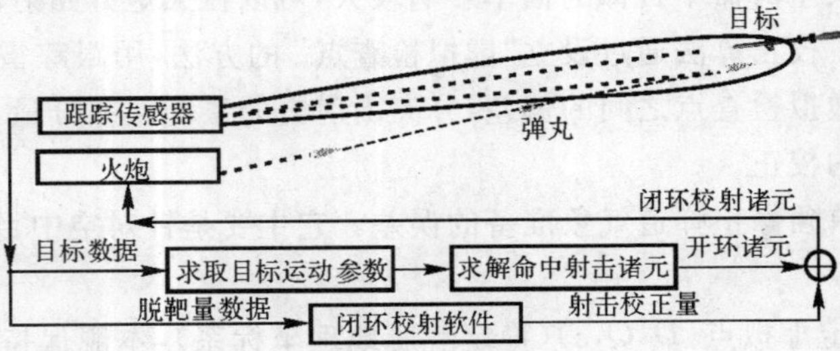

图5-1-4 闭环校射原理框图

实现闭环校射有着理论和工程的难点，除对脱靶量测量硬件要求较高外，还要有一整套校射软件。

本节介绍的闭环校射方法首次提出并成功试用了稳定变换的Q平面旋转公式和脱靶量衰减记忆的最小方差递推滤波，应用了射击偏差的弹道函数预测方法，对系统偏差和强相关误差建模，忽略影响较小的弱相关误差，解决了跟踪传感器不能提供弹序、存在脱靶量漏测的缺陷，克服了同一弹丸测偏与击发之间的时间滞后影响。通过试验，可以获得明显的实时校正效果。

(2) 闭环校射的优缺点

对于闭环校射的态度国内外褒贬不一，西方不少国家和俄罗斯就不赞成使用闭环校射。

他们认为闭环校射正是拿现在测得的一个飞行时间前射击产生的结果来校正下一发要射击的弹丸,是“事后诸葛亮”。

闭环校射在技术上有着难度,它有着自己的适用范围。闭环校射适用于初速大、射速高、弹丸飞行时间短的小口径高炮(近程武器系统),不适于大、中口径舰炮武器系统。

(ⅰ)闭环校射的优点

① 综合实时校正。弹丸的脱靶量是武器系统射击各种误差引起的综合结果,包括计算瞄准点误差(数据源误差、火控解算误差等)、弹道气象准备误差、火炮随动误差和弹丸散布等,如图 5-1-5 所示,在连续射击过程中对脱靶量进行逐发测量,逐发校正。

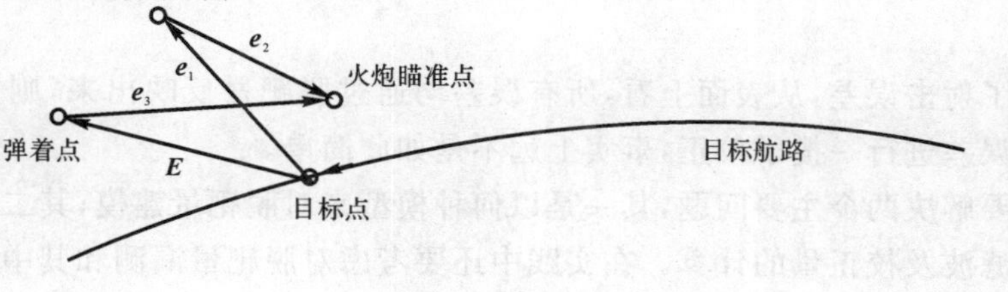

图 5-1-5　射击误差图

② 综合降低全系统偏差,可校正不可预见的,如目标机动造成的超假定误差,提高火控系统的毁伤概率。

(ⅱ)闭环校射的缺点

① 滞后校正。脱靶量在弹丸射击后要经过一个弹丸飞行时间方能得到,因此校正量形成也要滞后一个弹丸飞行时间,即观测和校正之间存在滞后。

② 闭环校正的过程需要的耗弹量大,要求开环射击有一定精度保证。

(3) 脱靶量分析

在介绍如何建立闭环火控数学模型以实现闭环校射之前,分析一下导致脱靶量产生的各个环节的误差。

① 脱靶量的定义与观测。严格地说,脱靶量是指射弹与目标之间的最小距离,但在实际的闭环火控系统中,脱靶量往往是根据脱靶量检测装置及考虑对脱靶量处理方便两方面来另外定义脱靶量。通常有二维脱靶量和三维脱靶量之分。

本节使用的射弹对目标的脱靶量是二维脱靶量,它是在观测平面(也叫等距离散布 Q 平面:过目标 T,垂直于瞄准线的平面)。脱靶量量测坐标系为 dTe,Td 平行于甲板面,如图5-1-6所示。该脱靶量可表示为 Te 轴上的高低脱靶量和 Td 轴上的方位脱靶量,具体定义如下。

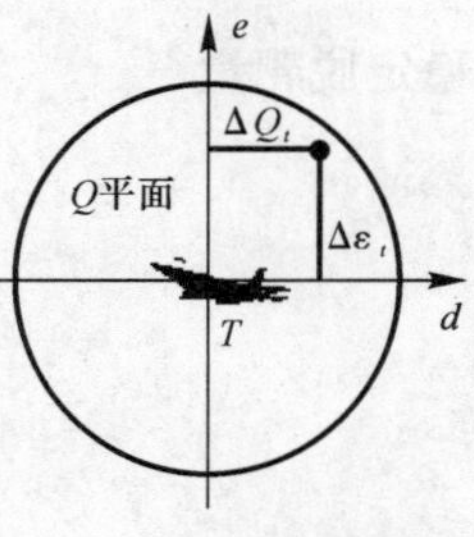

图 5-1-6　Q 平面图

当射弹与目标处在到跟踪器等距离时,相对于瞄准坐标系的偏差定义为等距离脱靶量,记作:

$$\begin{cases}\Delta Q_t = Q_t^B - Q_t & \text{方位脱靶量} \\ \Delta\varepsilon_t = \varepsilon_t^B - \varepsilon_t & \text{高低脱靶量}\end{cases} \qquad (5-1-45)$$

式中,Q_t^B,ε_t^B—— 射弹相对于瞄准系的方位角和高低角;

Q_t,ε_t —— 目标相对于瞄准系的方位角和高低角。

② 导致脱靶量产生的各误差分类。根据舰炮武器系统的工作过程，脱靶量（也叫射击误差）是由火炮瞄准误差和弹丸散布两部分组成，其中瞄准误差包括火控计算机计算瞄准角的误差和舰炮实际指向与计算值之间的误差的合成，如图 5-1-5 所示。图中 $\boldsymbol{e}_1$，$\boldsymbol{e}_2$ 和 $\boldsymbol{e}_3$ 分别表示诸元计算误差、舰炮瞄准误差和弹道误差，它们均为空间向量。而 $\boldsymbol{E}=\boldsymbol{e}_1+\boldsymbol{e}_2+\boldsymbol{e}_3$ 表现为脱靶量。

(4) 闭环校射的工程实现

当系统具备准确测定射弹偏差（即弹丸脱靶量）的功能条件下，射击偏差被在线反馈到火控设备。经过测偏序列坐标变换、模型辨识、参数估计、滤波和预测获得火控输出诸元校正量。在目标观测、目标运动要素计算、瞄准射击、弹着点测定和射击校正各环节之间构成闭环控制过程。

前面分析了射击误差，从表面上看，所有误差均通过脱靶量反映出来，则只需测得脱靶量就可以对所有误差进行一揽子校正，事实上远不是如此简单。

闭环校射要解决两个主要问题，其一是以何种模型来对脱靶量建模；其二是对所建立的脱靶量模型如何滤波及校正量的计算。在实践中还要考虑对脱靶量漏测和其中的测偏弹序不确定性等问题的处理。

（ⅰ）脱靶量坐标变换

跟踪传感器在不稳定平台上，即脱靶量是不稳定坐标。而火控解算在稳定坐标系中进行，校正量也是在稳定坐标系中加入，因此要将脱靶量从不稳定坐标系变换到稳定坐标系。为减少计算量，采用 Q 平面的旋转公式处理脱靶量坐标变换，而不是使用常规的将弹丸和目标都变换到稳定坐标系再求偏差的方法。

为此建立辅助坐标系 dTe：原点为 T，Td 轴为过 T 点的水平面与Q 平面的交线；轴为过瞄准线的铅垂面与Q 平面的交线，如图 5-1-7 所示。

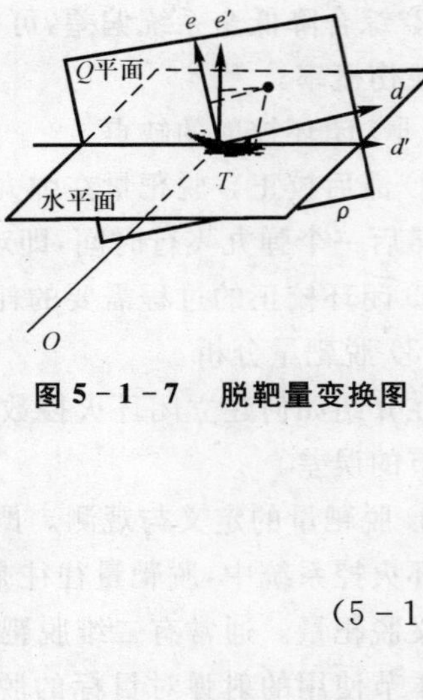

图 5-1-7 脱靶量变换图

于是有

$$\begin{pmatrix}\Delta d\\ \Delta e\end{pmatrix}=\begin{pmatrix}\cos\rho & -\sin\rho\\ \sin\rho & \cos\rho\end{pmatrix}\begin{pmatrix}\Delta Q_t\\ \Delta\varepsilon_t\end{pmatrix} \tag{5-1-46}$$

稳定脱靶量

$$\begin{cases}\Delta B=\dfrac{\Delta d}{\cos\varepsilon}\\ \Delta E=\Delta e\end{cases} \tag{5-1-47}$$

即

$$\begin{pmatrix}\Delta B\\ \Delta E\end{pmatrix}=\begin{pmatrix}1/\cos\varepsilon & 0\\ 0 & 1\end{pmatrix}\begin{pmatrix}\cos\rho & -\sin\rho\\ \sin\rho & \cos\rho\end{pmatrix}\begin{pmatrix}\Delta Q_t\\ \Delta\varepsilon_t\end{pmatrix} \tag{5-1-48}$$

式中，ΔB，ΔE —— 稳定方向角和高低角脱靶量；

ε —— 目标高低角（稳定系）；

ρ —— Q 平面的滚动角。

（ⅱ）开环脱靶量模型

闭环校射的目的是用闭环反馈使火控系统最优,为解决这一问题,必须对它进行建模。由于我们关心的是射击脱靶量的总效果,所以没有必要对引起脱靶量的诸因素进行详尽研究。只要知道脱靶量误差的特性和数学描述就可以了。

火炮射击伴有炮弹的散布,因此击中目标是具有一定概率的随机事件。火炮射击误差整体来说具有随机性,然而根据 Robert J. Corn 在 1974 年关于“闭环火控系统”的专利,射击误差或脱靶量过程具有相当显著的相关随机分量。

以工程实用的观点出发,舰炮射击控制过程的主要误差源有以下几方面:

① 舰炮与跟踪器之间的机械及电气安装误差;

② 风、弹道气象参数偏差引起的弹丸弹道偏差;

③ 仪器偏差和热噪音,如随动系统误差;

④ 目标机动。

这些误差在常规火控系统中无法得到校正。瞄准和射击两个阶段都存在误差,都是产生射弹偏差(即脱靶量)的原因。射弹的随机散布是不可校正误差,这是由于随机散布在任何一次发射前都无法做出预测。

闭环校射是在具备射弹命中点偏差(脱靶距离向量)测定条件下,由火控设备计算机解算消除各种误差源效应所需的射击诸元校正量,对开环火控软件输出的舰炮瞄准角进行校正,实现闭环控制,以使脱靶距离在统计意义下达到最小。

根据脱靶量相关性来分可将其分为系统误差、强相关误差和不相关误差。这里假定弱相关误差已分解为强相关误差和不相关误差。

① 系统误差:如跟踪传感器、火炮等安装误差或其后机械损耗、炮管旋转等因素。

② 强相关误差:主要是由弹道气象修正参数准备误差所导致的,它包括弹丸初速 v_0 的偏差、空气密度的偏差、纵风和横风的偏差,以及某些不可预见的偏差,如目标机动的超假定误差。

③ 不相关误差:随机干扰、弹着散布等。

系统误差是可以完全校正的,强相关误差是大部分可校正的,不相关误差是不可校正的。由于考虑脱靶量校正时不是针对某一种或一类误差,而是针对总的综合误差,在实际建模时也不可能将所有误差因素都予以考虑,因此使用等效原理来统一处理脱靶量数据。由弹道学知识以及大量仿真计算结果表明,可以将引起方位脱靶量的主要因素等效为横风偏差,引起高低脱靶量的主要因素等效为弹丸初速度偏差,实践证明这种等效是可行的。

这样,我们建立的开环脱靶量模型为

$$\begin{cases}\Delta B_i = f_B(\zeta_1, \zeta_2, \boldsymbol{D}_i) + v_{Bi} \\ \Delta E_i = f_E(\eta_1, \eta_2, \boldsymbol{D}_i) + v_{Ei}\end{cases} \tag{5-1-49}$$

式中,　$\boldsymbol{D}_i$—— 目标的位置向量;

ζ_i, η_i—— 待识别系数,$i=1,2$。

$f_B(\zeta_1, \zeta_2, \boldsymbol{D}_i)$ 和 $f_E(\eta_1, \eta_2, \boldsymbol{D}_i)$ 是由大量仿真计算优选拟合得到的。

(ⅲ) 开环脱靶量滤波算法

由于射击开始后的一个弹丸飞行时间内没有脱靶量观测数据,射击结束后脱靶量观测数据对闭环校射无实际用处,因此在射击过程中,总的脱靶量观测数据样本数较小。在这些样本下要迅速达到脱靶量滤波稳定,并要对后续脱靶量数据做出多步预测(预测时间为一个弹丸飞行时间)，其预测步长是时变的，并且其脱靶量观测是不等时间间隔，这给处理带来了很大难度。通过仿真模拟和试验验证比较，选用改进的衰减记忆最小方差递推滤波算法处理脱靶量数据。

衰减记忆(带遗忘因子)的最小方差递推滤波算法如下：

将式(5-1-49)的两式改写成通式：

$$y(i)=f(\theta_1,\theta_2,\boldsymbol{D}_i)+e(i),\quad i=1,2,\cdots,m \tag{5-1-50}$$

以方位为例，有 $y(i)=\Delta B_i,f(\theta_1,\theta_2,\boldsymbol{D}_i)=f_B(\zeta_1,\zeta_2,\boldsymbol{D}_i)$，而 $\theta_j=\zeta_j(j=1,2),e(i)=v_{Bi}$，令 $\lambda(0<\lambda\leqslant 1)$ 表示遗忘因子，则误差准则为

$$J_m=\sum_{i=1}^{m}\lambda^{m-i}e^2(i) \tag{5-1-51}$$

即求使 $\min\limits_{\boldsymbol{\theta}} J_m$ 的 $\boldsymbol{\theta}$ 值，其中 $\boldsymbol{\theta}=(\theta_1,\theta_2)^{\mathrm{T}}$，这样就得出了开环脱靶量的模型参数，该参数用于开环脱靶量预测。经模拟计算有 $\lambda\geqslant 0.95$ 效果较好，$\lambda=1$ 为标准的最小方差递推滤波。

(ⅳ) 脱靶量的预测和校正

① 开环脱靶量求取。如图5-1-8所示，分析一次连射过程。整个射击过程有开环过程，也有闭环过程；测量的脱靶量数据有开环脱靶量，也有闭环脱靶量。

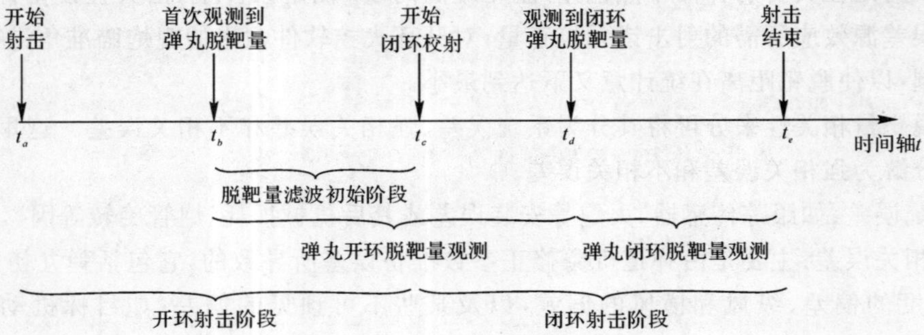

图5-1-8 闭环校射射击过程图

当前跟踪雷达观测到弹丸脱靶量 $x(m)$ 的时刻，是在该弹丸发射后，飞行了一段时间(弹丸飞行时间)之后。测量到的脱靶量可能是开环脱靶量(射击初期没有校正，当 $t_b<t<t_d$ 时)；也可能是闭环脱靶量(当 $t_d<t<t_e$ 时)，设其校正为 $u_0(m)$，表示为

$$x(m)=x_0(m)+u_0(m) \tag{5-1-52}$$

式中，$x_0(m)$—— 开环脱靶量。

若该发弹没有校正过，则认为 $u_0(m)=0$。若跟踪传感器能提供脱靶量对应的发射弹丸序号，$u_0(m)$ 可由火控计算机查询校正量序列得出；否则要对产生该脱靶量的弹丸发射时对应的校正量 $u_0(m)$ 进行估计。

② 开环脱靶量的预测。以方位方向为例，对于当前滤波出来的值 $\hat{\zeta}_1,\hat{\zeta}_2$，要对现在正要发射的射弹校正。设当前射击的未来点为 $\boldsymbol{D}_y$，那么预测该弹丸的开环脱靶量为

$$\hat{X}_{y0}=f_B(\hat{\zeta}_1,\hat{\zeta}_2,\boldsymbol{D}_y) \tag{5-1-53}$$

于是令校正量 $u_y=-\hat{X}_{y0}$，那么其闭环脱靶量将为

$$X_y=X_{y0}+u_y=X_{y0}-\hat{X}_{y0} \tag{5-1-54}$$

③ 校正量估计。假定 t_b 为时间原点，对应的采样时刻 $k_b=0$，此时首次观测到弹丸脱靶量，并开始脱靶量滤波。

t_c 对应的采样时刻为 k_c，为脱靶量滤波稳定时间。从该采样时刻起，可以求出闭环校正量 $u_y(k_c)$，并对射击诸元进行闭环修正。

t_d 对应的采样时刻 k_d，为首次观测到闭环脱靶量的时刻。k_c 时刻发射的弹丸，经过飞行时间 tf_{kc} 后被观测到，故 $t_d = t_c + tf_{kc} = k_c \Delta T + tf_{kc}$。

对当前任一采样时刻 $k \geqslant k_c$ 时，记录闭环校正量 $u_y(k)$，同时估计此时刻发射的弹丸被观测到的时间 $t_k = k\Delta T + tf_k$。从时刻 k_c 到当前时刻 k，按时间 t_k 的递增次序将 $u_y(k)$ 排列存储。于是时刻 t 观测到的脱靶量对应的闭环校正量为

$$u_0(t) = \begin{cases} 0 & \text{当 } t < t_d \\ u_y(i) & \text{当 } t \geqslant t_d \text{ 且 } t_i \leqslant t < t_{i+1} \end{cases} \tag{5-1-55}$$

5.2 舰载导弹发射诸元解算

导弹武器是一种精确制导的武器，它具有动力装置和制导设备，因此，相对舰炮火控解命中而言，有它自身的特点。

5.2.1 舰对空导弹发射诸元解算

舰对空导弹发射后，绝大多数是要由制导控制系统进行引导。因此，从导弹的飞行控制来看，导弹的飞行弹道可划分为发射段和引导段。在发射段，导弹是按火控系统给定的发射条件，以程序控制方式进行飞行，在发射段终点以最大概率落在理想的起控点上，并且导弹的飞行姿态与预定的导引规律相接近。在引导段上，导弹是在制导系统的控制下，按预定的导引规律飞向目标。导弹的制导控制系统是一个比较复杂的系统，它由舰面制导系统和弹上制导控制系统组成。制导体制和导引方法的不同，制导控制系统的组成和制导控制原理也不相同，但对于火控解命中来说，都是要使导弹到达理想的起控点，保证弹上制导装置能可靠地截获目标和使舰面的制导控制装置能截获导弹。

1. 舰对空导弹射击条件的假设

舰对空导弹火控系统在解命中时，总是需要根据系统具体的战术使命任务和导弹的性能特点，对射击条件进行假设，以利于简化火控解算的数学模型。通常情况下，舰对空导弹射击条件的假设，需要考虑下列的因素。

(1) 目标运动规律假设

1) 对投掷炸弹的飞机。

① 在空中作等速直线运动；

② 在空中作等加速直线运动；

③ 在一定高度上作水平盘旋运动；

④ 作俯冲或跃升运动。

2) 对反舰导弹。

① 在掠海高度上作等速直线运动；

② 作俯冲运动。

在一些先进的舰对空导弹火控系统中,可以事先不对目标运动规律做出具体假设,而从实时采集的目标观测数据中自动拟合出最优的符合目标运动规律的数学模型。由于舰对空导弹绝大部分在中、近程范围内作战,快速反应是武器系统特别重要的性能。因此,只要在导弹允许的过载能力条件下,应当尽可能简化目标运动规律的模型。

(2) 导弹运动参数

舰对空导弹运动规律假设,需要考虑两个基本因素:第一是根据导弹实际飞行试验中得到的标准弹道统计数据给出导弹的速度特性;第二是根据导弹的飞行力学性能给定的制导飞行的导引规律。由于舰对空导弹的动力装置几乎全部使用固体火箭发动机,其作战空域面临从接近海面的超低空到 10 km 以上的稀薄大气层的复杂环境,在这个宽广的活动空间内导弹的飞行力学性能有很大差异。因此,实际上使用的导弹飞行弹道,将可能由两种以上不同的导引规律组合而成。例如,当发射时,为防止导弹失控,通常采用目标、导弹和跟踪制导站三者近似成一直线的三点式导引规律;而在导弹接近目标时的末制导阶段,为保证导弹脱靶量小,则采用导弹向目标前置点飞行的比例导引规律。即使当导弹使用同一导引规律时,也可能在不同高度、不同距离上采用不同的导引规律常数。

舰对空导弹的制导体制和导引方法的不同,会对火控的解命中原理和数学模型产生影响。但从分析方法和基本原理来看,舰对空导弹的解命中问题有许多相似之处。这里以目标作等速直线运动、发射舰采用单站跟踪制导雷达进行半主动制导的舰对空导弹火控系统为例,介绍舰对空导弹火控解命中的基本原理。

2. 解命中问题的几何关系

舰对空导弹解命中的几何关系可用图 5-2-1 来描述。

图中 O 为跟踪制导雷达所在位置,C 为发射架所在位置,它们之间距离称为射击基线,记为 l。当目标在 M_0 点时,导弹按火控给定的发射方位瞄准角 β_c、高低瞄准角 ε_c 进行发射,经过某段时间(约为 3 ~ 6 s)后飞行到导弹的起控点 A_t,飞行距离为 S_0(S_0 是发射段长度)。导弹到达 A_t 点时,目标到达 M 点,OA_tM 应该是一条直线,这样才能保证存在有射入误差的情况下,跟踪制导雷达在跟踪目标的同时,仍能以其宽的波束截获导弹,使导弹可靠地起控。

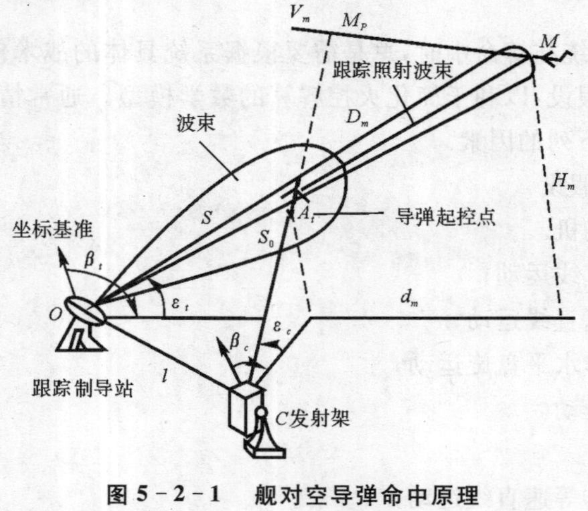

图 5-2-1 舰对空导弹命中原理

导弹在 A_t 点上的姿态角,在理想条件下与发射时的姿态相同。当导弹采用比例导引时,为了使得其顺利、平滑地过渡到引导段的弹道,导弹的速度向量(相当于弹轴指向)应该指向预测的命中点,它与导弹在起控点上观测目标位置的视线 A_tM 是不一致的。因此,在导弹发射时,必须向弹上制导系统提供导引头天线电轴相对于弹体纵轴的初始视线角——方位预定角 β_t 和高低预定角 ε_t,这样才能使得导弹在起控点上能及时、准确、可靠地截获到目标。

综上所述,舰对空导弹解命中时的基本要求有:

① 确定发射瞄准角(β_c,ε_c),使 OA_tM 为一直线;

② 确定初始视线角(β_t,ε_t),使弹上制导雷达电轴指向目标 M 点。

3. 舰对空导弹发射瞄准角的计算

为了计算舰对空导弹发射瞄准角,建立火控坐标系 $OXHZ$。坐标系的原点在跟踪制导雷达所在位置,X 轴与目标进入航路(目标速度点向量在水平面上的投影)相平行,指向相反;H 轴与水平面垂直,指向天顶;Z 轴垂直于 X 轴与 H 轴构成的平面,按右手定则确定其指向。在该坐标系中,若导弹发射时目标位置 M_0 的坐标为(X_0,H_0,Z_0),则目标在起控时刻位置 M 的坐标(X_m,H_m,Z_m)为

$$\begin{cases} X_m = X_0 + V_{mx} t_d \\ H_m = H_0 + V_{mH} t_d \\ Z_m = Z_0 \end{cases} \tag{5-2-1}$$

式中,V_{mx},V_{mH}——目标速度 $\mathbf{V}_m$ 在轴 X,H 上的分量;

t_d——导弹从发射到起控点的飞行时间,是常量。

在起控点,M 点与预测炸点 M_P 的关系如图 5-2-2 所示。炸点 M_P 的坐标(X_p,H_p,Z_p)为

$$\begin{cases} X_p = X_m + V_{mx} t_p \\ H_p = H_m + V_{mH} t_p \\ Z_p = Z_m \end{cases} \tag{5-2-2}$$

式中,t_p——导弹从起控点到预定炸点所需的飞行时间。

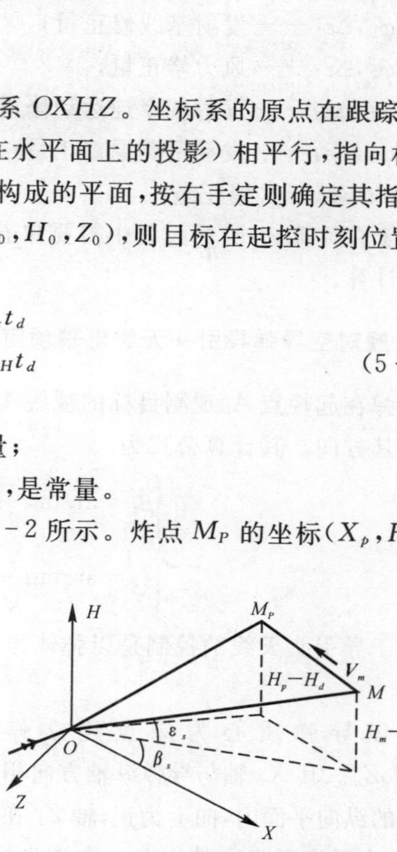

图 5-2-2　预测炸点坐标

由于导弹发射段长度 S_0 是个常量,只要导弹的发射瞄准角 β_c 和 ε_c 已知,导弹的起控点坐标(X_d,H_d,Z_d)就可以得到。那么 t_p 为

$$t_p = \frac{1}{V_d}\sqrt{(X_p - X_d)^2 + (H_p - H_d)^2 + (Z_p - Z_d)^2} \tag{5-2-3}$$

显然,导弹在起控点的姿态角(偏航角 ψ、俯仰角 ϑ)为

$$\psi = \arctan\frac{-Z_p}{X_p} \tag{5-2-4}$$

$$\vartheta = \arctan\frac{H_p}{\sqrt{X_p^2 + Z_p^2}} \tag{5-2-5}$$

当舰对空导弹发射时,除了必须要使导弹的起控点位于斜距视线 OM 附近外,还必须使导弹在起控点上满足上述空间姿态角的要求。另外,导弹从离开发射架飞到起控点的过程中,

导弹将受到重力、风力、发动机推力和发射舰牵连运动的作用。由于发射架与跟踪制导雷达之间的基线距离与导弹射击距离 D 相比，是一个很小的量值，导弹飞行速度要比风力和发射舰的牵连运动速度大许多倍；而导弹发动机的推力则主要受发动机火药温度变化的影响。因此，这些因素对导弹发射段弹道的姿态角的影响，都可以用一阶近似的小修正量来描述。对于重力的作用，由于它不仅与导弹本身的重量有关，而且与导弹俯仰姿态角有关。因此，控制舰对空导弹发射的稳定发射姿态瞄准角(β_c，ε_c）为

$$\begin{cases}\beta_c=\psi+\Delta\varphi_1+\Delta\varphi_2+\Delta\varphi_3+\Delta\varphi_4\\ \varepsilon_c=\vartheta+\Delta\varepsilon_1+\Delta\varepsilon_2+\Delta\varepsilon_3+\Delta\varepsilon_4+\Delta G\cos\varepsilon_c\end{cases}\tag{5-2-6}$$

式中，$\Delta\varphi_1$，$\Delta\varepsilon_1$—— 发射基线修正量；

$\Delta\varphi_2$，$\Delta\varepsilon_2$—— 风力修正量；

$\Delta\varphi_3$，$\Delta\varepsilon_3$—— 发射舰牵连运动修正量；

$\Delta\varphi_4$，$\Delta\varepsilon_4$—— 发动机药温修正量；

$\Delta G\cos\varepsilon_c$—— 修正量。

由于在计算 β_c，ε_c 的过程中需要知道 t_p，而在计算 t_p 时又要知道 β_c，ε_c，因此需要采用迭代法进行计算。

4. 舰对空导弹导引头天线电轴预定角的计算

导弹在起控点 A_t 观测目标的视线 A_tM，在火控坐标系中用视线方位角 β_s 和视线高低角 ε_s 来确定其方向。其计算公式为

$$\begin{cases}\beta_s=\arctan\dfrac{-(Z_m-Z_d)}{X_m-X_d}\\ \varepsilon_s=\arctan\dfrac{H_m-H_d}{\sqrt{(X_m-X_d)^2+(Z_m-Z_d)^2}}\end{cases}\tag{5-2-7}$$

由于导引头天线的控制是以弹体为基准，因此，需要将 β_s 和 ε_s 转换到以弹体为基准的视线角。

现以导弹质心为原点建立弹体坐标系 $O_dX_dH_dZ_d$。其 X_d 轴与导弹纵轴方向相一致；H_d 轴在导弹的纵向平面内，向上为正；轴 Z_d 在弹的侧向平面内，由右手定则确定其方向。在该坐标系中，视线 A_tM 的方向由 β_t，ε_t 所确定，如图 5-2-3 所示。由于 β_t，ε_t 是以弹体为基准，可直接用于控制导引头天线的指向，因此称它们为天线电轴的方位预定角和高低预定角。

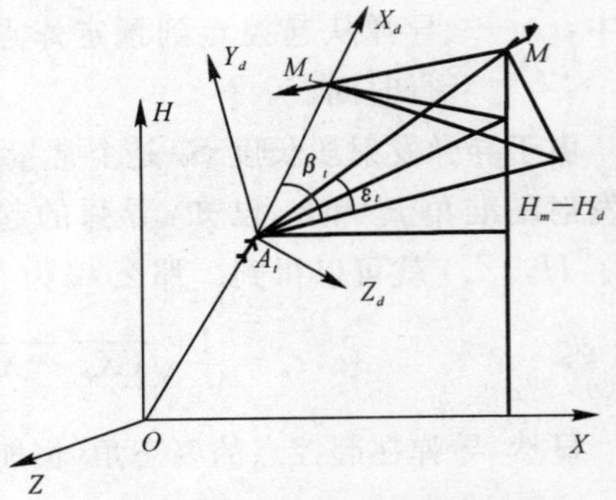

图 5-2-3 导引头天线预定角

弹体坐标系与火控坐标系之间的空间几何关系可用弹体方位角 ψ、高低角 ϑ 和滚动角 γ 来描述。弹体坐标系可以看做由火控坐标系，依次绕 H 轴旋转 ψ 角、绕 Z 轴旋转 ϑ 角、绕 X 轴旋转 γ 角后得到的。若规定 ψ 和 γ 面向旋转轴顺时针旋转为正，ϑ 面向旋转轴逆时针旋转为正，则火控坐标系与弹体坐标系之间可通过方向余弦矩阵进行坐标变换。变换公式为

$$\begin{bmatrix} X_d \\ H_d \\ Z_d \end{bmatrix} = \boldsymbol{A} \begin{bmatrix} X \\ H \\ Z \end{bmatrix} \tag{5-2-8}$$

式中方向余弦矩阵为

$$\boldsymbol{A} = \begin{bmatrix} \cos\vartheta\cos\psi & \sin\vartheta & \cos\vartheta\sin\psi \\ -\cos\gamma\sin\vartheta\cos\psi + \sin\gamma\sin\psi & \cos\gamma\cos\vartheta & -\cos\gamma\sin\vartheta - \sin\gamma\cos\psi \\ -\sin\gamma\sin\vartheta\cos\psi - \cos\gamma\sin\psi & \sin\gamma\cos\vartheta & -\sin\gamma\sin\vartheta\sin\psi + \cos\gamma\cos\psi \end{bmatrix}$$

为了求取方位和高低预定角 β_t, ε_t，可在视线 A_tM 上取一单位矢量 $\boldsymbol{I}$，它在火控坐标系中各轴上的坐标为

$$\begin{cases} X = \cos\varepsilon_s\cos\beta_s \\ H = \sin\varepsilon_s \\ Z = -\cos\varepsilon_s\sin\beta_s \end{cases} \tag{5-2-9}$$

由式(5-2-9)进行坐标变换，可得到弹体坐标系中的三个坐标为

$$\begin{cases} X_d = \cos\vartheta\cos\psi\cos\varepsilon_s\cos\beta_s + \sin\vartheta\sin\varepsilon_s - \cos\vartheta\sin\psi\cos\varepsilon_s\sin\beta_s \\ H_d = (\sin\gamma\sin\psi - \cos\gamma\sin\vartheta\cos\psi)\cos\varepsilon_s\cos\beta_s + \cos\gamma\cos\vartheta\sin\varepsilon_s + \\ \qquad (\cos\gamma\sin\vartheta\sin\psi + \sin\gamma\cos\psi)\cos\varepsilon_s\sin\beta_s \\ Z_d = -(\sin\gamma\sin\vartheta\cos\psi + \cos\gamma\sin\psi)\cos\varepsilon_s\cos\beta_s + \sin\gamma\cos\vartheta\sin\varepsilon_s + \\ \qquad (\sin\gamma\sin\vartheta\sin\psi - \cos\gamma\cos\psi)\cos\varepsilon_s\sin\beta_s \end{cases} \tag{5-2-10}$$

由此可得导引头天线预定角的有关公式为

$$\begin{cases} \varepsilon_t = \arcsin H_d \\ \beta_t = \arctan \dfrac{-Z_d}{X_d} \end{cases} \tag{5-2-11}$$

5. 其他参数

对于某个具体的舰对空导弹的火控系统，解命中时除需要考虑和解决上述的基本问题外，还需要考虑和解决一些其他的相关问题，计算出相应的控制参数。

(1) 导引头速度门(目标径向速度) 多普勒预定信号

舰对空导弹的作战环境，一般均面向多目标或集群目标的威胁，为保证舰对空导弹能有选择地拦截威胁等级较高的指定目标，导弹的导引头天线电轴除按照预定角(β_t, ε_t) 方向搜索外，在径向上还必须利用指定目标的运动特征信号加以识别。舰对空导弹是半主动制导的导引头，由于目标相对于导弹在起控点上的径向速度使制导无线电波的返回频率发生变化，形成多普勒频率，在导引头接收电路中设置有一个与上述多普勒频率相对应的速度门，只要导引头实际接收到目标反射波信号中解调出的多普勒频率落在预定的速度门范围内，即可认为导弹已搜索发现所指定的攻击目标。在导弹起控点上，目标相对导弹的径向速度 V_{mx} 即 $\dot{D}_m$ 与多普勒频率 f_d 及制导波工作波长的关系为

$$f_d = \frac{2V_{mx}}{1\,000\lambda}\ \text{kHz} \tag{5-2-12}$$

式中，λ 的单位为 m。这里目标径向速度 V_{mx} 可根据目标现在坐标上的速度向量预测得到。

(2) 导弹初始航向误差修正信号

为保证快速反应，舰对空导弹一般采用向目标提前位置概略瞄准发射。采用概略瞄准，自然会使导弹在发射时实际的初始航向，与火控系统计算出的理想的初始航向之间存在误差。虽然导弹具有自动引导能力，一般情况下导弹会在截获目标后自动消除初始航向误差的影响。但当射程较近时（在射击位于近界附近的目标时），导弹发射时初始航向误差的存在，会使导引精度下降，使导弹与目标交会脱靶量增大，影响导弹命中目标。为此，导弹火控计算机应计算出导弹的初始航向误差信号，并将这个信号送入导弹的航向控制回路，控制导弹的方向舵与俯仰舵预定一个修正舵角，以便导弹在发射离轨后，自动沿理想的准确的航向飞行。

(3) 导弹初始倾斜稳定修正信号

为便于对导弹的制导，舰对空导弹一般采用双平面（垂直面、水平面）控制。为保证弹道控制的准确性，通常不允许导弹在倾斜状态下发射。但是，舰对空导弹装备在舰艇上，如果一定要保证导弹只有在不倾斜的条件下才能发射，那将使舰对空导弹的发射机会大大减少。为使舰对空导弹在倾斜状态下仍能实现发射，导弹火控系统必须实时计算出导弹发射的初始倾斜稳定修正信号，并将这个信号送入导弹的保持倾斜稳定的控制回路，使导弹副翼舵面预置一个修正初始倾斜所需的舵角，以便导弹在发射离轨后在预置修正舵角的操纵下，使弹体自动恢复到倾斜状态角等于零的正确飞行状态。

导弹初始倾斜稳定修正信号，是依靠测定导弹（舰体）瞬时倾斜角，并根据导弹副翼舵机在发射段上的操纵性而计算出来的。

(4) 导弹制导控制坐标的扭转角信号

对目标与导弹的跟踪引导，是由舰面设备提供制导信息，由弹上制导控制系统来完成修正导弹的飞行弹道任务。舰面制导设备在执行跟踪引导时，是按舰面射击坐标系作为参考基准的；而导弹执行控制修正飞行弹道时，是按弹体坐标系作为参考基准的。这两个坐标系在执行导弹制导任务时必须协调一致，才能保证对导弹实现精密制导。

当导弹在发射后攻击空中目标时，由于目标与导弹的运动，舰面跟踪制导站的射击坐标系与弹上的制导控制坐标系之间将发生相对扭转运动，这种坐标扭转会使两个坐标系的基准方向不一致，从而使制导控制产生附加的控制误差。

对具有倾斜稳定控制回路的导弹飞行控制系统而言，坐标扭转主要影响导弹的倾斜稳定。因为方位与俯仰方向上的影响，原则上会被相应的航向与俯仰制导控制系统自动检测与补偿修正。但是，如果由于坐标扭转使弹体坐标相对于舰面制导站射击坐标系发生倾斜，将使导弹的航向与俯仰制导信号发生畸变，而影响正常的制导动作。因此，为保证对导弹的精密制导，就必须向导弹提供制导控制坐标的扭转角信号。

$$\tau = \int_0^t \frac{\mathrm{d}\beta_m}{\mathrm{d}t} \sin\varepsilon_m \mathrm{d}t \qquad (5-2-13)$$

式中，β_m，ε_m——分别为目标方位角和高低角。

(5) 导弹制导控制系统的参数校正指令信号

舰对空导弹的飞行弹道是一条可控弹道。在理想弹道上飞行的导弹，弹上控制系统在导引头控制下按尽可能减小脱靶量的要求自动控制导弹的各个操纵面（方向舵、升降舵、副翼），依靠空气动力的作用修正飞行的弹道。由于导弹飞行的自动控制过程离不开导弹、目标与舰面制导站之间的空间视线几何关系和大气高密度等参数的影响，随着导弹飞行距离相对目标由远到近，要求导弹对弹道的控制修正的反应能力应愈来愈强；导弹向目标接近，其飞行高度也随之变化,促使导弹在不同高度上由于大气参数的不同,而引起飞行力学性能的显著改变。为了保证导弹在飞行弹道上始终具有良好的反应能力,使导弹在自动寻的制导飞行过程中,保持比较理想的操纵品质,火控系统应实时估计导弹发射后的飞行高度变化,向弹上控制系统提供不同的制导飞行规律及其选用的控制能力,确保导弹能精确命中目标。

(6) 导弹允许发射的瞄准误差

为保证舰对空导弹的快速反应,导弹采用概略瞄准方式发射。为补偿修正由于概略瞄准带来的射击误差,舰对空导弹火控系统需要计算导弹初始航向误差和初始倾斜误差。但是,考虑到实际的上述修正误差的执行过程是一个随机动态过程,修正误差不仅需要一定的时间,而且修正动作总会存在一定的残留误差。显然,只有这种瞄准误差不超过某一限度,导弹在发射后才能以满意的概率截获目标。为便于舰对空导弹的发射瞄准控制,导弹火控系统计算机应当根据导弹发射瞄准的实际条件,预测出一个允许发射的瞄准误差的边界条件,以便与实际残留的瞄准误差作比较,只要瞄准操作残留的实际误差不超出允许发射的瞄准误差的边界条件,即可控制导弹发射。

导弹允许发射瞄准误差的边界条件,可以通过电子视频显示器显示。最方便的一种形式,就是根据上述边界条件的特征参数,用一组电子标志线显示,形成一个电子瞄准光栅。导弹发控操作手,即可利用这个电子瞄准光栅,作为发射瞄准的参考基准,控制导弹瞄准发射。

(7) 导弹允许发射的包络(允许发射区域)

当舰对空导弹发射时,必须事先估计到发射出去的导弹要能在导弹武器战术技术性能所许可的条件下命中杀伤目标。导弹命中杀伤目标的空间分布范围,可以用舰对空导弹的杀伤区来描述。

舰对空导弹杀伤区是指:舰对空导弹的有效射击距离、射击方位和射击高度所确定的一个空间范围。在杀伤区内,导弹武器系统在技术上可以保证对位于杀伤区内的指定目标,以不低于规定的命中概率杀伤目标。

舰对空导弹的杀伤区如图 5-2-4 所示。

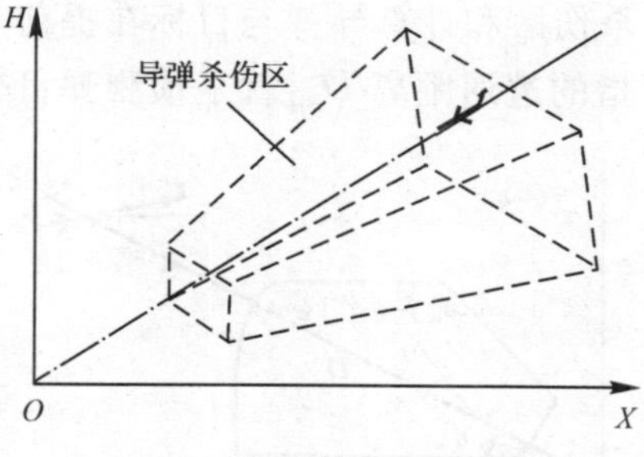

图 5-2-4　舰对空导弹的杀伤区

图中导弹杀伤区的近界,主要决定于导弹发射的长度(起控点斜距);杀伤区的远界,主要决定于导弹的最大射程;杀伤区的低界和高界,主要决定于导弹允许的飞行高度。对导弹杀伤区边界参数有影响的还有舰面制导站的允许工作范围。另外,舰面跟踪制导雷达天线视界会使制导跟踪出现盲区;发射装置发射瞄准角的有效射界会使导弹实际发射方向受到一定的限制。综合这些因素,即可定出舰对空导弹的杀伤区。

舰对空导弹的允许发射包络(允许发射区),是与导弹杀伤区类似的一种空间图形。它所代表的意义是位于允许发射区范围内的目标，导弹发射后均可以在杀伤区以不低于规定的命中概率将目标命中杀伤；而位于导弹允许发射区外的目标，导弹将不能以规定的命中概率杀伤目标。因此，目标进入导弹允许发射区，是控制导弹发射的必要条件。

舰对空导弹允许发射区，也可以用垂直面内的发射区和水平面内的发射区来描述。图5-2-5所示为舰对空导弹在垂直面内的杀伤区和允许发射区的示意图。

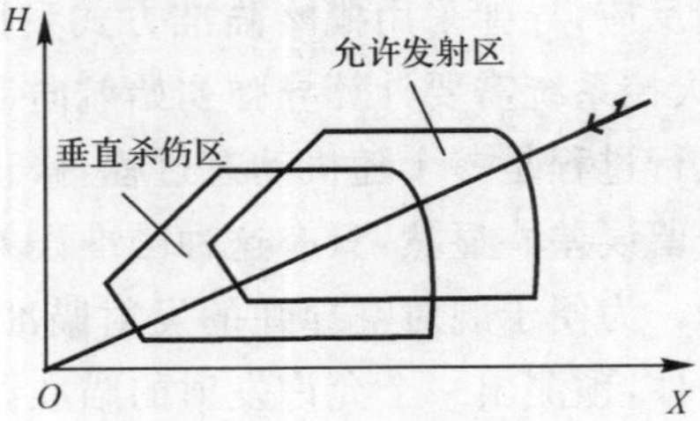

图 5-2-5 舰对空导弹在垂直面的允许发射区和杀伤区

舰对空导弹的允许发射区的形状，除决定于导弹的杀伤区外，还与目标的战术技术性能有关。由于防空作战要求快速反应，因此，在战时舰对空导弹火控系统结合目标特性，计算出导弹允许发射区的特征参数(边界条件)，是极为重要的一项内容。

判断目标在射击平面内是否进入发射区的最简便的方法，就是预测导弹发射点与目标命中点之间的斜距，是否等于或小于导弹杀伤区远界的杀伤斜距，和大于导弹杀伤区近界的杀伤斜距。因为，如果预测的命中斜距大于杀伤区远界斜距，导弹的射程将够不上目标命中点；如果预测的命中斜距小于杀伤区近界斜距，导弹将来不及射入起控点。在这两种情况下，导弹均不可能命中目标。为便于作战指挥，上述预测导弹命中斜距的方法，可以采用反推目标相对于发射点的现在实际斜距的方法来描述。也就是将预测的导弹杀伤区远、近界杀伤斜距，按实时的目标和导弹的机动性能反推计算出目标到达发射区的远、近界上的斜距。只要目标的实时斜距位于导弹允许发射区的远界和近界之间，即可控制舰对空导弹发射。

如图5-2-6所示为利用杀伤区和计算导弹与目标在提前点交会时的遭遇距离来确定允许发射区的一种方法。这时所指的遭遇距离 D_z，就是预测弹目交会点至发射舰的斜距。

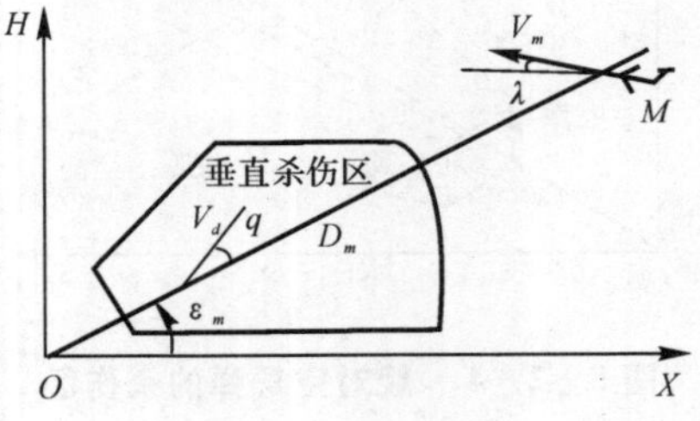

图 5-2-6 计算允许杀伤区的方法

遭遇距离 D_z，可以按导弹平均飞行速度 V_d 和导弹从发射至运动到弹目交会点的飞行时间 t_f 来估计，即

$$D_z = V_d t_f \tag{5-2-14}$$

导弹飞行时间 t_f，决定于目标实时斜距和目标与导弹之间的相对运动，即

$$t_f=\frac{D_m}{V_m\cos(\varepsilon_m-\lambda)+V_d\cos q} \tag{5-2-15}$$

式中，D_m —— 目标斜距；

ε_m —— 目标高低角；

λ —— 目标俯冲角(向下为正)；

V_d —— 导弹平均速度；

q —— 导弹速度向量对目标的视线高低角。

将式(5-2-15)代入式(5-2-14)可得预测的遭遇距离

$$D_z=\frac{D_m V_d}{V_m\cos(\varepsilon_m-\lambda)+V_d\cos q} \tag{5-2-16}$$

当预测的遭遇距离不大于导弹杀伤区远界时，即可控制舰对空导弹发射。

(8) 导弹制导飞行时间

从导弹发射起飞到命中目标，导弹始终处于制导飞行状态，一旦舰面跟踪制导雷达和火控计算机对导弹中止制导，导弹就将失控脱靶。因此，舰面跟踪制导雷达和火控计算机，在没有完成导弹制导飞行命中目标之前，是不允许中止引导或转移火力跟踪射击其他目标。为掌握舰对空导弹武器系统舰面跟踪制导雷达和火控系统的战斗工作时间，和估计舰对空导弹武器转移火力的时机，火控计算机需要对导弹制导飞行时间进行实时计算，提供给射击和跟踪制导系统的各操作手，以保证隐蔽有效地使用跟踪制导雷达。

导弹制导飞行时间决定于导弹的弹道射程。如果用杀伤斜距来估计，则导弹制导飞行时间所对应的命中斜距，一定在杀伤区远界和近界之间。

(9) 目标穿越允许发射区时间

舰对空导弹的发射时机，在导弹武器系统战斗准备就绪的前提下，主要决定于目标是否已进入发射区。由于导弹制导系统存在各种误差，因此，导弹的单发命中概率均不可能是百分之百的。为确保战斗中可靠地将空中目标击落，舰对空导弹在射击时通常都采用一次齐射两发以上的导弹来对付一个空中目标。导弹的齐射或连射需要花费一定的时间，在齐射或连射时间内目标将飞行相当可观的距离。假如相邻两发导弹的发射间隔时间需要 3s，以一倍音速飞行的目标将在发射区内飞越约 1 km 路程。如果采用重复装填进行连射，则所需发射间隔时间更长，目标在发射区内飞行的路程将更长，甚至可能穿越允许发射区。预测目标穿越导弹允许发射区时间，将给指挥员选择射击方式，决定对同一目标可能发射导弹的数量提供可靠的依据。

(10) 舰对空跟踪制导雷达外推跟踪信号

舰对空导弹，除采用主动式或被动式自动寻的方式制导(这类导弹具有发射后不管的使用特点)外，其他方式制导的舰对空导弹，它们在发射离舰以后，舰面跟踪制导雷达(或光电跟踪系统)均必须在导弹制导飞行时间内始终对目标和导弹保持跟踪制导状态。鉴于现代舰对空导弹武器作战环境的复杂性，导弹在发射制导飞行过程中，将面临敌方严重的电子对抗环境，导弹和舰面跟踪制导雷达有可能因干扰或战斗操作等意外事故而丢失已经跟踪到的目标。为确保在任何情况下不使发射出的导弹失控，维持舰面跟踪制导雷达对目标和导弹的精确跟踪能力，舰面跟踪制导雷达在向火控系统计算机提供目标和导弹信息的同时，还接收由火控计算机外推的目标和导弹的预测位置信息，这个反馈的外推信息将作为舰面跟踪制导雷达的备用控制信号。一旦舰面跟踪制导雷达不能对目标和导弹进行跟踪制导，舰面跟踪制导雷达就转入记忆跟踪制导状态，利用由导弹火控计算机外推的信号控制跟踪目标和导弹，引导导弹沿丢失目标前的弹道继续飞行，向目标接近。当在记忆跟踪制导过程中重新搜索跟踪到目标时，舰面跟踪制导雷达恢复原有的战斗工作状态，保证对导弹的精密制导。

当分析舰对空导弹射击原理时，和其他舰载火控系统一样，必然会遇到大量的坐标转换问题。对舰对空导弹火控系统而言，除与舰体观测、计算和发射瞄准等有关的稳定与摇摆的坐标系之外，还会遇到与导弹制导飞行控制有关的弹体、弹道空间坐标系与舰面火控系统所用的坐标系之间的转换运算。

为便于舰对空导弹武器系统的作战指挥，舰对空导弹火控系统计算机，还应能提供协调导弹和防空舰炮火力、防止误伤空中友邻目标的射击禁区以及确保本舰安全等其他辅助作战功能所需的控制信号。

最后必须指出，由于舰对空导弹可能采用不同的制导技术，它们的发射控制所需的战术数据可能有很大差别，其中特别是用于末端点防御系统的低空近程舰对空导弹，最重要的是快速反应。为此，这类舰对空导弹有许多是采用概略瞄准发射、遥控指令方式制导的。导弹射击精度并不要求由发射瞄准参数保证，而主要决定于导弹在引导段上的精度。此时，要求遥控指令信号的计算特别精确。

5.2.2 舰对舰导弹发射诸元解算

在现代海战中，舰对舰导弹已成为水面舰艇的主要攻击武器。目前所使用的舰对舰导弹大多采用发射后不管（自控 + 主动末制导）的方式。舰对舰导弹解命中的目的是寻找一条控制导弹命中目标的理想飞行弹道。所谓理想的飞行弹道，是使导弹在发射后沿着这条弹道飞行时，能以最大的命中概率命中预定的目标。由于导弹具有主动末制导能力，因此，当解算导弹发射瞄准诸元时，主要考虑要保证导弹在完成自控飞行后，弹上末制导系统能搜索发现（截获）目标。

1. 末制导系统的搜索扇面

舰对舰导弹末制导系统截获目标的搜索扇面如图 5-2-7 所示。图中的 α 为搜索扇面角（10° ～ 45°）；r_{zd} 为预定作用距离；l 为距离选择波门宽度。

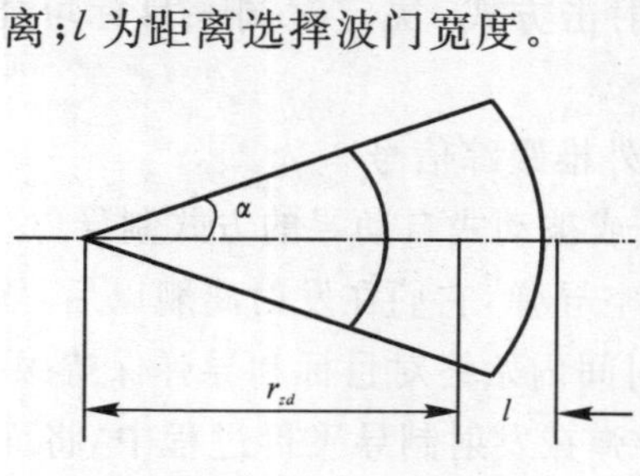

图 5-2-7 搜索扇面

由图 5-2-7 可见，为保证导弹的末制导系统从方向和距离上发现和识别目标，搜索扇面以搜索轴为基础，向左右各扫掠一个扇面角；在搜索扇面的扫描距离上设置一个距离扫描范围

(即距离选择波门宽度)。显然,只有当导弹末制导系统的搜索扇面套住目标时才有可能使导弹末制导系统发现和识别目标,而且目标的位置越靠近搜索区域的中心,被发现的概率就越大。因此,理想的搜索态势应当使目标正好落在末制导系统的搜索区域中心,即目标应当位于搜索扇面的轴线上,离导弹的距离正好等于预定作用距离(r_{zd})。

2. 解命中原理

对于发射后不管的舰对舰导弹来说,为了分析和计算的方便,解命中通常需要根据导弹射击和飞行的实际情况,作如下的假设。

(1) 目标运动规律

① 在导弹自控飞行时间内,目标作等速直线运动,其运动参数与导弹发射前的预测值相同。

② 对运动速度很小的目标(包括固定目标)可以认为目标运动速度等于零。

(2) 导弹运动参数

① 当导弹发射起飞时,先按标准弹道作等加速飞行,加速段(时间与距离)是一个常值,然后作等速直线水平飞行,其巡航速度等于导弹发射前预定的最大水平飞行速度。

② 导弹自控段上的飞行方向等于导弹发射前预定的自控飞行方向。

③ 导弹的飞行高度由弹上控制系统独立控制,并在发射前预定。巡航高度与导弹射程相比,数值很小,在求解射击命中问题时,可以忽略高度的影响,即认为导弹和目标都在同一水平面内运动。

(3) 发射环境条件

① 导弹发射、飞行过程中,不受任何人为的干扰影响。

② 导弹在自控飞行区域中,大气温度、密度、风向、风速不变,其值与导弹发射前相同。

③ 导弹在自控飞行过程中,在风力作用下产生水平漂移(侧向位移),垂直风力影响由导弹高度控制系统消除。

在上述假设条件下,根据舰对舰导弹末制导系统搜索扇面发现(截获)目标概率最大的原则,可以画出如图 5-2-8 所示的导弹射击命中原理图。

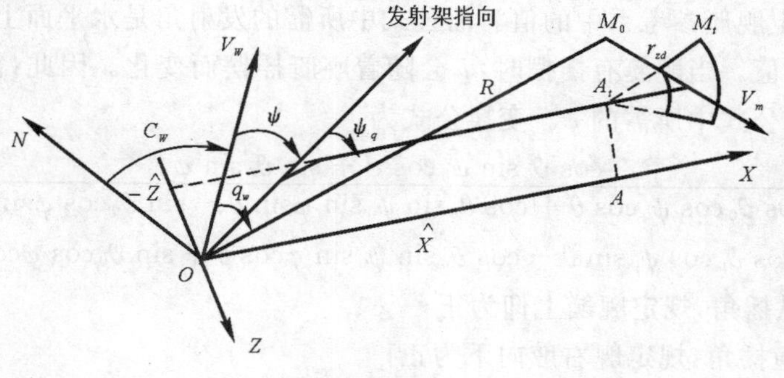

图 5-2-8　舰对舰导弹射击命中原理图

图中本舰以航速 V_w、航向 C_w 运动,目标以航速 V_m 运动。导弹发射瞬间位于 O 点,目标位于 M_0 点,OM_0 为目标现在距离,记为 R,本舰舷角为 q_w。导弹发射架为固定式,其指向在水平面上投影与本舰航向间夹角(称为水平面上发射角)为 ψ,与导弹射击方向的夹角(称为前置航向角）为 ψ_q。导弹发射后先沿发射架方向飞行一小段距离后，助推器脱落，然后按前置航向角拐弯，最后按射击方向飞行，直到自控飞行段结束，到达 A_t 点，此时目标运动到 M_t。因此，A_tM_t 应为自导作用距离 r_{zd}。导弹在自控段的飞行弹道是环境温度 τ、风速 W、风向 λ、导弹速度 V_d、自控飞行时间 t_{zk}、前置航向角 ψ_q、水平面上发射角 ψ 和本舰航向 C_w 的函数。它通常分解为射击方向和侧向二个分量，记为 $\hat{X}$ 和 $\hat{Z}$，由对导弹的弹道试验数据进行回归分析后得到的公式进行计算。

根据射击命中原理图可以得出如下向量关系式：

$$\overrightarrow{OM_0}+\overrightarrow{M_0M_t}=\overrightarrow{OA}+\overrightarrow{AA_t}+\overrightarrow{A_tM_t} \tag{5-2-17}$$

现以发射瞬间导弹所在位置为坐标原点 O，以导弹完成转向后保持直航飞行的射击方向为轴 X，与轴 X 相垂直并指向右方为轴 Z，在该坐标系中向量关系式(5-2-17)进行投影后得到射击方程：

$$\begin{cases}R\cos\ (\psi_q+\psi-q_w)+KV_mt_{zk}\cos\ (C_m-C_w-\psi_q-\psi)=\hat{X}+r_{zd}\\ R\sin\ (\psi_q+\psi-q_w)+KV_mt_{zk}\sin\ (C_m-C_w-\psi_q-\psi)=-\hat{Z}\end{cases} \tag{5-2-18}$$

式中，K—— 目标机动修正系数，它反映了目标机动而导致在原航向上目标速度的下降，取值在 0.6 ～ 1 之间，由人工选定；

t_{zk}—— 自控飞行时间，为导弹发射后，由 O 点起经自控转向后保持直航飞行到 A_t 点的飞行时间；

$\hat{X}$—— 导弹弹道的纵向分量，它是导弹自控段飞行弹道在轴 X 上的分量；

$\hat{Z}$—— 导弹弹道的侧向(横向)分量，它是导弹自控段飞行弹道在轴 Z 上的分量。

$\hat{X}$，$\hat{Z}$ 由对导弹弹道试验数据进行回归计算后得到的解析式进行计算，记为

$$\begin{cases}\hat{X}=f_x(\tau,w,\lambda,V_d,t_{zk},\psi_q,\psi,C_w)\\ \hat{Z}=f_z(\tau,w,\lambda,V_d,t_{zk},\psi_q,\psi,C_w)\end{cases} \tag{5-2-19}$$

由式(5-2-18)和式(5-2-19)进行迭代计算能求出导弹的自控飞行时间 t_{zk} 和前置航向角 ψ_q。

这里需注意的是：发射架安装在舰艇甲板面上，能直接得到的是固定发射角 ψ_0 和固定仰角 ϑ_0。它们分别为发射架指向在甲板面上投影与舰艏艉线间夹角和发射架导轨与甲板面间的夹角，是在不稳定舰艇参考系中的值。而公式中所需的发射角是水平面上的发射角 ψ，是稳定舰艇参考系中的值。当舰艇有摇摆时，ψ 会随着舰艇摇摆而变化。因此，需要将 ψ_0，ϑ_0 通过坐标变换获取计算公式中所需的 ψ。变换公式为

$$\begin{cases}\psi=\arctan\dfrac{\cos\vartheta_0\sin\psi_0\cos\varphi+\sin\vartheta_0\sin\varphi}{\cos\vartheta_0\cos\psi_0\cos\theta+\cos\theta_0\sin\psi_0\sin\varphi\sin\theta-\sin\vartheta_0\cos\varphi\sin\theta}\\ \vartheta=\arcsin\ (\cos\vartheta_0\cos\psi_0\sin\theta-\cos\vartheta_0\sin\psi_0\sin\varphi\cos\theta+\sin\vartheta_0\cos\varphi\cos\theta)\end{cases} \tag{5-2-20}$$

式中，θ—— 舰艇纵摇角，规定舰艏上仰为正；

φ—— 舰艇横摇角，规定舰右舷向下为正；

ϑ—— 导轨俯仰角，发射架导轨与水平面间夹角，规定水平面以上为正。

3. 导弹的装定诸元

对于发射架固定的导弹来说，导弹的飞行方向和自控段飞行距离的控制，主要依靠向弹上装定相应的诸元。它们分别是前置航向角、导弹俯仰角、导弹的倾斜角和自控飞行时间。上述

各诸元中,除了自控飞行时间外,其他的诸元都关系到导弹的飞行方向。由于导弹的飞行方向受到导弹发射时的初始姿态的影响,而导弹的初始姿态受到舰艇的摇摆影响,因此当确定导弹的装定诸元时,需要考虑舰艇的摇摆影响。根据舰艇的纵摇角 θ 和横摇角 φ,经坐标变换可得到以下一些计算公式:

$$\sin\gamma = \frac{1}{\cos\vartheta_0}(\sin\theta\sin\psi\cos\varphi + \sin\varphi\cos\psi) \tag{5-2-21}$$

$$\Delta\psi = \gamma(\sin\vartheta - K_1\cos\vartheta\cos\psi_q) \tag{5-2-22}$$

$$\psi_{q\Sigma} = -(\psi_q + \Delta\psi) \tag{5-2-23}$$

$$\tan\vartheta_T = \frac{1}{\cos\vartheta}(\cos\psi_q\sin\vartheta - \sin\psi_q\tan\gamma) \tag{5-2-24}$$

$$\tan\gamma_T = -\sin\psi_q\tan\vartheta - \cos\psi_q\tan\gamma/\cos\vartheta \tag{5-2-25}$$

式中, K_1 —— 常数;

γ —— 摇摆中导弹倾斜角;

$\Delta\psi$ —— 前置航向角摇摆修正量;

$\psi_{q\Sigma}$ —— 摇摆修正后的前置航向角;

ϑ_T —— 考虑支架误差后送到弹上的 ϑ 角;

γ_T —— 考虑支架误差后送到弹上的 γ 角。

通过上述各式计算,就能得到弹上的装定诸元。

4. 安全问题相关计算

舰艇导弹火控除了要解决命中目标这一主要任务外,还有一些涉及安全的问题需要进行一些相关的计算。它们主要有以下几个方面。

(1) 确定安全飞行距离

舰对舰导弹是种杀伤力很大的武器。为保证它在战斗发射时发射舰艇和导弹的安全,防止由于导弹发射时的强力冲击振动、起飞后的加速、助推器分离、降高机动以及末制导起控等其他扰动而触发引信误动作引爆战斗部,在发射时必须向弹上战斗部引信系统装定安全飞行距离(解除引信保险的时间),使得战斗部引信系统在安全飞行距离范围内处于保险状态。在考虑上述发射安全的同时,还应考虑当导弹在命中目标之前,其战斗部引信系统必须处于解除保险等待引爆状态。由于舰对舰导弹战斗部一般采用直接命中式弹头或兼用过靶近炸式引爆系统,因此,控制导弹战斗部引信系统的安全飞行距离,可以近似用相应的解除引信保险时间 t_n 来表示,即

$$t_n = f_3(d, r_{zd}, V_d, d_b) \tag{5-2-26}$$

式中, d —— 发射距离;

V_d —— 导弹的飞行速度;

d_b —— 保证发射舰安全所需的导弹溅落爆炸距离。

(2) 确定发射禁区和危险区

舰对舰导弹虽然是一种精密制导武器,但由于技术的原因,其末制导系统对目标的识别攻击能力存在很大的局限性。这不仅表现在它极易遭受电子干扰,而且,也表现在它对敌我真假属性缺乏可靠的识别能力。因此,导弹对分布在它末制导系统搜索扇面内的目标,均有可能被

自导跟踪乃至命中杀伤。为保证在战斗中己方友邻舰船不被误伤，在舰对舰导弹发射时，应当控制在发射方向上的一定距离范围内没有己方友邻舰船存在，即己方友邻舰船不得进入导弹的发射禁区。

图 5-2-9 所示为舰对舰导弹的发射禁区的示意图。

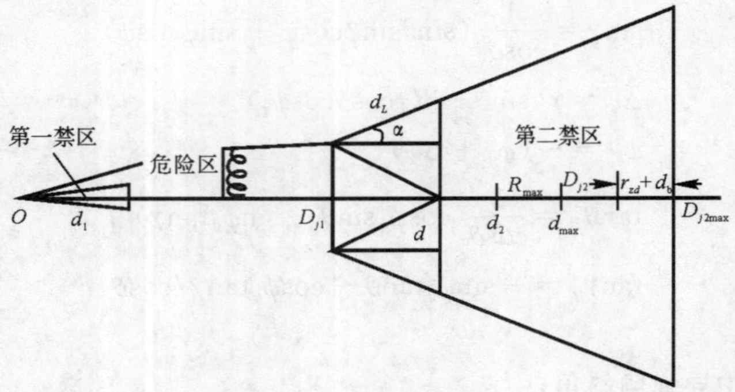

图 5-2-9 导弹发射禁区

由图可见，舰对舰导弹发射禁区有两个区域：

第一禁区实际上是助推器的坠落区，这是由于助推器残骸坠落时具有一定的杀伤作用；

第二禁区是导弹末制导起控点至导弹溅落点之间的区域。

第二禁区的范围可以用相应图形的几何参数来描述，最简便的方式就是用第二禁区上能代表一定风险概率的几个特征点来表示。特征点包括近界、远界和近界远界上的侧向散布位置（近侧界、远侧界）。第二禁区的近界 D_{j1} 和导弹自控飞行终点散布及导弹从巡航高度下降至命中目标高度所需的飞行距离有关

$$D_{j1}=d-r_{zd}-d_n-4E_{x1} \tag{5-2-27}$$

式中，E_{x1} —— 导弹在自控飞行终点上的纵向概率偏差，取"一"号是为了安全可靠；

d_n —— 导弹从巡航高度下降至命中目标高度所需的飞行距离。

第二禁区的近侧界 Z_{j1} 的散布位置为

$$Z_{j1}=\pm D_{j1}\tan\xi \tag{5-2-28}$$

式中，ξ —— 导弹自控定向飞行时航迹角散布误差。

第二禁区的远界，通常由导弹在失控脱靶时飞完动力航程 $R_{\max}$ 再滑翔一段时间后到达最大飞行距离溅落点，再加上友邻舰艇机动安全距离 S 而确定。导弹动力航程大体上有一个比较可靠的极限值，但导弹的失控滑翔距离则与飞行姿态、高度和气象条件等有关。因此，第二禁区的实际远界不仅距离较远，而且在数值上难以正确估算。为便于控制第二禁区远界，同时也为了战时友邻舰艇战术机动的方便和导弹技术的安全保密，火控系统应根据作战指挥系统提供的敌我战术态势，向弹上装定导弹自毁距离 d_2（或自毁时间）的控制信号，具有自毁装置的导弹的第二禁区远界 D_{j2}，也就是导弹射击的禁区远界，它可以由自毁距离来决定。导弹自毁距离 d_2 的数值范围为

$$d+V_m t_m+4E_{x2}<d_2<R_{\max}+\Delta R \tag{5-2-29}$$

式中，E_{x2} —— 导弹到达预定命中点时的纵向概率偏差；

ΔR —— 考虑到导弹在巡航速度下降后仍能以一定的过载机动能力自导命中目标的滑

翔飞行距离；

t_m —— 导弹到达预定命中点所需的飞行时间。

导弹的第二禁区远界 D_{j2} 为

$$D_{j2} = d_2 + r + \varepsilon \tag{5-2-30}$$

式中，r —— 友邻舰艇在导弹飞行过程中的机动航程；

ε—— 机动误差。

第二禁区的远界侧向散布位置，除需要考虑导弹末制导系统可能在侧向扫掠搜索的范围以外，还需要考虑它在被敌方电子干扰下所可能引起的侧向跟踪偏差。按正常干扰方式，导弹被敌方角度欺骗可能产生的弹道侧向散布的极限，由导弹的侧向机动能力决定。比较简单可靠地估计导弹侧向可能机动能力的方法是假设导弹末制导系统传感器搜索扇面的边界存在“目标”，则导弹末制导系统可能引导导弹向目标方向跟踪。这里的“目标”将不仅包括真实目标，而且也包括由于电子干扰效应形成的虚假目标。因此，舰对舰导弹第二禁区的侧面边界应当沿制导系统起控时搜索扇面的边界延伸至远界。采用边界延伸的原因是当跟踪状态下丢失目标时，可以自动恢复扇面搜索状态，可能重新捕捉在扇面边界上的另一个目标。因此，比较可靠地估计第二禁区侧面远界的散布位置为

$$Z_{j2} = \pm[Z_{j1} + (D_{j2} - D_{j1})\tan\alpha] \tag{5-2-31}$$

式中，α—— 导弹末制导系统搜索扇面半角。

如果不考虑存在干扰，射击禁区的侧面远界将可能减小许多。

在导弹射击方向上位于第一禁区和第二禁区之间的区域是一个危险区，在危险区空中飞行的导弹虽然尚未进入末制导状态，但在这段弹道上将经历加速、降高机动等工作状态的变化，仍有可能发生意外事故而导致导弹坠落或因掠海高度飞行与位于导弹航路上的目标相撞。因此，在一般情况下，友邻船舶不应驶入危险区。

由于舰对舰导弹射击的禁区、危险区几何参数比较复杂，在战时不便于指挥控制，为此，可以按禁区的凸点组成的扇形(三角形)来近似描述，例如取发射点为顶点，以侧远界为另两个顶点组成的三角形来划定射击禁区。

5.3　反潜鱼雷发射诸元解算

5.3.1　概述

水面舰艇鱼雷按制导方式通常可分为直航鱼雷、声自导鱼雷、线导鱼雷和尾流制导鱼雷等几种；按投射方式可分为管装发射鱼雷和火箭助飞鱼雷。不同类型的鱼雷及其鱼雷运动的不同阶段，其运动弹道也各不相同。

以管装发射的 MK-46-5 声自导鱼雷为例，其工作过程可分为发射出管及入水、下潜寻深、搜索、导引与攻击以及再搜索等五个阶段。

① 发射出管及入水阶段：从鱼雷投射入水，海水电池被激活，经 2s 后向鱼雷控制系统供电，到动力系统启动为止。此阶段弹道是从空中进入水中的准抛物线弹道。

② 下潜寻深阶段：从动力系统启动开始，到鱼雷到达设定深度搜索为止。鱼雷在此阶段由预先编制的程序控制运动，鱼雷下潜到距搜索深度还有 18 m 时，控制系统解除下潜指令，横舵将鱼雷拉平。该阶段可近似认为是一直航弹道。

③ 搜索阶段：从鱼雷到达预定深度转入水平状态开始搜索起，到发现目标为止。MK－46 鱼雷在此阶段为蛇行搜索弹道。

④ 导引与攻击阶段：从鱼雷发现并可靠捕捉目标（主动自导连续收到两个目标回波，被动自导探测到目标辐射噪声）开始，到命中（或丢失）目标为止。此阶段为尾追弹道或提前角弹道。

⑤ 再搜索阶段：从鱼雷丢失目标开始到再搜索发现目标为止。若未发现目标，一直搜索到燃料耗尽。再搜索段弹道多为旋回弹道。

火箭助飞鱼雷的弹道与管装鱼雷的弹道有所不同，以 RUM－139 VLA ASROC 为例。该鱼雷以垂直发射方式由发动机将助飞雷带出发射井，推力矢量控制系统将助飞雷送到相应的航向上，在达到设定的距离或关机时间时断开推力，助推火箭发动机与雷箭脱离，雷箭带着稳定翼继续按弹道轨迹滑行，当下降到一定高度时，打开减速伞，使鱼雷减速并安全入水。其在空中飞行的弹道为一准抛物弹道，由主动飞行段、无动力滑行段和雷伞减速下降弹道段组成（见图 5－3－1）。鱼雷入水后，则按螺线和螺旋相结合的旋回弹道搜索目标。

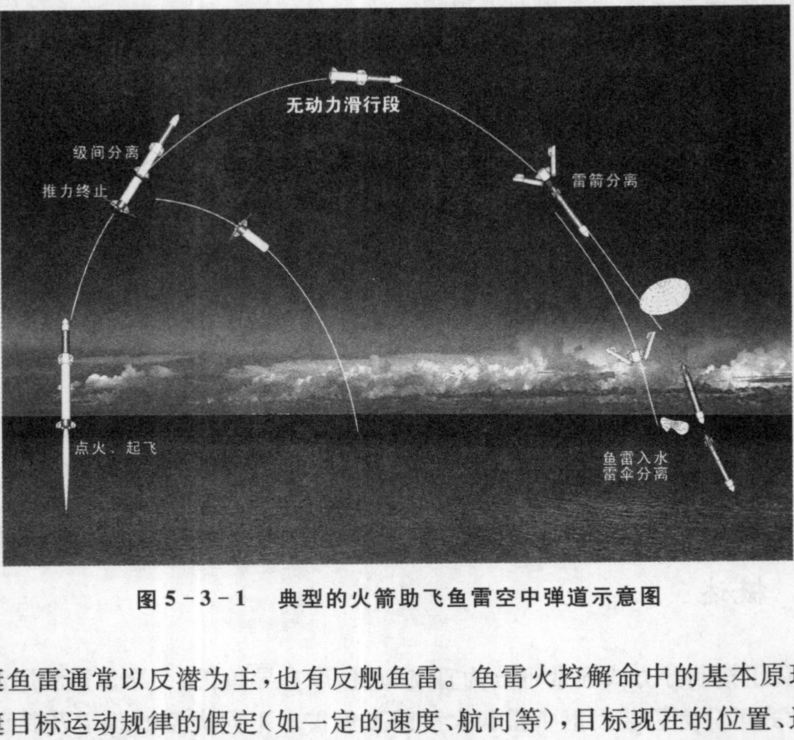

图 5－3－1 典型的火箭助飞鱼雷空中弹道示意图

水面舰艇鱼雷通常以反潜为主，也有反舰鱼雷。鱼雷火控解命中的基本原理是根据对潜艇／水面舰艇目标运动规律的假定（如一定的速度、航向等），目标现在的位置、运动要素和本舰运动规律以及考虑对射击效果产生影响的鱼雷弹道、水文与气象、摇摆等因素，求取鱼雷的射击提前角等攻击参数，以使按攻击参数发射的鱼雷沿着相应的方向和弹道经一定的时间后，正好命中目标或目标正好驶入鱼雷的搜索扇面（对尾流自导鱼雷攻击水面舰艇而言，可使鱼雷进入目标尾流）并被鱼雷可靠地捕获。它涉及鱼雷射击三角形与提前角、相遇条件、鱼雷射距和极限射距、齐射、选择攻击阵位等问题。

目前各国水面舰艇管装鱼雷多为双平面声自导鱼雷，即使是火箭助飞鱼雷，其战斗部也为声自导鱼雷，因而以声自导鱼雷作为代表研究鱼雷的解命中问题具有一定的普遍性，直航鱼雷可作为声自导鱼雷未打开自导装置时的特例。

由于各种不同类型鱼雷及鱼雷不同阶段的弹道具有多样性和复杂性，当计算鱼雷攻击参数时，通常将目标、鱼雷等投影到同一个水平面上进行处理，并作以下假定：

① 目标和鱼雷均按质点处理，当向提前点发射打击目标时，目标和鱼雷自导装置等强信号扇面区域中心点应同时在水平面内向相遇点运动。

② 目标在鱼雷航行时间内作匀速直线运动，鱼雷速度是不变的。

③ 鱼雷自导装置捕获到目标后，沿追击弹道运动。在这种情况下，鱼雷自导头的轴线及速度矢量直接对准目标。

根据以上假定，设发射鱼雷时目标在 M 点，本舰在 W 点；目标速度为 V_m，鱼雷速度为 V_t，目标舷角为 q_m，如图 5-3-2 所示。对于直航鱼雷，若按提前角 φ 发射的鱼雷能满足目标航程与鱼雷航程之比等于目标速度与鱼雷速度之比，则 MWM_2 为射击三角形，且鱼雷将在 M_2 点与目标相遇，容易导出提前角 φ 满足以下关系式，φ 也称为正常提前角。

$$\varphi = \arcsin(\sin q_m \cdot V_m / V_t) \tag{5-3-1}$$

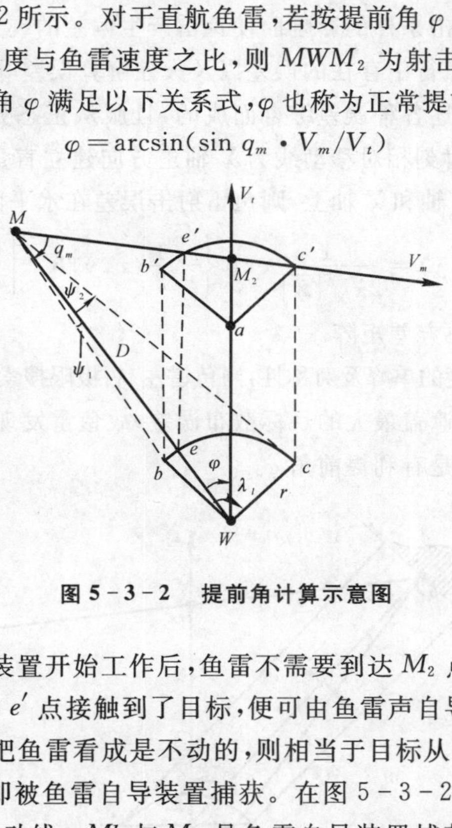

图 5-3-2　提前角计算示意图

对于声自导鱼雷，自导装置开始工作后，鱼雷不需要到达 M_2 点，在 a 点就可以捕获目标，此时自导作用距离曲线上的 e' 点接触到了目标，便可由鱼雷声自导系统跟踪目标。

根据相对运动原理，若把鱼雷看成是不动的，则相当于目标从 M 点沿 MW 方向接近鱼雷，当目标接近到 e 点时，目标即被鱼雷自导装置捕获。在图 5-3-2 所示的特例中，可以把 MW 看成目标与鱼雷间的相对移动线。Mb 与 Mc 是鱼雷自导装置捕获目标的相对移动线的极限位置，$\angle bMc$ 是鱼雷自导装置捕获目标的极限角。相对移动线超出该范围，鱼雷自导装置就不能捕获目标。鱼雷捕获目标的极限角为

$$\angle bMc = \psi_1 + \psi_2 \tag{5-3-2}$$

其中

$$\psi_1 = \arctan \frac{r\sin(\lambda_l/2 - \varphi)}{D - r\cos(\lambda_l/2 - \varphi)} \tag{5-3-3}$$

$$\psi_2 = \arctan \frac{r\sin(\lambda_l/2 + \varphi)}{D - r\cos(\lambda_l/2 + \varphi)} \tag{5-3-4}$$

5.3.2 声自导鱼雷射击参数解算

1. 有利提前角计算

当鱼雷射击时，对射击结果有直接影响的因素主要有两个：目标散布和鱼雷散布。所谓目标散布主要是由传感器量测并输入的目标距离和方位误差，以及根据这些数据计算的目标运动要素的误差引起的。它是对目标未来位置预测的偏差现象；而鱼雷散布是鱼雷未来位置的偏差现象，主要由鱼雷的靶场散布和鱼雷的舰艇散布引起。靶场散布主要包括由雷速、鱼雷不稳定航行段的误差、鱼雷导引段弹道存在的误差引起的射程误差，由鱼雷航向控制系统随机误差、鱼雷外形误差、鱼雷导引误差引起的横向误差，以及由鱼雷深度控制系统产生的深度误差等。舰艇散布是由于舰艇射击条件的影响而使鱼雷产生偏差的现象，主要由发射舰航向、速度和摇摆误差，转角在设定和执行中存在的误差以及火控解算误差等引起。

鱼雷射击误差就是由上述各种误差综合而成的，且服从正态分布。设以鱼雷发射时刻目标位置为坐标原点、以发射时刻相对移动线为 Y 轴正方向建立直角坐标系。鱼雷和目标的各种散布误差可分别投影到 X 轴和 Y 轴上，则鱼雷射击误差在水平面的散布密度可表示为

$$f(x,y)=\frac{1}{2\pi\sqrt{|\boldsymbol{K}|}}\exp\left\{-\frac{1}{2}(x,y)\boldsymbol{K}^{-1}\begin{bmatrix}x\\y\end{bmatrix}\right\} \tag{5-3-5}$$

式中，$\boldsymbol{K}$—— 二维正态分布协方差矩阵。

根据正态分布律概率密度的单峰及对称性，当鱼雷左、右极限搜索宽度相等（参见图 5-3-3），即 $S_1=S_2$ 时，其搜索宽度能遮盖最大的目标散布误差，故鱼雷发现目标概率最高。此时，鱼雷主航向与目标方位线夹角就是有利提前角 φ_a。

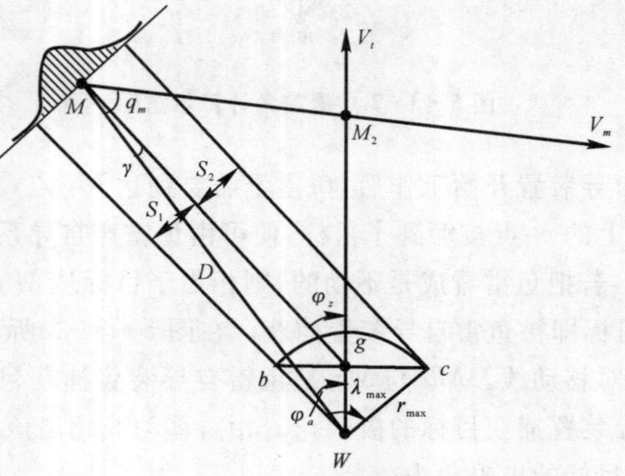

图 5-3-3 鱼雷有利提前角示意图

根据 $S_1=S_2$ 的约束条件，不难导出有利提前角的计算公式。当目标右舷时，有利提前角 φ_a 满足表 5-3-1 所列的关系式；而当目标左舷时，有利提前角 φ_a 满足表 5-3-2 所列的关系式。

表 5-3-1　目标右舷的有利提前角 φ_a 计算关系式表

<table>
<tr><td rowspan="2">$\varphi_a+\gamma\leqslant\lambda_{\max}$</td><td>$\varphi_a+\gamma\leqslant 90°-\lambda_{\max}$</td><td>$D\sin\gamma=r_{\max}\cos\lambda_{\max}\dfrac{V_m}{V_T}\sin(q_m-\gamma)$</td><td rowspan="4">$\sin(\varphi_a+\gamma)=\dfrac{V_m}{V_T}\sin(q_m-\gamma)$</td></tr>
<tr><td>$\varphi_a+\gamma\geqslant 90°-\lambda_{\max}$</td><td>$2D\sin\gamma=r_{\max}[1-\sin(\lambda_{\max}-\varphi_a-\gamma)]$</td></tr>
<tr><td rowspan="2">$\varphi_a+\gamma\geqslant\lambda_{\max}$</td><td>$\varphi_a+\gamma\leqslant 90°-\lambda_{\max}$</td><td>$2D\sin\gamma=r_{\max}\sin(\varphi_a+\gamma+\lambda_{\max})$</td></tr>
<tr><td>$\varphi_a+\gamma\geqslant 90°-\lambda_{\max}$</td><td>$2D\sin\gamma=r_{\max}$</td></tr>
</table>

表 5-3-2　目标左舷的有利提前角 φ_a 计算关系式表

<table>
<tr><td rowspan="2">$-\varphi_a-\gamma\leqslant\lambda_{\max}$</td><td>$-\varphi_a-\gamma+\lambda_{\max}\leqslant 90°$</td><td>$D\sin\gamma=r_{\max}\cos\lambda_{\max}\dfrac{V_m}{V_T}\sin(q_m-\gamma)$</td><td rowspan="4">$\sin(\varphi_a+\gamma)=\dfrac{V_m}{V_T}\sin(q_m-\gamma)$</td></tr>
<tr><td>$-\varphi_a-\gamma+\lambda_{\max}\geqslant 90°$</td><td>$2D\sin\gamma=r_{\max}[-1+\sin(\varphi_a+\gamma+\lambda_{\max})]$</td></tr>
<tr><td rowspan="2">$-\varphi_a-\gamma\geqslant\lambda_{\max}$</td><td>$-\varphi_a-\gamma+\lambda_{\max}\leqslant 90°$</td><td>$2D\sin\gamma=r_{\max}\sin(\varphi_a+\gamma-\lambda_{\max})$</td></tr>
<tr><td>$-\varphi_a-\gamma+\lambda_{\max}\geqslant 90°$</td><td>$2D\sin\gamma=-r_{\max}$</td></tr>
</table>

表中 $r_{\max}$ 为鱼雷的自导作用距离，$\lambda_{\max}$ 为鱼雷自导搜索波瓣半角，γ 为正常提前角对应的相对移动线与有利提前角对应的相对移动线之间的夹角，根据表 5-3-1 和表 5-3-2 所列关系式，可采用迭代计算的方法计算鱼雷的有利提前角 φ_a。

2. 鱼雷射击参数计算

(1) 转向角计算

通常管装鱼雷发射装置无随动装置，当发射鱼雷时，须操纵鱼雷发射管与舰艏艉线成某一固定角度。鱼雷具有设定转向角功能，这样可减小攻击舰转入发射航向的转向角，缩短攻击时间。鱼雷转向角是指鱼雷发射管轴线与鱼雷初始搜索航向之间的夹角。入水后，鱼雷按设定的转向角转入初始搜索航向航行。

图 5-3-4 是右发射装置发射鱼雷的转向角计算示意图。假定攻击舰按接敌航向航行到 W 点，目标在 M 点，B 为发射阵位点目标方位，φ_f 为射击有利提前角(目标向右运动取"+"，向左运动取"-")，F_g 为鱼雷发射管与舰艏艉线之间的夹角(左舷攻击取"-"，右舷攻击取"+")，鱼雷发射方向相对于舰艏艉线的角度为

$$\gamma_f=q_w+\varphi_f=B-C_w+\varphi_f\quad(\gamma_f\text{ 为正})\tag{5-3-6}$$

在忽略舰艇摇摆影响的情况下，鱼雷出管后的转向角

$$\omega_{tp}=\gamma_f-F_g=B-C_w+\varphi_a-F_g\tag{5-3-7}$$

当考虑舰艇摇摆因素时，对于计算角 ω_{tp} 而言，需要根据发射装置在甲板平面内确定的角 F_g 及纵、横摇角计算发射装置在水平面内的角 F'_g。F'_g 可以表示成 F_g,ψ 和 θ_k 的函数。

$$F'_g=f(F_g,\psi,\theta_k)\tag{5-3-8}$$

此时

$$\omega_{tp}=\gamma_f-F'_g=B-C_w+\varphi_a-F'_g\tag{5-3-9}$$

对于非连续设定而需分挡设定的鱼雷，还需将计算的转向角 ω_{tp} 转化为与可设定挡最接近的转向角 ω。

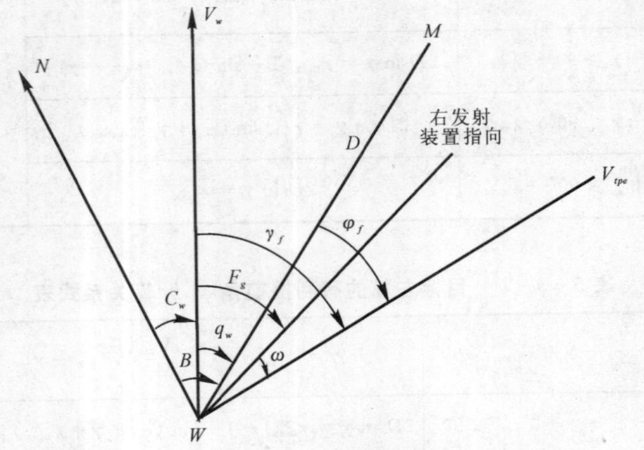

图 5-3-4　鱼雷转向角计算示意图

(2) 本舰航向改变量计算

对于分挡设定的鱼雷，根据 ω_{tp} 的范围选取 ω 后，存在差值 $\omega_{tp}-\omega$。即按选取的鱼雷转向角 ω 设定到鱼雷上，鱼雷出管后并不按有利提前角 φ_f 确定的方向航行，而有 $\omega_{tp}-\omega$ 的误差。为了使鱼雷按 ω 设定，而出管后又能按 φ_f 确定的方向航行，可采用舰艇转向发射鱼雷的方法，用本舰改变航向来补偿 $\omega_{tp}-\omega$ 的误差。

$$\Delta C_w=\omega_{tp}-\omega \tag{5-3-10}$$

本舰航向改变量 ΔC_w 为正表示增加航向，为负表示减小航向。

(3) 纵倾角计算

通常管装鱼雷出管过程是在舰艇摇摆条件下实现的。在舰艇摇摆幅度较大的情况下，为保证鱼雷能够"平静"入水，其出管时刻的鱼雷纵倾角应该在其容许范围内，即应满足 $\psi_T<\psi_{Tn\,pe\partial}$（其中 $\psi_{mn\,pe\partial}$ 是鱼雷出管时容许的最大纵倾角），鱼雷纵倾角由下式计算：

$$\sin\psi_T=\sin F_g\sin\theta_k\cos\psi+\cos F_g\sin\psi \tag{5-3-11}$$

式中，F_g—— 发射装置在甲板平面内的固定转角；

ψ,θ_k—— 考虑舰艇纵、横摇时，来自陀螺稳定系统的鱼雷的纵倾角、横倾角。

(4) 鱼雷深度计算

鱼雷深度 h_{tp} 由指挥员根据海区深度和目标类型等因素判定。

3. 双雷齐射射击参数计算

鱼雷齐射用于提高攻击效能，通常是在不充分准备(目标运动要素不确定) 或较大射击距离条件下使用的。典型的双雷齐射主要射击参数有：对应于齐射中线的鱼雷有利提前角、鱼雷转向角、鱼雷一次回转角、鱼雷二次转向角(齐射散开角)、初始直航距离、自导开启距离等。

在鱼雷齐射条件下，两枚鱼雷以一定的间隔距离(D_p) 在平行航向上完成对目标的搜索。间隔距离的选择应该使每枚鱼雷的空间观测区域相邻接或者有小部分相互覆盖，也即 D_p 小于或等于每枚鱼雷观测带的宽度。观测区的中间直线称为齐射中线，在不充分准备条件下指向目标原点，在充分准备条件下指向目标提前点。此时可采用前面介绍的方法计算对应于齐射中线的鱼雷有利提前角和鱼雷转向角 ω(与单枚鱼雷射击时的第一回转角重合)。

鱼雷齐射散角 α 就是在初始直航程 D_{C1} 中，鱼雷航向线与齐射中线间的夹角。鱼雷的散开角是通过设定第一回转角 $\alpha \pm \omega$ 来实现的，然后在鱼雷通过初始直航距离后，α 角消失。这样一来，随后鱼雷将在平行航向上以设定的相互散开距离运动，该间隔距离应能使鱼雷可靠地捕获目标且相互之间不互导。

鱼雷齐射散角由下式计算：

$$\alpha = \arcsin \frac{K_i R_a \sin\ (\beta/2)}{D_{C1}} \tag{5-3-12}$$

式中，β—— 鱼雷自导装置作用(扇面)角；

R_a—— 鱼雷自导作用距离；

K_i—— 间隔距离系数；

D_{C1}—— 鱼雷初始直航距离，$D_{C1} = \dfrac{D_s \sin Q_m}{\sin\ (Q_m + \varphi_a)} + \Delta s - R_a$，其中 Δs 为目标位置在鱼雷航向上的最大散布误差。

5.3.3　等概率曲线与占位参数计算

当对某一确定目标进行鱼雷射击时，其命中概率相等的射击阵位的连线叫等概率曲线。它是研究鱼雷射击法的基础，也是确定自导鱼雷射击阵位的基本依据之一。由于受自导鱼雷航程、航速和鱼雷旋回性能等因素的影响，不同的射击阵位，其命中概率也有较大的变化。根据上述理论，计算不同阵位上射击的命中概率，然后将命中概率数值相等的射击阵位点连成一曲线即等概率曲线，这样可以求出许多等概率曲线。由于等概率阵位曲线近似为圆，因此，也常用等概率圆表示。根据当时的情况和对射击效率的要求，可将射击阵位选择在相应的等概率曲线上。

射击阵位是指本舰发射鱼雷时所处的目标阵位，由目标舷角和距离确定。

通常，选择射击阵位必须遵循如下原则：

① 必须在可攻阵位区间内；

② 射击效果好，即达到一定的命中概率；

③ 占领该阵位的时间短，有利于保持与目标的良好接触。

根据上述原则，射击阵位一般可取在预定命中概率圆的圆周上，且从本舰现在阵位能用最短时间(即走最佳航向)到达的相应圆的圆周上那个点 W_a(相对阵位)，如图 5-3-5 所示。图中，M_O 为目标现在点，W_O 为攻击舰现在位置，O 为预定概率圆或极限射击圆的圆心。

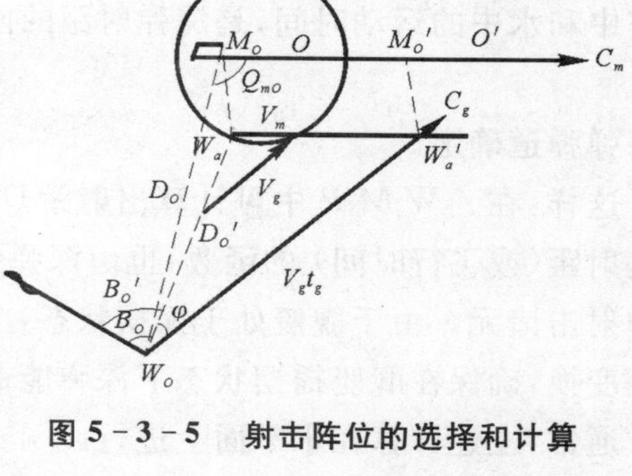

图 5-3-5　射击阵位的选择和计算

射击阵位确定后，则由 W_O，W_a 的坐标值，可计算出相对阵位 W_a 点的相对距离 D'_O 和相对方位 B'_O。这样，就可求出本舰占领射击阵位所应走的航向 C_g 和到达射击阵位所需要的时间

t_g 等占位参数。

$$C_g = B'_O + \varphi \tag{5-3-13}$$

$$\varphi = \arcsin\left[\frac{V_m \sin(Q_{mO} + B'_O - B_O)}{V_g}\right] \tag{5-3-14}$$

$$t_g = \frac{D'_O \sin(Q_{mO} + B'_O - B_O)}{V_g \sin(\varphi + Q_{mO} + B'_O + B_O)} \tag{5-3-15}$$

式中，Q_{mO}—— 目标现在点舷角；

B_O—— 目标现在点方位；

V_g—— 本舰占领射击阵位的速度，通常由舰指挥员确定。

5.4 反潜深弹射击诸元解算

深弹火控解相遇是在计算出潜艇目标运动速度和航向后，根据潜艇的当前距离和方位，以及深弹的弹道特性，计算深弹与潜艇相遇点的位置和时间，以及保证深弹到达相遇点的深弹射击诸元——深弹发射炮的俯仰角和旋回角，如图5-4-1所示。在进行深弹火控解相遇时往往假设在深弹飞行期间潜艇作等速直线运动。

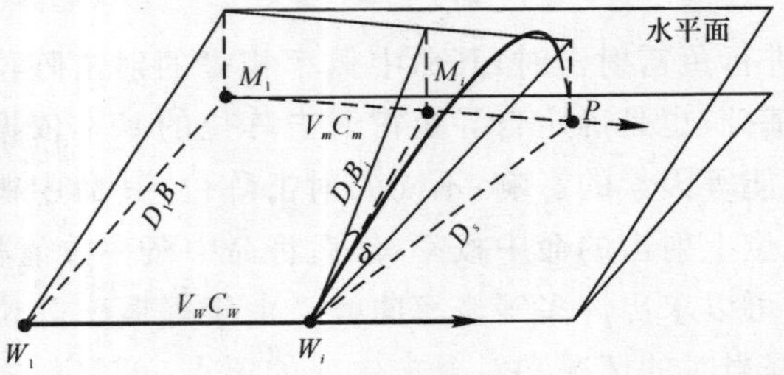

图 5-4-1 深弹攻潜示意图

图5-4-1中，本舰在 W_i 位置时已计算出潜艇的速度和航向。此时，已知本舰与潜艇的距离、方位为 D_i，B_i，潜艇速度、航向为 V_m，C_m，潜艇到达相遇点 P 的距离为 V_mT，其中 T 为深弹在空中和水中的运动时间，是深弹射距的函数。

$$T = f(D_s)$$

由深弹弹道确定。

这样，在 $\triangle W_iM_iP$ 中可计算出射距 D_s（或飞行时间 T）和射击提前角 δ。其中发射炮俯仰角是射距（或飞行时间）的函数，也由深弹弹道确定，发射炮旋回角与提前角相对应，即可得出深弹射击诸元。由于舰艇处于摇摆状态，上述射击诸元还需根据导航设备提供的摇摆角进行摇摆变换，确保在舰艇摇摆状态下深弹能命中潜艇。

通常，上述计算在水平面上进行。

5.4.1 深弹弹道计算

各种武器火控解相遇的原理大同小异。武器不同的运动特性形成了各种武器火控解相遇的差异。深弹弹道是深弹火控解相遇的关键。

1. 深弹弹道的描述

这里是指火箭式深弹的外弹道。深弹弹道由空中弹道和水下弹道两部分组成,如图 5-4-2 所示。

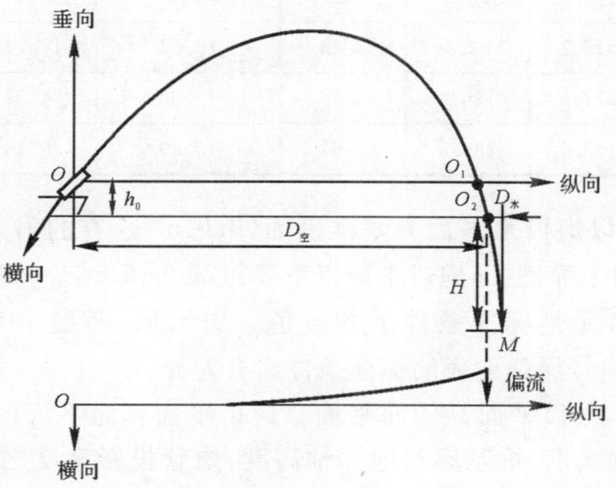

图 5-4-2　深弹弹道

图中,$\overset{\frown}{OO_2}$ 段是空中弹道,O_2 以后是水下弹道。

空中段水平距离 $D_空$,对应空中飞行时间 $T_空$;水下段水平距离 $D_水$,对应水中下沉时间 $T_水$,下沉深度 H。

火箭式深弹在空中运动时还产生向左方向的偏差,使落点向左方向偏离射击平面。在水平面上深弹偏离射击平面的垂距称"偏流"。

深弹空中弹道又分为主弹道和修正弹道。主弹道描述发射炮俯仰角、飞行时间、水平距离、偏流、落速、落角之间的关系,通过实弹射击和计算得出,是标准条件下的数值。标准条件是指标准弹道条件、标准气象条件、标准地形地球条件、发射装置与地面无相对运动等。修正弹道是对标准条件的修正。

深弹水下弹道描述发射炮俯仰角、下沉时间、水下段的水平距离和下沉深度之间的关系,是空中主弹道的延续,一般通过计算得出。

2. 射表

深弹弹道以射表形式给出。表中以发射炮俯仰角为基本变量,以 0.5° 或 1° 为间隔,在整个俯仰角范围内给出主弹道和修正弹道各变量对应的值。下面以某型深弹的基本射表的式样举例说明。

(1) 空中主弹道射表

空中主弹道射表如表 5-4-1 所示。表中列出仰角 12° ~ 30° 的数据,仰角范围一般为8° ~ 51°。

表 5-4-1 基本射表(落高 0.0 m)

仰角	弹道基本诸元					
	射程	偏流		飞行时间	落角	落速
(°)	m	m	(°)	s	(°)	m/s
12	867.2	45.5	3.00	5.47	8.79	162.2
15	1 124.0	63.6	3.24	7.17	12.00	157.9
20	1 518.7	92.4	3.48	10.02	17.74	151.6
25	1 877.3	116.8	3.56	12.98	24.07	146.8
30	2 163.9	136.5	3.61	15.80	30.38	144.0

表中落高(弹着点)以炮口水平面为基准平面(0.0 m)。有的射表还给出落高为－3 m，－4 m，－5 m，－6 m 的主弹道，即炮口平面以下 3 m，4 m，5 m，6 m 处的数值。

射表中弹道基本诸元是标准条件下的数值。如无风，药温＋15℃，气温＋15℃，气压 750 mmHg①等。不同型号深弹射表的标准条件略有差异。

深弹发射炮装舰后，炮口平面高于海平面。炮口平面到海平面的高度(见图 5-4-2 中 h_0)等于炮基座到海平面高度、炮基座到炮耳轴高度、炮管投影高度之和。其中炮管投影高度随发射炮俯仰角而变化，但由于炮耳轴到炮口长度较短(不到 1m)，可取固定值。因此，需将空中主弹道由炮口平面延伸到海平面。假如射表中给出了炮口以下层面的数值，而且 h_0 又接近该层面，则可取该层面的数值。假如射表中只给出炮口平面的数值或 h_0 与给出的层面相差较大时，可根据射表中给出的落角、落速按运动学原理推算深弹到达海平面时的数值，并以此作为空中主弹道。

(2)空中修正弹道射表

空中修正弹道射表(除舰速修正外)如表 5-4-2 所示。表中列出仰角 12°～30°的数据，仰角范围一般为 8°～51°。

表 5-4-2 空中修正弹道射表(落高 0.0 m，诸元增加 10 个单位)

仰角	修正诸元																	
	偏流		药温(每变化10℃)		气温(每增加10℃)		气压(每增加10 mmHg)		纵风(顺风 10 m/s)				横风(左横风 10 m/s)			
									距离		方向		距离		方向	
(°)	m	(°)	m	(°)	m	(°)	m	(°)	m	(°)	m	(°)	m	(°)	m	(°)
12	45.5	3.00	21.2	0.22	−2.7	−0.03	1.6	0.02	−21.5	−0.23	0.6	0.04	−122.1	−1.29	20.0	1.32
15	63.6	3.24	29.0	0.33	−3.4	−0.04	2.0	0.02	−29.6	−0.34	−0.8	−0.04	−115.5	−1.32	24.3	1.24
20	92.4	3.48	37.5	0.50	−6.1	−0.08	3.2	0.04	−45.7	−0.61	−7.0	−0.26	−101.7	−1.36	31.6	1.19
25	116.8	3.56	38.1	0.63	−8.6	−0.14	4.4	0.07	−54.7	−0.91	−14.2	−0.43	−77.6	−1.29	35.2	1.07
30	136.5	3.61	36.6	0.80	−11.0	−0.24	5.5	0.12	−63.5	−1.39	−22.4	−0.59	−53.6	−1.18	38.2	1.01

① 1 mmHg＝133.322 Pa。

射表中的修正诸元一般只有炮口平面的值，表中的数值是单位修正量，即按诸元增加或减少 10 个单位引起该诸元的修正量。如纵风、横风是增加或减少 10 m/s 时的修正量，药温、气温是增加或减少 10℃时的修正量，气压是增加或减少 10 mmHg 时的修正量等。

(3)空中弹道舰速修正量表

空中弹道舰速修正量表如表 5-4-3 所示。表中列出仰角 12°～30°的数据，仰角范围一般为 8°～51°。

表 5-4-3　空中弹道舰速修正量表

仰角	舰速(16kn)			
	纵速(向舰首)		横速(向左舷正横)	
(°)	m	(°)	m	(°)
12	−26.72	−0.43	72.78	−50.56
15	−36.33	0.11	68.36	−67.31
20	−51.44	1.97	58.75	−94.73
25	−67.42	5.66	47.04	−120.92
30	−83.02	10.35	34.94	−145.22

舰速修正量表中的数值是舰速为 16 kn 时的修正量，也是单位修正量(以 16kn 为单位)。不同型号深弹的舰速修正量表取的舰速单位可能不同。舰速修正量一般不进行炮口平面到海平面的修正。

(4)水下弹道射表

水下弹道射表如表 5-4-4 所示。表中列出仰角 12°～30°的数据，仰角范围一般为8°～51°。

表 5-4-4　火箭深弹水下弹道射表(弹道弯曲段)

仰角/(°)	12°		15°		20°		25°		30°	
下沉时间/s	下沉深度/m	水平距离/m	下沉深度/m	水平距离/m	下沉深度/m	水平距离/m	下沉深度/m	水平距离/m	下沉深度/m	水平距离/m
2	16.25	71.01	18.90	64.14	23.46	56.89	28.22	51.54	32.69	46.85
4	30.95	80.11	34.00	73.00	39.23	65.27	44.66	59.23	49.57	54.03
6	48.38	83.34	51.50	76.11	56.86	68.18	62.42	61.90	67.63	56.47
8	66.45	84.45	69.59	77.18	74.96	69.17	80.55	62.82	85.77	57.3
10	84.63	84.83	87.77	77.54	93.15	69.51	98.74	63.13	103.96	57.58

不同型号深弹水下弹道射表的式样可能不一样。表中按深弹下沉深度每隔 2m 列出对应的下沉时间和水平距离。

3. 射表的逼近

深弹火控解相遇时使用的弹道是函数形式，不直接使用射表中列出的各种离散数据。因为计算中涉及的俯仰角及其对应的其他数据不可能正好是表中列出的仰角间隔。当数值处于间隔之间时，只能用其相邻的数值替代，带来较大误差。因此，通常用函数逼近的方法将其处理成一条曲线。由于火箭式深弹通常采用齐射，落点的散布较大，对弹道逼近的精度要求不是很高，可采用常用的数学方法，如回归分析等。采用的逼近函数要简单，如幂函数。幂的阶次也不能太高，以免增长运算时间。

(1)空中弹道逼近

主弹道中发射炮仰角、深弹射程、深弹空中飞行时间三者互为函数关系，可相互逼近。修正弹道逼近时可取上述三变量之一作为自变量。通常采用深弹的空中飞行时间作为自变量。药温、纵风、横风修正弹道射表中对增加和减少 10 个单位分别给出修正值，逼近时可取其平均值，符号按增加单位修正值的符号。舰速修正弹道射表中对左横速与右横速分别给出修正值，逼近时可取其平均值。“气温”和“气压”一般不修正。

(2)水下弹道逼近

下沉深度、下沉时间、水平距离三者互为函数关系，可相互逼近。通常以下沉深度为自变量来逼近下沉时间和水平距离。由于水下弹道随发射炮俯仰角而异，为简化，通常取某一仰角对应的水下弹道作为整个水下弹道。

(3)常用的弹道函数

逼近后可得到弹道函数。常用的深弹弹道函数如下：

$T_{空}=f_T(D_{空})$	主弹道上空中飞行时间与空中段水平距离的关系；
$D_{空}=f_D(T_{空})$	主弹道上空中段水平距离与空中飞行时间的关系；
$\varphi=f_\varphi(T_{空})$	主弹道上俯仰角与空中飞行时间的关系；
$\delta D_{药温}=f_{药温}(T_{空})$	药温对距离的单位修正量；
$\delta D_{纵风}=f_{D纵风}(T_{空})$	纵风对距离的单位修正量；
$\delta D_{横风}=f_{D横风}(T_{空})$	横风对距离的单位修正量；
$\delta D_{纵速}=f_{D纵速}(T_{空})$	纵速对距离的单位修正量；
$\delta D_{横速}=f_{D横速}(T_{空})$	横速对距离的单位修正量；
$\Delta Z_{偏流}=f_{偏流}(T_{空})$	偏流对方向的修正量；
$\delta Z_{纵风}=f_{Z纵风}(T_{空})$	纵风对方向的单位修正量；
$\delta Z_{横风}=f_{Z横风}(T_{空})$	横风对方向的单位修正量；
$\delta Z_{纵速}=f_{Z纵速}(T_{空})$	纵速对方向的单位修正量；
$\delta Z_{横速}=f_{Z横速}(T_{空})$	横速对方向的单位修正量；
$T_{水}=f_T(H)$	主弹道上下沉时间与下沉深度之间的关系；
$D_{水}=f_D(H)$	主弹道上水下段水平距离与下沉深度之间的关系。

其中“距离”是指射击方向的距离，“方向”是指与射击方向垂直的方向。

5.4.2　深弹解命中计算

1. 修正量计算

上述的修正量逼近式给出了各单位修正量的值(除偏流外)，还需根据实际的药温、风、舰速计算修正系数，修正系数与单位修正量的积即是实际修正量。

(1) 修正系数

① 药温修正系数：

$$K_{药温} = \pm(实际药温 - 标准条件规定的药温)/10$$

式中除以“10”是因为射表中的值是按每变化 10℃ 给出的。

② 纵风修正系数：

$$K_{纵风} = \pm 实际纵风 /10$$

式中除以“10”是因为射表中的值是按每变化 10 m/s 给出的。

③ 横风修正系数：

$$K_{横风} = \pm 实际横风 /10$$

式中除以“10”是因为射表中的值是按每变化 10m/s 给出的。

④ 纵速修正系数：

$$K_{纵速} = \pm 实际纵速 /18$$

式中除以“18”是因为射表中的值是按 18kn 给出的。

⑤ 横速修正系数：

$$K_{横速} = \pm 实际横速 /18$$

式中除以“18”是因为射表中的值是按 18kn 给出的。

修正系数中的符号根据变量在解相遇时规定的正方向与射表中规定的正方向是否一致来确定。如一致取“+”,否则取“－”。

(2) 总修正量

$$\Delta D = \pm K_{药温}\delta D_{药温} \pm K_{纵风}\delta D_{纵风} \pm K_{横风}\delta D_{横风} \pm K_{纵速}\delta D_{纵速} \pm K_{横速}\delta D_{横速}$$

$$\Delta Z = \pm \Delta Z_{偏流} \pm K_{纵风}\delta Z_{纵风} \pm K_{横风}\delta Z_{横风} \pm K_{纵速}\delta Z_{纵速} \pm K_{横速}\delta Z_{横速}$$

式中，ΔD—— 距离总修正量；

ΔZ—— 方向总修正量。

ΔD 和 ΔZ 都是空中飞行时间的函数。

2. 解相遇计算

(1) 海平面上的相遇点

由图 5-4-2 可见，舰艇发射深弹后，深弹按空中弹道飞行，到达海平面(O_2 点) 后入水继续按水下弹道下沉，在 M 点命中潜艇。因此，只要深弹能在 O_2 点入水，就能命中潜艇。相遇点计算可以在海平面上进行，求出海平面上的相遇点(O_2 点) 即可。

在海平面上的射击三角形中，使用深弹的空中段水平距离。空中段水平距离等于水下相遇点(M 点) 对应的水平距离减去水下段的水平距离。水下段的水平距离可根据潜艇深度按水下弹道函数算出。

(2) 海平面上的瞄准点

由于空中弹道包括主弹道和各种修正弹道，修正弹道对落点在射距方向和与之垂直的方向都有影响。所以瞄准点应是弹道修正后的落点（见图 5-4-3 中的 O_2' 点）。

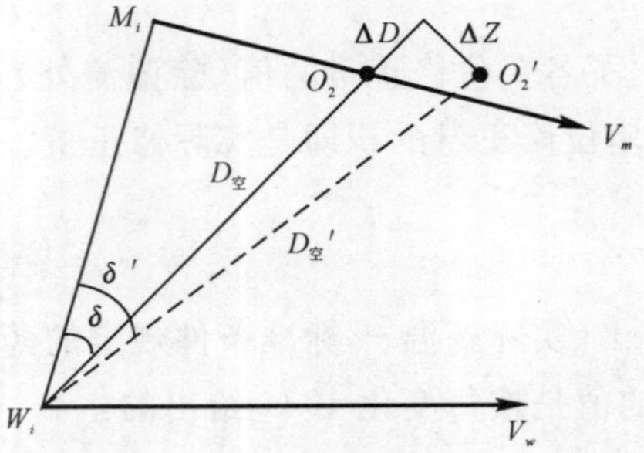

图 5-4-3 瞄准点

由图可见，发射炮瞄准点的空中段水平距离和提前角为 $D_{空}'$ 和 δ'。

(3) 解相遇计算

解相遇就是计算瞄准点的空中段水平距离 $D_{空}'$ 和提前角 δ'。

解相遇的方法是在射击三角形中计算相遇点 O_2 对应的水平距离 $D_{空}$ 和提前角 δ。而后进行弹道修正，计算瞄准点 O_2' 对应的水平距离 $D_{空}'$ 和提前角 δ'。计算中需引用空中主弹道函数和修正弹道函数，它们都是空中飞行时间 $T_{空}'$ 的函数。运用迭代方法可以求出空中飞行时间 $T_{空}'$ 的值。

3. 射击诸元计算

解相遇时求出了瞄准点的深弹空中飞行时间和相对于当前方位的提前角。射击诸元（发射炮的俯仰角和旋回角）即可由此求出。根据空中主弹道函数 $\varphi=f_{\varphi}(T_{空})$ 可由空中飞行时间计算俯仰角，用坐标转换可将提前角换算成相对舰艇坐标系的旋回角。

上述求出的射击诸元是在稳定的舰艇坐标系中的值，即认为舰艇处于水平状态，无摇摆，而实际作战时舰艇处于摇摆状态，为此，需对射击诸元进行摇摆变换。

摇摆变换比较简单，只要对求出的俯仰角和旋回角按导航设备提供的本舰纵摇角和横摇角进行坐标变换即可。

5.5 无源干扰弹发射控制原理

5.5.1 无源干扰设备概述

舰艇无源干扰设备（Shipborn Passive Jamming Equipment）是装备在水面舰艇上，用于发射、投放无源干扰物，对敌实施干扰或诱骗的装置和器材的总称。在实际作战中，须根据雷达侦察结果和战术应用程序，控制干扰物的发射时机、方法和数量，向指挥员推荐舰艇规避机动方案。利用无源干扰物对电磁波的反射、散射或吸收作用，改变己方舰艇的雷达散射特性或形成雷达假目标，用来扰乱敌方雷达的探测和跟踪，以掩护或保护己方舰艇，是现代舰艇反导弹防御中的重要手段。与有源干扰设备相比，无源干扰设备主要优点是构造简单，价格低廉，使用方便，适应性强，能对不同方向、各种频率、各种极化的雷达进行干扰或欺骗。

无源干扰设备通常包括干扰火箭、干扰弹及其发射装置，如图 5－5－1 所示。干扰火箭适用于大、中型舰艇，其发射装置通常按两舷分别配置于主甲板上，有固定式和旋转式两种。干扰弹适用于中、小型舰艇，其发射炮又称干扰炮，常用多管迫击炮或无坐力炮，以感应起爆发射。干扰火箭、干扰弹所填装的干扰物有厘米波箔条弹、毫米波箔条弹、红外弹等。每枚箔条干扰火箭可形成 300 ～ 1 000 m^2 的雷达截面积，发射一段时间后可增至数千平方米。而红外干扰弹产生的辐射强度可以达到 1 000 ～ 2 000 W/sr。

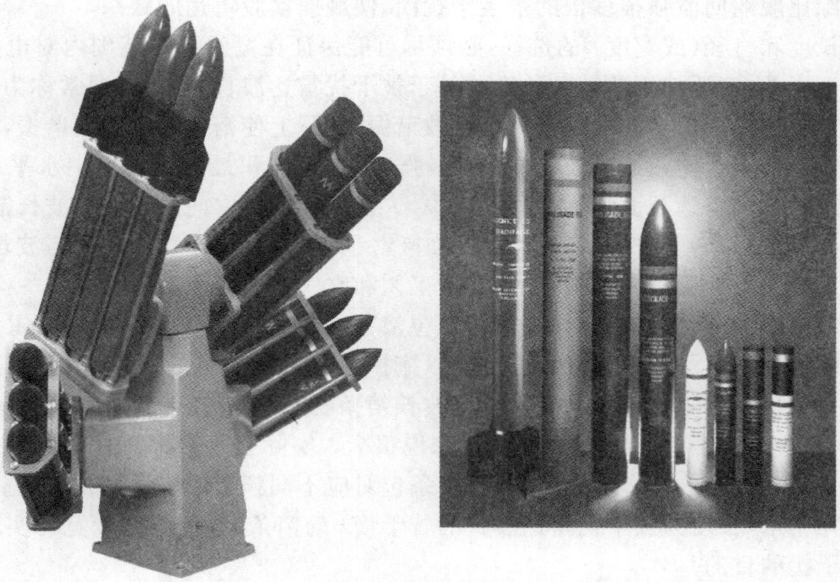

图 5－5－1　干扰弹发射装置以及各种射程和装药的火箭

在舰艇雷达无源干扰发射装置上还混装有红外干扰火箭或红外干扰弹；有的在同一枚干扰火箭中，也混装有箔条干扰丝和红外干扰物，以对付雷达、红外复合制导导弹对舰艇的攻击。干扰气球是一种对雷达能产生强烈二次辐射的系留式气球，投放入水后，借助专用化学剂的作用，使储气装置中的压缩气体迅速向球体充气，其升空高度在投放前设定。一个直径约 2 m 的干扰气球，其等效雷达截面积可达数万平方米。反射器常用的有角反射器、龙伯透镜反射器等，利用浮标漂浮在水面或安装在小艇上，可模拟大中型舰艇产生的雷达回波。

舰艇雷达无源干扰设备的发展趋势包括：研制具有干扰频段宽、反射性能强、反应速度快、便于投放、能适应复杂海况、可靠性高的雷达无源干扰物；发展无源干扰与有源干扰、雷达干扰与光电干扰相结合，能实时对抗多种制导方式的自动化、智能化的舰艇综合电子对抗系统；开拓雷达无源干扰技术新领域，如隐身技术、反雷达涂层、等离子气悬体的研究；加强战术应用方法和应用软件的研究，提高设备的使用效能等。

5.5.2 无源干扰物

1. 箔条干扰弹

箔条是指干扰丝、干扰片和干扰绳(带)。通常是由金属箔切成的条、涂覆金属的介质(常用的是涂覆铝、锌、银的尼龙丝和玻璃丝),或直接由金属丝制成。箔条干扰就是在空间投放大量随机分布的金属反射体,以产生二次辐射对雷达进行干扰。

箔条干扰的样式主要有两种:一种是压制式干扰,即向一定的大气空间大量投放箔条,形成干扰走廊,用以掩护舰艇,这种干扰在雷达荧光屏上形成很强的类似噪声的杂乱回波,因而可以掩盖目标回波;另一种是欺骗式干扰,即当舰船被雷达跟踪时才投放箔条,形成假目标,这样雷达便跟踪比舰船回波强很多倍的箔条干扰团,使舰船摆脱雷达的跟踪。

箔条的长度和直径(或宽度)的选择,必须尽可能保证在宽的频率范围内对电磁波产生最有效的反射。因此,广泛使用的箔条长度约等于被干扰雷达波长的一半,通常称为半波长振子(也称偶极子)。这是因为半波长振子对电磁波谐振(实际上使箔条对电磁波谐振,半波长振子的长度应略短于被干扰雷达的半波长)反射最强,雷达截面积最大。在空中水平取向的单根半波长短箔条的平均雷达截面积为$\sigma/2=0.32\lambda^2$。在空中随机取向的单根半波长箔条(或经过加工的短的半波长箔条)的平均雷达截面积为$\sigma/2=0.17\lambda^2$。雷达截面积只与波长λ有关,箔条的宽度和厚度只是为了适应机械强度、制造工艺和空气动力方面的需要。

箔条通常都做成固定的包装(包或束),每包箔条的数量取决于被掩护目标雷达截面积的大小和干扰的波段。为了达到干扰敌方雷达以掩护己方目标的目的,每包箔条的总雷达截面积应大于被掩护目标的雷达截面积。单根半波长箔条都有一个相当于其谐振频率的10%～15%的半功率带宽,这样的频带对雷达干扰来说很窄。实际上,多采用很细的、长度不同的半波长箔条混合包装或投放多个箔条包,各个箔条包对应不同频带,以获得大的带宽。也可使用长达几米至几十米(长度为被干扰雷达波长的若干倍)的箔条,达到增大带宽和实现对各种频段雷达进行干扰的目的。

为了对任何极化的雷达均能有效地进行干扰,要求在空中投放的箔条是随机取向的。实际上,由于箔条的长短、材料和形状的不同,在大气中具有各自的运动特性。均匀的、短的半波长箔条,在空中基本上都是水平取向和旋转下降。这种箔条对水平极化雷达的干扰效果较强,对垂直极化雷达的干扰效果较弱。长的或经过加工的短箔条,在空中的运动规律可能完全是随机的。短箔条在刚投放时,因受飞机湍流的影响也可能完全是随机的,它们都能对各种极化的雷达造成有效的干扰。

箔条包用装在舰船上的专门投放器来投放。使用的投放器有机电式投放器、引爆式投放器、自动切割投放器和火箭(火炮)投放系统等。机电式投放器是由电动机、投放机构(或弹射机构)构成的箔条投放装置。引爆式投放器是利用点燃火药产生的气体将装在箔条干扰弹内的箔条投射出去的装置。自动切割投放器是用测频控制、切割、供料装置构成的,它按测定的频率自动切割箔条。火箭(火炮)投放系统是将箔条装在设有不同延时引信的火箭(火炮)弹的弹头内,并在一定空域爆炸,使箔条形成干扰云。通常,投放器均与雷达告警设备连接,可以自动控制投放箔条干扰弹和人工控制投放箔条干扰弹。

2. 红外干扰弹

目前许多反舰导弹都采用 IR 导引头,如冥河、蚕式、AGM－118 和 SASM－2 导弹(日本)等。老式 IR 寻的"热点"是发动机废气(3～5 μm),而新式导引头主要寻的是舰壳体和上部结构产生的长波(8～14μm) 辐射。

红外干扰弹在燃烧时形成的红外频谱特征与被保护目标相似,而且辐射能量几倍于被保护目标,从而欺骗或诱惑敌方红外探测系统或红外制导系统。作为舰载红外诱饵对抗系统,干扰弹的燃烧时间要长且能真实模拟航行舰艇的特征,投放系统必须采用多发齐射的大面积红外干扰方式,应采用复合光电对抗系统(0.8～2.5 μm,2.5～8 μm 和 8～14 μm 多波段面源复合诱饵弹＋箔条)。

5.5.3　干扰工作原理

1. 对抗决策原理

侦察告警设备侦收到的雷达信号,经过处理和分选,送往电子战显控台与战术指挥台进行显示,当符合告警条件时自动发出声、光告警。侦察告警设备的干扰控制单元接收威胁告警信息,并根据本艇航速、航向、风速、风向等数据,通过战术决策选择作战方案,确定干扰弹的干扰样式、发射舷向、发射弹种、舰艇规避的航速和机动方向建议。同时按照发射命令、装弹信息,自动选择发射装置座号和管号,发出点火脉冲,发射干扰弹。

2. 质心干扰原理

在舰艇附近,形成一个与本舰艇雷达反射截面积相当的箔条云或与本舰艇红外辐照强度相当的红外诱饵源。形成的假目标与本舰艇(或被保护的舰艇) 必须同时落在来袭导弹的制导导引头的波束或红外跟踪视场内,由于导引头对波束内或视场内的两个目标无法区分,导引头只能跟踪真假两个目标的等效能量中心,即"质心"。这样干扰弹发射出去后,在预定的空间炸开并形成干扰源,利用干扰源与本艇的质心效应,致使敌反舰导弹偏离本艇或改向攻击假目标,破坏或降低其命中率,达到保护本艇安全的目的。舰艇机动航行的目的是将舰艇在来袭导弹目标的反射面积减小,同时远离假目标,最终使质心位置逐渐远离本舰艇。

3. 冲淡干扰原理

冲淡干扰方法需要掌握好时机,即需要知道导弹已经发射,并且在来袭导弹末制导开机之前形成干扰云。冲淡干扰是适时地将干扰弹发射到本舰艇上空,在舰艇周围形成多个干扰云,以冲淡或降低来袭导弹对本舰艇(被保护舰艇) 的捕获概率。

第二篇

潜　艇　篇

第6章 潜艇指控系统概述

指挥控制系统(Command and Control System)简称为C^2系统，在国家军用标准(简称国军标)GJB175.5—87《舰艇及其装备术语——指挥控制系统》中的定义为:“根据分配的任务，指挥员对所属部队实施作战指挥、控制所必需的设备、软件和人员的总称。”潜艇指控系统(Submarine Command and Control System)是潜艇作战情报指挥和武器控制系统的简称，也是一种舰艇综合指控系统，其主要功能是情报综合处理、辅助指挥决策和武器综合控制。潜艇指控系统作为潜艇作战系统的情报、指挥和控制中心，是实现传感器到武器系统有机结合的黏合剂，其功能、性能的好坏直接影响潜艇作战效能的发挥。

本章将针对现代典型潜艇指控系统特点，介绍潜艇指控系统的基本功能、组成、性能指标及其典型工作过程，综述潜艇指控系统发展情况及发展趋势，为后续章节深入讨论潜艇指控系统原理奠定必要的基础。

6.1 潜艇指控系统的基本功能和组成

6.1.1 基本功能

通常，潜艇指控系统的作战使命是接收本艇传感器所获取的目标、环境和本艇信息，接收来自通信系统的外部信息，完成情报综合处理(包括数据融合、目标识别等);提供作战信息显示，辅助作战指挥决策;解算目标运动要素，计算武器射击诸元，完成导弹、鱼雷、水雷、水声对抗器材发射控制和线导鱼雷导引。

为了满足其完成作战使命的需要，潜艇指控系统须具备以下基本功能:

(1)信息接收与发送功能

接收本艇导航系统或设备提供的本艇位置、速度、航向、纵横摇、潜深等信息;接收本艇声呐、雷达、潜望镜等系统或设备获得的目标位置和特征信息;接收本艇声呐系统或设备提供的声速、深度数据;接收通信系统(包括数据链、卫通、甚低频等信道)透明传送的外部战术数据(目标、战术命令、图像等);在特定条件下，通过通信系统向外部平台发送本艇位置、目标等信息。

(2)信息处理和融合功能

对来自本艇声呐、雷达、潜望镜等传感器的信息进行综合处理;对来自潜艇外部的战术数据进行综合处理;对本艇和外部信息进行融合处理，获得统一编号的系统目标信息表，形成作战综合态势。

(3)辅助指挥决策功能

对本艇活动海区的水声环境进行分析，提供战术水声决策有关参数，供潜艇指挥员决策参考；在对本艇探测目标和外部目标信息、环境信息、本艇有关信息进行综合分析的基础上，对目标的威胁程度和可攻性进行判断，并进行攻防决策；提供攻击或防御行动的优化方案，辅助潜艇指挥员进行鱼雷攻击、导弹攻击、防御反潜兵力以及对来袭鱼雷的防御决策；进行各种战术机动参数的计算。

(4)敌我态势及参数显示

显示敌我态势图、目标的时间方位曲线图、武器攻击阵位图、鱼雷攻击等概率阵位图以及对线导鱼雷的导引控制图等。

表页显示各类战术数据及有关传感器和武器的工作状态。

(5)目标运动要素解算功能

配备解要素算法和人机交互界面模块，对攻击目标进行运动要素自动解算或人工修正解算；推荐用于纯方位解算的本艇机动优化方案；对机动目标进行机动判断并跟踪。

(6)武器射击诸元计算

完成中近程反舰导弹发射诸元、鱼雷自导方式和线导方式发射诸元、水下防御(防兵力和防鱼雷)器材发射诸元、对空防御导弹及机关炮射击诸元的计算。对确定的防御目标(含鱼雷)，计算和确定本艇机动航向、速度和潜深。

(7)航路规划

完成远程反舰导弹以及对陆攻击导弹攻击路线的优化设计与计算，使得导弹的突防概率和命中概率达到最大。

(8)武器通道组织和武器射前检测

对确定的攻击目标和决定使用的武器及发射装置建立通道，完成鱼雷、导弹武器的射前检测。

(9)武器发射控制

按武器发射流程要求，完成武器发射控制。

(10)武器导引

线导鱼雷(对空防御导弹)发射后，按选定的导引算法，根据声呐(红外或潜望镜)提供的目标方位以及线导鱼雷(导弹)反馈的目标位置和航向(图像信息)，不断计算导引指令并通过导线传给鱼雷(导弹)，将鱼雷(导弹)导向目标(反潜直升机或反潜巡逻机)至鱼雷(导弹)自动头捕捉住目标。

(11)数据库服务功能

完成数据库系统管理与维护，为作战系统提供数据库服务功能。

(12)模拟训练功能

与传感器模拟器、导航参数模拟器和武器模拟器协同工作，完成对武器作战过程的模拟，满足部队训练及作战系统调试检查应用需求。

(13)记录、重显功能

记录实战或训练过程中的有关命令及数据，并能重显，供事后分析、评估之用。

(14)检查、诊断功能

具备对主要设备的自检和故障诊断功能。

6.1.2　组成

根据使命任务及作战能力要求不同,潜艇指控系统通常由情报显控台、指挥显控台、武器显控台、数据库服务器、鱼雷发控仪、导弹发控仪、声抗发控仪等组成,典型组成如图 6-1-1 所示。潜艇指控系统通过对相关台位功能进行合理配置,形成一个有机整体,各台位密切配合共同完成作战指控任务。

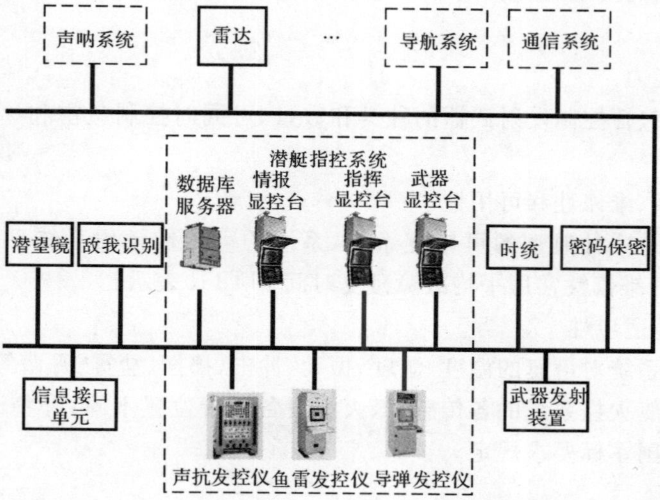

图 6-1-1　潜艇指控系统典型组成

6.2　潜艇指控系统的性能要求

性能指标是潜艇指控系统能力强弱的直接体现,是系统综合论证的主要内容之一,以研制任务书的形式由军方和研制主管部门联合下达给订货方和承制方,作为产品订货、设计和制造以及试验验收的主要依据。它主要包括以下几个方面:

(1)处理目标能力

这是一个反映系统信息处理能力的重要指标,它与传感器配置的数量、类型、性能直接相关。在技术上由采用的计算机性能及适用的工程化算法来保证,主要包括能实时处理各种传感器探测目标批数、目标运动分析批数、处理通信系统送来的外部目标批数等指标项目。

(2)目标运动要素解算批数

目标运动要素解算批数即同时解算目标运动参数的目标批数。

(3)系统的精度

系统的精度主要指目标要素和武器射击诸元的精度。它既取决于传感器提供的目标数据的误差大小、数据率，也取决于指控设备采用算法模型的性能。该项指标直接决定着武器的预期使用效果。该指标也与系统的反应时间相关，特别是在潜艇仅能获取纯方位目标信息时。

当潜艇发射直航鱼雷攻击目标时，对目标要素和射击诸元精度有较大的依赖性。而当潜艇使用自导鱼雷、线导鱼雷和反舰导弹攻击目标时，对目标要素和射击诸元精度的要求相对较为宽松。

(4)系统反应时间

当对本艇传感器探测目标进行攻击时，指控系统反应时间是指指控系统从接收到本艇传感器连续稳定跟踪数据到计算出满足精度要求的目标运动要素或武器射击诸元所需的时间。其中，精度要求是为了保证武器具有预定的使用效果。对于直航鱼雷，指一定的命中概率；对于制导武器，指一定的发现(捕获)概率。通常，指控系统的反应时间主要指解算目标运动要素的时间。

(5)武器控制能力

武器控制能力包括控制发射武器的种类和数量、可同时控制鱼雷和导弹攻击目标批数等指标项目。

(6)系统可靠性、维修性和可用性

潜艇火控系统是一种典型的可修复系统，系统的可靠性常用系统平均无故障工作时间MTBF表示，系统的维修性常用平均故障修复时间MTTR表示。

(7)系统的环境适应性

该项指标表征系统对潜艇的温度、湿度、振动、冲击、摇摆、盐雾、霉菌等及电磁环境的适应能力。由于组成潜艇火控系统的各传感器、火控设备配置位置不同，有些设备还在舱外，因此通常分别根据相关国军标要求规定。

6.3 潜艇综合指挥与火力控制过程

综合指挥和火力控制典型过程为情报显控台接收相关信息，完成情报综合处理，形成统一战术态势；指挥显控台进行水声环境分析，辅助指挥员完成攻防决策，明确攻防方案，即确定攻防武器类型、通道、本艇占位机动方案(非必须)等；武器显控台完成目标运动要素解算，在武器显控台协同鱼雷发控仪(台)、导弹发控仪(台)、声抗发控仪等设备完成鱼雷攻击、导弹攻击、水雷布放及综合防御等作战过程。

(1)情报综合处理

潜艇指控系统接收时统信息、本艇导航信息和声呐、雷达探测的目标信息，进行分类、相关、融合、编批、目标运动分析、航迹管理、鱼雷报警等处理，完成本艇信息综合，并对异常情况进行监视，必要时潜艇指挥员可以通过指控系统组织雷达等传感器对目标进行探测。

指控系统接收到外部目标信息后，实时对外部目标信息进行误码处理、时空一致处理、融合、编批、航迹外推、航迹管理、航迹优化等处理；指控系统接收并处理外部指挥命令。进行本艇和外部数据融合，并对目标统一编批，建立统一的战术态势，提供综合态势图形和数据显示。主要工作流程如图6-3-1所示。

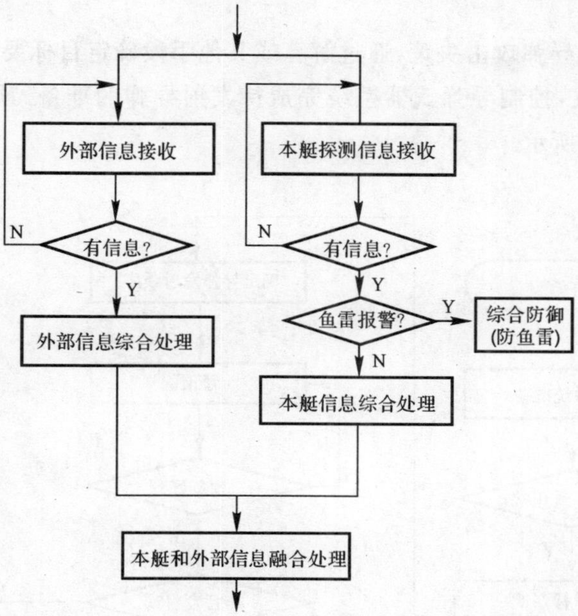

图 6-3-1 情报综合处理流程图

(2)指挥决策

在作战过程中,战术应用软件根据综合的战场态势、武器装载情况进行辅助指挥决策,适时提供辅助指挥决策结果。主要工作流程如图 6-3-2 所示。

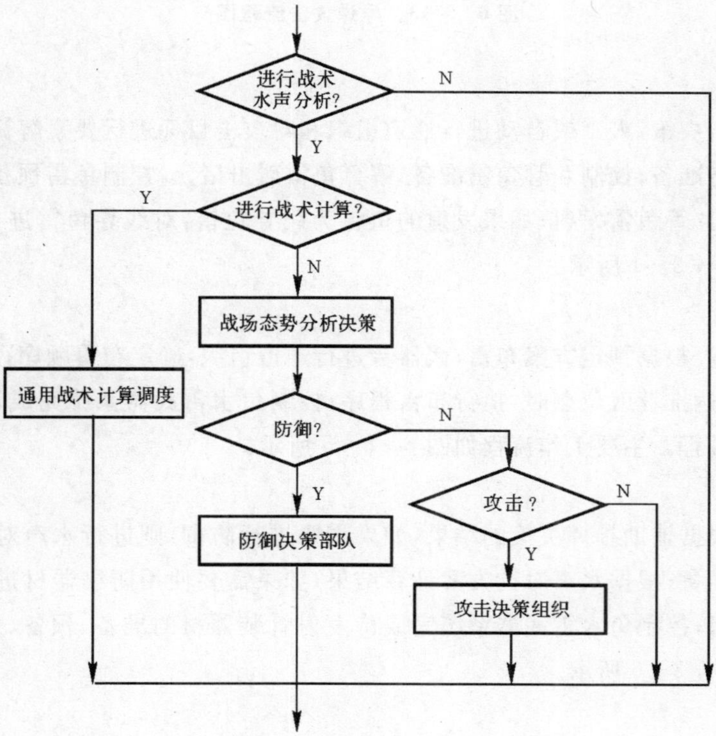

图 6-3-2 指挥决策流程图

(3)导弹攻击

在指挥显控台进行导弹攻击决策,通过解算或其他手段确定目标要素,指控显控台将目标要素发送给导弹发控仪,控制导弹武器系统完成待发射导弹的准备、预备、发射等作战过程。典型流程如图 6-3-3 所示。

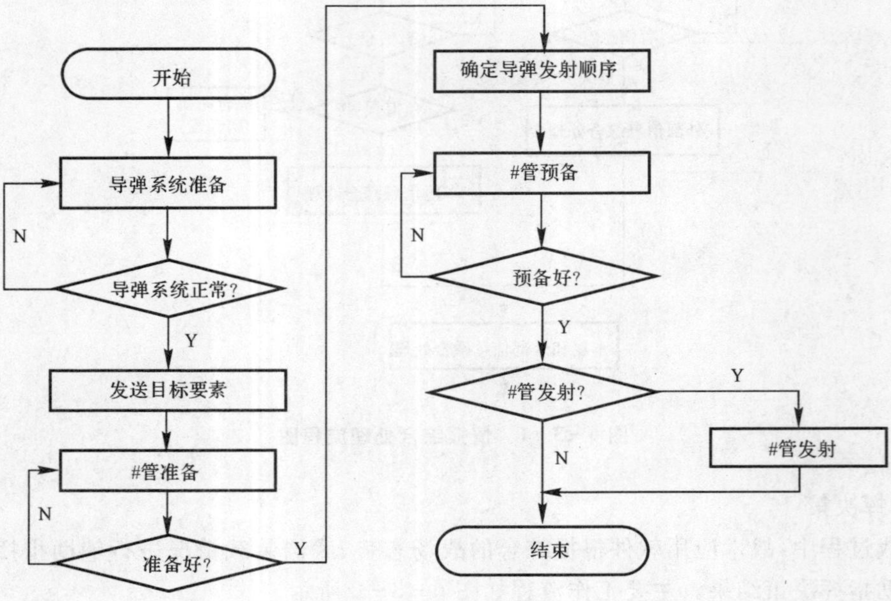

图 6-3-3 导弹攻击流程图

(4)鱼雷攻击

进行鱼雷攻击决策,人工或自动进行通道组织和对攻击目标进行要素解算;控制鱼雷武器系统进行鱼雷攻击准备;控制＃管鱼雷准备;解算鱼雷射击诸元,控制鱼雷预备,并完成鱼雷发射参数设定;控制＃管鱼雷发射;如果发射的鱼雷为线导鱼雷,对线导鱼雷进行导引控制。主要工作流程如图 6-3-4 所示。

(5)水雷布放

计算布雷方案,根据预定方案布雷;武器台进行通道组织,确定布雷顺序;控制本艇到布雷就位点,当本艇到达推荐就位点时,执行布雷程序;控制鱼水雷武器系统完成待发射鱼雷的准备、预备、发射等过程。主要工作流程如图 6-3-5 所示。

(6)综合防御

潜艇指挥员根据辅助指挥决策的结果,如果需要进行防御,则进行水声对抗方案计算;控制水声对抗系统准备;根据水声对抗方案计算结果,如果需要使用防御器材进行防御,则进行水声对抗通道组织;控制鱼水雷武器系统完成待发射管装器材的准备、预备、发射等过程。主要工作流程如图 6-3-6 所示。

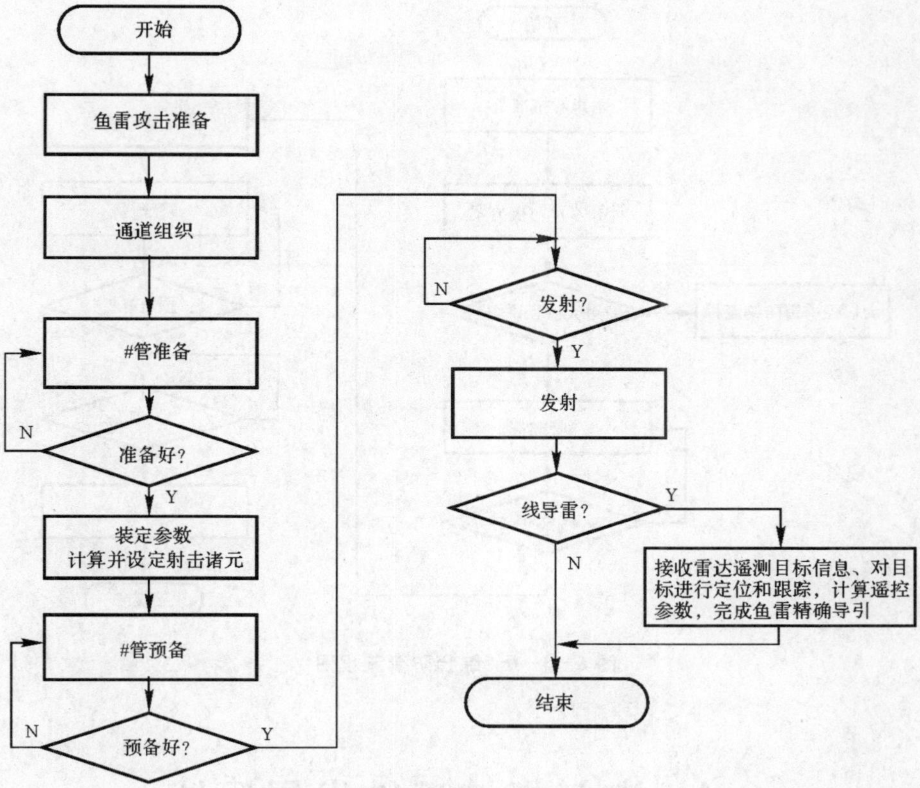

图 6-3-4　鱼雷攻击流程图

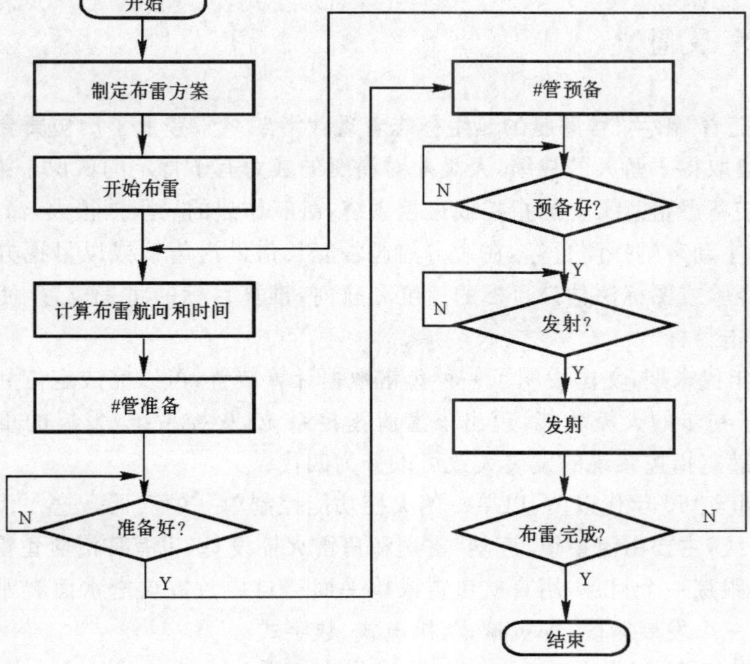

图 6-3-5　水雷布放流程图

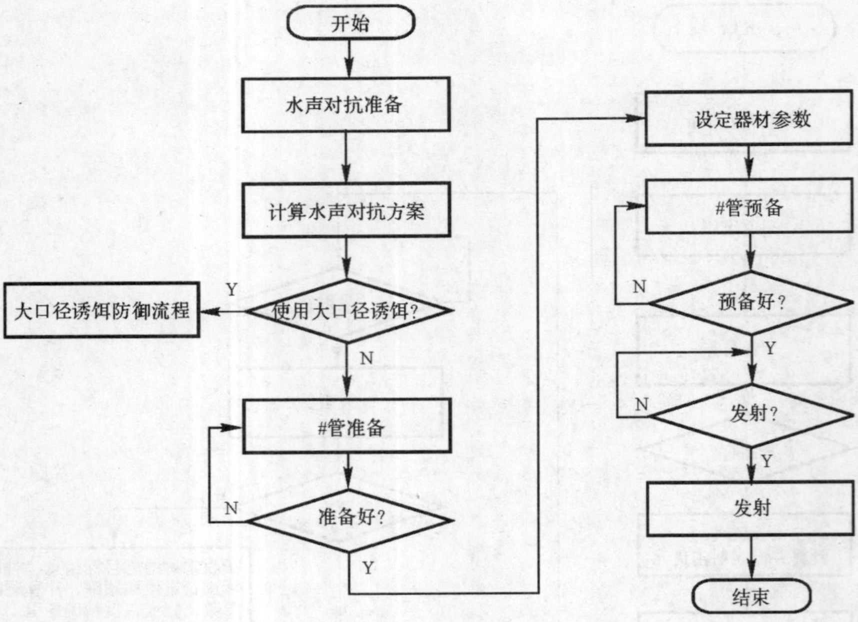

图 6-3-6 综合防御流程图

6.4 潜艇指控系统发展概述

6.4.1 发展简史

19 世纪末,随着“霍兰”号潜艇的诞生标志着现代潜艇终于登上了历史舞台。但直到第一次世界大战,潜艇取得了骄人的战绩,人类才对潜艇的威力有了肯定的认识。第一次世界大战期间,潜艇没有装备严格意义上的指控或火控系统,潜艇作战的局限性很大,命中概率也不高,其作战主要依靠主动声呐探测目标,在射击前通常艇长借助潜望镜或以目视方式获得目标方位和距离,凭借经验或图标法估计目标的速度和航向,推算目标的将来位置,使用作用距离很近的直航鱼雷攻击目标。

20 世纪 20 年代末期,美国发明了一种鱼雷数据计算装置,可以完成定位和角度计算两种功能,潜艇具备了初步的火控功能,迈出了潜艇指控系统(火控系统)发展的重要一步。直到 21 世纪的今天,潜艇指控系统的发展大致可以分为四代:

第一代:20 世纪 60 年代以前,以单一的火控功能控制单一的武器。这一代的指控系统核心是鱼雷火控系统,主要由潜望镜、声呐、雷达和鱼雷火控设备(也有称潜艇鱼雷指挥仪)组成,通常只能探测和跟踪一个目标,用直航鱼雷或单平面声自导鱼雷攻击水面舰船。第一代鱼雷火控系统又包括三个发展阶段,即机械式、机电式、数字式。

第二代:20 世纪 50 年代末至 70 年代末,以作为情报与火控功能综合一体的潜艇集中式作战情报与火控系统为代表,由它作为核心,与探测、导航、通信和武器等分系统组成联邦。这种联邦体属第二代潜艇指控系统的典型。这时的指控系统可以控制多种武器，对付多个目标。

第三代：20 世纪 70 年代末至 80 年代末，潜艇上开始装备指控系统。它具有相对独立和较完善的情报综合处理、辅助指挥决策、武器综合控制功能。在功能上完全涵盖并大大拓展了传统意义上的潜艇火控设备，采用了数字计算机、分布式结构，电子设备开始向模块化方向发展。典型的系统有美国的 CCS MK1/MK2、英国的 DCB/DCC/DCG、德国的 ISUS83、俄罗斯的 МВУ－110Э 等。这些系统均已具备潜艇 C^2 系统的主要特征并与当时潜艇的作战任务和装备的传感器、武器相适应。

第四代：20 世纪 80 年代末至今，潜艇装备全分布式指控系统。随着潜艇新的作战需求及潜艇传感器、武器、计算机、通信技术的不断进步，潜艇指控系统在功能和性能上有了巨大的发展。以美国的 $NSSNC^3I$、英国的 ACMS、俄罗斯的 ЛИТИЙ－Э、法国的 SUBTICS、德国的 ISUS90、瑞典的 9SCMK3、挪威的 MSI－90U MK2 为代表的典型系统，已在不同程度上具备了潜艇 C^3I 系统的基本特征。尽管这些系统由于各国海军习惯不同而有不同的名称，如在美国，称之为潜艇 C^3I 系统，在英国、瑞典称之为潜艇作战管理系统，也有不少国家沿用潜艇指控系统的称谓，但从技术内涵而言，已发展成为 C^3 系统。

6.4.2　发展趋势分析

结合现代潜艇指控系统发展状况，尤其是国外新型潜艇作战指控系统特点可以看出，潜艇指控系统发展趋势如下：

(1)支持协同作战

未来海上局部战争将面临复杂的作战环境，潜艇必然需要在多兵力协同条件下打击各种目标。如美国的 $NSSNC^3I$ 系统能与国家级 C^4ISR（指挥、控制、通信、计算机、情报、监视和侦察）系统链接，能与联合海上指挥情报系统(JMCIS)完全兼容并保证潜艇能与其他舰艇、潜艇、飞机和地面部队协同作战，能与其他平台共享实时信息，从而极大地扩展了潜艇作战平台能够获得的信息量和信息范围。

另外，艇群协同作战的模式也是将来潜艇发展的重要方向，指控系统需要解决艇群协同作战相关技术，重点解决包括协同作战指挥、协同定位、协同打击等关键技术。

(2)支持远程精确打击

潜艇实施远程精确打击的能力，包括对海上活动目标和对岸固定目标两大类。美国的 $NSSNC^3I$ 系统、英国的 ACMS 系统均能控制“战斧”巡航导弹，完成远程精确打击；俄罗斯的 УИТИЙ 系统、装备在以色列“海豚”级潜艇上的德国的 ISUS 90－1 系统，也均能支持潜射反舰导弹攻击远程海上活动目标。

(3)水下无人作战平台的控制使用

水下无人作战平台(UUV/AUV)可承担一定的侦察和探测任务，并可具有一定的攻击能力，它的出现和使用赋予了潜艇一种新的作战模式（“远离”模式）。国外新型潜艇指控系统设计时大多考虑了对水下无人作战平台的指挥引导，并充分利用其获取回传的信息，以提高潜艇作战的生存概率。在未来网络中心战体制下，水下无人运载器将能成为远程传感器网中的一个节点，分享整个网络信息，显著提高海军的作战能力。

(4)综合利用数据库先验信息

从潜艇自身的特点来看，仅靠潜艇的探测设备所获得的探测信息对于作战决策等是远远不够的，建立数据库并使之成为系统各种设备的共享资源，支持电子海图、海洋水文资料、目标特性数据资料的积累、更新和利用，能够有效提高目标综合识别、预测传感器作用距离、远程巡航导弹航路规划生成、辅助指挥决策算法、潜艇水下安全航行等功能的可实现性。

(5)系统功能高度综合

装备在美国弗吉尼亚级攻击型核潜艇上的 $NSSNC^3I$ 系统是目前世界上综合程度最高的潜艇 C^3I 系统。它几乎综合了潜艇上的所有电子设备，形成了一个以光纤局域网连接的全分布式处理系统，形成了一个资源共享、高效可靠的整体。

(6)采用商用流行技术

现代潜艇指控系统不同程度地采用了 COTS 技术。它有两个含义：一是软硬平台广泛采用 COTS 技术；二是系统集成设计开发时引入商用的标准和规范。引入 COTS 技术可以降低采购费用，减少综合开发风险，缩短开发时间，提高系统性能并获取更多的潜在支持。

(7)采用软件中间件及构件技术

中间件作为潜艇指控系统应用软件系统集成的关键技术，保证了构件化思想实施，并为构件提供了真正的运行空间。目前，商用流行的中间件规范包括由 Microsoft 公司提出的对象构件模型 COM/DCOM、由 OMG 提出的 CORBA 以及由 Sun 公司推出的 EJB。其中 CORBA 作为开放式标准规范已被美国海军纳入到其系统软件体系结构中，并已有成功的应用实例。在中间件技术的支持下，采用构件化技术进行潜艇指控系统软件开发，可实现软件构件的“即插即用”，提高效率，节省硬件资源，支持构件的灵活升级和系统功能扩展，降低软件系统的维护成本。

第 7 章 潜艇信息源

7.1 潜艇声呐

声呐是“Sonar”一词的音译，它由英文 Sound、Navigation 和 Ranging 的缩写组成，意为声导航与测距。现在的声呐早已经超出了原来的含义和内容。凡是利用声波对水下目标进行探测、定位、跟踪、识别，包括进行通信、导航制导、武器射击指挥等方面的设备都属于声呐范畴。

声呐技术的研究开始于第一次世界大战末期，在第二次世界大战中得到应用，其迅速发展则是在第二次世界大战后。一方面是潜艇水下活动能力增强，特别是 20 世纪 50 年代中期出现了导弹核动力潜艇，对(水面舰艇)声呐探潜能力的要求大大提高；另一方面，随着电子技术的飞速发展，许多设备实现了小型化、自动化和高速化，为声呐技术发展提供了有利条件，尤其是数字技术与电子计算机的应用，使声呐技术出现新的飞跃，达到新的水平。

60 年代初期出现了一批新型声呐，其特性是采用低频、大功率、大尺寸基阵和信号处理技术；主动采用水声传播规律，使声呐作用距离大幅度提高。到了 70 年代以后，由于集成电路、大规模集成电路的出现，数字计算机迅速进入声呐领域，研制出了全数字化声呐，在信号处理、可靠性、可维修性方面取得很大进步，并进一步向综合化和自动化发展。

声呐可以按不同方式进行分类。按工作原理或工作方式，可分为主动声呐和被动声呐。如回音站、测深仪、水深通信仪等可归为主动声呐；而噪声站、侦察声呐、被动测距声呐等则归入被动声呐。但也有些声呐既具有被动接收声信号功能又具有发射主动声信号的功能，如综合声呐。按装备平台可分为舰用声呐、潜用声呐、岸用声呐、航空吊放声呐和浮标声呐、海底声呐等。按布阵位置可分为舰壳声呐、拖曳声呐、吊放声呐、浮标声呐等。按作战用途可分为警戒声呐、攻击声呐、探雷声呐、侦察声呐、导航声呐、通信声呐等。

声呐技术主要指标有作用距离、探测方位角和高低角范围、盲区、方位分辨率、定位精度、跟踪目标数目、可靠性与可维修性等。

潜艇在水下航行依靠声呐来观察和听测周围的情况，为了海战的需求，声呐需要提供探测、定位、识别、通信、侦察、导航、环境测量等多种功能。声呐对于潜艇具有其特殊的重要性，潜艇总体设计者总是在艇上留出大量的安装空间和提供良好的安装平台安装各种声呐，并保证它们最大限度地发挥作用。

潜用声呐是潜艇上装备的主要传感器，潜艇水下航行时的观测和通信器材主要依赖声呐，因而声呐在潜艇上的地位显而易见。对于战术潜艇，声呐的主要功用是为鱼雷武器、导弹武器等的射击指挥提供水中目标的定位信息，另外是承担水中目标的探测、警戒、跟踪、通信、识别等任务。

潜艇上虽然装有各种类型的声呐，但是为了保证潜艇活动的隐蔽性，主要使用被动声呐不断地对潜艇周围海区进行搜索。其主动声呐一般只在实施攻击前短时间使用，即使投入工作也须尽可能经常改变工作频率，以防敌方发现。近几年被动测向、测距、识别等技术得到大幅度提高，从而使潜艇可以完全依靠被动声呐完成目标定位、测距、识别以及引导水下武器进行攻击等任务。

在潜艇上，单装一部声呐不可能实现所有的功能需求，这就要求在艇上安装多部声呐。潜艇上的声呐主要有综合声呐、测距声呐、舷侧阵声呐、拖曳声呐、侦察声呐、通信声呐、探雷声呐等，多部声呐组成声呐系统。

7.1.1 综合声呐

综合声呐是潜艇声呐系统的最主要声呐，包括主动和被动声呐(或功能)，所具有的功能满足多种战术功能的要求，在潜艇中承担重要的任务，主要包括以下方面：

实施噪声警戒和搜索，发现并跟踪水面、水下目标，对目标进行分类、测定方位；对目标主动声呐脉冲信号实施侦察，测定其方位和主要参数；对来袭鱼雷实施报警，并测定其方位；进行定向主动发射声信号，测定目标距离；测量声速-深度数据，并解算、描绘声线轨迹等。

(1)主要功能

①噪声测向：对噪声目标进行搜索、警戒和跟踪，并测定目标方位。

②目标类型识别：在稳定跟踪目标后，判别目标类型，提供 Demon 分析。

③侦察声脉冲信号：对目标主动声呐脉冲信号实施侦察，测定其方位和主要参数。

④鱼雷报警：对来袭鱼雷实施报警，并测定其方位。

⑤回声测距：进行定向主动发射声信号，测定目标距离。

⑥水声数据测量：测量声速-深度数据，并解算、描绘声线轨迹等。

(2)组成原理

综合声呐由接收阵、发射阵、声速-深度探头、接收系统、发射机、显控台等组成。

综合声呐的水下声阵安装于艇艏，分发射阵和接收阵。发射阵有圆柱阵、球阵等形状，一般安装于鱼雷发射管上方；接收阵有圆柱阵、共行阵，安装于鱼雷发射管下方。舱内设备有发射机、前置预处理机、信号处理机。

(ⅰ)基阵

综合声呐基阵由接收基阵和发射基阵组成。接收基阵是被动工作方式的水下声电转换装置，依靠其特定的指向性在探测空间接收来自目标的声信号，并将其转换成电信号。发射基阵是主动工作方式的水下电声转换装置，按一定要求将电信号转换为水中声信号发射出去，在水中形成声场分布。以下以圆柱阵为例说明接收基阵和发射基阵的构成。

接收圆柱阵由接收水听器、反声软障板、接线盒、基阵架等组成，接收阵圆周均匀布放多条水听器，水听器数量根据需要确定，有 64、72、128 条等，组成每条水听器的水听器个数不同，相邻两条之间垂直方向错开排列。圆柱阵有效工作面上敷设反声软障板。在基阵架内部置有耐压接线盒，每个水听器电缆接入耐压接线盒，有些声呐在内压接线盒内有一级低噪声放大器，放大且转换为低阻抗信号(以利于小信号的远距离传输)通过进舱电缆接入舱内的前置预处理机柜。

接收圆柱阵既要保证基阵性能达到技术指标又要尽可能减少阵元数量。接收阵中采用反声软障板以及波束控制技术都是为了增大空间增益，以便保证工作时能尽可能排除干扰而接收有用的信号来增加声呐站的作用距离。

发射阵全圆周均匀布放多条发射换能器，换能器条数、每条换能器的个数根据需要确定，有 24、32 条等。耐压接线盒一般放置在基阵架内部，通过进舱电缆与发射机功放连接。每条换能器的各个换能器输出后与匹配变压器相连，并联后利用自耦变压器实现调谐，变阻后再与发射机相连接保证有足够声能辐射到预定空间。

（ⅱ）发射机

发射机是向发射换能器提供高能电信号的电子设备，主要由发射控制器与信号源、功率放大器、功率电源、转接装置等部分组成。

（ⅲ）接收处理及设备

接收与处理设备的任务是对来自基阵的信号进行加工处理，提取有用信息，并将其转换成人能识别的听觉、视觉信号。综合声呐的接收处理过程如图 7-1-1 所示。

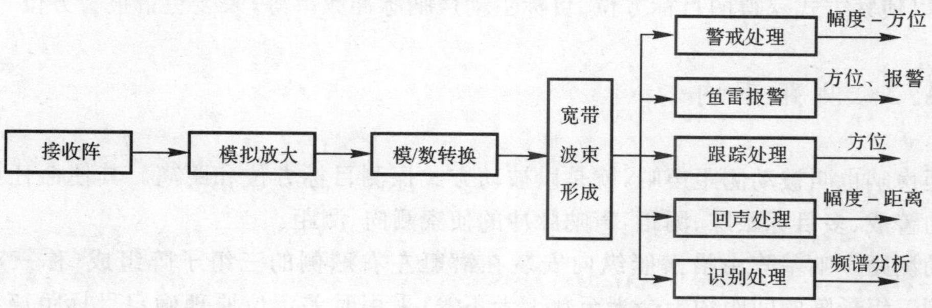

图 7-1-1　综合声呐接收处理框图

综合声呐接收处理设备包括前置预处理机（信号调节器）、信号处理机两大部分。

前置预处理机的任务是完成低基阵信号噪声放大、阻抗变换、增益控制、抗混滤波盒模/数转换，最后将数字信号送到信号处理机进行处理。前置预处理机主要由前置放大器、时变增益控制（TVG）、带通滤波器、补偿放大器、自动和手动增益控制、模数转换等部分组成。

信号处理机是声呐的处理核心，其任务是完成波束形成、前端处理、目标参数估计、收听处理和后置处理。

信号处理机主要由数据传输接口板、波束形成单元、数字滤波单元、信号处理单元和主控机组成。其结构和规模主要由水下声阵阵型、阵元数、信号处理带宽、信号处理算法和选定的核心处理技术等来决定。小规模的信号处理机只需要一块处理板就能完成全部处理任务，大规模的信号处理机可能需要几十块处理板，多个插件机箱，采用分布式体系结构，如图 7-1-2 所示。

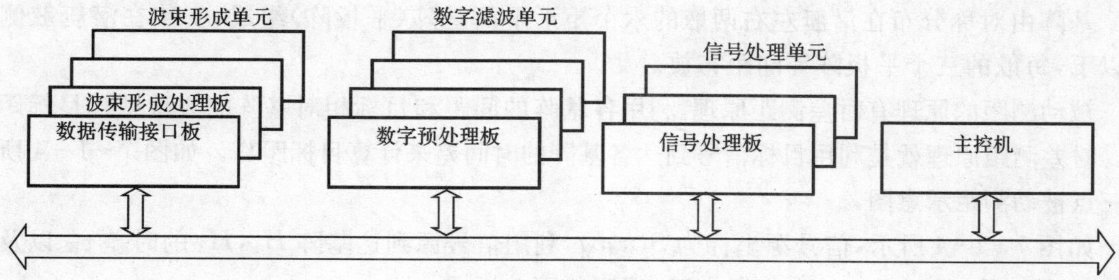

图 7-1-2　信号处理机结构

(3)性能指标

作用距离和测向精度是声呐最重要的效能指标。作用距离受声呐环境影响，因此当谈及声呐最大作用距离时通常要使用条件，如水文条件、本潜艇航速、目标声源级，严格地讲，还应该以声呐的发现概率和虚警概率为前提条件。声呐作用距离可以通过求解声呐方程来估算，这是声呐参数设计的一种逆运算。

测向精度是声呐的另一个重要指标，它影响着目标定位跟踪乃至决策和武器打击效果。测向精度与测向方法有关，不同的测向方法有不同的测向精度，因此测向误差需要参照相关的测向方法进行估算。

(4)提供信息

综合声呐提供的信息是以噪声方式获得的目标方位、目标类型；以主动方式获得的目标回音距离；以侦察方式获得的目标方位、目标主动声呐脉冲频率等；来袭鱼雷报警方位。

7.1.2 测距声呐

测距声呐也叫被动测距声呐，就是以被动方式探测目标方位和距离。其使命任务是被动噪声测向警戒、多目标跟踪、测距，声呐脉冲的侦察测向、测距。

被动测距声呐基阵由沿潜艇纵向安装在潜艇左右舷侧的三组子阵组成(称三对板阵组成)，各侧三组子阵的间距约十余米至数十米不等，采用时差定位原理确定目标距离、方位，测距精度取决于子阵间距离、工作频率、频带宽度以及目标舷角和距离，目标在艇两侧正横处时测距精度较高，而艇艏和艇艉是盲区。

被动测距声呐由水下基阵、前置放大单元、预处理机柜和信号处理机柜组成，如图 7-1-3 所示。

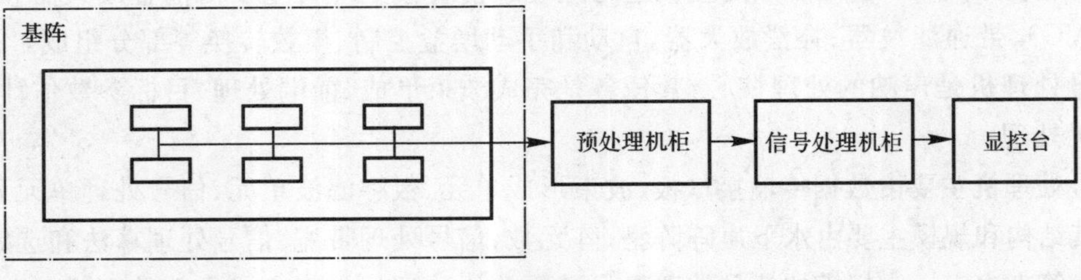

图 7-1-3 被动测距声呐组成框图

基阵由对称分布在潜艇左右两舷的六个矩形平面基阵(平板阵)组成，安装在潜艇舷侧水线以下，每舷的三个平板阵等间距布放。

被动测距的原理有时差测距原理、利用各基阵的间距和目标相对基阵的方位估计目标距离等。时差测距原理就是利用目标信号到达各基阵的时间差来计算目标距离。如图 7-1-4 所示是三点被动测距示意图。

如图 7-1-4 所示，信号源坐标为 $S(a,b)$，利用信号源到达基阵 H_1,H_2 的时差 τ_{12} 以及到达基阵 H_2,H_3 的时差 τ_{23}，由勾股定理，得到如下关系式：

$$R-[(a-d)^2+b^2]^{1/2}=C\tau_{12} \tag{7-1-1}$$

$$[(a+d)^2+b^2]^{1/2}-R=C\tau_{23} \tag{7-1-2}$$

$$R=(a^2+b^2)^{1/2} \tag{7-1-3}$$

解得距离为

$$R=\frac{2d^2-C^2(\tau_{12}^2+\tau_{23}^2)}{2C(\tau_{23}-\tau_{12})} \tag{7-1-4}$$

式中，C—— 声音在海水中的长波速度；

d—— 相邻两基阵间的距离。

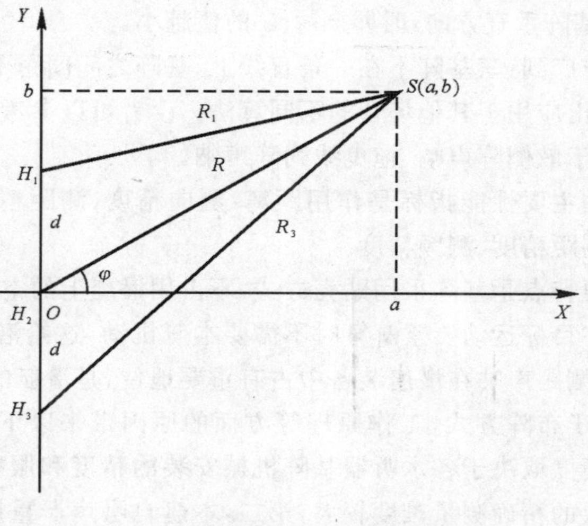

图 7-1-4　三点时差测距原理

公式(7-1-4)说明了如何由时差 τ_{12}，τ_{23} 估计出距离 R 的值。我们还能估计出入射角 φ 的值，但推导要稍微复杂些。

由于基阵间距远远小于目标距离，即 $\frac{d}{R}\ll 1$，将式(7-1-1)中 $[(a-d)^2+b^2]^{1/2}$ 项进行 Taylor 展开，舍去 3 次项，得到

$$C\tau_{12}=R[1-(1+x)^{\frac{1}{2}}]\approx R\left(-\frac{1}{2}x+\frac{1}{8}x^2\right) \tag{7-1-5}$$

其中，$x=-2\left(\frac{d}{R}\right)\sin\varphi+\left(\frac{d}{R}\right)^2$。整理式(7-1-5)得到

$$C\tau_{12}\approx d\sin\varphi-\frac{d^2}{2R}\cos^2\varphi \tag{7-1-6}$$

同理，可得

$$C\tau_{23}\approx d\sin\varphi+\frac{d^2}{2R}\cos^2\varphi \tag{7-1-7}$$

由式(7-1-6)、式(7-1-7)以及式(7-1-4)，得到

$$\sin\varphi\approx\frac{C(\tau_{12}+\tau_{23})}{2d} \tag{7-1-8}$$

$$R\approx\frac{d^2\cos^2\varphi}{C(\tau_{12}-\tau_{23})} \tag{7-1-9}$$

式(7-1-8)和式(7-1-9)成立的条件是 $\frac{d}{R}\ll 1$，它们是三点测距和方位估计的基

本公式。

从以上测距和方位估计公式看到，距离和方位估计精度依赖时差 τ_{12}，τ_{23} 的测量精度，由于这些时延量是微量数据，在距离估计公式中，分母含它们之差，因此，时延误差对距离估计影响较大，可以根据距离误差要求推演测量时差的精度。除此外，在进行误差分析时我们还应注意如下事实：

① 目标距离越远，时差 τ_{12}，τ_{23} 的值越小；

② 目标越偏离基阵垂直方向，时差 τ_{12}，τ_{23} 的值越小。

上述方法可以推广到：三基阵不在一条直线上、基阵之间间距不相等以及基阵数大于 3 的情况，依此可以演化出应用于其他场合的不同算法。读者可以参考相关文献。此外，这种测距方法的原理，还适用于舷侧阵声呐、拖曳线列阵声呐。

被动测距声呐的主要性能指标是作用距离，测向精度、测距精度，多目标跟踪，方位分辨力，侦察测向精度、测距精度、测频精度。

测距声呐的主要特点是基阵采用贴壳方式，不占用潜艇上的空间和不破坏艇体线型，以被动方式测向、测距，在目标运动要素解算时不需要本艇机动，这给潜艇的隐蔽攻击带来非常有利的条件，因此被动测距声呐在潜艇装备中占有重要地位，是潜艇的重要传感器之一。这种声呐的不利方面，是由于布阵方式、工作原理等方面的原因带来以下一些问题使其性能受到限制：第一，它的方位精度取决于各水听器基阵机械安装的精度和服役期间保持精度，而艇上各水听器基阵相对位置的精确测量难度较大；第二，本艇自噪声严重影响测距性能，通过一般声隔离方法来降低自噪声也难以达到理想的效果；第三，测距、测向精度依赖目标与潜艇的相对位置，盲区（在潜艇艇艏和艇艉）较大，作用距离也较近，在靠近盲区范围内的测量精度较差。

被动测距声呐提供的信息主要是：以噪声方式获得的目标方位、距离；以侦察方式获得的目标方位、距离、目标主动声呐脉冲频率等。

7.1.3　舷侧阵声呐

舷侧阵声呐是一种低频被动声呐，其探测的噪声信号频率下限一般达到 10Hz，上限达到 2～6kHz，探测性能极佳，作用距离最远可达 50 n mile 甚至更远。它以远程噪声检测、噪声测向和噪声识别为主，可以兼顾噪声测距。这种声呐的水听器布满艇体两舷较平直的部分，不占潜艇空间位置，也不破坏艇体的线型，是一种较理想的阵结构形式；舷侧阵的长度约为艇长的 1/3～1/2，声孔径大，空间增益高，便于使用低声频工作；在艇的左、右舷各布一列阵，不存在空间两重性，没有阵形畸变损失；还可利用艇体垂直空间，获得垂直增益，减少多径干扰的影响。舷侧阵具有多目标自动跟踪（4～15 个甚至更多目标）及早期在远距离对水面舰艇和潜艇低噪声目标快速分类识别的能力。

舷侧阵声呐的研制和装备起始于拖曳线列阵声呐之后，是 20 世纪 80 年代国外海军发展的又一声呐。它的设计思想可能来源于共形阵被动声呐，它是将若干个水听器沿潜艇纵身方向连续排列在两舷侧壳体上形成两列长线阵，因此比起拖曳线列阵声呐，舷侧阵声呐克服了拖曳线列阵的左右舷模糊、拖曳基阵回收和阵型（位）估计困难等缺陷。

由于舷侧阵具有上述独特的优点，国外海军对它的研究相当重视，自 20 世纪 80 年代已有 20 余种舷侧阵声呐相继问世。在美、俄、英、法、德、意、荷兰和以色列新造或现代化改装的核动力和常规动力潜艇上都装备了舷侧阵声呐，并取得良好效果。

为了提高潜艇声呐探测距离，降低声呐探测频率、增大孔径是最有效的途径。舷侧阵声呐就是通过这一途径开发的新一代被动声呐。就其在潜艇上的安装位置而言，系指安装于潜艇两侧的被动接收阵。当前位于潜艇两侧的基阵有两种，一种是连续数十米长的条带阵，包括水听器呈直线排列的线阵（条带很窄）或大面积平面阵（宽约 2 m 的条带）；另一种是安装于两舷侧的三对板阵。广义上说，舷侧阵包括了测向测距的条带式和三板阵式两种被动接收阵。由于条带式接收阵是近年来开发的新型声呐，因此，舷侧阵一般多指条带式被动接收阵。

舷侧阵声呐可以充分利用潜艇长度，其基阵的长度一般数十米，探测距离接近拖曳线列阵声呐，且没有拖曳阵声呐的左右舷模糊问题。舷侧阵声呐通常工作在中、低频段，工作频率从几十赫兹到几千赫兹（如 TSM2253 声呐的工作频率为 100～3 200 Hz）。舷侧阵声呐的功能主要有远程警戒、目标跟踪、被动估距、低频侦察、目标识别、鱼雷报警、声场预报等。

舷侧阵声呐与其他被动测距声呐一样，由水下基阵、前置预处理和信号处理三部分组成，显示与控制由系统统一综合。水下基阵由分布于潜艇两侧的左右两子阵构成，为了远离推进器噪声，安装于潜艇的前部，在两舷耐压壳体外，各水听器模块排列安装，模块的个数几十上百（TSM2253 每舷有 48 个水听器，AN526 有 288 个水听器安装在鱼类发射管下）。

前置预处理完成对水听器信号进行放大、滤波、AGC 及 A/D 变换，为其后的数字信号处理提供一定工作频段和动态范围的数字信号。

信号处理完成对输入信号的滤波、波束形成，实现目标跟踪、低频脉冲侦察、估距、目标类型判别、鱼雷报警等功能。

舷侧阵声呐提供的主要信息有：以噪声方式获得的目标方位、目标类型；以主动方式获得的目标回音距离；以侦察方式获得的目标方位、目标主动声呐脉冲频率等；来袭鱼雷报警方位。

7.1.4　潜用拖曳线列阵声呐

拖曳线列阵声呐也可以分为被动式和主动式两大类，在潜艇上安装的一般只有被动式。拖曳线列阵声呐由湿端和干端两部分组成。湿端包括拖曳阵、拖揽、绞车、释放装置、导向管等，如图 7－1－5 所示。干端包括配电箱、信号处理机、收放控制柜、液压控制阀块。

图 7－1－5　拖曳线列阵声呐湿端组成

拖曳线列阵声呐主要功能是为潜艇进行远程警戒。

拖曳线列阵声呐提供的信息主要有：以噪声方式获得的目标方位、目标类型；以主动方式获得的目标回音距离；以侦察方式获得的目标方位、目标主动声呐脉冲频率等；来袭鱼雷报警方位；拖缆放线长度。

7.1.5　侦察声呐

侦察声呐的任务是探测目标主动声呐脉冲信号，测出其工作频率、所在方位、信号形式和信号的脉冲宽度、重复周期、调制形式等，然后根据目标声呐发射声信号的特点，判断出目标平台类型。

侦察声呐工作频率范围相当宽，频率下限低达1kHz，上限高达80kHz甚至100kHz，几乎7个倍频，测向精度1°，测频精度1%～3%。

侦察声呐由声基阵、前置放大、信号处理三部分组成。

侦察声呐主要提供以下信息：侦察声呐（以侦察方式）获得的目标方位、目标主动声呐脉冲频率等；来袭鱼雷报警方位。

7.1.6 通信声呐

通信声呐承担潜艇水下航行时与协同水面舰艇、潜艇之间的信息交换，实现水下通话、通报及敌我识别与测距。

目前扩频通信技术广泛应用于水声通信，扩频通信技术使用低频截获概率信号，具有良好的密钥加密性能，具备多用户共享信道，同一带宽进行码分多址（CDMA）通信的特点。在水声通信中采用扩频技术可以有效地解决信道多途的时频扩展效应，提高作用距离。

7.1.7 探雷声呐

探雷声呐的任务是探测潜艇航向上的锚雷、雷阵和障碍物，实施水下导航。其工作方式是主动发射声波探测，工作频率较高，在40 kHz左右，探测距离约2 km，搜索扇面水平方向可达90°。

7.2 潜艇光学与光电设备

7.2.1 潜望镜

潜望镜经历了三个发展阶段，即光学潜望镜发展阶段、光机潜望镜发展阶段和光电潜望镜发展阶段。这里主要介绍光电潜望镜的使命任务及其组成。

1. 光电潜望镜的使命任务

光电潜望镜的使命任务涵盖了潜艇战术要求和航海要求两个领域，具体可分以下几个方面：

(1)多波段昼夜全天候对空对海探测警戒

①可见光波段目视、白昼电视对空对海观察警戒。

②红外热辐射波段昼夜全天候对空对海探测警戒，尤其适合对敌反潜巡逻机和反潜直升机在雷达静默或电磁干扰情况下的探测警戒，对海面目标和空中目标的发现距离可达20km以上。

③雷达波段的全向和定向电子支援措施ESM警戒。

(2)昼夜全天候自主式高精度定位定向及惯导误差校正

①全自动星体跟踪与充电耦合装置 CCD 精确瞄准测量的自主式测星定位，定位精度可达 0.5 n mile。

②全自动自主式高精度测星定航向，定向精度可达 1′。

③昼夜全天候全球定位系统(GPS)导航。

④惯导漂移误差(位置和航向)的卫星导航和天文组合导航校正，其中潜望镜天文定位定向系统的定向精度目前是不可替代的。全自动高精度定位定向的潜望镜天文导航系统目前是潜艇弹道导弹武器系统的重要组成设备。

(3)昼夜全天候大信息量高效能的图像侦察

①对海对岸目标的目视和电视侦察与录像；

②可见光照相侦察与攻击效果记录；

③昼夜全天候红外热成像仪对海对岸目标的防伪侦察。

(4)目标位置精确测定鱼雷攻击瞄准

①目标精确激光测距；

②目标的光学分像测距；

③目标的视频测距；

④目标的方位测定(舷角、方位角，误差 10′)；

⑤装定鱼雷发射提前角，进行鱼雷射击瞄准。

(5)潜艇航行安全保障及其他非战斗使命

①潜艇潜望状态、通气管状态或水面状态航行的安全警戒；

②潜艇上浮时的安全警戒；

③当潜艇在冰下航向时，可用以观察冰穴及无冰区，保障上浮安全；

④潜艇在窄航道航向时陆标定位与安全监视；

⑤潜艇进出港的安全监视与指挥；

⑥全艇舱室闭路电视监控和话务指令综合监控台；

⑦潜艇远航前性能参数的标定，如利用潜望镜瞄准陆标时进行潜艇的航速标定，利用激光精确测距进行雷达精度标定等；

⑧潜艇试航时的监视与标定手段。

2. 潜望镜的组成

(1)潜望镜及潜望镜装置

通常所称的潜望镜又称为潜望镜设备，包括潜望镜和潜望镜装置，其使命任务如前节所述。潜望镜本身可以分为不同类型，而潜望镜装置则基本相同。

现有的光电潜望镜有三种类型：

①光电攻击潜望镜(或称指挥潜望镜)。它具有较小的上头部尺寸、昼夜观察搜索特性，适宜鱼雷攻击指挥。

②光电搜索潜望镜(或称多用途潜望镜)。它一般具有多波段的搜索警戒特性，头部尺寸较大，具有测天定位、目标位置测定、照相等多种功能。

③天文导航潜望镜。它专用于测量天体的高度和方位，以进行舰位和航向校正。

通常,大中型以上潜艇皆配备两套潜望镜。常规动力潜艇和核动力攻击潜艇一般配置一套光电攻击潜望镜和一套光电搜索潜望镜。而一般天文导航潜望镜皆与光电搜索潜望镜配套布置;一般光电搜索潜望镜与光电攻击潜望镜在功能上又有所重叠,目的是提高使用的安全余度。

潜望镜装置主要由潜望镜支撑装置、带应急密封装置的填料箱、升降装置组成。

(2)光电潜望镜组成

现代光电潜望镜从结构单元组成方面看,可以分为潜望镜本体部分、两套潜望镜共用的控制机柜以及其他配套单元。从系统组成方面看,现代光电潜望镜是以可见光目视观察光学系统为基础,在其上嵌入、并接、串接多种分系统和装置的一种复杂光电综合体,包括:

①目视观察系统;

②高低和方位扫描驱动控制系统和高度、方位测量装置;

③测距装置;

④测天定位装置;

⑤照相侦察装置;

⑥昼光电视与微光电视侦察装置;

⑦红外热成像警戒装置;

⑧GPS卫星导航装置;

⑨ESM电子侦察装置。

除以上各种装置和分系统以外,不少光电潜望镜还配备了光电瞄准稳定系统,它是在高低和方位扫描驱动控制系统的基础上,依靠计算机和数字电路对潜望镜的瞄准线进行稳定控制而组成的系统。各国光电潜望镜可因其承担的使命任务不同,而有以上不同系统和装置的组合。

7.2.2 光电桅杆

(1)光电桅杆技术特点

光电桅杆(Optronic Mast)是一种以红外、电视、电子支援设备等多种光电、电子传感器系统实现潜艇对空警戒、对海、对岸侦察的不穿透潜艇耐压壳体的潜望光电探测设备。光电桅杆与潜望镜的根本区别在于,前者基于光电被动探测原理,而潜望镜则采用光学成像原理。光电桅杆与传统的光学潜望镜相比具有以下特点:

①舷外非穿透安装。潜望镜穿舱安装,光电桅杆在舷外非穿透耐压壳体安装。光电桅杆将升降和回转分为两部分,升降部分只管桅杆升降,在桅杆上部的光电桅杆本体只管周视回转,其转动部分的自重远小于潜望镜,且处于水面以上,与潜望镜相比转动惯量、受到的海水阻力小得多,故其搜索速度也比潜望镜快很多,外露时间相应缩短。

②光电探测方式取代光学成像方式。潜望镜的光学成像方式,采用人眼直接观察目标,从而限制了潜望镜转动的速度,增大了潜望镜外露海面时间。光电桅杆的光电成像方式是通过对视频信息进行数字化处理和图像处理,对指定空域的全景图像进行拼接显示,可以在光电桅杆收回后完成图像再现和分析,保证了光电桅杆探测的快速性。

③光电信息更好地融入综合作战系统。光电桅杆的操控发展为操作人员在综合显控台前

遥控，其全天候、被动探测的视频图像可供舱内多人同时观察，不再局限一人，与潜望镜的单人目视工作相比，搜索效率更高；光电桅杆的图像经处理后可实现自动进行目标指示和跟踪，更好地融入作战系统。

④提高了设备的适装性、模块化程度、可维修性及经济性。光电桅杆的结构特点决定了它与潜艇总体设计的关系，没有光学/光电潜望镜那么紧密，而只与潜艇上部指挥围壳关系密切，从而有利于潜艇总体的设计，主要表现在：减少了潜艇舱室内桅杆的数目；减少了耐压壳体的穿孔数量；大幅度降低在不同艇型潜艇装备的适装工作量；采取消减尾迹、羽形浪迹的活动导流罩等措施，可降低被反潜设备发现距离及概率。

(2)光电桅杆任务与功能

光电桅杆是传统潜望镜的升级换代产品，其主要使命任务与期望就基本一致，重点增强了潜艇在潜望状态或通气管状态时，对海空目标的快速警戒任务与功能。

①快速侦察探测海空目标。光电桅杆的升降装置将传感器头顶出水面，全向 ESM 对周围的电磁信号进行监视，光电传感器用大视场在设定的仰角上快速完成一圈周视后降下传感器，同时对采集到的视频图像进行分析，确定周围海空域是否存在威胁目标。

②通气管、测天定位时对反潜飞机的警戒探测。

在功能上增强以下功能：

①对空对海警戒搜索；

②红外、可见光双波段侦察；

③ESM 电子告警；

④测量目标距离和舷角；

⑤电视、红外图像的数字存储；

⑥故障自诊断；

⑦训练模拟。

(3)光电桅杆组成

从总体上讲可以分为艇内设备和舷外设备两部分。

①艇内设备。艇内设备为光电桅杆综合显控台，主要包括：艇上其他系统的接口；图像处理设备；传感器头操控单元；升降控制单元。

②舷外设备。舷外设备主要包括：天线装置；传感器头部；方位转动装置；舷外电缆；升降装置。

7.3 雷达及雷达侦察设备

7.3.1 潜用雷达

潜用雷达是潜艇上的主要传感器设备，它担任火控攻击、海面观测、雷达导航等任务。平时主要负责观察潜艇周围海面情况，为潜艇进出港及水面航行进行导航，可跟踪多批次海上目标并计算目标方位、距离、航向、航速等参数，当被跟踪目标可能与本艇发生碰撞时，雷达发出碰撞危险报警，以保障潜艇航行安全；战时，可快速自动录取多批次目标精确坐标数据，并传送至指控中心，以实施对敌目标的武器攻击。潜艇雷达的优劣直接影响到潜艇战斗力的发挥和本艇的安全，尤其是潜用导航雷达在潜艇实施武器攻击和航行安全方面起着十分重要的作用。

潜用雷达的组成主要包括天线及传动装置、接收发射机柜、信息处理机柜、天线控制机柜、交流稳压电源、配电连接箱、分线盒、波导装置和液压系统，另配备干燥机、备用附件及工具等。

潜用雷达的主要性能指标有：最大作用距离、方位精度、距离精度、目标录取方式、跟踪目标数等。

7.3.2 潜用雷达侦察设备

潜艇雷达侦察设备是潜艇水面及半潜航行状态的主要观通手段。由于不发射电磁波，因而隐蔽性好，并具有探测距离远的特点，是潜艇上探测距离最远的设备。它主要完成对机载、舰载及近岸目标雷达信号的截获，测量目标雷达参数和方位，并根据雷达数据库确定雷达属性，从而确定载体平台类型；提供潜艇周围完整的电磁环境，并根据雷达信号的威胁程度发出告警。

当潜艇上升到潜望、通气管或水面状态时，有可能受到雷达的照射而被探测到，这时潜艇雷达侦察设备探测空中有无反潜巡逻飞机、附近海域有无雷达辐射源，及时发出预警，潜艇可以再悄悄地潜入水中并采取回避或应变措施。和平时期，现代潜艇的一个关键作用是进入领土敏感地区或接近战术上重要的海岸线地方，监视敌方电子活动的重要变化，截获他方辐射的特殊信号，利用舷外探测到这些雷达战时备用工作模式的试验，其作用是其他侦察平台不能替代的；电子情报收集功能在和平时期是一项经常性工作，它有助于估计敌方能力和计划。先进的电子战系统为保障潜艇平台的安全、隐蔽攻击和情报侦察发挥越来越重要的作用。

潜用雷达侦察设备一般由天线系统、显控台、处理机柜、打印机和艇体接线盒等组成。

7.4 导 航

为了保障潜艇安全，潜艇都采用多种导航手段。核潜艇和大型水面舰艇的导航系统都采用以惯性导航为核心的综合导航设备。导航系统的使命是提供尽可能精确的导航。姿态和气象数据，保证安全正确地引导潜艇航行和保障潜用武器的有效使用。因此，导航系统是舰船系统不可缺少的，也是作战系统必须依赖的重要系统，是潜艇上唯一的位置、姿态、速度等基准信息源，无需各武器系统自建基准，既节省经费，又有利于坐标和信息的协调统一。

舰船导航系统已经成为现代武器系统中的一项重要支撑技术，是衡量武器精良程度和现代化水平的一个重要标志。

7.5 其他信息源

潜艇指控系统除了上述信息源外，还有如下信息：

①来自战位的信息。如来自声呐显控台声呐战位人工信息、指挥员对有关信息的纠错信息等，如目标类型信息，目标速度、航向等估测信息等。这种信息一般比较零散，但是通常对目标位置和运动参数解算比较有益。

②来自潜艇外部平台的信息。从信息源考虑，主要有通过数据链传送的水面舰艇、飞机探测信息，通过水声通信传送的其他潜艇探测信息，来自岸基的长波通信信息等。从目标定位信息类型考虑主要有航迹信息和测量信息。航迹信息一般包含比较完整的目标运动参数信息，这类信息用于远程打击武器目标指示。测量信息则一般不能够完整描述目标位置和运动状态，为方位(序列)信息。此外，这些外部信息一般包括目标类型信息。

第 8 章　潜艇数据融合和目标综合识别

潜艇指控系统是现代潜艇作战系统的核心，履行着作战情报信息处理、辅助指挥决策和武器发射、导引、控制等主要功能。潜艇数据融合和目标综合识别是潜艇指控系统的核心内容之一，主要履行潜艇作战情报信息处理功能，是辅助指挥决策和武器发射、导引、控制的基础。从内容上讲，潜艇指控系统的目标综合识别内容属于潜艇数据融合的范畴，由于该问题的特殊性（重要性、难度、处理方法相对独立等），通常将目标综合识别独立提出进行研究。在工程中，就其运行时序来讲，应该先进行数据融合的相关分析（或处理）之后，再进行目标综合识别，因此目标综合识别的正确率还受数据融合的相关正确率影响。

潜艇作战情报信息处理结果是潜艇指挥员进行作战决策的主要依据，因此潜艇数据融合和目标综合识别的研究受到各国重视。

8.1　潜艇数据融合

潜艇数据融合内容按照提供目标信息的传感器数量、平台数量可以区分为多种情况，即单平台单传感器信息处理（简称单传感器多目标信息处理）、单平台多传感器数据融合（简称多传感器数据融合）、多平台多传感器数据融合，如图 8－1－1 所示。如果再考虑目标数量，还有单目标和多目标问题。潜艇作战情报信息处理一般涉及多个目标数据或信息，在数据融合处理中完成数据关联后，就化为了多个单目标信息的处理，包括目标运动分析和多种识别信息的综合等，因此在涉及潜艇数据融合内容时都隐含处理对象为多目标信息。

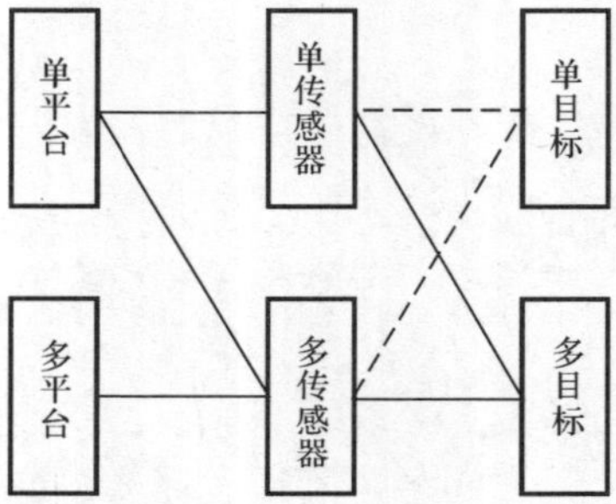

图 8－1－1　潜艇数据融合内容划分

单传感器多目标信息处理、单平台多传感器数据融合、多平台多传感器数据融合在发展的时序上，是由单传感器向多传感器发展，单平台向多平台发展，在内容上多平台多传感器数据融合包括前面两者。因此我们所说的潜艇数据融合就是指多平台多传感器数据融合，包括单传感器多目标信息处理、单平台多传感器数据融合。传统上，潜艇数据融合体系主要有三种：集中式、分布式、混合式。

本章的内容结构就是按照分布式的数据融合体系结构依次简单介绍单传感器信息处理、多传感器数据融合、多平台多传感器数据融合的主要原理和方法。

8.1.1 单传感器多目标信息处理

单传感器多目标信息处理的任务是将各个不同时刻的传感器量测按照目标进行分类、处理的过程。在潜艇指控系统中，单传感器量测一般具有相同的类型和维数，比如常见的一维量测和二维量测，主要是纯方位量测（一维），这类信息的来源比较典型的是综合声呐，距离方位联合量测（二维），这类信息的来源比较典型的是被动测距声呐。纯方位量测信息经处理后一般形成方位序列，如果本艇进行了有效机动，则可以形成航迹。距离方位联合量测信息经处理后一般形成航迹。对于声呐侦察信息一般还有目标声呐信号的脉冲、周期、频率等信息，对于雷达侦察信息则含有载频、信号周期、脉宽等，这些是多维信息。

潜艇单传感器多目标信息处理的一般流程如图 8-1-2 所示。首先根据经验确定初始波门，用于航迹/方位（量测）序列起始，在新传感器量测到来时，进行量测与航迹的关联。没有和任何航迹关联的量测称作自由量测元。自由量测元积累到一定数目后采用初始波门建立起始航迹/量测序列，数据互联后进行目标运动分析（Target Motion Analysis，TMA）处理，包括各种确定性参数解算方法、最小二乘滤波、卡尔曼滤波等，在方位距离联合量测的情况下，或纯方位量测，本艇在进行了有效机动情况下可以得出目标运动参数、位置，不能有效计算出目标运动参数的方位序列，则需要对方位进行平滑处理，最后对已经建立的航迹/方位序列进行质量评估、输出多个单目标信息，确定后续波门和进行航迹外推用于下一采样周期的数据互联。在这个处理过程中，量测与航迹/方位序列的数据互联（Data Association，DA）是单传感器多目标信息处理的核心和关键。

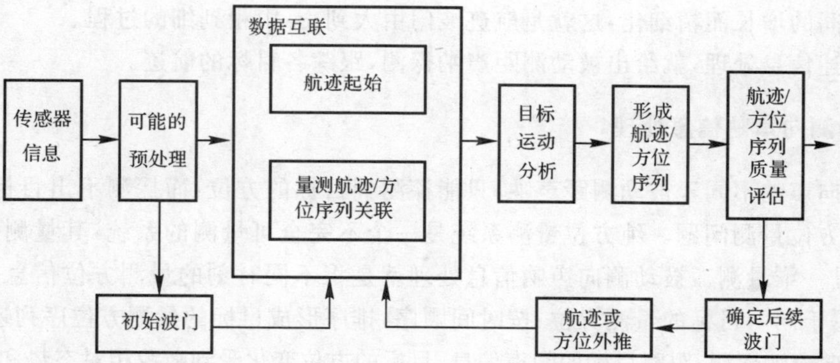

图 8-1-2　单传感器多目标信息处理流程

纯方位量测信息、距离方位联合量测信息是潜艇指控系统的主要信息，它们主要来源于被动测向声呐和被动测距声呐，它们一般能连续提供目标信息。因此，以下简要介绍纯方位量测信息、距离方位联合量测信息的处理、单传感器单目标信息处理的核心和关键——量测与航迹/方位序列的数据互联以及方位序列——的平滑滤波处理。

1. 被动测距声呐信息处理

被动测距声呐可同时探测目标的方位和距离，也就解决了传感器对目标探测的定位问题。由于被动测距声呐探测的是目标的噪声信息，探测目标的速度设上限为V_{max}，则在两次采样间目标可能的运动范围为以$V_{max}T$为半径的圆内。因此若在第一次采样的目标位置为中心，以$V_{max}T$为半径的圆内有第二次采样值存在，则这二次采样就有可能是源自同一目标，而将其连接形成初始航迹。若在上述圆中有两个以上的第二次采样存在，则就可以形成多个初始航迹。若在上述圆中没有第二次采样存在，则认定第一次采样的目标系虚警，不建立初始航迹。

对于已通过二次采样建立起的初始航迹，再在其连线的延长线上外推出第三次采样时刻该初始航迹目标的对应位置，并以此为中心形成环扇形航向航速可能覆盖的区域为第三次采样波门域，若该波门域中有第三次采样值落入，则与该初始航迹互联构成该航迹的第三个互联点迹；若该波门域中没有第三次采样值，则该初始航迹就以该波门域中心，即外推值为第三个点迹进行互联，同时减少该航迹的置信度；若该波门域中有两个以上第三次采样值，则该初始航迹就分别与第三次采样的点迹互联构成分叉航迹，视做各自独立的航迹继续对以后第四次采样进行分类，并按后续采样有点迹相关与无点迹相关分别对该航迹的置信度予以加减。当置信度加到某一值时，就认为是确认航迹；当置信度减到某一值时，就撤消该航迹；当置信度位于撤消和确认之间时，就称之为试验航迹。对于试验航迹中若有两个以上采样值位于波门域内则采用分枝技术，形成航迹分叉；若试验航迹置信度减至撤消则采用剪枝技术，将其所占用的系统资源释放出来。航迹置信度的取值多少和加减准则取决于系统对航迹检测概率和虚警率的需求。

对于经上述集合分类形成的目标点迹序列，进行滤波处理得到目标航迹。对于目标航迹与点迹的相关、互联，其波门域中心就是预测中心，而波门域的大小随着航迹的延展和参与滤波的采样时间的增长而精细化，这就是航迹波门由大到小，由粗到细的过程。

经过上述信息处理，就给出被动测距声呐探测、跟踪各目标的航迹。

2. 被动测向声呐信息处理

被动测向声呐不同于被动测距声呐，只能探测到目标的方位，而探测不出目标的距离，这是典型的纯方位量测问题。纯方位量测系统是一个不完全可量测的系统，其量测信息元就是方位，因此是一维量测。被动测向声呐信息处理就是将不同时刻的量测方位信息按目标进行分类，并对属于同一目标的量测方位，按时间顺序，排序形成目标的量测方位序列迹。

被动测向声呐探测、跟踪目标的噪声信息，目标的方位变化受到敌我相对态势和目标及本艇的速度限制，其$|\dot{B}|$为一有限量，即$|\dot{B}| \leqslant |\dot{B}_{max}|$，则在两次采样过程中，目标的方位变化必在$[-\dot{B}_{max}T, \dot{B}_{max}T]$范围内。因此，若在第一次采样的目标方位为中心的$[-\dot{B}_{max}T, \dot{B}_{max}T]$范围内有第二次方位采样存在，则第二次方位采样就可能与第一次采样方位源自同一目标，而将其分成一类，形成初始方位序列迹。若在上述范围内有两个以上的第二次方位采样值存在，则可以形成多个初始方位序列迹。若在上述范围内没有第二次采样方位存在，则认定第一次采样的该方位系虚警，不建立初始方位序列迹。对于经第二次采样分类之后已建立起来的初始方位序列迹，按其方位变化$B_2 - B_1$的同方向外推第三次可能方位$2B_2 - B_1$，并在以此为中心

的$[-(B_3-B_2)T,(B_3-B_2)T]$范围内对第三次采样方位进行分类。这样，随着周期采样的顺序，依此类推对各次方位采样进行分类，形成方位序列迹。

对于经上述分类形成的原始方位序列迹进行滤波处理得到处理后的方位序列，随着方位序列的延续，其滤波效果越来越好，其方位波门越来越精细，对方位量测的分类就越来越准确。

经过上述信息处理，就可以给出被动测向声呐探测、跟踪各目标的方位序列。

3. 数据互联问题

由以上两点，我们可以看出，对于单传感器信息处理而言，其关键技术在于对量测分类的正确性。如果实现量测的正确分类，即还事物的本来面目，则就为目标运动分析奠定了基础；反之如果分类不正确，即"张冠李戴"，则后续的目标运动分析就失去了意义。因此，对于传感器多目标信息处理而言，关键在于能够使量测与航迹/方位序列进行正确互联。

数据互联问题的研究始于 20 世纪 60 年代，问题一经提出，便成为理论界、工程上引人注目的问题，至今仍有众多学者和工程技术人员在进行研究。现有方法可概括为确定性方法和概率方法两大类型近几十种，如集合论描述法(Set Theory,ST)、(联合)概率数据互联法(Joint Probability Data Association,JPDA)等是比较典型的方法。集合论描述法描述简洁，易于应用，且在处理目标交叉、分叉、漏测等方面有独特的准则，是包括处理数据互联问题在内的完整的多目标处理方法。

(1) 集合论描述法

① 航迹(方位序列)起始：对开始的前三次量测集合两两互联，形成航迹头。

② 自由量测元：不与任何目标相关的量测元，自由量测元用于航迹起始。

当存在自由量测元时，将自由量测元作为航迹头建立新的航迹(方位序列)。

当目标波门套空时，以外推方位替代方位量测；当连续三次波门套空时，方位序列(航迹)予以撤消，输出目标丢失标记。

③ 航迹的分叉：当波门内多于一个点迹时，需要对航迹进行分叉处理，并继续观察。

集合论描述法描述清楚、逻辑清晰，对多目标信息分类建航的全过程考虑全面，工程易于实现，在指控系统、火控系统工程设计中应用广泛。

(2) 联合概率数据互联模型

联合概率数据互联算法计算最新的量测集合与各个目标的互联概率，适合杂波环境下的多目标跟踪。假设目标 t 状态方程和量测方程分别为

$$\boldsymbol{X}^t(k+1)=\boldsymbol{\Phi}^t\boldsymbol{X}^t(k)+\boldsymbol{G}^t(k)\boldsymbol{W}^t(k) \tag{8-1-1}$$

$$\boldsymbol{Z}^t(k)=\begin{cases}\boldsymbol{H}\boldsymbol{X}^t(k)+\boldsymbol{V}(k) & \text{量测来自目标 } t\\ \boldsymbol{Y}(k) & \text{量测来自杂波}\end{cases} \tag{8-1-2}$$

式中，　$\boldsymbol{X}^t(k)$—— 目标 t 状态向量；

$\boldsymbol{Z}^t(k)$—— 量测向量；

$\boldsymbol{W}^t(k),\boldsymbol{V}(k)$—— 状态噪声和量测噪声，它们是互不相关的高斯过程。

各个目标的模型可以是不同的。

定义可行联合事件

$$\theta=\bigcap_{i=1}^{m(k)}\theta_{j}^{t_j} \tag{8-1-3}$$

其中，

$$\theta_{j}^{t_j}=\begin{cases}\{由目标\ t_j\ 得到量测\ j\}, & 当\ j\neq 0\ 时\\ \{目标\ t_j\ 没有被检测到\}, & 当\ j=0\ 时\end{cases}$$

$t_1,t_2,\cdots,t_{m(k)}$ 为目标 $0,1,2,\cdots,T$ 的一个条件排列：0 可以重复且其个数不大于 $m(k)$，$t_j=0$ 时表示量测 j 不来自任何目标，非零目标数不能重复但缺少的项可以代之以 0，$\omega_{jt_j}(k)=1$。这个排列确定一个可行联合事件，因此可用一个 T 维行向量等同地表示一个可行事件，设可行事件总数为 n，那么所有可行事件可以用一个 $n\times T$ 维矩阵 $\boldsymbol{\Lambda}$ 表示，其第 i 行表示第 i 个可行事件 $\theta(n,i)$（即上述的 θ），且

$$\boldsymbol{\Lambda}_{it}=j,\quad 当\ \theta_j^t\in\theta(n,i)\ 时 \tag{8-1-4}$$

若令

$$m^t(k)=\sum_{i=0}^{m(k)}\omega_{it}(k) \tag{8-1-5}$$

则 $m^t(k)$ 表示确认区域内的候选回波数，且

$$n=\prod_{t=1}^{T}m^t(k) \tag{8-1-6}$$

用 $Z(k)=\{\boldsymbol{Z}^i(k)\}_{i=1}^{m(k)}$ 表示 k 时刻的量测集，$z(k)=\{Z(j)\}_{j=1}^{k}$ 表示直到 k 时刻的所有量测集，$z^t(k)=\{Z^t(j)\}_{j=1}^{k}$ 表示直到 k 时刻目标 t 所有确认量测集合。

定义 k 时刻量测 i 与目标 t 的互联概率

$$\beta_{t,i}=\begin{cases}P\{\theta_0^t\mid z(k)\}, & 当\ i=0\ 时\\ P\{\theta_i^t\mid z(k)\}, & 当\ i\neq 0\ 且\ \omega_{it}(k)=1\ 时\\ 0, & 其他\end{cases} \tag{8-1-7}$$

则目标 t 的状态估计与误差协方差阵为

$$\hat{\boldsymbol{X}}^t(k\mid k)=\sum_{i=1}^{m(k)}\beta_{t,i}\hat{\boldsymbol{X}}_i^t(k\mid k) \tag{8-1-8}$$

$$\boldsymbol{P}^t(k\mid k)=\sum_{i=1}^{m(k)}(\beta_{t,i})^2\boldsymbol{P}_i^t(k\mid k) \tag{8-1-9}$$

其中，$\hat{\boldsymbol{X}}_t^i(k\mid k)$，$\boldsymbol{P}_t^i(k\mid k)$ 是当量测 i 与目标 t 互联时，对目标状态所作的估计和误差协方差阵，它们通过采用 Kalman 滤波公式得到。$\beta_{t,i}$ 是目标 t 与 k 时刻量测 i 的互联概率。

$$\beta_{t,i}=\sum_{\Lambda_{jt}=i}P\{\theta(n,j)\mid Z(k)\} \tag{8-1-10}$$

因此，JPDA 的核心是计算互联概率 $\beta_{t,i}$。

从式(8-1-6)可知，n 随目标数和量测数的增加呈组合式上升，JPDA 的计算量急剧增大，这是一个 NP 完全问题。一个解决方案，即所谓概率数据互联(Probability Data Association, PDA)，是通过围绕每一个目标的预测位置形成一个确认门限，并且只选择门限内的量测与目标互联。随着计算智能技术的发展，近年发展了 JPDA 的神经网络算法、遗传算法、模拟退火算法等，当目标数和量测数较小时可以采用穷举法。下面主要介绍神经网络数据互联算法。

(3) 神经网络用于数据互联

JPDA 是 1974 年 Bar-Shalom 提出的，它不需要关于目标和杂波的任何先验信息，而且将

其用于密集多量测环境下的多目标跟踪时显示了特有的高性能，因而受到重视。但是，由于JPDA 出现组合爆炸现象，该方法在使用上受到了一定限制。神经网络联合概率数据互联是为解决 JPDA 复杂性计算发展起来的，以下介绍采用 Hopfiel 神经网络结构的求解原理。

引入新息向量和 Mahalanoleis 距离：

$$\boldsymbol{d}_i^t = \boldsymbol{Z}^i(k) - \boldsymbol{H}\hat{\boldsymbol{X}}^t(k \mid k-1) \tag{8-1-11}$$

$$g_{it}(k) = (\boldsymbol{d}_i^t)'\boldsymbol{S}^t(k)^{-1}\boldsymbol{d}_i^t \tag{8-1-12}$$

式中，

$$\boldsymbol{S}^t(k) = \boldsymbol{HP}^t(k \mid k-1)\boldsymbol{H}' + \boldsymbol{R}(k) \tag{8-1-13}$$

为信息协方差阵。那么，$g_{it}(k)$ 服从 M 个自由度的 χ^2 分布，其中 M 为测量向量的维数，当满足

$$g_{it}(k) \leqslant \gamma^2 \tag{8-1-14}$$

时，称量测 i 被目标 t 确认。其中确认门限 γ^2 由确认概率 P_G 确定，它们关系如下：

$$P_G = P\{g_{it}(k) \leqslant \gamma^2\} \tag{8-1-15}$$

在确认概率为 P_G 时，确认矩阵 $\boldsymbol{\Omega}(k) = (\omega_{it}(k))_{m(k)\times T}$ 定义如下：

$$\omega_{it}(k) = \begin{cases} 1, & \text{当 } g_{it}(k) \leqslant \gamma^2 \text{ 时} \\ 0, & \text{其他} \end{cases} \tag{8-1-16}$$

假设传感器的检测概率是 P_D，则目标 t 和量测 i 互联的似然概率如下：

$$p_{it}(k) = \begin{cases} \lambda(1 - P_G P_D), & \text{当 } i = 0 \text{ 时} \\ \dfrac{1}{(2\pi)^{M/2} \left| \boldsymbol{S}^t(k) \right|^{1/2}} \exp\left(-\dfrac{1}{2} g_{it}(k)^2\right) P_D, & \text{当 } i \neq 0, \omega_{it}(k) = 1 \text{ 时} \\ 0, & \text{其他} \end{cases}$$

将其归一化（省略时间符号 k）：

$$\rho_{it} = \frac{p_{it}(k)}{\sum_{i=0}^{m(k)} p_{it}(k)} \tag{8-1-17}$$

定义相应的神经网络能量函数：

$$E_{\text{JPDA}} = \frac{1}{2}A\sum_{i,t\neq s} V_{it}V_{is} + \frac{1}{2}B\sum_{i\neq j,t} V_{it}V_{jt} + \frac{1}{2}C\sum_{t}\left(\sum_{i} V_{it} - 1\right)^2 + \frac{1}{2}D\left(\sum_{i,t} V_{it} - \rho_{it}\right)^2 + \frac{1}{2}E\sum_{\substack{i,t \\ s\neq t}}\left(V_{it} - \sum_{j\neq i}\rho_{js}\right)^2 \tag{8-1-18}$$

其中，A,B,C,D,E 项对应于有关约束条件，系数 A,B,C,D,E 为取定常数，当需要强调某种约束条件时，可以加大对应的系数。由于常数项不影响能量的极小化过程，可将其省略，得到等价的能量函数：

$$E_{\text{JPDA}} = -\frac{1}{2}\sum_{i,j,t,s} W_{ij}^{ts} V_{it} V_{js} - \sum_{i,t} I_i^t V_{it} \tag{8-1-19}$$

式中，

$$W_{ij}^{ts} = -[A\delta_{ij}(1-\delta_{ts}) + B\delta_{ts}(1-\delta_{ij}) + C\delta_{ts} + D\delta_{ts}\delta_{ij} + E(T-1)\delta_{ts}\delta_{ij}]$$

$$I_i^t = C + (D+E)\rho_{it} + E\left(T - 1 - \sum_{s}\rho_{is}\right) \tag{8-1-20}$$

其中 Kronecker - δ 函数

$$\delta_{it} = \begin{cases} 1, & \text{当 } i = t \text{ 时} \\ 0, & \text{当 } i \neq t \text{ 时} \end{cases}$$

神经网络电路结构如图 8-1-3 所示，其动态系统描述如下：

动态方程：

$$\frac{\mathrm{d}U_{it}}{\mathrm{d}t}=-\frac{U_{it}}{t_0}-A\sum_{s=1,s\neq t}^{T}V_{is}-B\sum_{j=0,j\neq i}^{m(k)}V_{jt}-C\left(\sum_{j=0}^{m(k)}V_{jt}-1\right)-$$

$$[D+E(T-1)]V_{it}+(D+E)\rho_{it}+E\left(T-1-\sum_{s=1}^{T}\rho_{is}\right)$$

$$V_{it}=g(U_{it}) \tag{8-1-21}$$

式中，t_0—— 初始时刻。

神经元传递函数(Sigmoid 函数)：

$$g(U_{it})=\frac{1}{1+\exp\left(-U_{it}/U_0\right)} \tag{8-1-22}$$

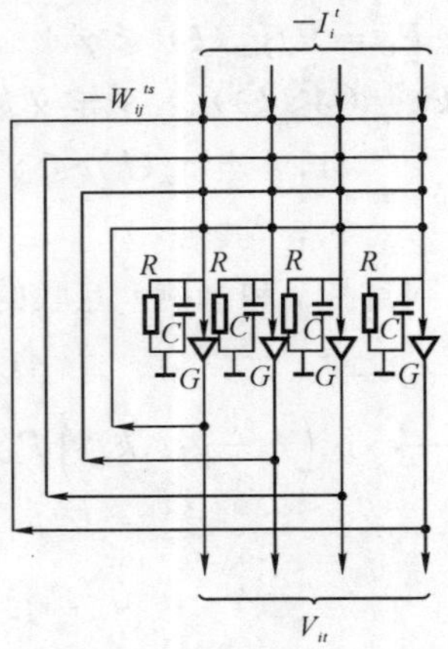

图 8-1-3 用于 JPDA 的 Hopfield 神经网络

从上述能量函数还可以衍生出其他的计算智能算法，如模拟退火算法、遗传算法等。

8.1.2 单平台多传感器数据融合

由于潜艇上配备多部传感器，因此有必要对各传感器信息进行融合。

1. 单平台数据融合体系结构

多传感器信息算法的融合选择与数据融合的体系结构极为密切。潜艇数据融合体系结构一般可以采用三种方式，即集中式、分布式和混合式三类。

(1)集中式数据融合体系结构

集中式数据融合体系结构如图 8-1-4 所示，各传感器探测、跟踪的信息输入数据融合中心，由数据融合中心统一进行处理，融合中心完成时间对准后，进行量测相关，航迹滤波、管理、预测等，在本潜艇没有进行有效机动的情况下，纯方位量测目标只能形成方位序列。这种体系结构在理论上是最完美的，各传感器信息都得以充分利用；但在工程上，这种方法使融合中心的处理工作十分复杂，占用融合中心的资源较大，一般很难满足实时性的要求，需要融合中心计算机有很强的处理能力。这种方法在一些实验室中得以验证。

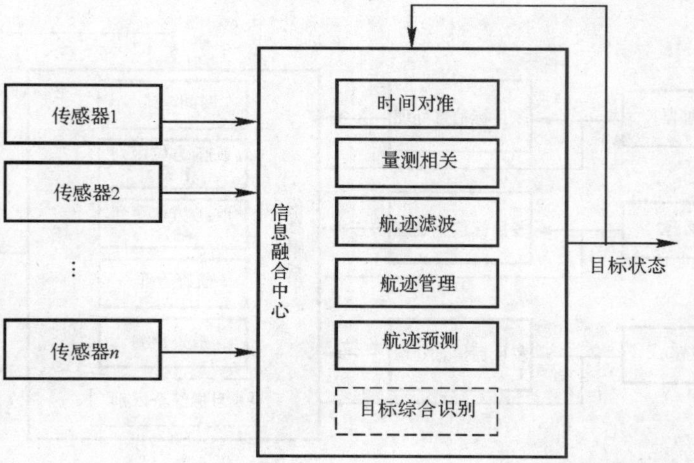

图 8-1-4　集中式数据融合体系结构

(2)分布式数据融合体系结构

分布式数据融合体系结构如图 8-1-5 所示，各传感器信息首先进行处理，形成多个目标的航迹或方位序列，融合中心接收并处理来自各传感器的目标航迹或方位序列。融合中心的重点工作是进行航迹或方位序列的相关与融合。由于对多传感器信息的处理分布在多个计算机上进行，系统抗损伤的生命力增强，数据融合中心的工作大为减少。但是，由于各传感器信息的独立处理方式造成信息的利用效率下降，性能上低于分布式融合体系结构。作为信息损失与工程可行之间的折中，分布式数据融合体系结构仍不失为适合潜艇数据融合的一种体系结构。

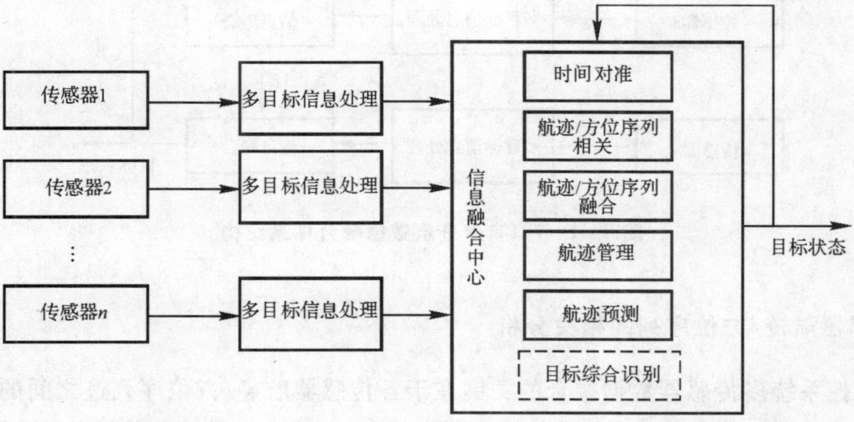

图 8-1-5　分布式数据融合体系结构

(3)混合式数据融合体系结构

如图 8-1-6 所示是一种较为典型的混合式的数据融合体系结构，是集中式和分布式的混合，兼具二者的特点，是实际应用较广泛的一种体系。

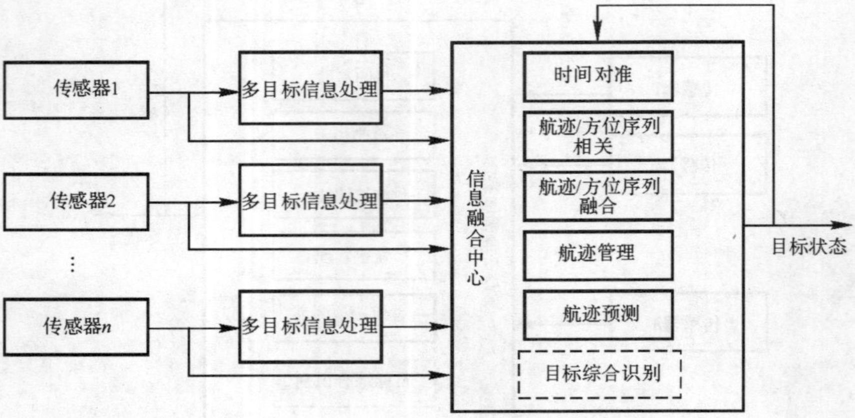

图 8-1-6 一种混合式数据融合体系结构

如图 8-1-7 所示是另一种混合式数据融合体系结构，称为有序分层数据融合结构，是考虑了潜艇传感器特点，按照声呐主站、重要性等原则确定信息处理顺序和分层的一种体系结构。在这种体系结构中，融合中心的信息处理分为多个融合节点，每个节点完成两个信息源的融合，在最后一个节点输出数据融合结果。

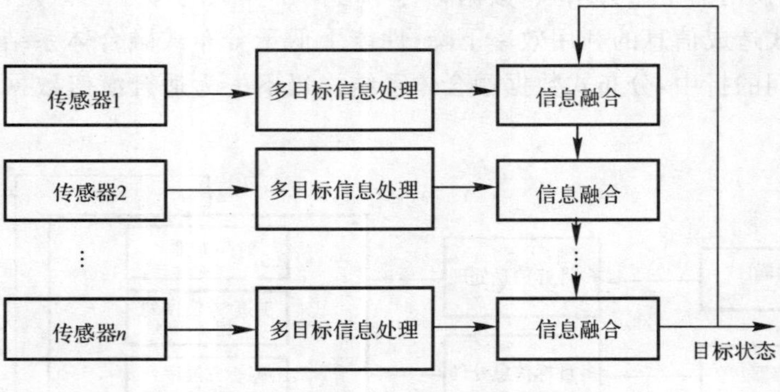

图 8-1-7 有序分层数据融合体系结构

2. 传感器航迹/方位序列的相关分析

潜艇指控系统多传感器数据融合的关键在于各传感器航迹/方位序列迹之间的相关分析，即确定两个传感器跟踪的航迹/方位序列哪些是来自同一目标、哪些来自不同目标。

从算法上，传感器航迹/方位序列之间互联主要有三种情况：航迹和航迹的相关算法、航迹和方位序列的相关算法、方位序列和方位序列的相关算法。介绍航迹和航迹的相关算法的文献较多，读者可以参考相关文献，这里不赘述。航迹和方位序列相关问题的一个解决办法，是提取航迹中的方位序列与另一方位序列进行比较分析，将问题转化为方位序列和方位序列的相关问题。以下简要介绍方位序列和方位序列的一种相关算法——统计检验法，以及航迹和航迹的相关算法。

(1)方位序列的相关检验算法

方位序列相关的统计检验法的基本原理是，将两个方位序列某连续时间段的所有相同时刻的方位之差作为子样，将相关问题转化为母体分布的参数假设检验问题。

设两个来自不同传感器、经过时间一致处理后的方位量测序列为 $\{B_i^1\}_{i=1}^n$、$\{B_i^2\}_{i=1}^n$，两传感器的方位测量误差为高斯白噪声，对应的目标真实方位分别是 $\{\bar{B}_i^1\}_{i=1}^n$，$\{\bar{B}_i^2\}_{i=1}^n$，则

$$B_i^1 = \bar{B}_i^1 + v_i^1$$
$$B_i^2 = \bar{B}_i^2 + v_i^2$$

其中，v_i^1，v_i^2 满足 $E(v_i^1)=0, E(v_i^1 v_j^1)=\sigma_1^2\delta_{ij}; E(v_i^2)=0, E(v_i^2 v_j^2)=\sigma_2^2\delta_{ij}; E(v_i^1 v_j^2)=0$。

记 $\Delta_i = B_i^1 - B_i^2$。

① 非参数假设检验法。如果两个方位序列源自同一目标，那么 $\bar{B}_i^1=\bar{B}_i^2$。将 $\Delta_1,\Delta_2,\cdots,\Delta_n$ 看成母体 Δ 的子样，因此，两方位序列的相关问题可以归为母体分布的非参数假设检验问题：

$$\mathrm{H}_0: F_\Delta(x) = F_N(x)$$
$$\mathrm{H}_1: F_\Delta(x) \neq F_N(x)$$

式中，$F_\Delta(x)$—— 母体 Δ 所服从的分布函数，是未知的；

$F_N(x)$—— 正态 $N(0,\sigma^2)$ 母体的分布函数，$\sigma^2=\sigma_1^2+\sigma_2^2$。

这种非参数检验问题可以采用皮尔逊 χ^2 -检验法、正态概率纸检验法。根据预先确定的显著水平(或正确相关概率)，确定是接受 H_0 还是接受 H_1。如果接受 H_0 则确定两方位序列相关，否则不相关。

如果传感器的测量误差方差未知，则用子样方差取代 σ^2，即取 $\sigma^2=\dfrac{1}{n-1}\sum\limits_{i=1}^n \Delta_i^2$。

② 参数假设检验法。根据概率统计知识和已知的假定，

$$X_n = \frac{1}{\sigma_1^2+\sigma_2^2}\sum_{i=1}^n \Delta_i^2$$

服从于自由度为 n 的 χ^2 分布。那么 H_0 与 H_1 的检验如下：

如果 $X_n \leqslant \gamma$，则接受 H_0，即认为这两方位序列源自同一目标；否则接受 H_1。

其中 γ 是由显著水平为 α(一般可取为 0.05) 确定的阈值：

$$P\{X_n > \gamma \mid \mathrm{H}_0\} = \alpha$$

这种方法中，在显著水平为 α 的情况下，门限 $\gamma=\gamma(n)$，即波门大小 γ 与方位序列长度 n 有关，方位序列每增加一项，波门要刷新一次。为避免这种情况，可以取固定经验波门 $\gamma^2=\gamma_0^2$，或者取方位序列定长 $n=n_0$。

(2) 传感器航迹的相关检验算法

传感器航迹的相关则采用通常的阈值检验算法。设在时刻 k，$\hat{\boldsymbol{X}}^i(k)$ 是来自传感器 i(估计) 的目标状态，$\hat{\boldsymbol{X}}^j(k)$ 是来自传感器 j(估计) 的目标状态，这里容许其中某个是预测值，相应的误差协方差矩阵分别是 $\boldsymbol{P}^i(k)$ 和 $\boldsymbol{P}^j(k)$。

最优的检验是利用 k 时刻前的所有数据，在工程中这通常不切合实际，因此一般根据现时刻 k 的状态估计来完成两个状态的关联检验。令

$$\hat{\boldsymbol{\Delta}}^{ij}(k) = \hat{\boldsymbol{X}}^i(k) - \hat{\boldsymbol{X}}^j(k)$$
$$\boldsymbol{\Delta}^{ij}(k) = \boldsymbol{X}^i(k) - \boldsymbol{X}^j(k)$$

其中 $\boldsymbol{X}^i(k)$，$\boldsymbol{X}^j(k)$ 分别表示目标的真实状态。因此两个状态估计是否为同一目标的检验问题（关联）为如下检验问题：

$$\mathrm{H}_0:\boldsymbol{\Delta}^{ij}(k)=\boldsymbol{0}$$

$$\mathrm{H}_1:\boldsymbol{\Delta}^{ij}(k)\neq\boldsymbol{0}$$

令估计误差

$$\boldsymbol{E}^i(k)=\hat{\boldsymbol{X}}^i(k)-\boldsymbol{X}^i(k),\quad \boldsymbol{E}^j(k)=\hat{\boldsymbol{X}}^j(k)-\boldsymbol{X}^j(k)$$

如果估计误差独立，那么在假设 H_0 成立情况，两个传感器估计误差的协方差（矩阵）为

$$\begin{aligned}\boldsymbol{T}^{ij}(k)=&E\{\hat{\boldsymbol{\Delta}}^{ij}(k)[\hat{\boldsymbol{\Delta}}^{ij}(k)]^{\mathrm{T}}\}=\\&E\{[\boldsymbol{E}^i(k)-\boldsymbol{E}^j(k)][\boldsymbol{E}^i(k)-\boldsymbol{E}^j(k)]^{\mathrm{T}}\}=\\&\boldsymbol{P}^i(k)+\boldsymbol{P}^j(k)\end{aligned}$$

令 $\rho^{ij}(k)=[\hat{\boldsymbol{\Delta}}^{ij}(k)]^{\mathrm{T}}[\boldsymbol{T}^{ij}(k)]^{-1}\hat{\boldsymbol{\Delta}}^{ij}(k)$，则 $\rho^{ij}(k)$ 服从自由度为 n（目标状态变量的维数）的 χ^2 分布。

假定估计误差是高斯过程，那么 H_0 与 H_1 的检验如下：

如果 $\rho^{ij}(k)\leqslant\delta$，则接受 H_0；否则接受 H_1。

其中 δ 是由显著水平为 α（一般可取为 0.05）确定的阈值：

$$P\{\rho^{ij}(k)>\delta\mid\mathrm{H}_0\}=\alpha$$

3. 传感器航迹／方位序列的融合

多传感器航迹／方位序列的融合，是在正确相关的基础上，通过融合处理给出两个（或几个）航迹／方位序列的融合结果。融合过程充分反映各传感器探测、跟踪的品质对整合的影响和贡献。通常，是对探测、跟踪品质高的传感器信息在融合过程中给予较大的权重，而探测、跟踪品质较低的传感器信息在融合过程中则赋予较小的权重。

航迹与航迹的融合算法与水面舰艇数据融合类似，航迹与方位序列的融合属于异类数据融合问题，可以将方位序列与航迹中的方位进行融合，也可以直接采用方位量测进行滤波。这里简要介绍方位序列的加权滤波模型和递归加权滤波模型。

（1）方位序列的加权融合模型

若已判明 N 个传感器方位量测序列 $\{B_{ji}\}_{i=1}^{n}=\{B_{j1},B_{j2},\cdots,B_{jn}\}$，$j=1,2,\cdots,N$ 源自同一个目标，它们的测量误差方差为 σ_i，其中 $i=1,2,\cdots,N$，由极大似然法可以得到加权融合公式：

$$B_i=\sigma^2\sum_{j=1}^{N}\frac{B_{ji}}{\sigma_j^2},\quad i=1,2,\cdots,n$$

$$\sigma^2=\frac{1}{\displaystyle\sum_{j=1}^{N}\frac{1}{\sigma_j^2}}$$

并且由此可以推得如下估计式：当 $N>1$ 时，

$$\sigma^2<\min(\sigma_1^2,\sigma_2^2,\cdots,\sigma_N^2)$$

即对于一般情况融合误差均方差不大于参与融合的传感器测量误差，当参与融合的传感器多于一部时，融合误差小于参与融合的传感器测量误差。

（2）方位序列的递归加权融合模型

设 N 个传感器方位测量序列 $\{B_{ji}\}_{i=1}^{n}=\{B_{j1},B_{j2},\cdots,B_{jn}\}$，$j=1,2,\cdots,N$ 源自同一个目标，与上一层次融合得到的方位序列 $\{B_1,B_2,\cdots,B_n\}$ 相关，误差均方差分别为 σ_j^2，$\{B_1,B_2,\cdots,B_n\}$ 的误差均方差为 σ^2，则利用上一层次的融合结果 B_i^{j-1} 和 σ_i^{j-1} 可以递推出本层次的融合估计 B_i^j，σ_i^j。计算公式为

$$B_i^j=(\sigma^j)^2\left[\frac{B_i^{j-1}}{(\sigma_i^{j-1})^2}+\frac{B_{ji}}{\sigma_j^2}\right],\quad j=1,2,\cdots,N;i=1,2,\cdots,n$$

$$(\sigma^j)^2=\frac{1}{1/(\sigma^{j-1})^2+1/\sigma_j^2}$$

其中 $B_i^0=B_i$，$(\sigma^1)^2=\sigma^2$，当 $j=N$ 时得到它们融合的最后结果：

$$B_i^N=(\sigma^N)^2\left(\frac{B_i}{\sigma^2}+\sum_{j=1}^{N}\frac{B_{ji}}{\sigma_j^2}\right),\quad j=1,2,\cdots,N;i=1,2,\cdots,n$$

$$\sigma^N=\frac{1}{\dfrac{1}{\sigma^2}+\displaystyle\sum_{j=1}^{N}\frac{1}{\sigma_j^2}}$$

(3) 传感器航迹融合

符号以及假定如上所述。两传感器航迹状态的融合状态估计及其协方差为

$$\hat{\boldsymbol{X}}^{ij}(k)=\boldsymbol{P}^j(\boldsymbol{P}^i+\boldsymbol{P}^j)^{-1}\hat{\boldsymbol{X}}^i+\boldsymbol{P}^i(\boldsymbol{P}^i+\boldsymbol{P}^j)^{-1}\hat{\boldsymbol{X}}^j$$

$$\boldsymbol{P}^{ij}(k)=\boldsymbol{P}^i-\boldsymbol{P}^i(\boldsymbol{P}^i+\boldsymbol{P}^j)^{-1}\boldsymbol{P}^i=\boldsymbol{P}^i(\boldsymbol{P}^i+\boldsymbol{P}^j)^{-1}\boldsymbol{P}^j$$

8.1.3　多平台多传感器数据融合

现代战争已由传统的坚舰利炮的单打独斗到编队协同作战；由机械化运动战到网络信息战；由空战、海战、陆战等单兵种作战到陆、海、空、天、水下多兵种联合作战；潜艇指控系统接收的信息也以自身传感器为主转向接收空、天、海、岸、水下多平台多传感器信息。处理、利用多平台多传感器的信息关系到潜艇能否融入网络信息平台中，成为其一员执行协同作战任务的原则问题。

在潜艇单平台数据融合中，为了简化处理，将潜艇看成质点，因此分布在潜艇上的声呐、雷达等传感器位置处于相同点。而当潜艇接收到了其他平台的探测信息时，在处理上就不能按相同平台数据融合的方式进行了，这就是潜艇多平台数据融合问题。

潜艇多平台多传感器数据融合一般采用分布式数据融合体系结构，如图 8-1-8 所示。外部平台向潜艇发送探测信息、平台自身运动参数和位置信息、时统信息等，外部平台所发送给本潜艇的目标信息一般是经过处理的航迹信息，个别情况是方位序列信息。本潜艇指控系统数据融合处理完成后，部分信息需要分发给其他探测平台。

与单平台数据融合相比，就处理过程而言，潜艇多平台多传感器数据融合需要增加进行空间对准。在处理方法上，潜艇多平台数据融合则有很大不同，难度也大很多，一个显著不同的地方是不同平台方位序列的时间、空间对准、相关与融合算法等单平台算法一般不再适用。

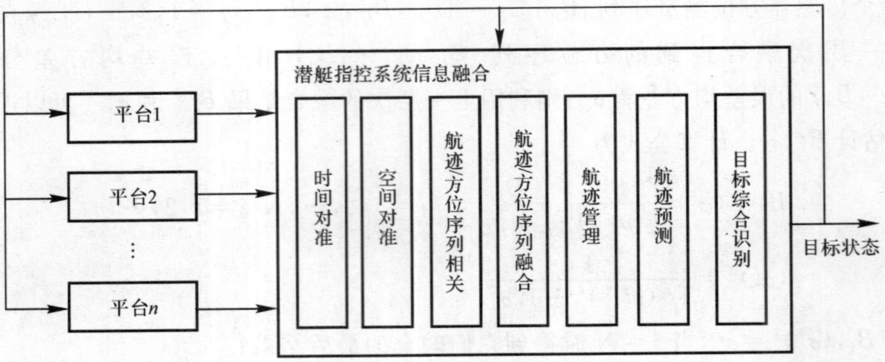

图 8-1-8 潜艇多平台分布式数据融合体系结构

8.2 潜艇目标综合识别

潜艇综合声呐、舷侧阵声呐、拖曳线列阵声呐、雷达等传感器具有目标识别功能,能提供目标识别结果或可以用于目标识别的信息,外部信息一般包括目标识别信息,雷达侦察设备、侦察声呐提供的目标主动(电磁辐射、声脉冲)信号也可以用于目标平台识别,战位和潜望镜有时能提供目标类型信息,从目标运动参数也能对目标类型作出一些判断。这些信息都含有不确定性(因素),给出的判断结果也可能存在差异,甚至出现矛盾,潜艇指控系统目标综合识别就是将所有这些有关目标类型、种类、属性的信息进行综合,在出现矛盾情况时作出裁决,给出目标类型、种类、属性的最终判断结果,比较理想的情况是给出最终结果的同时还给出其可信度。

严格说来,目标综合识别是包含于数据融合中的一项内容。由于目标综合识别问题相对独立以及它的重要性,有时对其进行专门研究和论述。在运行时序上,目标综合识别过程是在完成航迹/测量序列的关联分析,确定出每个目标的传感器航迹/测量序列后,将各传感器以及其他各种来源对目标进行的有关类型、类别、属性的判断结果进行综合,对目标类型、种类、属性作出统一的判断。

潜艇数据融合的难点是可以用于目标识别的信息源匮乏。外部信息一般用于远程武器目标指示,因此一般情况下与其他信息源难以有共同覆盖区域。潜用雷达是暴露器材,不到万不得以不会开机。雷达侦察设备、侦察声呐信息依赖目标雷达或主动声呐(或声呐主动工作方式)是否工作。因此往往大多数时候只有综合声呐提供目标识别信息,信息单一难以有综合所言。

目标综合识别所采用算法主要是传统的 Bayes 理论和 DS 证据推理,其他如一些计算智能技术(人工神经网络、模糊技术等)也用于目标综合识别。

第9章 潜艇目标运动要素解算

借助于海水的天然遮盖，与海军其他兵力相比，潜艇最大的优势就是其隐蔽性。隐蔽攻击的能力反映了潜艇的战斗力和生命力。

潜艇的主要任务是执行水下战斗活动和进行战略威慑。潜艇在水下航行和作战，为了保持其自身的隐蔽性，主要依靠声波对目标进行被动探测，所获得的主要是目标方位(或舷角)信息，而无法探测到目标的距离参数。因此，潜艇目标运动要素解算主要是一类纯方位情况下的目标定位和跟踪问题。潜艇目标运动要素解算实际上是利用潜艇的侦察探测设备实时确定目标当前的位置及其速度、航向等运动要素的过程，它是潜艇作战指挥和武器控制的基础。

根据所获得的目标相对于本艇的运动信息以及本艇的运动信息来估计目标的运动要素是潜艇指控系统的重要功能之一。潜艇在战斗行动中，通过使用侦察探测设备搜索发现目标以后，在潜艇的跟踪过程中，为了达到对目标进行攻击等目的，必须利用一切手段来解算目标的运动要素，以便为占领适宜的射击阵位并实现对武器的射击及导引控制做好必要的技术准备。

9.1 潜艇隐蔽攻击的研究及其发展

9.1.1 潜艇隐蔽攻击的概念及分类

通常所说的潜艇隐蔽攻击是利用潜艇被动式传感器量测的信息，确定目标的位置、速度等参数，以实现其鱼雷攻击的需要。在这里泛指的隐蔽意义有二:其一是指潜艇位于水下，不能为人眼、光学仪器、雷达所发现;其二是指所用观测器材是被动的，只收波不发波，不易被目标所发现。

被动跟踪是潜艇隐蔽攻击中目标跟踪的主要方法之一。利用被动式水声传感器所接收的目标方位(或舷角)信息，快速、准确、稳定地确定目标运动要素成为潜艇隐蔽攻击中的关键问题。因此也可以说隐蔽攻击的实质问题乃是被动传感器对目标的定位和跟踪问题，是选择攻击机动方案和组织武器射击的基本条件。

潜艇在接敌、占位、射击、规避各个攻防环节都离不开目标运动要素。潜艇目标运动要素解算算法可以根据所获得的传感器信息的不同来分类。鉴于潜艇传感器的各种不同工作机理和工作方式，有多种目标运动要素的解算方法。

为了缩短潜艇目标运动要素的解算时间，提高解算精度，需要合理使用观测器材进行攻击。当今各国潜艇上装备的观测器材主要有噪声测向站、被动测距站、回音站、雷达、潜望镜等。潜艇在各种观测器材的使用中，应特别注意有节制地使用主动探测器材。

噪声测向站是隐蔽攻击算题输入数据的主要信息源，它的跟踪性能、跟踪误差、作用距离等性能决定了隐蔽攻击算题的数学处理方法。

被动测距站可用于接收目标噪声，能够测出目标的方位和距离。

回音站能测量目标的距离和方位，但作用距离近且误差大。它属暴露性探测器材。

潜望镜用于指挥、搜索、观察、导航及鱼雷攻击探测瞄准，它是潜艇在潜望状态航行时基本的目测工具，可估计目标舷角、速度和距离。使用潜望镜观测直观性强、信息量大且可靠、迅速。它属暴露性探测器材。

当传感器工作于噪声测向工作方式时，仅能探测到目标的方位（或舷角），此时属于纯方位跟踪，这是潜艇目标运动要素解算的一个主要的方法。为了解决系统的可观测性问题，本艇必须进行有效的机动。

当传感器既可探测到目标的方位又可探测到目标的距离时，这时的目标跟踪为方位距离跟踪。这种目标运动要素解算方法不需要本艇机动就可解决系统的可观测性问题。

潜艇指控系统可利用潜望镜的目力观察或噪声站接收的目标噪声及其特性，结合敌情通报和有关资料以及海上的具体情况对目标运动要素值进行估测，此时可利用此估测信息并结合纯方位信息进行目标跟踪。根据所估测信息的不同，这种具有估测信息的目标运动要素解算方法具体包括具有一个估测信息（距离、速度或航向（舷角））的目标运动要素解算和具有两个估测信息（距离和速度、距离和航向或速度和航向）的目标运动要素解算方法。此类算法在纯方位信息的基础上，利用了潜艇观测器材所能观测到的其他可用信息，因此较纯方位目标跟踪算法具有一定的优势。在估测信息较为精确的条件下，多数情况虽然本艇机动已不再是系统可观测的必要条件，但本艇的机动会改善目标运动要素的解算质量。采用估测法获得目标运动要素的准确和可靠程度有赖于侦察所得目标情报是否准确、可靠及对敌情资料熟悉和掌握的程度，还与观测者训练水平的高低和实际经验是否丰富有关。

方位频率跟踪主要是利用所观测的频率和方位信息估计目标的运动参数。频率信息的引入，使得该方法可以不需要本艇的机动就可解决系统的可观测性问题。

机动目标的纯方位跟踪考虑目标作折线机动的情况，解决潜艇在对抗条件下纯方位目标机动检测以及机动目标的定位和跟踪问题。

9.1.2 潜艇隐蔽攻击的发展

潜艇隐蔽攻击问题的研究是随着被动式传感器的出现以及估计理论的发展而发展起来的，已有60多年的历史。在第二次世界大战期间，伴随着噪声测向站的问世，自然提出了隐蔽攻击问题。鉴于这一问题本质上的非线性和可观测性差的特点，隐蔽攻击从最初的作海图、在暴露攻击算题上用推算方位与实测方位进行比较、确定性解算到目前广泛使用的最小二乘滤波、卡尔曼滤波以及非线性滤波算法等，隐蔽攻击问题不论在收敛率、收敛时间以及收敛精度、稳定度等各个方面都得到了大幅度的提高。

美国潜艇隐蔽攻击研究时间最长，20世纪40年代至60年代初一直在确定性参数计算范围研究；从1954年开始，从二方位二距离暴露攻击发展到三方位一距离算题的列装；后来进行多方位及使用方位三阶导数瞬时计算法的研究；从50年代开始研究的四维线性最小二乘法，已列装于早期的核动力潜艇上；60年代末期，开始卡尔曼滤波学术应用研究，从理论上深入研究了卡尔曼滤波应用于潜艇隐蔽攻击的性能。

俄罗斯虽然是潜艇大国，但由于此问题的性质，对这类问题的探讨基本未见其公开报道。

从其列装的潜艇来看，1958 年列装的火控设备主要是确定性参数计算，包括四方位法以及三方位一变化率法；1981 年服役的常规动力潜艇火控设备上既保留了四方位法，又新增加了三维线性最小二乘法，并且应用了卡尔曼滤波，但卡尔曼滤波算法处于辅助地位。

法国从 1995 年以来，对本艇最优机动进行了深入的研究，并且研究了纯方位跟踪的梯度法与辅助变量方法的收敛性等问题。

另外，瑞典、以色列、荷兰、希腊、加拿大、意大利，英国、澳大利亚、印度以及朝鲜等国也都进行了这方面的研究。

9.2　潜艇隐蔽攻击的纯方位目标跟踪方法

考虑到潜艇以被动测向工作的综合声呐为主要的目标信息源，故而纯方位量测求取目标运动要素成为潜艇目标运动要素解算的一个重要算法。

图 9-2-1 为纯方位目标跟踪原理职能框图。潜艇隐蔽攻击的纯方位目标跟踪主要包括三个方面的内容：其一是对量测信息进行预处理，用以消除输入量的误差对求解目标运动要素的影响；其二是本艇的机动控制问题，用以解决纯方位系统的可观测性问题；其三是纯方位目标运动要素解算方法，通过运用跟踪滤波方法获得统计最优的状态估计结果，用以解决纯方位隐蔽攻击的"快"和"准"的问题。

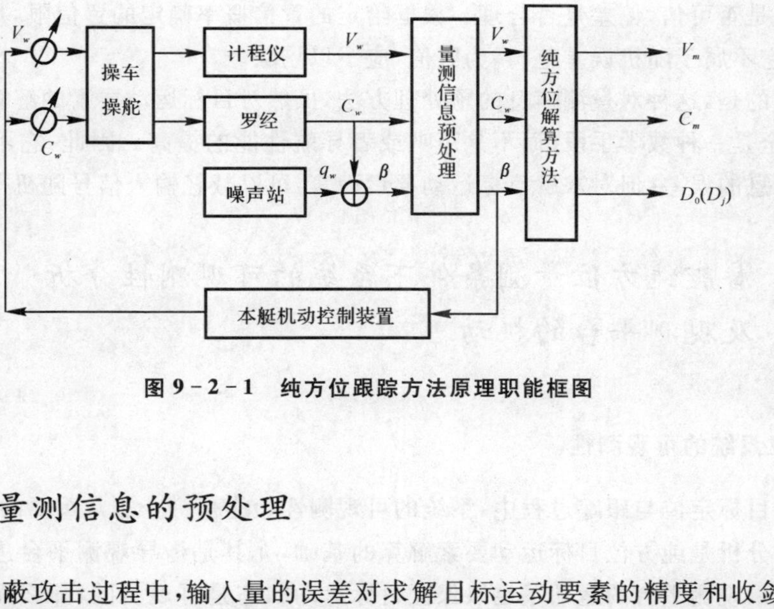

图 9-2-1　纯方位跟踪方法原理职能框图

9.2.1　量测信息的预处理

在纯方位隐蔽攻击过程中，输入量的误差对求解目标运动要素的精度和收敛时间有着决定性的影响。外界的各种干扰等可能存在的问题，使得声呐、导航信息误差都较大，有时甚至很不理想。一般来讲，误差越小，解算精度越高，收敛时间越短。然而，由于潜艇在水下相对运动缓慢，使得方位变化率很小。在一个采样间隔内，方位变化量往往比误差值还小，这就掩盖了原有的变化规律。在这种情况下，状态不收敛和收敛时间长完全是意料之中的。因此，提高声呐以及导航信息的精度、可靠性和冗余度对提高目标运动要素解算的质量是必需的。

在潜艇隐蔽攻击过程中，由于声呐以及导航设备不够精确或其他水文气象等原因，使量测数据产生较大的测量误差。而且在目标的真实参数未知且存在干扰和噪声的情况下，即使量测设备足够精确，也不可避免地会产生量测误差，从而使量测数据不能被直接使用。对于这些随机干扰的影响，可用各种滤波方法对量测信息进行处理。

在正常的量测中，对于某一个被测量进行多次量测，其量测值总是在真值附近散布。从统计意义上来说，量测次数愈多，相对而言，散布在真值附近的量测值就愈多，离真值愈远的量测值愈少。由于真值对量测者而言总是未知的，所以只能说散布较集中的值较接近真值。

然而，有时有的量测值离散布较集中的值实在太远了，这种量测值通常称为野值。这种过失误差的产生随意性大、突发性大、所产生的偏差较大且基本无规律性。在这种情况下，若直接采用滤波方法，则会对所有量测数据的预处理效果产生极坏的影响。因此在对量测信息进行滤波处理之前，首先要剔除野值。

对潜艇导航数据来说，野值产生的主要原因大致有以下几个方面：

①潜用电器的干扰；

②潜用电源质量问题；

③人为过失。

因此，处理野值的方法除了消除野值产生的条件以外，应该还包括两个方面的内容：一是识别野值；二是剔除野值。剔除野值的办法较为简单，只要认定哪一个量测值是野值，那么将其从量测值序列中剔除即可，其中的难点、核心问题则是如何识别哪个量测值是野值。

野值的识别主要采用统计法进行判别。首先构造判别统计量，可采用置信度和置信区间来评定量测值是否可信，偏差是否合理。根据给定的置信概率确定的置信限，凡超过这个限的误差，就认为它不属于随机误差范畴，为野值，应予以剔除。

值得注意的是，这种对量测信息的预处理方法，虽然对目标运动要素的解算精度有一定的效果，但它完全是一种数学手段，而不是声呐或者导航性能的提高。因此，它不可能完全消除传感器量测信息的误差，但对求解目标运动要素而言，可以减轻输入信号随机干扰的影响。

9.2.2 潜艇纯方位量测条件下系统的可观测性分析及观测平台的机动

1. 纯方位系统的可观测性

在纯方位目标定位与跟踪过程中，系统的可观测性始终是一个非常重要的问题。

可观测性分析是纯方位目标运动要素解算的基础，尤其是指导观测平台进行有效机动的理论基础。如果观测平台的运动不足以保证目标运动状态是可观测的，那么无论用何种定位算法都不能唯一地确定目标运动要素。

在现代声呐系统中，尤其是对于被动声呐，目标定位和跟踪或者说目标运动分析（TMA）受到越来越多的关注。以纯方位跟踪（BOT）为重点的仅利用目标方位信息的 TMA 方法尤其如此，其研究的主要方面就是纯方位系统的可观测性问题。

（1）可观测性的一般结论

对于线性系统，

$$\begin{cases}\dot{\boldsymbol{x}}(t)=\boldsymbol{A}(t)\boldsymbol{x}(t)\\ \boldsymbol{z}(t)=\boldsymbol{H}(t)\boldsymbol{x}(t)\end{cases} \tag{9-2-1}$$

在$[t_0,t_f]$上是完全可观测的，当且仅当可观测矩阵

$$\boldsymbol{O}(t_f \mid t_0)=\int_{t_0}^{t_f}\boldsymbol{\Phi}^{\mathrm{T}}(t \mid t_0)\boldsymbol{H}^{\mathrm{T}}(\tau)\boldsymbol{H}(\tau)\boldsymbol{\Phi}(t \mid t_0)\,\mathrm{d}t \tag{9-2-2}$$

正定。这里$\boldsymbol{\Phi}(t \mid t_0)$是状态转移矩阵，即对任意$t\in[t_0,t_f]$有

$$\boldsymbol{x}(t)=\boldsymbol{\Phi}(t \mid t_0)\boldsymbol{H}(t_0) \tag{9-2-3}$$

系统(9-2-1)在$[t_0,t_f]$上是完全可观测的，当且仅当$\forall Y\neq 0$，存在$t\in[t_0,t_f]$使得

$$\boldsymbol{H}(t)\boldsymbol{\Phi}(t \mid t_0)Y\neq 0 \tag{9-2-4}$$

或者说，在$t\in[t_0,t_f]$上，式(9-2-4)不恒等于零。

对于非线性系统，

$$\begin{cases}\dot{\boldsymbol{x}}(t)=f(\boldsymbol{x}(t),t) & \boldsymbol{x}(t_0)=\boldsymbol{x}_0\\ \boldsymbol{y}(t)=h(\boldsymbol{x}(t),t)\end{cases} \tag{9-2-5}$$

如果对于凸集$S\in\mathbf{R}^n$上的所有x_0，都有式(9-2-2)是正定的，则系统在S上是完全可观测的。其中

$$\boldsymbol{H}(t)=\frac{\partial h(\boldsymbol{x},t)}{\partial \boldsymbol{x}} \tag{9-2-6}$$

$\boldsymbol{\Phi}(t \mid t_0)$是$\partial f/\partial \boldsymbol{x}$的转移矩阵。

将式(9-2-2)离散化，则状态完全可观测的充分必要条件为

$$\sum_i \boldsymbol{\Phi}^{\mathrm{T}}(i \mid 0)\boldsymbol{H}^{\mathrm{T}}(i)\boldsymbol{H}(i)\boldsymbol{\Phi}(i \mid 0) \tag{9-2-7}$$

非奇异。

(2) 纯方位系统的可观测性分析

假设目标作匀速直线运动，在直角坐标系中位置坐标为(x_{mj},y_{mj})。观测平台做任意运动，位置坐标为(x_{wj},y_{wj})。目标相对于观测平台的方位为B_j，如图 9-2-2 所示。

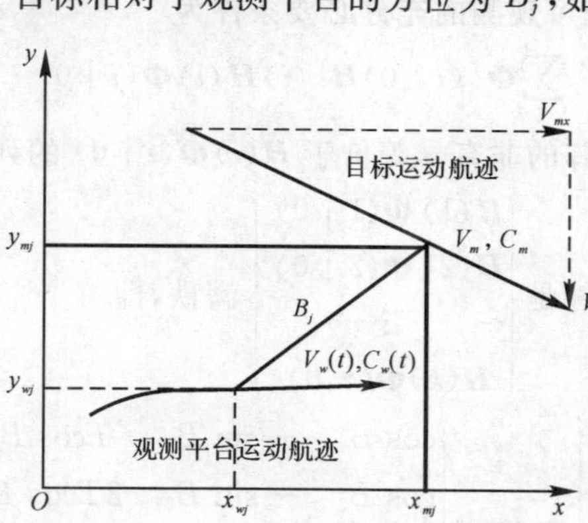

图 9-2-2　观测平台与目标的态势图

目标的轨迹由下面的 4 维状态向量来描述

$$\boldsymbol{X}_m=(x_{mj},y_{mj},V_{mx},V_{my})^{\mathrm{T}} \tag{9-2-8}$$

目标状态的离散时间方程可表示为

$$\boldsymbol{X}_m(k+1)=\begin{pmatrix}1&0&T&0\\0&1&0&T\\0&0&1&0\\0&0&0&1\end{pmatrix}\boldsymbol{X}_m(k)=\boldsymbol{\Phi}(k+1\mid k)\boldsymbol{X}_m(k) \tag{9-2-9}$$

式中，　　　T—— 采样间隔；

$\boldsymbol{\Phi}(k+1\mid k)$—— 状态转移矩阵。

观测平台的运动可以表示为

$$\begin{pmatrix}x_w(k+1)\\y_w(k+1)\end{pmatrix}=\begin{pmatrix}1&0\\0&1\end{pmatrix}\begin{pmatrix}x_w(k)\\y_w(k)\end{pmatrix}+T\begin{pmatrix}\Delta V_{wx}(k)\\\Delta V_{wy}(k)\end{pmatrix} \tag{9-2-10}$$

即

$$\boldsymbol{X}_w(k+1)=\boldsymbol{\Phi}(k+1\mid k)\boldsymbol{X}_w(k)+\begin{pmatrix}0\\1\end{pmatrix}\begin{pmatrix}\Delta V_{wx}(k)\\\Delta V_{wy}(k)\end{pmatrix} \tag{9-2-11}$$

这里 $\Delta\boldsymbol{V}_w(k)=\boldsymbol{V}_w(k+1)-\boldsymbol{V}_w(k)$ 是观测平台速度的改变增量。那么目标方位就可以表示为

$$\tan B_k=\frac{x_m(k)-x_w(k)}{y_m(k)-y_w(k)} \tag{9-2-12}$$

等价于

$$[x_m(k)-x_w(k)]\cos B_k-[y_m(k)-y_w(k)]\sin B_k=0 \tag{9-2-13}$$

引入伪量测量

$$Z(k)=x_w(k)\cos B_k-y_w(k)\sin B_k \tag{9-2-14}$$

及伪量测阵

$$\boldsymbol{H}(k)=(\cos B_k,\quad -\sin B_k,\quad 0,\quad 0) \tag{9-2-15}$$

这样就得到伪线性量测方程

$$Z(k)=\boldsymbol{H}(k)\cdot\boldsymbol{X}_m \tag{9-2-16}$$

因此纯方位量测条件下，系统可观测的充分必要条件为

$$\sum_i\boldsymbol{\Phi}^{\mathrm{T}}(i\mid 0)\boldsymbol{H}^{\mathrm{T}}(i)\boldsymbol{H}(i)\boldsymbol{\Phi}(i\mid 0) \tag{9-2-17}$$

非奇异。由于上述可观测矩阵的非奇异等价于 $\boldsymbol{H}(i)\boldsymbol{\Phi}(i\mid 0)$ 的列线性无关，因此纯方位系统状态完全可测的充分必要条件是 $\begin{pmatrix}\boldsymbol{H}(1)\boldsymbol{\Phi}(1\mid 0)\\\boldsymbol{H}(2)\boldsymbol{\Phi}(2\mid 0)\\\vdots\\\boldsymbol{H}(k)\boldsymbol{\Phi}(k,0)\end{pmatrix}$ 满秩，即

$$\mathrm{rank}\begin{pmatrix}\boldsymbol{H}(1)\boldsymbol{\Phi}(1\mid 0)\\\boldsymbol{H}(2)\boldsymbol{\Phi}(2\mid 0)\\\vdots\\\boldsymbol{H}(k)\boldsymbol{\Phi}(k\mid 0)\end{pmatrix}=\mathrm{rank}\begin{pmatrix}\cos B_1&-\sin B_1&T\cos B_1&-T\sin B_1\\\cos B_2&-\sin B_2&2T\cos B_2&-2T\sin B_2\\\vdots&\vdots&\vdots&\vdots\\\cos B_k&-\sin B_k&kT\cos B_k&-kT\sin B_k\end{pmatrix}=4$$

讨论：

若 $B=0$，第 2 列和第 4 列是第 1 列和第 3 列的倍数，可观测矩阵秩为 2，此时系统完全不可观测；

当目标与观测平台均做匀速直线运动时，只要量测三个方位，第四个方位可以由前三个方

位及其时间间隔计算出来。

$$
\begin{aligned}
B_3 = B_0 + \arctan\{&[(t_{10}t_{30} - t_{20}t_{30})\sin(B_1 - B_0)\sin(B_2 - B_0)]/ \\
&[(t_{10}t_{20} - t_{20}t_{30})\sin(B_1 - B_0)\cos(B_2 - B_0) + \\
&(t_{10}t_{20} - t_{20}t_{30})\cos(B_1 - B_0)\sin(B_2 - B_0)]\}
\end{aligned}
\tag{9-2-18}
$$

即 B_0, B_1, B_2, B_3 不相互独立。

由此可以得出若 $\dot{B} \neq 0$，由于当 $k > 3$ 时，B_k 均可由前三个方位确定，可观测矩阵秩不大于 3，此时系统不可观测。

由此可得如下结论：

定理 1　在观测平台匀速直线运动的前提下，对于匀速直线运动的目标，在二维纯方位量测条件下，不能同时确定目标的距离、速度和航向。

定理 2　在 $\dot{B}(t) = 0$ 的前提下，对于匀速直线运动的目标，在二维纯方位量测条件下，不能同时确定目标的距离、速度和航向。

也就是说，当利用单传感器进行纯方位目标运动要素估计时，如果目标与传感器所在平台在目标运动要素估计期间都作匀速直线运动，则此时纯方位系统的状态是不可观测的。但是这并不是说传感器所在的平台的机动是纯方位系统可观测的充要条件。定理 2 说明了如果观测平台进行了机动，但量测方位始终相等（或者相差 180°），这时纯方位系统的状态仍是不可观测的。

上面的定理是针对单个观测平台而言，实际上对于多个观测平台，在目标与观测平台均作匀速直线运动的假定下，虽然观测平台的机动不是纯方位系统可观测的必要条件，但是如果多个观测平台量测的方位全相等或者相差 180°，那么此时纯方位系统的状态仍然不可观测。

另外，对于作匀加速直线运动的目标，有如下结论：

定理 3　在观测平台保持匀速直线运动的前提下，对于匀加速直线运动的目标，在二维纯方位量测条件下，不能同时确定目标的距离、速度和航向。

定理 4　在 $\dot{B}(t) = 0$ 的前提下，对于匀加速直线运动的目标，在二维纯方位量测条件下，不能同时确定目标的距离、速度和航向。

定理 1～4 说明了在目标作匀速或者匀加速直线运动的假定下，要想使纯方位系统状态可观测，则观测平台必须机动。

上述结论同样可以推广到三维纯角度系统中。

(3) 确定性算法的最小输入条件

定理 5　二维纯方位系统，在目标匀速直线运动的假定下，当 $V_m \neq 0$ 时，要想确定目标的位置，即同时求解 D_0, V_m, C_m，其必要条件是约束输入至少是四个（这里所谓约束输入是指那些由目标及我艇相对位置决定的输入数据）。

在上面的定理中，“同时”两字是必要的，因为若只想求目标的航向，当量测的三个方位 B_1, B_2, B_3 延长线交于一点时，根据公式

$$
t_{12}\sin(B_3 - B_2)\sin q_{m1} - t_{23}\sin(B_2 - B_1)\sin q_{m3} = 0 \tag{9-2-19}
$$

即可求出目标的航向。就是说，在这种情况下只需要三个方位就可以确定目标的航向，并且不需要本艇的机动（除了目标正对观测平台而来或者背离观测平台而去的情况）。

上面这个定理说明了纯方位量测求解目标运动要素的最小的输入条件。

2. 观测平台的机动

应用纯方位量测进行被动目标定位是一个传统的估计问题，此估计问题固有本质上的非线性使得观测者机动的影响更加深刻，系统往往表现出其独特的可观测性，致使观测者的机动成为影响定位问题解的最为重要的因素。

由前面定理1可知，对于纯方位系统，即使方位量测是精确的，要想保证纯方位系统的可观测性，观测平台必须机动。而且已经证明不是任意机动都可以使系统的可观测性得到保证，即观测平台的机动只是纯方位系统可观测的必要条件，而非充分条件。

由于方位量测总不免受量测噪声的干扰，当确定可观测性得到满足后，这时，观测平台机动方式的选择对于纯方位定位与跟踪的目标运动要素的解算质量有着直接的影响，集中地体现在目标运动要素估计的收敛时间的快慢、收敛率的大小以及收敛后的精度、稳定性等性能上。因此在纯方位量测条件下当解算目标运动要素时，为了能够快速、准确地求出目标运动要素，本艇的机动至关重要。

观测平台如何机动才能使目标运动要素的估计最精确是纯方位目标定位与跟踪的一个热点问题，也是一个比较棘手的问题。纯方位系统观测平台的最优机动问题在 W.J. Looney 等人最早提出的观测平台机动思想之后的几十年中得到了很大的发展。人们试图应用多种方法来解决这一问题，主要包括最优控制理论、动态规划、数理统计、微分包含法等方法。对观测平台最优机动的“最优”目标函数的选取主要有以下几种：方位变化率最大（或者方位差最大）、费歇尔信息矩阵（FIM）行列式最大（或克拉姆-罗下界（CRLB）最大）、观测平台相对于目标的距离偏差（$\sigma_D(t)$）最小、估计目标速度的均值/方差最小、纯方位系统的可观测程度最大等。尽管所用的方法或指标有所不同，但最终都是为了更好地解决潜艇纯方位跟踪的“快”和“准”的问题。

（1）纯方位系统观测平台的最优机动研究

对于纯方位系统，假设

① 目标以速度 V_m、航向 C_m 作匀速直线运动；

② 观测平台以恒定速率 V_w 运动；

③ 考虑目标与观测平台在同一水平面上运动。

在 i 时刻，目标和潜艇分别位于 $M_i(x_{m_i}, y_{m_i})$，$W_i(x_{w_i}, y_{w_i})$ 点，距离为 D_i，方位为 B_i。相对态势如图 9-2-2 所示。

本艇的动力学方程为

$$\begin{aligned}\frac{\mathrm{d}x_w(t)}{\mathrm{d}t} &= V_w \sin u(t), \quad x_w(0)=x_0 \\ \frac{\mathrm{d}y_w(t)}{\mathrm{d}t} &= V_w \cos u(t), \quad y_w(0)=y_0\end{aligned} \tag{9-2-20}$$

式中，$x_w(t)$，$y_w(t)$——本艇在 x，y 方向的横、纵坐标；

$u(t)$——t 时刻观测平台瞬时的运动航向。

量测方程是

$$B_k = \arctan\left[\frac{x_m(t)-x_w(t)}{y_m(t)-y_w(t)}\right]+\nu_k \tag{9-2-21}$$

其中 $\{\nu_k\}_{k=1}^N$ 是高斯白噪声序列，偏差为 σ_B。

现在的问题就是确定最佳的观测平台的轨迹，即从数据集 $\{B_k\}$ 中提取最大的量测信息。

由 CRLB 定理，对一个非随机的状态 $\boldsymbol{Y}$，以及一个无偏估计 $\boldsymbol{Y}(B)$，B 代表测量集，估计误差的协方差矩阵

$$\boldsymbol{P}=E\{[\boldsymbol{Y}(B)-\boldsymbol{Y}][\boldsymbol{Y}(B)-\boldsymbol{Y}]^{\mathrm{T}}\}\geqslant\boldsymbol{M}^{-1} \tag{9-2-22}$$

式中，$\boldsymbol{M}$—— 费歇尔信息矩阵(FIM)，

$$\boldsymbol{M}=-E\left[\frac{\partial^2}{\partial\boldsymbol{Y}^2}\log P_{B|\boldsymbol{Y}}(B\mid\boldsymbol{Y})\right] \tag{9-2-23}$$

(ⅰ)FIM 行列式最大

由于估计误差协方差矩阵 $\boldsymbol{P}$ 是半正定的，它的伴随二次形式定义为一个超椭球体，它描述了误差的分布。椭圆体的半轴长是由 $\boldsymbol{P}$ 的特征值决定的，方向是由特征向量的方向决定的。它的容积是同 $\boldsymbol{P}$ 的行列式相关的，行列式越大，则容积越大。我们希望的是容积越小越好，即 $\boldsymbol{P}$ 的行列式越小越好。

当假设估计是有效无偏估计时，估计协方差矩阵等于 FIM 矩阵的逆，可最大化 FIM 矩阵的行列式。在极大似然估计中，当计算时刻 t 的目标状态时，如 $\det(\boldsymbol{F}(t))$ 绝对值非常小时，将很难收敛或者收敛很慢。因此，为了保证迭代的快速顺利进行，我们也将最大化 $\det(\boldsymbol{F}(t))$。因此等价的最小化

$$Q=-\ln|\boldsymbol{F}(t)| \tag{9-2-24}$$

式中，$|\boldsymbol{F}(t)|$——$\boldsymbol{F}(t)$ 的行列式。

此最优准则具有以下两个优点：

第一，假定估计值 $\hat{\boldsymbol{X}}_m(T)$ 用来描述时刻 $T'>T$ 目标状态向量 $\boldsymbol{X}_m(T')$，那么容易证明：在时刻 T' 的估计误差协方差矩阵所定义的四维不定体的容积等于在时刻 T 的相应的容积。

第二，FIM 行列式最大指标对于衡量目标状态的 4 个分量来说，其简单、直观，物理意义明显。

注意，要使目标状态的误差最小，实际上是要求 FIM 矩阵的逆矩阵对角线元素最小。由于行列式是特征值的乘积，而特征值的和等于对角线元素的和，本精度指标实际上也就使对角线的部分或全部元素的值有所减小。

从利用 FIM 行列式最大的精度指标所得到的综合轨迹来看，可得本载体作三段式"Z"字型跟踪，三段长度大致相等(见图 9-2-3)。

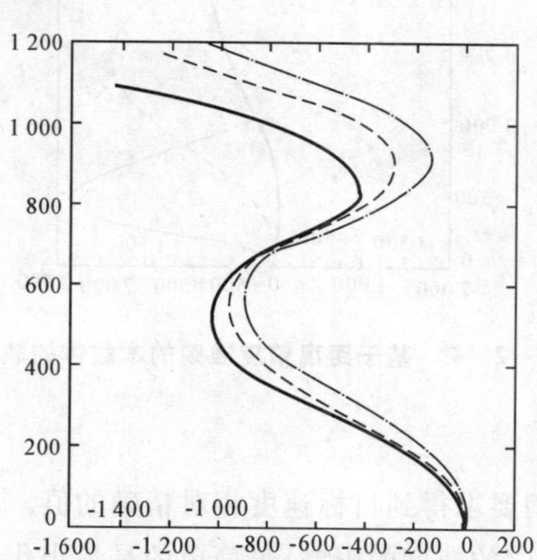

图 9-2-3　基于 FIM 行列式最大的本载体的轨迹图

注：实线代表目标为小舷角或低速的情况，虚线代表目标中舷角或中速的情况，点划线代表目标为大舷角或高速的情况，图 9－2－4 和图 9－2－5 中的相同。

当需要综合考虑目标距离、速度以及航向时，可以使用这种机动模式，并且此机动模式在开始阶段不走方位航向，因此它可以用于艇艏为盲区的声呐探测和跟踪中。

（ⅱ）距离精度准则

最小化本载体相对于目标的距离 $D(T)$、偏差 $\sigma_D(T)$，也即最小化

$$Q(\boldsymbol{F}(t),T)=\sigma_D^2(T)=\boldsymbol{h}^{\mathrm{T}}(T)\boldsymbol{F}^{-1}(T)\boldsymbol{h}(T) \tag{9-2-25}$$

其中

$$\boldsymbol{h}(T)=\frac{\partial D(T)}{\partial \boldsymbol{X}_D(T)}=(\sin B(T),\quad \cos B(T),\quad 0,\quad 0)^{\mathrm{T}} \tag{9-2-26}$$

在实战中，有时要求目标的距离相对误差很小，而对目标的速度向量的精度可相对放宽一些，此时，这个准则就显得非常重要了。

在仅仅考虑对距离的求解效果而不太关心对速度的求解效果的情况下，可以使用距离精度准则。从仿真结果来看，它的距离求解效果确实不错，但是关于速度的两个指标速率和航向的解算效果就不能完全令人满意了。

图 9－2－4 为利用距离精度准则的本载体的轨迹图。从利用距离精度准则得到的综合轨迹来看，本载体作两段式"＞"字型跟踪或"S"字型三段式跟踪。一般在目标高速、大舷角的情况下，目标作"S"字型三段跟踪，其他情况作两段式跟踪。对"＞"字型跟踪，两段大致相等。对"S"字型的三段式跟踪，第三段要明显地小于前两段，且第三段几乎是一个 180 度的转向，这在实际中是不可行的。但是我们在实际中也得到了一种"Z"字型跟踪，但是，第一段非常短，第二段非常长，因而可以认为这是"＞"字型的一种变形，也认为它是"＞"字型。我们将对目标高速、大舷角的情况用这种轨迹。对标准的"＞"字型，两段大致相等。

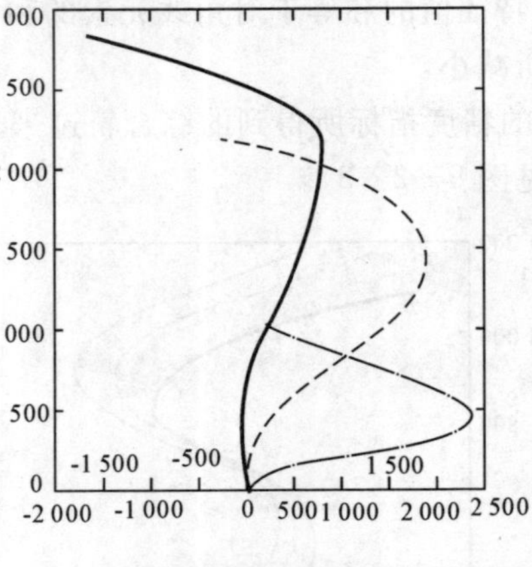

图 9－2－4　基于距离精度准则的本载体的轨迹图

（ⅲ）速度精度准则

在实际跟踪中，有时我们要求得到目标速度相对精确的值。记 $\boldsymbol{G}=\mathrm{inv}(\boldsymbol{F}(T))=(g_{ij})_{4\times4}$，其中 g_{33}，g_{44} 是关于 X，Y 方向的速度的限制，最简单的是最小化

$$Q=g_{33}+g_{44} \tag{9-2-27}$$

有时，我们也许更看重目标在某一坐标方向的值，此时，我们可以在式（9－2－27）中给 g_{33}

或 g_{44} 乘以相应的权量。

图 9－2－5 为利用速度精度准则的本载体的轨迹图。从利用速度准则得到的综合轨迹来看，本载体作三段式拟"Z"字型跟踪，三段长度差别很大，一般说来，第一段长度很长，第二段长度较小。只有在大舷角、高速的情况下，三段大致相等。

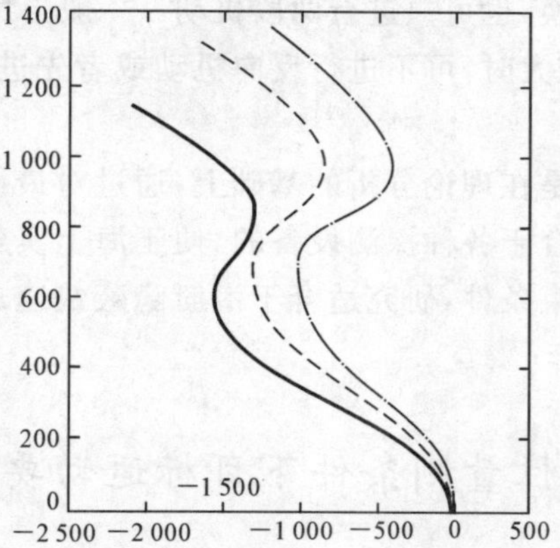

图 9－2－5　基于速度精度准则的本载体的轨迹图

(2) 潜艇纯方位量测条件下观测平台的机动策略

潜艇在作战过程中，除了做必要的战术机动以外，一般情况下保持匀速直线运动。因此在实际中，如果不考虑潜艇转弯过程，潜艇的运动应符合折线运动的条件。对于做折线机动的观测平台，有如下结论：

当目标做匀速直线运动，观测平台做折线机动时，若量测方位不全相等(或相差 180°)，则纯方位系统可观测。

潜艇在实际海上操艇过程中，其优化机动策略是一个十分复杂的问题。潜艇推荐机动受目标的性质、武器和传感器性能、本艇机动性能等诸多因素的限制。潜艇自噪声的增加，将会引起信噪比的降低，进而影响声呐对目标的检测和跟踪。因此潜艇在目标运动要素的解算过程为保持本艇的隐蔽性要对本艇的工况进行限制，以免因本艇速度过高、自噪声增大而增加暴露的可能。

由前面的讨论知道，纯方位隐蔽攻击目标运动要素解算要求本艇必须机动。理论上本艇的机动可以只进行速度机动，或只进行航向机动，或速度、航向同时机动。从直观上看本艇运动的速度越大越好，这样可增大量测的信息量，而潜艇运动最大速度的确定主要以传感器稳定跟踪目标并且不易被目标所发现为原则。通常所讨论的本艇机动方案的确定主要以本艇航向的机动为主，速度可始终保持不变，也可进行低速、高速的交替变化。

实际上，隐蔽攻击过程中的跟踪定位与攻击占位是两个互相关联不可分割的阶段，因此本艇的机动必须兼顾这两方面的要求。一般来讲潜艇的纯方位本艇机动的工程化方案包括三个阶段。

首先，发现目标时，为了判明目标的动向，观测者应指向目标，沿初始方位航向进行运动，此时观测平台的速度易取低速。在方位航向上的航行时间主要取决于观测平台探测设备的测向误差。一般而言，当方位的变化超过 $3\sigma_B$ 时，可结束方位航向上的航行。这只是针对艇艏不是盲区的探测器材而言。

其次，为了尽可能快、尽可能多地获得目标的信息，进行增大方位变化率的反向机动，此时观测平台的速度易取高速。

最后，为了便于占位以及缩短本艇与目标的距离，可进行接近目标的顺向机动。

实际上本艇的优化机动总是增加方位变化率和接近目标的一个折中，可根据实际需要将第二段与第三段前后次序互换，也可只进行两段机动。一般当目标方位变化率较小时，需要进行三段机动；当方位变化率较大时，可不进行反向机动或者先进行顺向目标机动，再反转进行迎向目标的机动。

一般本艇推荐机动方案是在理论分析的基础上，通过对最优机动轨线大量的模拟计算而最终统计拟合出来的一种适合于各种探测设备的、便于海上实艇操作的次优的机动方案。结合潜艇所载传感器探测的约束条件，研究适合于潜艇隐蔽快速求解目标运动要素的工程化的机动模型是非常有意义的。

9.2.3 潜艇纯方位量测条件下目标运动要素的解算算法

在测量有噪声存在的实际情况下，要运用跟踪滤波方法获得统计最优的状态估计结果。由于单站纯方位量测条件下目标定位跟踪通常是一个复杂的非线性问题，而且具有状态不完全可观测的特点，所以需要研究和寻找稳定性好的跟踪滤波算法。

在潜艇目标运动要素解算中，为了减小探测跟踪设备量测数据以及导航设备提供的对本艇速度和航向信息的随机误差的影响，在探测跟踪设备稳定跟踪目标的情况下，通常采用滤波的方法进行目标运动要素解算。

估计方法的研究由来已久。纯方位估计方法的研究从最小二乘法入手，并将各种滤波方法推广到纯方位估计方法的研究中，取得了一批可喜的成果。近年来随着无源探测技术的发展，纯方位跟踪问题更是成了令人瞩目的焦点。

纯方位目标定位与跟踪问题的算法与所选的坐标系有关。坐标系的不同，直接决定状态变量的选取，而状态变量的选取直接决定着动态方程和量测方程的形式。目前广泛采用的坐标系有直角坐标系、极坐标系、修正极坐标系、球坐标系和混合坐标系。下面的纯方位目标运动要素解算方法主要以直角坐标系为例。

1. 四方位法

四方位法是早期潜艇鱼雷攻击的一种算题。当潜艇的探测跟踪设备不能稳定跟踪目标时，利用潜望镜或其他设备可得到间断的四个目标方位，根据这四个方位及其对应的测量时间以及导航设备所提供的潜艇运动的航向和速度，可以解算出目标的运动参数。这类算法属于确定性参数计算方法。

所谓确定性参数计算是指不考虑量测误差和本艇定位误差，对匀速直航目标用纯几何的原理来获得目标运动要素的方法。当量测数据采样时间间隔长，统计规律不易掌握，同时对求解精度要求又不高时，这是一种相对简单而又便于人工操作的算法，是隐蔽攻击问题最早使用的方法，而且目前仍在使用。

这类方法具有算法简单、人工操作方便直观的特点，因此是可以提供艇长辅助指挥决策的一个手段。但确定性算法也存在明显的不足，这就是：在存在量测噪声的情况下，解的精度和稳定性都是无法预测的。

早期四方位法是通过绘图手段进行目标运动要素解算的。四方位法绘图原理是通过利用三方位一距离法计算目标概略航向、航速，再依据实测方位与推算方位确定目标的真实距离，最终确定目标的真实速度和航向。下面说明四方位法绘图的步骤，如图 9-2-6 所示。

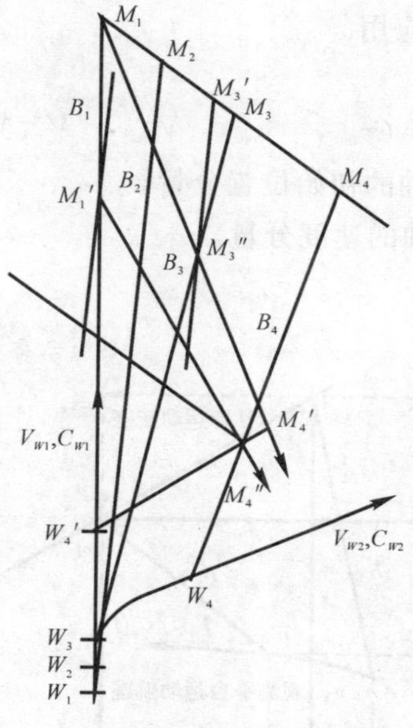

图 9-2-6　四方位绘图法

① 距离首先按照三方位一距离绘图法参见 9.3.1 节内容可得到目标的概略航向 $M_1M''_3$；

② 在 t_3 时刻本艇开始机动，待机动完毕后，于 t_4 时刻在位置 W_4 测得目标方位 B_4；

③ 按照目标的概略航向和航行时间可以得出目标的概略速度，再按概略速度画出在 (t_4-t_3) 时间内航行的距离 $M''_3M'_4$；

④ 假定本艇没有机动，按照原向原速在 t_4 时刻时本艇的位置点为 W'_4；

⑤ 连接 W'_4 和 M'_4 与 B_4 交于 M''_4 点，则 M''_4 点就是 t_4 时刻目标的位置点，$W_4M''_4$ 的长度就是 t_4 时刻目标距离 D_4；

⑥ 以 B_2 为第一条方位线，B_3 为第二条方位线，B_4 为第三条方位线，按三方位一距离的方法就可得到 M'_1 点；

⑦ 连接 M'_1 和 M''_4 就是目标的航向。

从上述四方位法绘图原理可以看出，如果四个量测方位不变，就无法用三方位一距离求得目标的概略速度和航向。如果在录取四个方位的过程中，本艇始终匀速直航，目标推算方位线与实测方位线必定重合，也就无法得出目标真实的位置点。四方位法与纯方位法同样满足观测平台的机动是算法解存在唯一的必要条件，并非充分条件。

四方位法实际上是纯方位法的一个特例，二者的解算数学模型相同。在进行四方位算法的解算过程中，四方位法对于本艇的机动有其特定要求。在观测平台的机动中要注意方位的录取时机，即相邻的两个方位之间除了有一定的方位变化量以外，还要保证有一定的时间间隔，另外还要各个方位分散在观测平台不同的运动航向上。

2. 纯方位最小二乘估计原理

20 世纪 60 年代中后期,线性最小二乘方法被应用于潜艇纯方位目标运动要素解算中,这是纯方位解算最早应用的滤波方法。由于最小二乘估计具有无偏且方差最小的统计特性,其数学模型和计算方法也比较简单,并且最小二乘估计并不涉及观测数据的分布特性,因此方法在潜艇隐蔽攻击中得到了广泛的应用。

令状态

$$X = (x_{m0},\quad y_{m0},\quad V_{mx},\quad V_{my})^{\mathrm{T}} \tag{9-2-28}$$

式中, x_{m0}, y_{m0} —— 目标在 x, y 轴的初始位置分量;

V_{mx}, V_{my} —— 目标在 x, y 轴的速度分量。

相对态势如图 9-2-7 所示。

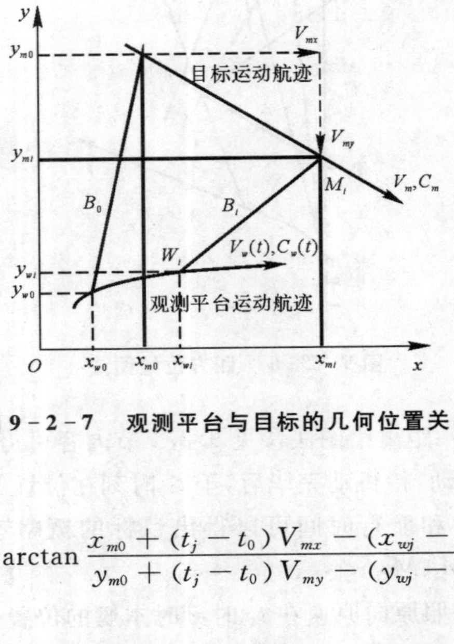

图 9-2-7　观测平台与目标的几何位置关系

由基本量测方程

$$B_j = \arctan \frac{x_{m0} + (t_j - t_0) V_{mx} - (x_{wj} - x_{w0})}{y_{m0} + (t_j - t_0) V_{my} - (y_{wj} - y_{w0})} \tag{9-2-29}$$

写成线性形式

$$x_{m0} \cos B_j - y_{m0} \sin B_j + (t_j - t_0) \cos B_j V_{mx} - (t_j - t_0) \sin B_j V_{my} = (x_{wj} - x_{w0}) \cos B_j - (y_{wj} - y_{w0}) \sin B_j \tag{9-2-30}$$

由于量测带有误差,因此式(9-2-30)不可能完全相等,必然存在一定的偏差,因此有

$$e_j = \boldsymbol{A}_j \boldsymbol{X} - B_j \tag{9-2-31}$$

其中

$$\boldsymbol{A}_j = (\cos B_j,\ -\sin B_j,\ (t_j - t_0) \cos B_j,\ -(t_j - t_0) \sin B_j)$$

$$B_j = (x_{wj} - x_{w0}) \cos B_j - (y_{wj} - y_{wo}) \sin B_j$$

同样写成向量形式,并根据最小二乘原理求解状态向量 $\boldsymbol{X}$,最终有

$$\boldsymbol{X} = (\boldsymbol{A}^{\mathrm{T}} \boldsymbol{A})^{-1} \boldsymbol{A}^{\mathrm{T}} \boldsymbol{B} \tag{9-2-32}$$

则最终可确定目标的运动参数

$$\begin{cases} D_0 = \sqrt{(x_{m0} - x_{w0})^2 + (y_{m0} - y_{w0})^2} \\ V_m = \sqrt{V_{mx}^2 + V_{my}^2} \\ C_m = \arctan(V_{mx}/V_{my}) \\ D_j = \sqrt{[D_0 \sin B_0 + (t_j - t_0)V_{mx} - (x_{wj} - x_{w0})]^2 + [D_0 \cos B_0 + (t_j - t_0)V_{my} - (y_{wj} - y_{w0})]^2} \\ Q_{mj} = B_j - C_m \pm 180° \end{cases} \tag{9-2-33}$$

尽管被动跟踪问题的处理方法很多,几乎所有的参数估计方法都曾被人们试图采用,但真正装入指控系统的并不多,应用最广的应属最小二乘滤波,也有的采用了卡尔曼滤波。

3. 纯方位卡尔曼滤波原理

卡尔曼滤波是一类线性最小方差估计的递推算法。卡尔曼滤波的一个重要优点是其递推公式一方面可得到滤波估计值,同时又可得到误差的方差阵,也就是说在滤波估计的同时可进行误差分析。

(1) 纯方位推广卡尔曼滤波

纯方位 TMA 问题的数学模型描述如下:

动态方程:

$$\boldsymbol{X}(k) = \boldsymbol{\Phi}(k \mid k-1)\boldsymbol{X}(k-1) - \boldsymbol{W}(k) \tag{9-2-34}$$

式中,　$\boldsymbol{X}(k)$——k 时刻目标的相对运动状态;

$\boldsymbol{\Phi}(k \mid k-1)$——状态转移矩阵;

$\boldsymbol{W}(k)$——$\boldsymbol{W}(k) = \boldsymbol{X}_w(k) - \boldsymbol{\Phi}(k \mid k-1)\boldsymbol{X}_w(k-1)$,其中 $\boldsymbol{X}_w(k)$ 为 k 时刻本艇的运动状态。

量测方程:

$$B(k) = h[\boldsymbol{X}(k)] + \eta(k) \tag{9-2-35}$$

式中,　$B(k)$——k 时刻的量测方位;

$h[\boldsymbol{X}(k)]$——目标方位关系式;

$\eta(k)$——零均值量测噪声,方差为 $\sigma^2(k)$,$k=1,2,3,\cdots$。

对于非线性滤波问题,利用经典线性化方法便构成经典的推广卡尔曼滤波算法(EKF)。利用 $h(\boldsymbol{X})$ 函数在某一个预先给定的展开点 $\bar{X}$ 处的一阶 Taylor 级数做近似,即

$$h(\boldsymbol{X}) \approx h(\bar{\boldsymbol{X}}) + \nabla h(\bar{\boldsymbol{X}}) \cdot (\boldsymbol{X} - \bar{\boldsymbol{X}}) \tag{9-2-36}$$

其中

$$\nabla h(\bar{\boldsymbol{X}}) = \left(\frac{\partial h}{\partial \boldsymbol{X}}\right)_{\boldsymbol{X}=\bar{\boldsymbol{X}}}$$

则递推公式为

$$\begin{aligned} &\boldsymbol{X}(k|k-1) = \boldsymbol{\Phi}(k \mid k-1)\boldsymbol{X}(k-1|k-1) - \boldsymbol{W}(k) \\ &\boldsymbol{P}(k|k-1) = \boldsymbol{\Phi}(k \mid k-1)\boldsymbol{P}(k-1|k-1)\boldsymbol{A}^{\mathrm{T}}(k \mid k-1) \\ &\boldsymbol{H}(k) = \partial h/\partial \boldsymbol{X} \mid_{\boldsymbol{X}=\boldsymbol{X}(k|k-1)} \\ &\boldsymbol{G}(k) = \boldsymbol{P}(k|k-1)\boldsymbol{H}^{\mathrm{T}}(k)\,[\boldsymbol{H}(k)\boldsymbol{P}(k|k-1)\boldsymbol{H}^{\mathrm{T}}(k) + \boldsymbol{\sigma}^2(k)]^{-1} \\ &\boldsymbol{X}(k|k) = \boldsymbol{X}(k|k-1) + \boldsymbol{G}(k)\{B(k) - h[\boldsymbol{X}(k|k-1)]\} \\ &\boldsymbol{P}(k|k) = [\boldsymbol{I} - \boldsymbol{G}(k)\boldsymbol{H}(k)]\boldsymbol{P}(k|k-1),\quad k=1,2,3,\cdots \end{aligned} \tag{9-2-37}$$

对于此非线性函数，这种线性化误差一般在展开点 $\overline{X}$ 的某个邻域内是可以忽略的。

(2) 纯方位伪线性滤波

目标的离散状态方程为

$$\boldsymbol{X}_m(k)=\begin{bmatrix}1&0&T&0\\0&1&0&T\\0&0&1&0\\0&0&0&1\end{bmatrix}\boldsymbol{X}_m(k-1)=\boldsymbol{\Phi}(k\mid k-1)\boldsymbol{X}_m(k-1) \qquad (9-2-38)$$

式中，$\boldsymbol{X}_m(k)$——k 时刻目标的绝对运动状态；

$\boldsymbol{\Phi}(k\mid k-1)$——状态转移矩阵；

T——采样间隔。

本艇运动方程：

$$\begin{bmatrix}x_w(k)\\y_w(k)\end{bmatrix}=\begin{pmatrix}1&0\\0&1\end{pmatrix}\begin{bmatrix}x_w(k-1)\\y_w(k-1)\end{bmatrix}+T\begin{bmatrix}\Delta V_{wx}(k-1)\\\Delta V_{wy}(k-1)\end{bmatrix} \qquad (9-2-39)$$

可表示为

$$\boldsymbol{X}_w(k)=\boldsymbol{\Phi}(k\mid k-1)\boldsymbol{X}_w(k-1)+\begin{pmatrix}0\\1\end{pmatrix}\begin{bmatrix}\Delta V_{wx}(k-1)\\\Delta V_{wy}(k-1)\end{bmatrix}$$

式中，$\Delta V_w(k-1)=V_w(k)-V_w(k-1)$；

$\boldsymbol{X}_w(k)$——k 时刻本艇的运动状态；

$V_w(k)$——k 时刻本艇的速度。

目标方位关系：

$$\tan B_r(k)=\frac{x_m(k)-x_w(k)}{y_m(k)-y_w(k)} \qquad (9-2-40)$$

式中，$B_r(k)$——k 时刻目标的真实方位。

等价表示为

$$[x_m(k)-x_w(k)]\cos B_r(k)-[y_m(k)-y_w(k)]\sin B_r(k)=0 \qquad (9-2-41)$$

而本艇所得到的量测方位为

$$B(k)=B_r(k)+\eta(k) \qquad (9-2-42)$$

假定 $\eta(k)$ 是零均值随机序列，方差为 $\sigma^2(k)$。在方位关系式中，用量测方位代替真实方位：

$$[x_m(k)-x_w(k)]\cos B(k)-[y_m(k)-y_w(k)]\sin B(k)=-r_s(k)\sin\eta(k) \quad (9-2-43)$$

式中

$$r_s=[x_m(k)-x_w(k)]\sin B(k)-[y_m(k)-y_w(k)]\cos B(k)$$

整理可得到

$$x_w(k)\cos B(k)-y_w(k)\sin B(k)=x_m(k)\cos B(k)-y_m(k)\sin B(k)+r_s(k)\sin\eta(k) \qquad (9-2-44)$$

设

$$\boldsymbol{H}(k)=\boldsymbol{H}[B(k)]=(\cos B(k),\quad -\sin B(k),\quad 0,0)$$

$$\boldsymbol{z}(k)=\boldsymbol{H}(k)x_w(k)$$

则量测方程为

$$\boldsymbol{z}(k)=\boldsymbol{H}(k)\boldsymbol{X}_T(k)+\boldsymbol{v}(k) \tag{9-2-45}$$

式中，$v(k)=r_s(k)\sin\eta(k)\cong r_s(k)\eta(k)$，方差为 $\sigma_v^2(k)$。

则递推公式为

$$\begin{aligned}
&\boldsymbol{X}_m(k|k-1)=\boldsymbol{A}(k|k-1)\boldsymbol{X}_m(k-1|k-1)\\
&\boldsymbol{P}(k\mid k-1)=\boldsymbol{A}(k\mid k-1)\boldsymbol{P}(k-1\mid k-1)\boldsymbol{A}^{\mathrm{T}}(k\mid k-1)\\
&\boldsymbol{H}(k)=(\cos B(k),-\sin B(k),0,0)\\
&\boldsymbol{G}(k)=\boldsymbol{P}(k\mid k-1)\boldsymbol{H}^{\mathrm{T}}(k)\left[\boldsymbol{H}(k)\boldsymbol{P}(k\mid k-1)\boldsymbol{H}^{\mathrm{T}}(k)+\sigma_v(k)\right]^{-1}\\
&\boldsymbol{X}_m(k|k)=\boldsymbol{X}_m(k|k-1)+\boldsymbol{G}(k)\left[z(k)-\boldsymbol{H}(k)\boldsymbol{X}_m(k|k-1)\right]\\
&\boldsymbol{P}(k\mid k)=\left[\boldsymbol{I}-\boldsymbol{G}(k)\boldsymbol{H}(k)\right]\boldsymbol{P}(k\mid k-1),\quad k=1,2,3,\cdots
\end{aligned} \tag{9-2-46}$$

若采用相对坐标，状态预测和估计为

$$\begin{aligned}
&\boldsymbol{X}(k\mid k-1)=\boldsymbol{A}(k\mid k-1)\boldsymbol{X}(k-1\mid k-1)-\begin{pmatrix}0\\1\end{pmatrix}\Delta v_o(k)\\
&\boldsymbol{X}(k\mid k)=\boldsymbol{X}(k\mid k-1)-\boldsymbol{G}(k)\boldsymbol{H}(k)\boldsymbol{X}(k\mid k-1)
\end{aligned} \tag{9-2-47}$$

4. 最大似然估计(Maximum Likelihood Estimation, MLE)

这是一种用出现概率最大的位置值来估计目标位置的方法。给出方位向量 $\boldsymbol{B}=(B_1,\ B_2,\ \cdots,\ B_n)^{\mathrm{T}}$，在正态量测噪声的条件下，则似然函数为

$$L(\boldsymbol{B}\mid\boldsymbol{X})=\left[(2\pi)^n\det\boldsymbol{W}\right]^{-\frac{1}{2}}\exp\left\{-\frac{1}{2}\left[\boldsymbol{B}-\boldsymbol{B}(\boldsymbol{X})\right]^{\mathrm{T}}\boldsymbol{W}^{-1}\left[\boldsymbol{B}-\boldsymbol{B}(\boldsymbol{X})\right]\right\} \tag{9-2-48}$$

其中 $\boldsymbol{W}=\mathrm{diag}\lfloor\sigma^2\rfloor$，且 $\boldsymbol{B}(\boldsymbol{X})$ 是真实的方位向量。

最大化似然函数就是使下式最小

$$J=\left[\boldsymbol{B}-\boldsymbol{B}(\boldsymbol{X})\right]^{\mathrm{T}}\boldsymbol{W}^{-1}\left[\boldsymbol{B}-\boldsymbol{B}(\boldsymbol{X})\right] \tag{9-2-49}$$

即有

$$\left[\frac{\partial\boldsymbol{B}(\boldsymbol{X})}{\partial\boldsymbol{X}}\right]^{\mathrm{T}}\boldsymbol{W}^{-1}\left[\boldsymbol{B}-\boldsymbol{B}(\boldsymbol{X})\right]=\boldsymbol{0} \tag{9-2-50}$$

因此

$$\left.\frac{\partial\boldsymbol{B}(\boldsymbol{X})}{\partial\boldsymbol{X}}\right|_{\boldsymbol{X}=\hat{\boldsymbol{X}}}=\hat{\boldsymbol{R}}^{-1}\boldsymbol{A}_{\boldsymbol{B}}(\hat{\boldsymbol{B}},t_j) \tag{9-2-51}$$

式中，

$$\boldsymbol{A}_{\boldsymbol{B}}(\hat{\boldsymbol{B}},t_j)=\begin{bmatrix}\vdots & \vdots & \vdots & \vdots\\ \cos\hat{B}_i, & -\sin\hat{B}_i, & (t_i-t_m)\cos\hat{B}_i & -(t_i-t_m)\sin\hat{B}_i\\ \vdots & \vdots & \vdots & \vdots\end{bmatrix} \tag{9-2-52}$$

它可写为如下形式：

$$\boldsymbol{A}_{\boldsymbol{B}}(\hat{\boldsymbol{B}},t_j)=(\cdots,\quad\boldsymbol{\Phi}^{\mathrm{T}}(t_i\mid t_j)\boldsymbol{h}(\hat{B}_i),\quad\cdots)^{\mathrm{T}} \tag{9-2-53}$$

因此，下列方程的解就是 $\hat{\boldsymbol{X}}$ 的最大似然估计

$$\boldsymbol{A}_{\boldsymbol{B}}^{\mathrm{T}}(\hat{\boldsymbol{B}},t_j)\hat{\boldsymbol{R}}^{-1}\boldsymbol{W}^{-1}(\boldsymbol{B}-\hat{\boldsymbol{B}})=\boldsymbol{0} \tag{9-2-54}$$

可用多种迭代方法求此非线性方程组的解。

这里可以通过 Gauss-Newton 迭代步骤得到

$$\boldsymbol{x}_m^{l+1}=\boldsymbol{x}_m^{l}-s_l\left[\hat{\boldsymbol{A}}_{\boldsymbol{B}}^{\mathrm{T}}\hat{\boldsymbol{R}}^{-1}\boldsymbol{W}^{-1}\hat{\boldsymbol{R}}^{-1}\hat{\boldsymbol{A}}_{\boldsymbol{B}}\right]^{-1}\hat{\boldsymbol{A}}_{\boldsymbol{B}}^{\mathrm{T}}\hat{\boldsymbol{R}}^{-1}\boldsymbol{W}^{-1}(\boldsymbol{B}-\hat{\boldsymbol{B}}) \tag{9-2-55}$$

其中 $\hat{\boldsymbol{A}}_B$,$\hat{\boldsymbol{R}}$ 是由 $\boldsymbol{x}_m^l$ 得到的,s_l 是步长,通过选择以使迭代收敛。对极大似然法,它的估计信息矩阵是

$$\hat{\boldsymbol{\Omega}}_{\mathrm{MLE}}=\hat{\boldsymbol{A}}_B^{\mathrm{T}}\hat{\boldsymbol{R}}^{-1}\boldsymbol{W}^{-1}\hat{\boldsymbol{R}}^{-1}\hat{\boldsymbol{A}}_B \tag{9-2-56}$$

估计误差向量的协方差矩阵是

$$\hat{\boldsymbol{P}}_{\mathrm{MLE}}=\hat{\boldsymbol{\Omega}}_{\mathrm{MLE}}^{-1}=(\hat{\boldsymbol{A}}_B^{\mathrm{T}}\hat{\boldsymbol{R}}^{-1}\boldsymbol{W}^{-1}\hat{\boldsymbol{R}}^{-1}\hat{\boldsymbol{A}}_B)^{-1} \tag{9-2-57}$$

5. 修正的辅助变量估计(Modi fied Instrumental Variable,MIV)

MIV 与 MLE 的区别主要在于解梯度方程的方法。

$$z_k-\boldsymbol{h}^{\mathrm{T}}(B_k)\boldsymbol{x}_w(t_k)=D_i\sin\ (B_i-\hat{B}_i) \tag{9-2-58}$$

对非常小的角 α,有近似公式

$$\alpha\approx\sin\alpha \tag{9-2-59}$$

因而当$(\hat{B}_i-B_i)$很小时,

$$\hat{B}_i-B_i\approx[z_i-\boldsymbol{p}^{\mathrm{T}}(B_i)\hat{\boldsymbol{x}}_m(t_i)]/\hat{r}_i \tag{9-2-60}$$

有

$$\boldsymbol{A}_B^{\mathrm{T}}(\hat{\boldsymbol{B}},t_r)\hat{\boldsymbol{R}}^{-1}\boldsymbol{W}^{-1}\hat{\boldsymbol{R}}^{-1}[\boldsymbol{Z}-\boldsymbol{A}_B(\boldsymbol{B},t_r)\hat{\boldsymbol{x}}_m(t_i)]=\boldsymbol{0} \tag{9-2-61}$$

可以通过以下的迭代方法得到:

$$\hat{\boldsymbol{x}}_m^{l+1}=[\boldsymbol{A}_B^{\mathrm{T}}(\hat{\boldsymbol{B}},t_r)\hat{\boldsymbol{R}}^{-1}\boldsymbol{W}^{-1}\hat{\boldsymbol{R}}^{-1}\boldsymbol{A}_B(\boldsymbol{B},t_r)]^{-1}\boldsymbol{A}_B^{\mathrm{T}}(\hat{\boldsymbol{B}},t_r)\hat{\boldsymbol{R}}^{-1}\boldsymbol{W}^{-1}\hat{\boldsymbol{R}}^{-1}\boldsymbol{Z} \tag{9-2-62}$$

式中,$\hat{\boldsymbol{B}}$,$\hat{\boldsymbol{R}}$ 通过 $\hat{x}_m^l$ 计算得到,这两个参数可以修正正规方程,从而将误差减除,因而我们将这种方法称之为修正参数法。

这种方法的信息矩阵是

$$\hat{\boldsymbol{\Omega}}_{\mathrm{MIV}}=(\hat{\boldsymbol{A}}_B^{\mathrm{T}}\hat{\boldsymbol{R}}^{-1}\boldsymbol{W}^{-1}\hat{\boldsymbol{R}}^{-1}\boldsymbol{A}_B+\boldsymbol{A}_B^{\mathrm{T}}\hat{\boldsymbol{R}}^{-1}\boldsymbol{W}^{-1}\hat{\boldsymbol{R}}^{-1}\hat{\boldsymbol{A}}_B)/2 \tag{9-2-63}$$

它的估计协方差矩阵是

$$\hat{\boldsymbol{P}}_{\mathrm{MIV}}=\hat{\boldsymbol{\Omega}}_{\mathrm{MIV}}^{-1} \tag{9-2-64}$$

由于信息矩阵的特殊形式,我们不能保证 $\hat{\boldsymbol{\Omega}}_{\mathrm{MIV}}$ 是正定的。事实上,远距离的情况下,相应的,这时测量误差$(\hat{B}_i-B_i)$也很大,因此此时用这种方法得出的计算结果误差很大。

可以看到,这种方法不用选取步长,编程简单,也利于迭代的进行,是一种比较好的方法。

9.2.4　小结

潜艇纯方位目标运动要素解算是一种仅利用被动探测器材获取的目标信息对目标进行定位的方法。由于不借助于暴露性探测器材,因此隐蔽性好。

纯方位目标跟踪问题由于其固有的本质上的非线性使得系统往往表现出其独特的可观测性。潜艇在纯方位解算目标运动要素的过程中,其量测信息具有不精确、不清晰、不完整的特点,并且在实际作战过程中,受到海洋水文气象条件的影响,方位量测质量差,使得纯方位跟踪往往存在跟踪精度低,收敛慢的特点。

观测者的机动是纯方位系统可观测的必要但不充分条件,观测者机动的好坏直接影响要素解算的性能,可有效地提高目标运动要素的解算精度、稳定性和收敛速度,因此纯方位求解目标运动要素对本艇机动的要求高。

9.3　具有估计要素信息的潜艇隐蔽跟踪方法

在潜艇攻击过程中，系统除了得到声呐被动跟踪测量的目标方位以及由导航系统提供的潜艇自身的速度、航向以外，另外还可通过某时刻测量（或估计）得到目标的距离，通过声呐接收的目标噪声信号人工听测或通过其他途径得到目标的速度或航向（舷角）。利用这些辅助信息进行潜艇目标运动要素解算对于提高潜艇自身的战斗力具有很大的意义。

9.3.1　具有一个估计要素的方位量测跟踪方法

当系统通过某种途径可得到目标距离、速度或者航向（舷角）估计要素中的一个要素时，此时的纯方位问题就转化为具有一个估计要素的方位量测条件下的目标运动要素解算问题。

与纯方位算法类似，这类算法也是在潜艇被动测向声呐稳定跟踪目标的前提下，以目标方位序列为基础，并利用目标距离、速度或航向三个要素中其中一个已知参数，建立滤波模型解算目标运动要素的算法。

1. 已知一估计距离的目标运动要素解算方法

当探测设备稳定地接收到目标的方位信息且已知某一时刻的目标距离信息时，用此算法可以实现目标运动要素的解算。

距离的获取主要结合敌情通报，通过回音测距或者潜望镜测距进行估计。

（1）已知一估计距离的方位量测系统的可观测性问题

对于具有一个估计距离的方位量测系统，此时系统方程是线性的，可依据线性系统可观测性方法进行可观测性分析。

若所估计的距离较为精确，多数情况下观测平台的机动并不是系统可观测的必要条件，除去测距时刻的方位以外，当其余的量测方位完全相等（或者相差 180°）时，观测平台的机动是系统可观测的必要条件。

（2）已知一估计距离的方位量测系统的本艇的机动问题

若估计距离较为精确，一般情况下不需要本艇的机动，但本艇的机动对目标运动要素的解算有利。因此，在潜艇的实际作战中可根据战术的需要来确定是否进行本艇机动。

（3）已知一估计距离的方位量测条件下目标运动要素的解算问题

这里假设已知目标在 i 时刻的距离 $D_i, i=0,1,\cdots,n$，并且已知方位量测序列 $\{B_i\}$，$i=0,1,\cdots,n$。

设状态变量为

$$\boldsymbol{X}=(V_{mx},\ V_{my})^{\mathrm{T}} \tag{9-3-1}$$

由基本量测方程

$$B_j=\arctan\frac{D_i\sin B_i+(t_j-t_i)V_{mx}-(x_{wj}-x_{wi})}{D_i\cos B_i+(t_j-t_i)V_{my}-(y_{wj}-y_{wi})} \tag{9-3-2}$$

写成线性形式为

$$D_i\sin(B_i-B_j)+(t_j-t_i)\cos B_jV_{mx}-(t_j-t_i)\sin B_jV_{my}=$$
$$(x_{wj}-x_{wi})\cos B_j-(y_{wj}-y_{wi})\sin B_j \tag{9-3-3}$$

下面考虑已知一估计距离的方位量测条件下目标运动要素的最小二乘估计。

由于量测带有误差，因此式(9-3-3)不可能完全相等，必然存在一定的偏差，因此有

$$e_j=\boldsymbol{A}_j\boldsymbol{X}-B_j \tag{9-3-4}$$

式中，

$$\boldsymbol{A}_j=((t_j-t_i)\cos B_j,\ -(t_j-t_i)\sin B_j)$$
$$B_j=(x_{wj}-x_{wi})\cos B_j-(y_{wj}-y_{wi})\sin B_j+D_i\sin(B_j-B_i)$$

写成向量形式为

$$\boldsymbol{E}=\boldsymbol{AX}-\boldsymbol{B} \tag{9-3-5}$$

其中

$$\boldsymbol{E}=\begin{bmatrix}e_1\\e_2\\\vdots\\e_n\end{bmatrix},\quad \boldsymbol{A}=\begin{bmatrix}A_1\\A_2\\\vdots\\A_n\end{bmatrix},\quad \boldsymbol{B}=\begin{bmatrix}B_1\\B_2\\\vdots\\B_n\end{bmatrix}$$

应用最小二乘原理，有

$$f(\boldsymbol{X})=\min\sum_{j=1}^{n}(\boldsymbol{AX}-\boldsymbol{B})^2 \tag{9-3-6}$$

则各估计量满足

$$\frac{\partial f(\boldsymbol{X})}{\partial \boldsymbol{X}}=\boldsymbol{0} \tag{9-3-7}$$

最终有

$$\boldsymbol{X}=(\boldsymbol{A}^{\mathrm{T}}\boldsymbol{A})^{-1}\boldsymbol{A}^{\mathrm{T}}\boldsymbol{B} \tag{9-3-8}$$

则最终可确定目标的运动参数

$$\begin{cases}V_m=\sqrt{V_{mx}^2+V_{my}^2}\\C_m=\arctan(V_{mx}/V_{my})\end{cases} \tag{9-3-9}$$

(4) 三方位一距离算法

三方位一距离算法是早期潜艇鱼雷攻击的一个算题，是潜艇隐蔽攻击著名的夹差修正法的基础。

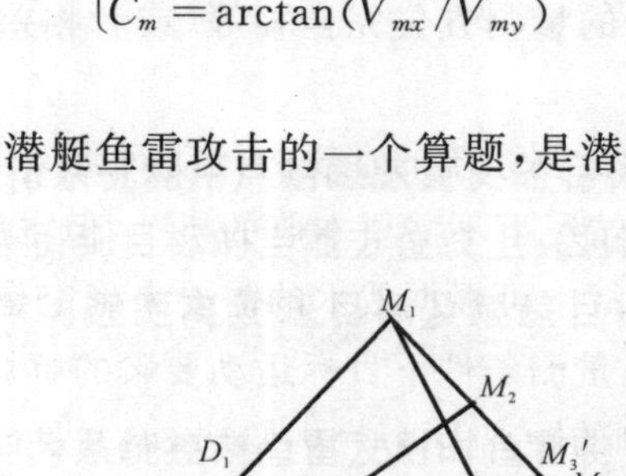

图 9-3-1　三方位一距离绘图法

图 9-3-1 是三方位一距离绘图法计算目标概率航向的示意图。早期利用三方位一距离

绘图法如下：

① 首先画出本艇初始位置和航向 W_1, W_2, W_3。

② 分别在 W_1, W_2, W_3 点画出目标三个方位 B_1, B_2, B_3（假设等间隔采样）。

③ 在方位线 B_1 上取 $W_1M_1 = D_1$。

④ 通过 M_1 点作一条辅助线分别与 B_2, B_3 交于 M_2, M_3 点。

⑤ 在 $M_1M_2M_3$ 上截取 $M_1M_2 = M_2M'_3$，过 M'_3 点作 B_2 的平行线，与 B_3 交于一点 M''_3。

⑥ 连接 $M_1M''_3$ 可得到目标的概略航向。

⑦ 按照目标的概略航向和航行时间可以得出目标的概略航速。

⑧ 由于所估测的距离存在偏差，所以计算出的目标航速以及航向必然存在误差，因此当所计算的目标运动要素趋于稳定以后，还需要利用推算方位与实测方位的方位差来修正估计距离。应当注意的是，修正距离的前提条件是本艇必须进行机动，修正的精度与本艇机动航路有着直接的关系。

三方位—距离算法是多方位—距离算法的一个特例，属于确定性计算方法。二者的解算数学模型原理相同，并且具有同样的可观测性条件。从图中可以看到，除去测距时刻的方位以外，只要另外两个方位 $B_2 \neq B_3$ 或 $B_2 \neq B_3 + 180°$，那么三方位—距离算法的解存在并且唯一。也就是说，只要满足上述条件，理论上不需要观测平台的机动就可唯一确定目标的运动参数。但实际计算中，由于确定性参数计算的原理，在量测噪声存在的情况下，使得算法很难求出目标的真实运动参数，一般来说误差很大。这就需要我们首先在录取方位的时机上想办法，即观测平台必须做有利于解算的机动。此外，可以看出，由于图中 D_1 是估计的，必然存在一定的估计误差，所以所计算出的目标距离、速度和航向也必然存在误差。当目标运动要素解算稳定时，比较推算方位与实测方位，根据方位差的大小来修正所估计的目标距离，以便提高三方位—距离算法的解算质量，满足武器攻击的需要。

2. 已知一估计速度的目标运动要素解算方法

当探测设备稳定地接收到目标的方位信息且已知目标的估计速度时，用此算法实现目标运动要素的解算。

目标速度的估计方法主要是通过声呐兵进行听测。声呐兵根据接收的目标噪声特征判明目标类型，记录目标螺旋桨转数。然后根据识别的目标类型及其装备的主机特性，计算目标速度。还可通过潜望镜观察，结合敌情通报和资料，用目测法对目标速度作出基本估计。

(1) 已知一估计速度的方位量测系统的可观测性问题

对于具有一个估计速度的方位量测系统，目标速度已知，得到的量测方程关于目标航向是非线性的，从对已知一估计速度的方位量测系统的分析可以看出，在所估计的速度较为精确的条件下，多数情况下观测平台机动并不是系统可观测的必要条件，但是当量测方位完全相等(或者相差 180°) 时，此时观测平台的机动是系统可观测的必要条件。

(2) 已知一估计速度的方位量测系统的本艇的机动问题

若估计速度较为精确，一般情况下不需要本艇的机动，但本艇的机动对解算有利。因此，在潜艇的实际作战中可根据战术的需要来确定是否需要进行机动。

(3) 已知一估计速度的方位量测条件下目标运动要素的解算问题

这里假设已知目标速度 V_m，并且已知方位量测序列 $\{B_i\}$，$i = 0, 1, \cdots, n$。

设状态向量为

$$\boldsymbol{X}=(D_0,\quad C_m)^{\mathrm{T}} \tag{9-3-10}$$

由基本量测方程

$$B_j=\arctan\frac{D_0\sin B_0+(t_j-t_0)V_m\sin C_m-(x_{wj}-x_{w0})}{D_0\cos B_0+(t_j-t_0)V_m\cos C_m-(y_{wj}-y_{w0})} \tag{9-3-11}$$

改写成

$$\begin{aligned}&D_0\sin(B_0-B_j)+(t_j-t_0)\cos B_jV_m\sin C_m-(t_j-t_0)\sin B_jV_m\cos C_m=\\&\qquad(x_{wj}-x_{w0})\cos B_j-(y_{wj}-y_{w0})\sin B_j\end{aligned} \tag{9-3-12}$$

考虑已知一估计速度的方位量测条件下目标运动要素的最小二乘估计方法。

由于量测带有误差，因此式(9-3-12)不可能完全相等，必然存在一定的偏差，因此有

$$\begin{aligned}&e_j=f(\boldsymbol{X})=\\&\quad D_0\sin(B_0-B_j)+(t_j-t_0)\cos B_jV_m\sin C_m-\\&\quad(t_j-t_0)\sin B_jV_m\cos C_m-(x_{wj}-x_{w0})\cos B_j+(y_{wj}-y_{w0})\sin B_j\end{aligned} \tag{9-3-13}$$

则各估计量满足

$$\begin{cases}\dfrac{\partial f(\boldsymbol{X})}{\partial D_0}=\boldsymbol{0}\\[2ex]\dfrac{\partial f(\boldsymbol{X})}{\partial C_m}=\boldsymbol{0}\end{cases} \tag{9-3-14}$$

这样就可根据最小二乘原理求出目标的运动要素。

3. 已知一估计航向的目标运动要素解算方法

当探测设备连续地接收到目标的方位信息且已知目标航向(者舷角)信息时，用此算法实现目标运动要素的解算。

目标舷角的估测主要通过使用潜望镜进行观察。在视距良好的条件下，可按目标舰首尾线与方位线之间夹角大小，在判明目标舷别的同时，可估测出目标舷角值。所估测的目标舷角误差的大小除了与观测者的经验有关以外，还受目标距离的远近、海面能见度的大小、目标舷角的大小等因素有关。

(1) 已知一估计航向(舷角)的方位量测系统的可观测性问题

对于具有一个估计航向(舷角)的方位量测系统，可依据线性系统的可观测性方法进行系统的可观测性分析。在所估计的航向(舷角)较为精确的条件下，多数情况下观测平台机动并不是系统可观测的必要条件，但是对于观测器的运动航向与目标航向平行($C_w=C_m$ 或 $C_w=C_m\pm180°$)或者量测方位全相等或相差 $180°$ 的情况，此时观测平台的机动是系统可观测的必要条件。

需要说明的是，当观测平台悬停时，可作为观测器的运动航向与目标航向平行的一种特例。因此当观测平台悬停时，已知一估计航向(舷角)的方位量测系统不可观测。

(2) 已知一估计航向(舷角)的方位量测系统的本艇机动问题

当所估计的航向(舷角)较为精确时，一般情况下不需要本艇的机动(特殊情况除外，见(1))，但本艇的机动对解算有利。因此，在潜艇的实际作战中可根据战术的需要来确定是否进行机动。

(3) 已知一估计航向(舷角)的方位量测条件下目标运动要素的解算问题

这里假设已知目标航向 C_m，并且已知方位量测序列 $\{B_i\}$，$i=0,1,\cdots,n$。

设状态向量为

$$\boldsymbol{X}=(D_0,\quad V_m)^{\mathrm{T}} \tag{9-3-15}$$

由基本量测方程

$$B_j=\arctan\frac{D_0\sin B_0+(t_j-t_0)V_m\sin C_m-(x_{wj}-x_{wi})}{D_0\cos B_0+(t_j-t_0)V_m\cos C_m-(y_{wj}-y_{wi})} \tag{9-3-16}$$

写成线性形式

$$D_0\sin(B_0-B_j)+(t_j-t_0)\sin(C_m-B_j)V_m=(x_{wj}-x_{w0})\cos B_j-(y_{wj}-y_{w0})\sin B_j$$

由于量测带有误差，因此上式不可能完全相等，必然存在一定的偏差，因此有

$$e_j=\boldsymbol{A}_j\boldsymbol{X}-B_j \tag{9-3-17}$$

式中

$$\boldsymbol{A}_j=(\sin(B_0-B_j),\ (t_j-t_0)\sin(C_m-B_j))$$

$$B_j=(x_{wj}-x_{w0})\cos B_j-(y_{wj}-y_{i0})\sin B_j$$

应用最小二乘原理，则最终可确定目标的运动参数。

由于在实际作战中，除了目标为小舷角态势时，一般情况下估计航向比较困难。而且此算法对航向的估计精度要求比较高，目标航向对其他要素的影响不敏感，如有可能，使用本算法时建议观测平台进行机动。

4. 小结

估计要素的使用有两种方法：其一，若该要素比较精确，则在解算中该要素可保持不变；其二，一般而言，估计要素必然带有误差，通过推算的目标方位与实测方位之间的偏差修正所估计的目标要素，达到对目标运动要素的精确求解。

上述所讨论的可观测条件均是建立在假定估计要素比较精确的情况下。若所估计的要素不是足够精确，需要修正的话，则本艇必须进行有效机动。

9.3.2　具有二个估计要素的方位量测跟踪方法

当系统通过某种途径得到目标距离、速度或者航向（舷角）估计要素中的二个要素时，此时的纯方位问题就转化为具有二个估计要素的方位量测条件下的目标运动要素解算问题。受战术条件的限制，这些要素的获取往往比较困难。目标方位可以利用综合声呐被动方式隐蔽测得，受水文条件等因素的影响，被动测距的精度和作用距离往往不尽如人意。在实战中通常使用雷达、综合声呐主动方式或者潜望镜等暴露性探测器材，不满足潜艇隐蔽性的要求。

1. 已知一估计距离和估计速度的方位量测目标运动要素解算方法

(1) 两方位—距离—速度绘图法

在利用潜望镜（或雷达）测得目标方位和距离的条件下，声呐兵又可通过听测获得目标速度，这时只须使用综合声呐被动方式或潜望镜继续测得目标的方位，即可通过二方位—距离—速度算法进行目标运动要素的解算。

二方位—距离—速度算法属于确定性计算方法，主要用于潜艇在攻击初期对目标概略航

向的快速解算。

值得注意的是，当利用两方位—距离—速度算法计算目标运动要素时，通常可以得到两组解，如图 9-3-2 所示。一般来说，发现目标时初始舷角常常小于 90°，因此应选取目标舷角小的目标航向作为所求的目标航向。

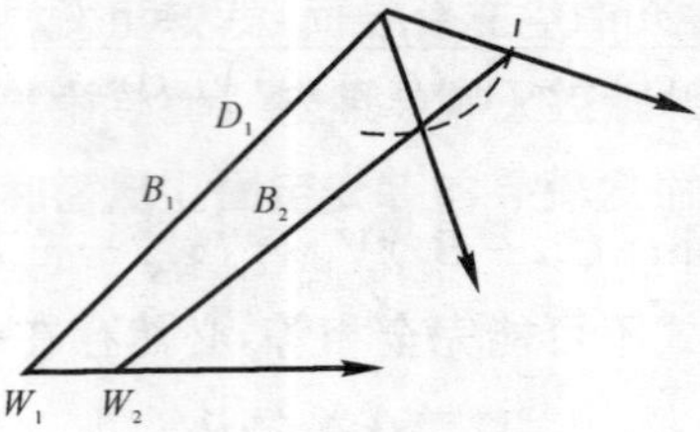

图 9-3-2　二方位—距离—速度绘图法(一)

对于二方位—距离—速度算法还可能出现一个解(见图 9-3-3)或者无解(见图 9-3-4)的情况。当目标方位线 B_2 与以 B_1，D_1 点为圆心，以 $(t_2-t_1)V_m$ 为半径的弧线没有交点时，这时两方位—距离—速度算法无解。这种情况主要是因为所估计的目标速度过大，或者方位 B_2 的误差过大所造成的。

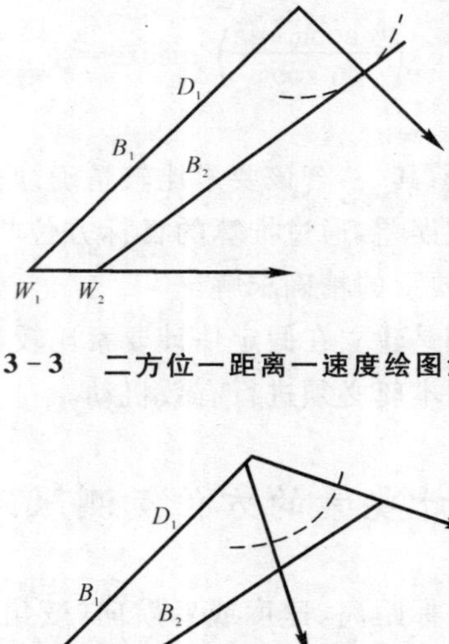

图 9-3-3　二方位—距离—速度绘图法(二)

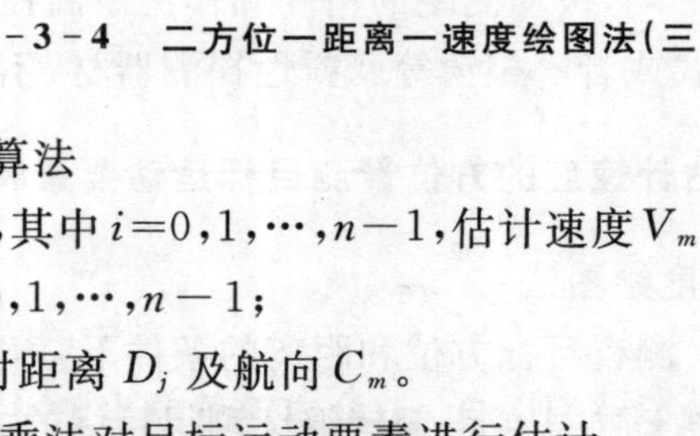

图 9-3-4　二方位—距离—速度绘图法(三)

(2) 多方位—距离—速度算法

输入量：估计目标距离 D_i，其中 $i=0,1,\cdots,n-1$，估计速度 V_m，观测方位 B_j 以及观测平台位置坐标(x_{wj},y_{wj})，其中 $j=0,1,\cdots,n-1$；

输出量：目标初距 D_0，现时距离 D_j 及航向 C_m。

可用前面所介绍的最小二乘法对目标运动要素进行估计。

2. 已知一估计距离和估计航向(舷角)的方位量测目标运动要素解算方法

(1) 二方位—距离—航向绘图法

利用潜望镜测得的一组目标方位、距离，结合敌情通报或者目测舷角(航向)即可根据两方位—距离—航向(舷角)绘图法计算目标的运动要素，如图 9-3-5 所示。

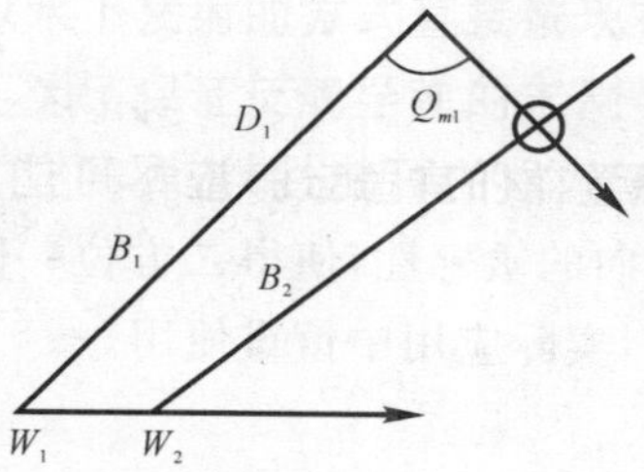

图 9-3-5　二方位—距离—航向(舷角)绘图法

(2) 多方位—距离—航向算法

输入量：估计目标距离 D_i，其中 $i=0,1,\cdots,n-1$，估计航向 C_m，观测方位 B_j 以及观测平台位置坐标(x_{wj},y_{wj})，其中 $j=0,1,\cdots,n-1$；

输出量：目标初距 D_0，现时距离 D_j 及速度 V_m。

可用前面所介绍的最小二乘法对目标运动要素进行估计。

3. 已知一估计速度和估计航向(舷角)的方位量测目标运动要素解算方法

(1) 两方位—速度—航向绘图法

利用综合声呐或潜望镜测得的两次目标方位，结合敌情通报或者通过其他途径获得目标速度、目标航向(舷角)即可根据两方位—速度—航向(舷角)绘图法计算目标的运动要素，如图 9-3-6 所示。

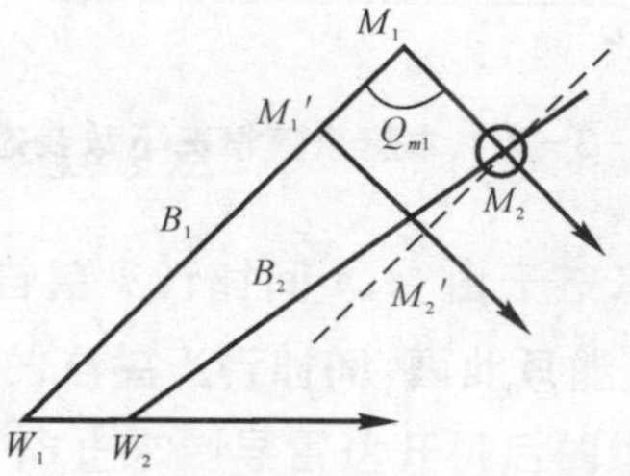

图 9-3-6　二方位—速度—航向(舷角)绘图法

① 确定 t_1 时刻本艇的位置 W_1，并过 W_1 点作目标方位线 B_1。

② 目标方位线 B_1 上任取一点 M_1' 作目标航向线，按 $(t_2-t_1)V_m$ 得到两次测量间隔的目标航程 M_2'点。

③ 确定 t_2 时刻本艇的位置 W_2，并过 W_2 点作目标方位线 B_2。

④ 过 M_2'点作 B_1 的平行线，与 B_2 的交点即为 t_2 时刻目标的位置点 M_2，则 $W_2M_2=D_2$。

⑤ 过 M_2 点作已知的目标航向线，交 B_1 于 M_1，则 $W_1M_1=D_1$。

(2) 多方位一速度一航向算法

输入量:目标航速 V_m,估计航向 C_m,观测方位 B_j 以及观测平台位置坐标(x_{wj}, y_{wj}),其中$j=0,1,\cdots,n-1$;

输出量:目标初距 D_0,现时距离 D_j。

可用前面所介绍的最小二乘法对目标运动要素进行估计。

4. 小结

在实际作战中,为了减小潜艇暴露的可能性,应尽可能避免使用暴露器材,减少测距次数。另外由于要素解算结果对航向的敏感性,使得二方位一距离一航向算法以及二方位一速度一航向算法的解算精度比较低,实际应用中慎重使用。

9.3.3　本艇悬停情况下的纯方位跟踪

1. 本艇悬停情况下的纯方位系统的可观测性分析

观测平台不动是观测平台匀速直线运动的一个特例。所以对于观测平台悬停状态定理1也成立,也就可以得出这种情况下系统不可观测这一性质。

当本艇处于悬停状态时,如图 9-3-7 所示。

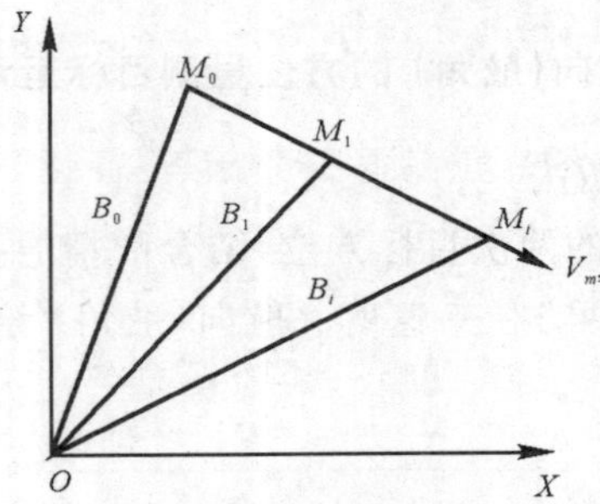

图 9-3-7　本艇悬停情况下敌我态势图

建立向量方程

$$\overline{D}_0+\overline{V}_m(t_j-t_0)=\overline{D}_j \tag{9-3-18}$$

垂直于 $\overline{D}_j$ 进行投影

$$D_0\sin(B_0-B_j)+V_x(t_j-t_0)\cos B_j-V_y(t_j-t_0)\sin B_j=0 \tag{9-3-19}$$

设状态为$\left(\dfrac{V_x}{D_0},\dfrac{V_y}{D_0}\right)$,则可求出目标航向 C_m。

因此还可以得出结论,与观测平台匀速直航不同,在观测平台悬停状态下,已知一航向的方位量测系统是不可观测的。

2. 系统完全状态可测的分析

定理 6　二维纯方位系统,在目标匀速直线运动假定下,如果观测器保持悬停状态,则此时纯方位系统不可观测，但可以确定目标的航向。

那么在观测平台悬停情况下，如何才能保证系统的可观测性呢？

(1) 观测平台悬停情况下，已知一估计距离的方位量测系统的可观测性分析

若初始距离 D_0 已知，则有

$$\begin{cases} D_0\sin(B_0-B_1)+t_1\cos B_1V_x-t_1\sin B_1V_y=0 \\ D_0\sin(B_0-B_2)+t_2\cos B_2V_x-t_2\sin B_2V_y=0 \end{cases} \tag{9-3-20}$$

设状态变量为 $\boldsymbol{X}=(V_x,\quad V_y)^{\mathrm{T}}$，则有

$$\begin{bmatrix} t_1\cos B_1 & -t_1\sin B_1 \\ t_2\cos B_2 & -t_2\sin B_2 \end{bmatrix}\begin{bmatrix} V_x \\ V_y \end{bmatrix}=\begin{bmatrix} D_0\sin(B_1-B_0) \\ D_0\sin(B_2-B_0) \end{bmatrix} \tag{9-3-21}$$

要想使方程有唯一解，则有

$$\begin{vmatrix} t_1\cos B_1 & -t_1\sin B_1 \\ t_2\cos B_2 & -t_2\sin B_2 \end{vmatrix}=t_1t_2\sin B_1\cos B_2-t_1t_2\cos B_1\sin B_2=t_1t_2\sin(B_1-B_2)\neq 0 \tag{9-3-22}$$

即系统完全可观测的条件是 $B_1\neq B_2\neq B_0$ 或 $B_1\neq B_2\neq B_0+180°$（$q_{mi}\neq 0$ 或 $q_{mi}\neq 180°$）。

从上面可以看到，本艇悬停情况下若已知一距离，系统可观测的充要条件是目标不对向我或背向我运动。

(2) 观测平台悬停情况下，已知一估计速度的方位量测系统的可观测性分析

若目标速度已知，则有

$$\begin{cases} D_0\sin(B_0-B_1)+t_1V_m\sin(C_m-B_1)=0 \\ D_0\sin(B_0-B_2)+t_2V_m\sin(C_m-B_2)=0 \end{cases} \tag{9-3-23}$$

在解上述方程时，若 $\sin(B_0-B_1)=0$ 且 $\sin(B_0-B_2)=0$ 同时成立，根据上述方程不能确定目标航向和目标距离，即本艇悬停且已知目标速度的情况下，系统可观测的充要条件是 $B_1\neq B_2\neq B_0$ 或 $B_1\neq B_2\neq B_0+180°$（$q_{mi}\neq 0$ 或 $q_{mi}\neq 180°$）。

从上面可以看到，本艇悬停情况下若已知一目标速度，系统可观测的充要条件是目标不能正对向我或背向我运动。

(3) 观测平台悬停情况下，已知一估计航向的方位量测系统的可观测性分析

若目标航向已知，则有

$$\begin{cases} D_0\sin(B_0-B_1)+t_1V_m\sin(C_m-B_1)=0 \\ D_0\sin(B_0-B_2)+t_2V_m\sin(C_m-B_2)=0 \end{cases} \tag{9-3-24}$$

即

$$\begin{bmatrix} \sin(B_0-B_1) & t_1\sin(C_m-B_1) \\ \sin(B_0-B_2) & t_2\sin(C_m-B_2) \end{bmatrix}\begin{bmatrix} D_0 \\ V_m \end{bmatrix}=\boldsymbol{0} \tag{9-3-25}$$

对这种线性齐次方程组，是不可能唯一确定出目标的距离、速度和航向的。

综上所述，在本艇悬停的状态下，当系统可以提供一估计参数（距离或速度）时，那么系统状态完全可观测的条件是 $Q_m\neq 0°$ 或 $Q_m\neq 180°$。在这种情况下，如果系统提供航向作为已知参数，那么此时系统状态仍是不可观测的。

若系统不能提供估计参数或者所提供的估计参数误差较大，在本艇悬停一段时间后，再进行直线运动（高速以不暴露本艇并且能继续跟踪目标为原则），以便能更快、更准地对目标进行

定位和跟踪。

9.4 方位、距离跟踪方法

当量测量既含方位又含距离时，就构成了被动跟踪中的方位距离跟踪问题。

在潜艇作战过程中，被动测距站利用布置在潜艇两舷的三个平面阵，接收目标噪声，测出目标方位、距离。这是当今潜艇被动观测的主要发展方向之一。目标在本艇正横舷角时探测精度最高，随着目标偏离正横，其探测精度逐渐降低。这种方法存在测量误差大，作用距离近等缺点。

在潜艇指控系统实际方位距离跟踪过程中，可以直接利用被动测距声呐测量的目标方位以及距离序列进行方位距离跟踪。另外由于被动测向声呐测量的方位精度高于被动测距声呐测量的方位精度，因此，在被动测距声呐探测目标的同时，如果被动测向声呐也探测到了目标，则潜艇指控系统可以利用被动测向声呐测量的方位序列、被动测距声呐测量的目标距离序列再结合导航系统所提供的有关潜艇航行的速度、航向等参数，用滤波方法实时估计出目标的运动要素。

9.4.1 方位、距离系统的可观测性

定理 7 在目标匀速直线运动的假定下，当约束输入量不少于 4 个时，二维方位、距离量测系统状态完全可观测。

也就是说，不管观测平台如何运动或者有没有机动，也不管目标方位、距离如何变化，只要约束输入量不少于 4 个就能保证这种系统状态完全可测。

9.4.2 方位、距离系统的目标运动要素解算方法

1. 二方位二距离目标运动要素解算

系统可以利用潜望镜测量或人工输入的两组目标方位、距离，再利用观测平台自身导航系统所提供的本艇的运动参数，进行目标运动要素的快速解算，以实现快速攻击。

图 9-4-1 为二方位二距离绘图法求取目标运动要素示意图。绘图时首先要绘出观测时刻潜艇的艇位点，在相应的艇位点按实测方位、距离画出对应时刻的目标位置点，两个目标位置点的连线即为实测目标轨迹线。

对于二方位二距离算法，在任何情况下，该算法的解存在并且唯一。这种算法在实际作战中经常使用。当测得多组方位、距离时，由于观测误差和绘图误差的存在，使得各次观测所得的目标位置点不在同一条直线上，为了减少随机误差的影响，可采用多方位多距离的目标运动要素解算方法进行解算。

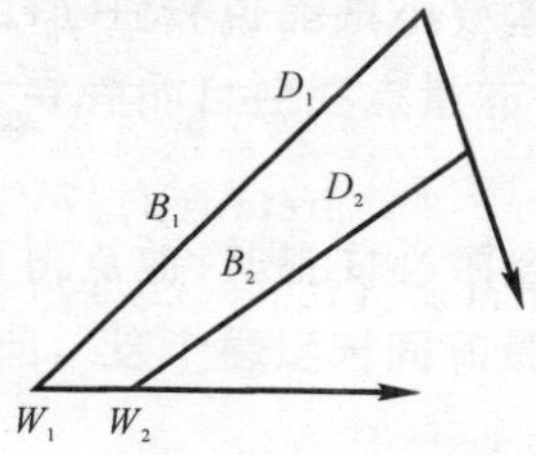

图 9-4-1　二方位二距离绘图法

2. 多方位多距离目标运动要素解算

已知在量测时刻 $\{t_k\}^{n-1}$ 目标的方位 $\{B_k\}^{n-1}$，对应方位上的距离 $\{D_k\}^{n-1}$，及观测平台的位置坐标 $\{(x_{uk}, y_{uk})\}^{n-1}$。

设状态向量

$$\boldsymbol{X} = (x_{mj},\quad y_{mj},\quad V_{mx},\quad V_{my})^{\mathrm{T}}$$

式中，x_{mj}, y_{mj} —— 目标在 $t_j(t_0 \leqslant t_j \leqslant t_{n-1})$ 时刻的位置坐标；

V_{mx}, V_{my} —— 目标速度向量在正东方向和正北方向上的投影。

再设目标在 t_k 时刻的位置坐标为 (x_{mk}, y_{mk})，则状态向量

$$\boldsymbol{X}_1 = (x_{m0},\quad V_{mx})^{\mathrm{T}} = (D_0 \sin B_0,\quad V_m \sin C_m)^{\mathrm{T}}$$

量测矩阵

$$\boldsymbol{H}_1(j) = (1,\quad t_j) \tag{9-4-1}$$

又设

$$Z_1(j) = X_{wj} - X_{w0} + D_j \sin B_j \tag{9-4-2}$$

则有

$$\boldsymbol{H}_1(j)\boldsymbol{X}_1 = Z_1(j) \tag{9-4-3}$$

考虑误差的影响，采用最小二乘原理，有

$$\min \sum_{j=1}^{N} [\boldsymbol{H}_1(j)\boldsymbol{X}_1 - Z_1(j)]^2 \tag{9-4-4}$$

则得

$$\boldsymbol{X}_1 = (\boldsymbol{H}_1^{\mathrm{T}}\boldsymbol{H}_1)^{-1}\boldsymbol{H}_1\boldsymbol{Z}_1 \tag{9-4-5}$$

$$\boldsymbol{H}_1 = \begin{pmatrix} 1 & t_1 \\ 1 & t_2 \\ \vdots & \vdots \\ 1 & t_n \end{pmatrix}, \quad \boldsymbol{Z}_1 = \begin{pmatrix} X_{w1} - X_{w0} + D_1 \sin B_1 \\ X_{w2} - X_{w0} + D_2 \sin B_2 \\ \vdots \\ X_{wn} - X_{w0} + D_n \sin B_n \end{pmatrix}$$

式(9-4-5)中的 X_1 即为所求的值。

设状态变量

$$\boldsymbol{X}_2 = (y_{m0},\quad V_{my})^{\mathrm{T}} = (D_0 \cos B_0,\quad V_m \cos C_m)^{\mathrm{T}}$$

同样可以求出 $\boldsymbol{X}_2$。然后根据

$$\boldsymbol{X}=\begin{bmatrix}D_0\\V_m\\C_m\\B_0\end{bmatrix}=\begin{bmatrix}\sqrt{(x_{m0}-x_{w0})^2+(y_{m0}-y_{w0})^2}\\\sqrt{V_{mx}^2+V_{my}^2}\\\arctan(V_{mx}/V_{my})\\\arctan((x_{m0}-x_{w0})/(y_{m0}-y_{w0}))\end{bmatrix} \tag{9-4-6}$$

可以确定目标的运动要素。

9.5 方位、频率跟踪方法

潜艇隐蔽攻击纯方位目标定位跟踪的一个必要条件是本艇必须进行有效机动，这就限制了该方法的实际使用。而方位、频率系统由于增加了频率信息从而摆脱了这一限制条件。

所谓方位频率系统，是一种被动探测系统，如侦察雷达、侦察声呐等。与纯方位系统相比，此系统有较高的可观测程度(最主要的是不需要本艇的机动)，并且这类系统作用范围较远，所以研究方位、频率系统十分重要。

9.5.1 方位、频率系统可观测性分析

定理 8 对于方位、频率系统，在目标匀速直线运动和源频率不变的假定下，若

①$B(t)=$常数，或者

②$\dot{D}\equiv 0$

则不能同时求解目标速度、航向、源频率以及距离(或者初始距离)。

当本艇速度恒为零，或者匀速直线运动时，方位、频率系统可能有解，这正是此系统区别于纯方位系统的一个根本点。

9.5.2 方位、频率系统目标运动要素解算最小二乘算法

波源和接收装置的运动态势如图9-5-1所示。设目标的源频率为f_0，而V_w，q_w分别为本艇速度与舷角，V_m，q_m，f分别为目标速度、舷角与接收频率，C为海水声速，则有

$$f=\frac{C+V_w\cos q_w}{C-V_m\cos q_m}f_0 \tag{9-5-1}$$

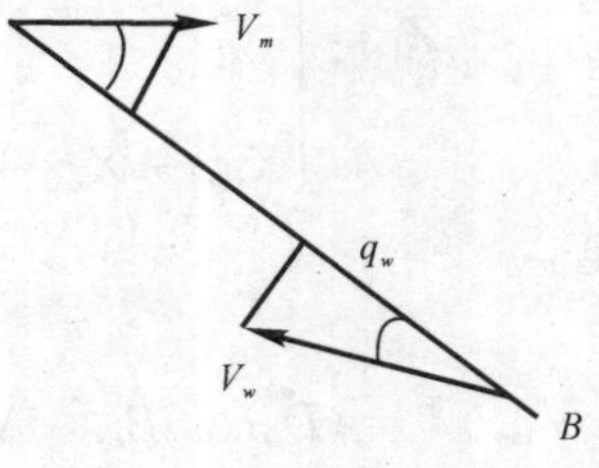

图 9-5-1 波源和接收装置的运动态势

由波源与接收装置的运动可知

$$[C+V_{ui}\cos(B_i-C_{ui})]f_0-(\sin B_iV_m\sin C_m+\cos B_iV_m\cos C_m)f_i=Cf_i \quad (9-5-2)$$

由于量测 B_i,f_i 总不免带有误差,所以式(9-5-2)一般并不能严格地满足,记其差值为

$$\Delta(t_i)=[C+V_{ui}\cos(B_i-C_{ui})]f_0-(\sin B_iV_m\sin C_m+\cos B_iV_m\cos C_m)f_i-Cf_i \quad (9-5-3)$$

设

$$\boldsymbol{X}=(X_1,\quad X_2,\quad X_3)^{\mathrm{T}}=(f_0,\quad V_m\sin C_m,\quad V_m\cos C_m)^{\mathrm{T}}$$

使上式误差平方和最小,即

$$\min F(\boldsymbol{X})=\sum_{i=1}^{n}\Delta^2(t_i)=$$

$$\sum_{i=1}^{n}\{[C+V_{ui}\cos(B_i-C_{ui})]X_1-(\sin B_iX_2+\cos B_iX_3)f_i-Cf_i\}^2 \quad (9-5-4)$$

则利用最小二乘原理就可求出目标的运动要素。

$$\boldsymbol{X}=(\boldsymbol{A}^{\mathrm{T}}\boldsymbol{A})^{-1}\boldsymbol{A}^{\mathrm{T}}\boldsymbol{B} \quad (9-5-5)$$

式中,

$$\boldsymbol{A}=\begin{bmatrix} C+V_{w1}\cos(B_1-C_{w1}) & -f_1\sin B_1 & -f_1\cos B_1 \\ C+V_{w2}\cos(B_2-C_{w2}) & -f_2\sin B & -f_2\cos B_2 \\ \vdots & \vdots & \vdots \\ C+V_{un}\cos(B_n-C_{un}) & -f_n\sin B_n & -f_n\cos B_n \end{bmatrix},\quad \boldsymbol{B}=\begin{bmatrix} Cf_1 \\ Cf_2 \\ \vdots \\ Cf_n \end{bmatrix}$$

9.6 纯方位机动目标定位与跟踪

潜艇发现目标的同时,在声呐处于被动工作方式下尽快估计出目标距离、速度、航向等运动参数,是提高潜艇隐蔽攻击能力迫切需要解决的问题。长期以来,目标运动要素的解算模型都是建立在目标匀速直线运动假定的基础上,这种假设在一定条件下具有合理性。就实际海上作战情况而言,一方面潜艇在解算目标运动要素的长时间跟踪过程中很难保证敌方舰艇不发生机动;另一方面,敌方目标为了规避潜艇的探测,会根据作战意图、战术需要等做出有意或者无意的机动,尤其在对抗的条件下更是如此。

9.6.1 纯方位目标机动的检测

目标机动检测是机动目标定位与跟踪的前提与基础,纯方位机动目标检测也是如此。机动检测的主要任务是检测出目标是否变速或者变向。

潜艇在纯方位跟踪过程中,主要是利用目标方位序列的变化进行目标机动检测。理论已经证明,若观测平台与目标均保持匀速直线运动,对于纯方位量测,只要三个量测方位,其余方位均可由这三个方位表示出来,它说明了目标与观测器始终保持匀速直线运动情况下的方位变化规律。因此在无量测误差的情况下,可通过量测方位与推算方位的比较来判断目标是否

进行了机动(观测平台不进行机动的情况下)。但实际量测误差的存在不可避免,我们可通过量测方位与推算方位的累积变化来判断目标是否进行了机动。一般情况下,若在目标与本艇均保持原运动状态不变的情况下,目标方位的变化规律不会发生大的改变,这时可根据已有方位的变化来预测未来时刻的方位,通过将现在时刻量测方位与预测方位的比较,来判断目标是否进行了机动。

另外目标辐射噪声的低频线谱、调制线谱以及目标螺旋桨转速中含有大量的目标机动信息,也可以用来判断目标的机动。

上述检测过程可通过自动检测来实现,还可以通过观察方位变化(或变化率)曲线来判断。潜艇在鱼雷攻击过程中,在本艇的直航段,如果目标方位变化(或变化率)曲线异常,则可以断定目标进行了机动。

还可根据指控系统显示的目标运动要素的变化来判断目标是否机动。在要素解算稳定一段时间以后,如果又出现了要素解算发散的情况,这时若能够排除传感器跟踪异常,则可断定目标发生了机动。

另外声呐兵通过听测目标螺旋桨转数的变化来判断目标的变速机动。通过听测目标噪声强度与目标螺旋桨转数可判断目标是否有转向。目标在转向期间,螺旋桨所产生的水流空泡现象在螺旋桨左右两侧程度不同,由此会使目标噪声强度增大。如果听测目标噪声强度突然增大,而目标螺旋桨转数却没有变化,则说明目标进行了转向机动。

在实际检测过程中,通常用上述多种方法或其组合来进行目标机动的判断。

上面的目标机动检测方法不仅适用于基于综合声呐的纯方位目标机动检测的问题,同时结合目标距离的变化信息也同样适用于潜艇被动测距声呐的距离方位目标机动检测的问题。

9.6.2 机动目标的定位与跟踪

从前面的研究可以看出,纯方位跟踪非机动目标已属不易,因此跟踪机动目标则更加困难。

一般情况下水声目标的机动方式并非任意进行。由于水面舰船,尤其是商船,在动力装置方面以及编队队形保持等方面的原因,因此通常情况下的水面目标主要以折线机动为主。而潜艇目标在搜索、攻击和规避敌鱼雷的过程中,主要进行变速、变向或者变深等机动。当潜艇为航母编队等护航时,为了干扰敌方的探测与跟踪,也可能采取折线航行的方式。

这里假设潜艇在跟踪过程中,目标做折线机动,这与实际也是基本吻合的。那么可以得出以下结论。

定理 9 对于目标做折线机动的情形,假定

①目标和观测平台不在同一时刻机动,目标机动时刻已知;

②观测平台至少折线机动一次;

③目标在每一段上对观测平台的方位变化率皆不为零。

那么目标运动状态可观测。

上述结论说明,在目标机动可检测的条件下,如果观测平台和目标均作折线机动,则理论上观测平台作一次折线机动并保证在目标运动的每一段上目标方位具有一定的变化量即可确定目标的运动要素。

当检测到目标机动以后，与非机动跟踪的处理方法基本相同。

首先，如果在目标机动前，观测平台还未进行机动或者即便进行了机动，但未得到可用的解算结果时，根据目标机动的时间，重新累积目标方位序列，可进行纯方位解算。这种情况下观测平台需要进行有效机动。

其次，如果在目标机动前所解算出的目标运动要素解算结果稳定、可用，那么可以运用目标机动前方位序列计算出的目标距离来参与目标机动后要素的解算。这时相当于已知一估计距离的目标运动要素的解算方法，因此在目标机动后观测平台的机动不是系统状态可观测的必要条件，只要目标机动后(不包括机动时刻)的方位不全相等或者相差180°。

另外，如果判断出目标仅发生了变向机动，则可以利用目标机动前的速度信息进行已知一速度条件下的目标运动要素解算，也可以利用已知一距离一速度条件下的目标运动要素解算方法进行解算。这样可以大大提高纯方位量测对机动目标的定位与跟踪效果，提高潜艇隐蔽攻击的能力。

第 10 章　潜艇鱼雷射击诸元及导引参数解算

作为水中武器之一的鱼雷的起源，中外战争史上都可以追溯到很远。最早的是所谓的浮标鱼雷，就是将炸药包挂在浮标下方的水中，浮标浮在水面，本身无动力，靠潮流推向敌舰而引爆。这种武器后来沿着两个方向发展：从无动力向有动力发展，就是鱼雷；继续保持无动力状态，但向不露出水面的状态发展，就是水雷。

鱼雷发展过程有几个突变阶段：从无动力到有动力可以说是第一次突变；从无控制到有控制为第二次突变；从无制导到有制导为第三次突变。

现代鱼雷大致可分为三段，每段可分为若干个舱。其前段通常为战斗部，包括制导装置、触发或非触发引信以及炸药。中段一般装能源，如果是热动力鱼雷则装燃料及氧化剂等，如果是电动力鱼雷则装电池。后段一般装发动机，如果是电动力鱼雷则是电动机。控制系统的各部件，还有动力系统的各种阀、泵及电动力的开关等分装于中段及后段。

按动力系统来分类，鱼雷大体上可分为热动力及电动力两类，简称热机鱼雷及电雷。按制导方式分类，则有声自导（又可分为被动声自导，主动声自导及主、被动声自导等）、尾流制导、导线制导（简称线导）以及程序控制式制导（也称机动仪导航）等不同的方式，目前更发展成联合制导，即同一枚鱼雷分阶段分别使用不同的制导方式。

由于各种类型的鱼雷具有不同的性能，它们的射击方法是不完全一样的。潜艇、水面舰艇和飞机的鱼雷射击方法也都有所不同。在本章内我们将讲解鱼雷射击的基本概念，并着重介绍潜艇使用鱼雷的射击方法。

10.1　直射鱼雷正常提前角的计算

10.1.1　直射鱼雷正常提前角的计算

如图 10－1－1 所示，假设目标位于 T 点以速度 V_T 沿方向 C_T 匀速直航，鱼雷位于 O 点以速度 V_t 沿 C_t 匀速直航，两者在 A 点相遇。由此可得

$$\frac{S_T}{V_T}=\frac{S_t}{V_t} \tag{10-1-1}$$

令 $m=\dfrac{V_T}{V_t}$，则

$$S_T=mS_t$$

式中，S_T—— 鱼雷与目标相遇时目标的航程；

S_t—— 鱼雷与目标相遇时鱼雷的航程。

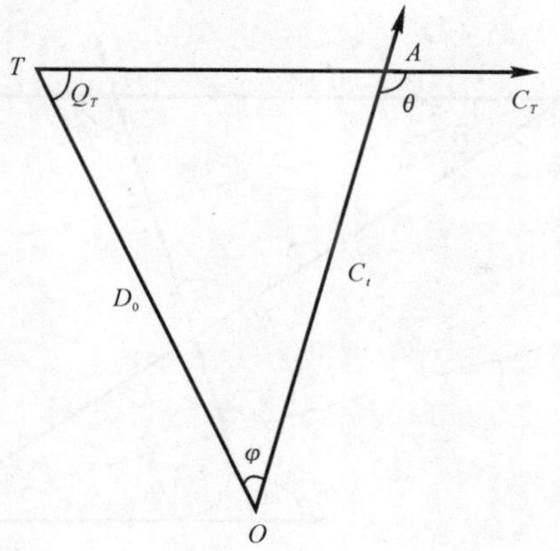

图10-1-1　射击相遇三角形

射击三角形各要素定义如下：

T —— 鱼雷发射时目标的位置点，简称为瞄点；

O —— 鱼雷发射时鱼雷的位置点（或者是发射艇的位置点），简称为发射点；

A —— 鱼雷与目标相遇点，简称命中点；

D_0 —— 鱼雷发射时鱼雷与目标的距离，简称射距；

Q_T —— 鱼雷发射时的目标相对于本艇的目标舷角，简称发射敌舷角，它的取值范围为[$-180°$,$180°$]，当它为负时则为左舷，当它为正时则为右舷；

θ —— 鱼雷与目标的相遇角，它是目标航向线到鱼雷航向反方向线之间的夹角，也有左右之分，其范围为[$-180°$,$180°$]；

φ —— 鱼雷提前角，它是鱼雷发射时目标的方位线与鱼雷航向（即发射方向）之间的夹角，与发射敌舷角舷别相同。

因此在射击三角形 OTA 中，由正弦定理可得

$$\frac{\sin\varphi}{mS_t}=\frac{\sin Q_T}{S_t}$$

则有

$$\varphi=\arcsin(m\sin Q_T) \tag{10-1-2}$$

式(10-1-2)求得的提前角 φ 通常称为正常提前角。

10.1.2　具有一次转角功能的直射鱼雷正常提前角的计算

如图10-1-2所示，T点是目标初始时刻位置点，也是坐标原点，O点是按下鱼雷发射按钮那一时刻量测传感器的位置。当直航鱼雷与目标在 M 点相遇时，投影到 x 轴和 y 轴的坐标应该相等。设鱼雷出管（不包括发射延迟时间）至发现目标所用时间为 t，鱼雷在出管后直航段距离为 S_z，鱼雷从出管到与目标相遇时的总航程为 S_t。设目标初距为 D_0，方位为 B_0，航速为 V_T，航向为 C_T，本艇发射鱼雷的航向为 C_O，本艇航速为 V_O，鱼雷速度为 V_t，鱼雷一次转角为 ω（顺时针为正，逆时针为负），鱼雷一次转向后直航航向为 C_t（$C_t=C_O+\omega$）。

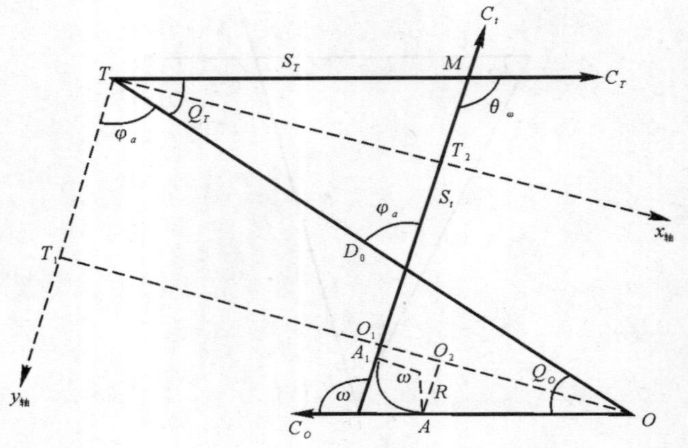

图 10-1-2 直航雷一次转角射击示意图

我们推导公式的出发点是把 OT 分别向 C_t 方向和垂直于 C_t 方向投影，然后再找出这两个投影量与其他量的关系。从图中可以得出如下关系式：

$$OT_1 = T_1O_1 + O_1O_2 + OO_2 \tag{10-1-3}$$

$$TT_1 = MA_1 - MT_2 - O_1A_1 \tag{10-1-4}$$

式中，

$$OT_1 = D_0 \sin \varphi_a$$

$$O_1T_1 = TM\sin \theta_\omega = \frac{S_t}{V_t} V_T \sin \theta_\omega = mS_t \sin \theta_\omega$$

$$O_1O_2 = R - R\cos \omega$$

$$OO_2 = OA\sin (Q_O + \varphi_a) = S_z \sin \omega$$

$$TT_1 = D_0 \cos \varphi_a$$

$$MA_1 = S_t - S_z - R\omega$$

$$MT_2 = -MT\cos \theta_\omega = -mS_t \cos \theta_\omega$$

$$O_1A_1 = -S_z \cos \omega - R\sin \omega$$

把以上各式代入式(10-1-3)和式(10-1-4)可得到

$$D_0 \sin \varphi_a = mS_t \sin \theta_\omega + R(1 - \cos \omega) + S_z \sin \omega \tag{10-1-5}$$

$$D_0 \cos \varphi_a = mS_t \cos \theta_\omega + S_t - R(\omega - \sin \omega) + S_z(\cos \omega - 1) \tag{10-1-6}$$

其中 $0 \leqslant \omega \leqslant \pi$。

由此可计算鱼雷转角 ω，从而也可得到鱼雷转角射击的正常提前角 $\varphi_a = \omega - Q_O$。

10.1.3 射击诸元计算过程中声传播延迟的修正

前面讲的射击方程为理想状态下的射击方程，但在实际的鱼雷攻击过程中存在一定的误差，而这些误差是我们必须考虑的。首先潜艇指控系统利用综合声呐对目标进行跟踪、定位以及目标运动要素解算。目标航行产生的辐射噪声被综合声呐接收是有声传播延时的。鱼雷出管也有延时。直航雷在射击过程中，瞄准点选取在目标的正中间，而综合声呐接收的辐射噪声主要是尾部螺旋桨发出的。因此，这段距离也需要修正，如图 10-1-3 所示。

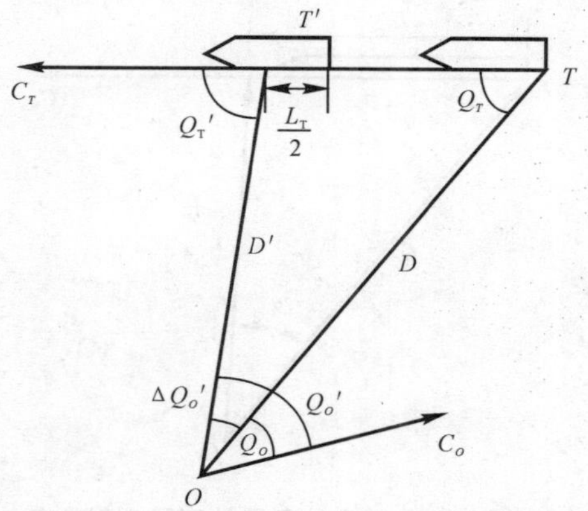

图 10-1-3　声传播延时的修正

假设噪声传播的速度为 c_0，则目标被综合声呐捕获所需的时间为 $\frac{D}{c_0}$。设目标的长度为 L_T，鱼雷射击延时为 Δt，则鱼雷实际出管后目标移动的距离为

$$V_T\left(\frac{D}{c_0}+\Delta t\right)+0.5L_T$$

求修正量 $\Delta Q'_O$。由图 10-1-3 可知

$$D'=\sqrt{(D\sin Q_T)^2+\left[D\cos Q_T-V_T\left(\frac{D}{c_0}+\Delta t\right)-\frac{L_T}{2}\right]^2} \tag{10-1-7}$$

$$\Delta Q'_O=\arcsin\frac{\left[V_T\left(\frac{D}{c_0}+\Delta t\right)+\frac{L_T}{2}\right]\sin Q_T}{D'} \tag{10-1-8}$$

$$\begin{cases}\Delta Q'_O=Q'_O-Q_O\\ Q'_T=\Delta Q'_O+Q_T\end{cases} \tag{10-1-9}$$

10.2　直航鱼雷齐射散角的计算

10.2.1　直航鱼雷扇面齐射散角的概念

假设鱼雷航行无散布，则系统组织控制的数枚鱼雷扇面齐射出管后，各雷会按照系统预先计算给定的射击诸元进行直航，当齐射的两雷直航到目标的航向线时刚好命中目标的舰首与舰尾，则两雷航向线之间的夹角称为扇面齐射鱼雷的几何散角，以 α 表示。

如图 10-2-1 所示，假设系统控制两枚鱼雷齐射，设目标 T 的有效长度为 L_T，图中 α 就为扇面齐射鱼雷的散角。同时从图中可以看出齐射散角不宜选得过大，否则目标会有从两雷间漏过的可能，因此为了能使齐射散角满足一定的射击条件，接下来引入扇面齐射鱼雷命中间隔以及扇面齐射鱼雷间隔概念，并讨论它们三者之间的关系。

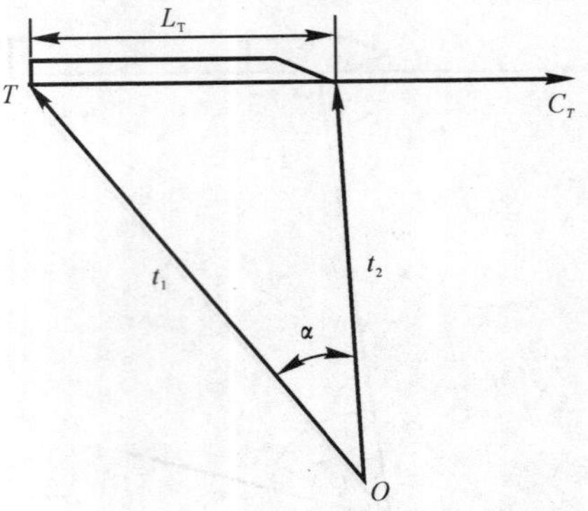

图 10-2-1　直航鱼雷的扇面齐射散角

10.2.2　扇面齐射鱼雷命中间隔与鱼雷间隔

假设鱼雷航行无散布，在一定的射击条件下系统组织控制的数枚鱼雷扇面齐射出管后，各雷会按照系统预先计算给定的射击诸元进行直航，当齐射的两雷直航到目标的航向线时刚好命中目标的舰首与舰尾，则两雷航迹之间的垂直距离称为鱼雷命中间隔，以 d_l 表示。

为了能正确理解并且计算直航鱼雷扇面齐射鱼雷的命中间隔，首先必须了解有关鱼雷的齐射顺序这一概念。鱼雷的齐射顺序可以分为以下三种：

(1) 鱼雷同时发射出管

鱼雷同时发射出管是指系统控制数枚鱼雷同时发射出管，并且各雷按照系统预先给定的射击诸元进行直航。此种发射方式有可能导致鱼雷相互碰撞从而对鱼雷的航行安全造成危害，还有可能对潜艇的操纵稳定性产生不良影响。因此系统控制鱼雷齐射应该要有先后顺序依次发射鱼雷。这样就有了下面顺序齐射与逆序齐射。

(2) 鱼雷顺序发射出管

鱼雷顺序发射出管是指系统控制数枚鱼雷按先后顺序依次发射出管后，各雷会按照系统预先计算给定的射击诸元进行直航，形成的航迹是顺着目标航向线向前依次排列的一种齐射方式。换种更直接的说法，先发射的鱼雷命中点是选取的目标舰尾，后发射的鱼雷命中点是选取的目标舰首。顺序控制鱼雷发射简称为顺序齐射，也可称为正序齐射。

(3) 鱼雷逆序发射出管

鱼雷逆序发射出管是指系统控制数枚鱼雷按先后顺序依次发射出管后，各雷会按照系统预先计算给定的射击诸元进行直航，形成的航迹是逆着目标航向线向后依次排列的一种齐射方式。换种更直接的说法，先发射的鱼雷命中点是选取的目标舰首，后发射的鱼雷命中点是选取的目标舰尾。逆序控制鱼雷发射简称为逆序齐射。

由于不同齐射顺序所对应的鱼雷命中间隔的计算方法不同，因此需要分情况对其进行分析，这里首先讨论鱼雷同时发射出管条件下的鱼雷命中间隔。

需要指出，系统控制鱼雷扇面齐射出管后，鱼雷之间的航迹并不相互平行，但是由于扇面齐射的鱼雷散角一般都比较小(在几度范围内)，因此，可以假定发射出管后的鱼雷之间的航迹相互平行，可使鱼雷命中间隔的求解得到简化，由此引起的差异很小，可忽略不计。

如图10-2-2所示，假设两枚鱼雷同时发射出管，其中目标的有效长度为L_T，目标速度为V_T，鱼雷命中角为θ，鱼雷速度为V_t，鱼雷命中间隔为d_l。

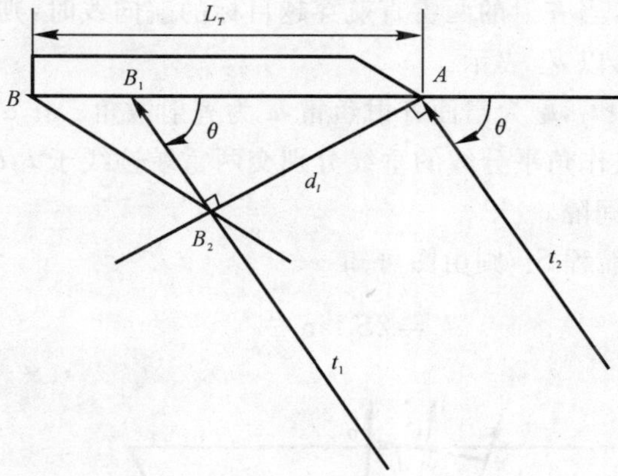

图10-2-2　两枚鱼雷同时发射出管条件下的鱼雷命中间隔

从图中可以看出，瞄准点为目标舰首的鱼雷t_2先与目标相遇，相遇点假设在A点，由于两雷是同时发射出管，因此当鱼雷t_2与目标相遇时，鱼雷t_1此时应在B_2处，从鱼雷命中间隔的定义可知鱼雷t_1将与目标舰尾在B_1点相遇。则接下来的鱼雷命中间隔可按如下的方法进行计算：

在$\triangle BAB_2$中，由相遇原理可得

$$\frac{BB_1}{V_T}=\frac{B_1B_2}{V_l} \tag{10-2-1}$$

将$m=\dfrac{V_T}{V_l}$代入式(10-2-1)，得

$$BB_1=B_1B_2m=d_l\cot\theta\cdot m$$

而

$$AB_1=\frac{d_l}{\cos\theta}$$

将AB_1与BB_1代入$AB_1+BB_1=AB$中并化简则可求得

$$d_l=\frac{L_T\sin\theta}{1+m\cos\theta} \tag{10-2-2}$$

式(10-2-2)是两雷同时发射出管条件下的鱼雷命中间隔，而顺序发射与逆序发射的鱼雷命中间隔计算可以参考射击诸元计算中的声传播延迟修正，只需在式(10-2-2)中加入一个修正量即可，下面直接给出了它们的计算公式，详细的推导可仿照式(10-2-2)的推导，此处不再详述。

顺序发射鱼雷的命中间隔为

$$d_l=\frac{(L_T+V_T\Delta t)\sin\theta}{1+m\cos\theta} \tag{10-2-3}$$

逆序发射鱼雷的命中间隔为

$$d_l=\frac{(L_T-V_T\Delta t)\sin\theta}{1+m\cos\theta} \tag{10-2-4}$$

式中，Δt—— 鱼雷齐射出管的间隔时间；

V_T—— 目标航行速度。

在一定的射击条件下系统组织控制的数枚鱼雷扇面齐射出管后，各雷会按照系统预先计算给定的射击诸元进行直航，当齐射的两雷直航穿越目标的航向线时，则两雷航迹之间的最小距离称为扇面齐射鱼雷间隔，以 d_z 表示。

如图 10-2-3 所示，图中 t_1，t_2 为扇面齐射鱼雷，α 为齐射散角。作 α 角的角平分线与目标的航向线相交于 C 点，过 C 点作角平分线的垂线分别交两雷航迹线于 a，b 两点，则线段 ab 为该射击条件下的扇面齐射鱼雷间隔。

若把 OC 近似为鱼雷的航程 S_l，则由图可知

$$d_z = 2S_l \tan \frac{\alpha}{2} \tag{10-2-5}$$

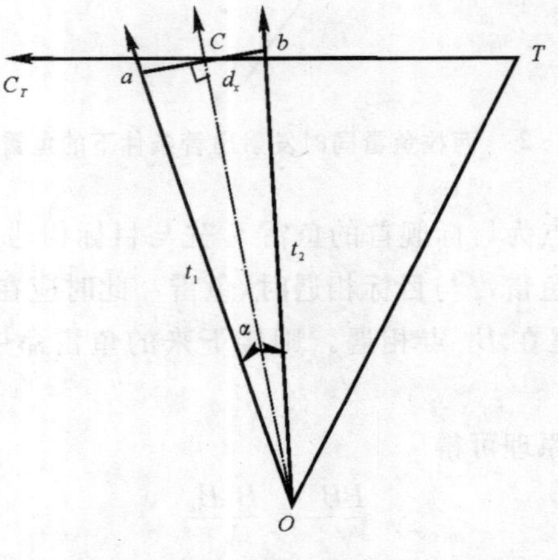

图 10-2-3 扇面齐射鱼雷间隔

10.2.3 扇面齐射鱼雷散角的近似计算方法

当鱼雷航行无散布，并且假设两雷同时发射出去时，就可得到扇面齐射散角的近似计算方法：

$$\alpha = 2\arctan \frac{d_z}{2S_l} \tag{10-2-6}$$

当鱼雷航程为定值时，扇面齐射鱼雷间隔决定于鱼雷散角的大小。因此可以通过调整齐射散角来改变鱼雷间隔，从而使得鱼雷间隔等于鱼雷命中间隔。然而实际航行中由于鱼雷与目标都存在着散布，从而存在实际鱼雷间隔大于鱼雷命中间隔的可能。为避免目标从相邻两雷间漏过，有必要对扇面齐射鱼雷的散角进行优化。

10.2.4 扇面齐射鱼雷散角的精确计算方法

在一定的射击条件下，为使扇面齐射鱼雷命中目标的概率最大，系统须采用适宜的齐射鱼雷间隔，从而有必要对齐射鱼雷散角进行优化。

为了避免目标从齐射相邻两雷间漏过，实际的鱼雷间隔不能大于鱼雷命中间隔。因此存在 $d_z = kd_l$，其中 k 为优化系数，$k < 1$。

将式(10－2－5)代入式(10－2－6)可得

$$2S_l \tan \frac{\alpha}{2} = \frac{kL_T \sin\theta}{1 + m\cos\theta}$$

由于 α 值很小，上式可近似写为

$$\alpha = \arctan \frac{kL_T \sin\theta}{S_l(1 + m\cos\theta)} \qquad (10-2-7)$$

其中 S_l，θ 在式(10－2－1)和(10－2－2)中求解出来，因此在不同的射击条件下，如顺序齐射或逆序齐射的条件下，只须对 k 值进行寻优，就能达到对齐射散角进行优化的目的。通常情况下该值可以由射表中的雷数散角表查取，可按 0.7 来确定。

10.3　声自导鱼雷有利提前角的计算

10.3.1　声自导鱼雷发现目标的条件

声自导鱼雷能否命中目标，关键问题是自导装置能否发现目标，要想让自导装置发现目标，就必须让目标在航行过程中能进入自导装置的有效作用范围（自导扇面）之内。而通过鱼雷与目标的相对运动分析来讨论比较简单。

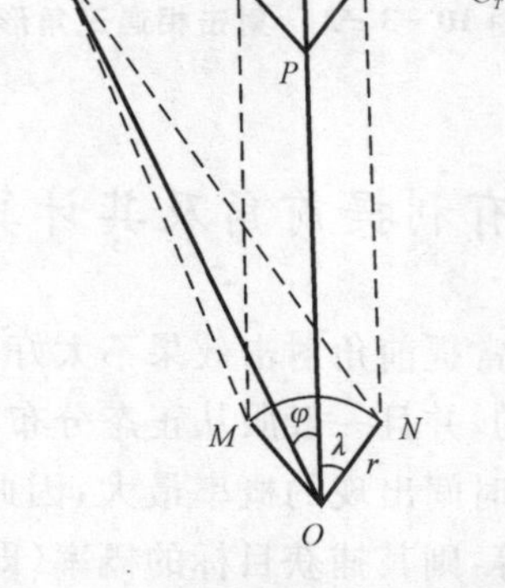

图 10－3－1　声自导雷发现目标域

如图10-3-1所示，φ 为正常提前角，假设声自导雷的自导作用区域为一扇面，扇面半径为 r，扇面半角为 λ。如果解算的目标运动要素无误差，直航雷会在 C 点与目标相遇。但声自导雷在接近目标的过程中，自导装置是要开启工作的，因此鱼雷尚未到达 C 点，就会在 P 点发现目标。因为这时自导扇面的边缘已经接触到了目标，所以以后鱼雷便改为按一定导引弹道追击目标。过目标点 T 作自导扇面边缘的连线 TM，TN。若假设鱼雷不动，只要目标在沿 $\angle MTN$ 范围内所有方向的相对移动线移动就均能被发现。因此若考虑目标运动要素误差，

只要目标实际运动要素相对于鱼雷的相对航向线不超过 $\angle MTN$(相对航向线极限角)的范围,目标就可能被声自导装置发现。

10.3.2 声自导鱼雷一般提前角的计算

有关直航雷的射击提前角在前面已经提到过,然而声自导雷不同于直航雷,其区别就在于直航雷具有自己的声呐探测系统(主动、被动或主动+被动)。因而声自导雷具有一个搜索区域,如图 10-3-2 中所示的声自导雷作用半径为 r,自导扇面半角为 λ。因此在鱼雷接近目标的过程中,由于自导装置的开启,当鱼雷尚未到达相遇点时,它的自导扇面边缘就已经接触到了目标,其后鱼雷则按照一定的弹道自己追击目标。

这里将提到一个遮盖中心系数,它表示遮盖中心(自导扇面轴线上的点)到雷头的距离占自导作用距离的比例,用 k 表示。由于鱼雷和目标在航行过程中存在散布,为了提高发现概率,一般让自导扇面轴线上距雷头 $0.69r$ 的点与目标点相遇,即 $k=0.69$。

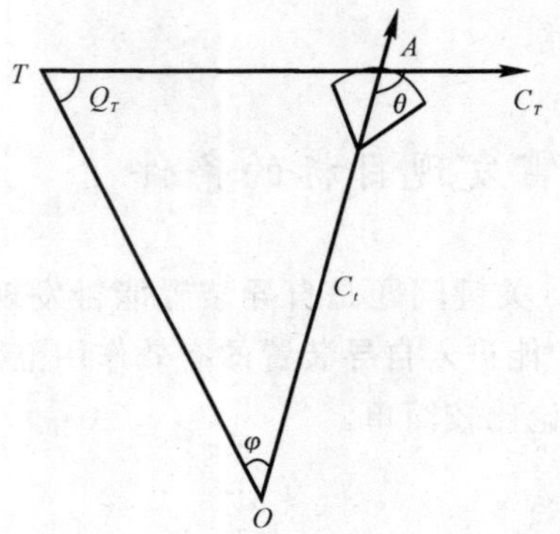

图 10-3-2 射击相遇三角形

10.3.3 声自导鱼雷有利提前角及其计算

在实际鱼雷射击中,若采用正常提前角射击效果不太好,如图 10-3-3 所示,原因是测定或计算的目标运动要素是有误差的,并且一般服从正态分布。由于散布正态分布的性质:不同符号的误差,其绝对值相等时有利时间出现的概率最大,因此对声自导鱼雷来说,若被遮盖的正负目标运动要素误差绝对值相等,则其捕获目标的概率(即发现概率)将最大,如图 10-3-4 所示。从而引出了有利提前角的定义:在一定的射击条件下,使自导雷发现概率最高的提前角叫有利提前角,记做 φ_a。然而有利提前角可以根据参照系(目标或鱼雷)的不同,其定义也有两种,下面我们先介绍第一种定义。

如图 10-3-3 所示,以鱼雷为参照系,则目标的相对运动线为 TO,也可称之为目标相对位移线,因此可以任意给定一个提前角,并过鱼雷自导扇面的边缘作目标相对位移线(图 10-3-4 中的 TT_z 线)的平行线(图 10-3-4 中的 PM,QN 两线)。如果两平行线与目标相对位移线的距离(图 10-3-4 中的 S_1,S_2)相等,则鱼雷发现目标的概率最大,那么此提前角就为有利提前角。其求解方法如下:

$$S_1 = D_0 \sin \gamma + r\sin (\lambda - \varphi_a - \gamma) \tag{10-3-1}$$

当 $\lambda + \varphi_a + \gamma < 90^\circ$ 时，

$$S_2 = r\sin (\lambda + \varphi_a + \gamma) - D_0 \sin \gamma \tag{10-3-2}$$

当 $\lambda + \varphi_a + \gamma \geqslant 90^\circ$ 时，

$$S_2 = r - D_0 \sin \gamma \tag{10-3-3}$$

在相遇 $\triangle TAT_z$ 中，有

$$\varphi = \varphi_a + \gamma = \arcsin (m\sin (Q_T - \gamma)) \tag{10-3-4}$$

令 $S_1 = S_2$，则由式(10-3-1)～式(10-3-4)可得到下列方程组

$$\begin{cases} \varphi_a + \gamma = \arcsin (m\sin (Q_T - \gamma)) & \\ r[1 - \sin (\lambda - \varphi_a - \gamma)] = 2D_0 \sin \gamma & \text{当} \lambda + \varphi_a + \gamma \geqslant 90^\circ \\ r[\sin (\lambda + \varphi_a + \gamma) - \sin (\lambda - \varphi_a - \gamma)] = 2D_0 \sin \gamma & \text{当} \lambda + \varphi_a + \gamma < 90^\circ \end{cases} \tag{10-3-5}$$

解此方程组可得到 φ_a。由于方程组(10-3-5)直接求解比较困难，工程上可用迭代法求解。

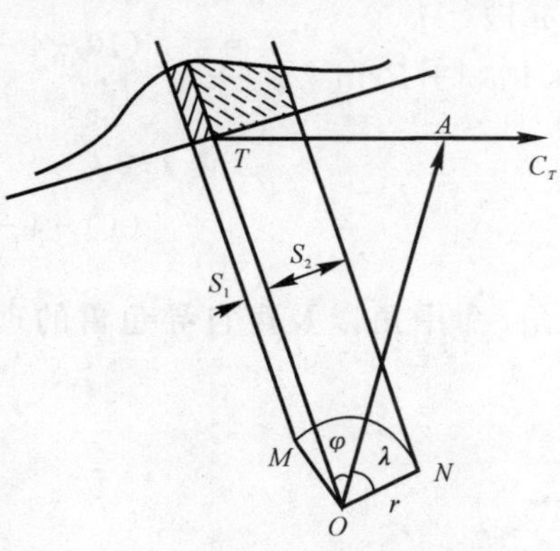

图 10-3-3 正常提前角射击情形

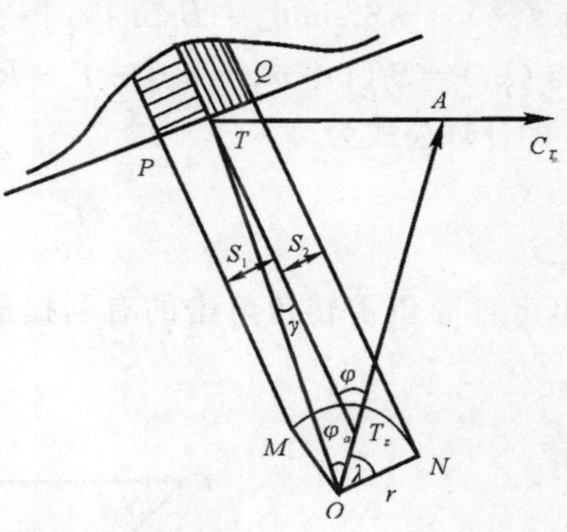

图 10-3-4 有利提前角射击情形(第一定义)

关于有利提前角的第二种定义，我们可以通过图 10-3-5 来理解。过目标初始位置 T 作鱼雷自导扇面的边缘线 TM，TN，这两条线所组成的夹角 $\angle MTN$ 就称为极限搜索角，极限搜索角被目标的相对位移线分作两部分 φ_1 和 φ_2。

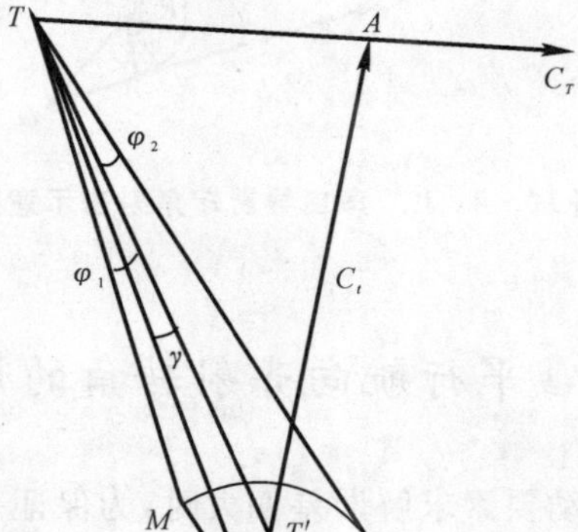

图 10-3-5 有利提前角射击情形(第二定义)

如果目标相对位移线平分极限搜索角，那么就称此相对位移线为有利相对位移线。此时的提前角也称为有利提前角。为区别于第一定义，这里的有利提前角称做第二定义，并记做 φ_{ω}。有关计算公式的推导与第一定义的公式推导类似，这里就不作详细推导了。

10.4 声自导鱼雷齐射提前角的计算

10.4.1 声自导鱼雷转角射击提前角的计算

如图 10-4-1 所示，设鱼雷的自导半径为 r，则有目标到 M 点时，鱼雷自导扇面边缘接触到目标。与直航雷一次转角推导类似，可得命中方程：

$$\begin{cases} D_0 \sin(\varphi_a) = mS_t \sin\theta_{\omega} + B\sin|\omega| + R(1-\cos|\omega|) \\ D_0 \cos(\varphi_a) = S_t(1 + m\cos\theta_{\omega}) - B - R|\omega| + B\cos|\omega| + R\sin|\omega| + r \end{cases} \tag{10-4-1}$$

式中，ω，φ_a 的计算公式为

$$\begin{cases} \omega = \varphi_a + Q_o \\ \theta_{\omega} = Q_T + \varphi_a \end{cases} \tag{10-4-2}$$

可以计算出声自导鱼雷转角射击的有利提前角、有利转角、命中角以及声自导鱼雷的理论航程。

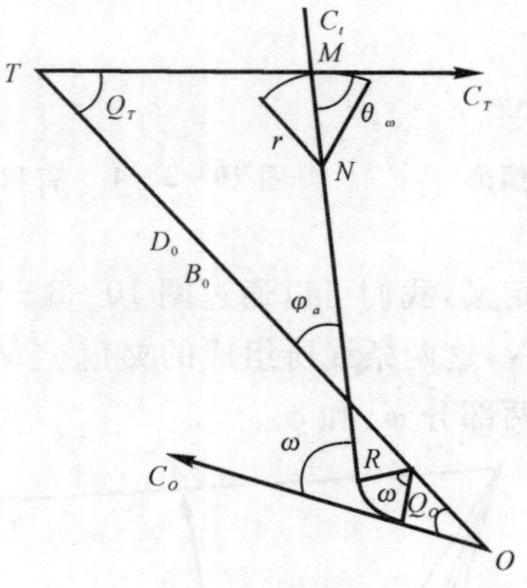

图 10-4-1 声自导雷转角射击示意图

10.4.2 声自导鱼雷平行航向齐射转角的计算

当对有些态势或在目标运动要素求解误差偏大时，为保证一定的命中或发现概率，必须使用多雷齐射的射击方式，一般情况下为双雷齐射。若系统按平行航向组织控制声自导鱼雷齐射，则需要确定合适的齐射鱼雷散角，系统根据鱼雷散角和雷数等参数来计算各雷对应的展开角、转角以及优化展开段航程和二次转角等射击诸元。

如图 10-4-2 所示，采用平行航向齐射方式发射鱼雷，相邻两雷在展开段上实质是扇面齐射方式，因此，为确保相邻两雷在展开段上不发生诱导或者碰撞，设定的鱼雷散角 α 通常不能太小，一般得大于 20°。

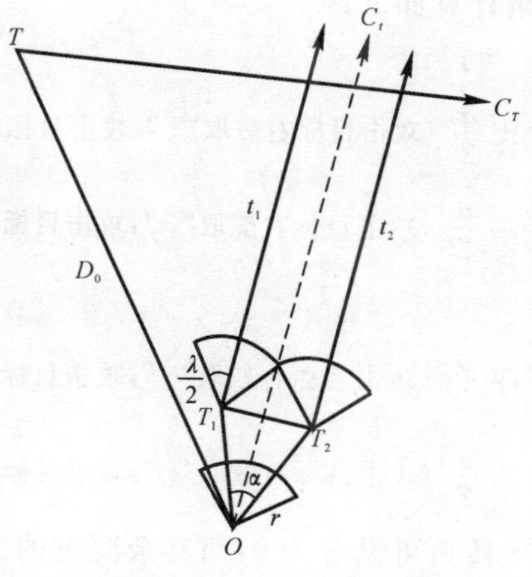

图 10-4-2　声自导鱼雷平行航向齐射示意图

在鱼雷散角确定了后，系统还得计算合适的展开段航程，为了能使目标在声自导鱼雷搜索扇面之内，齐射的两雷的搜索扇面应在齐射扇面的中线处衔接上，因此

$$T_1T_2 = 2r\sin\frac{\lambda}{2} \tag{10-4-3}$$

由此可得齐射两雷展开段航程与散角之间的关系：

$$S_l = \frac{r\sin\frac{\lambda}{2}}{\sin\frac{\alpha}{2}} \tag{10-4-4}$$

不难看出，当齐射鱼雷按不同鱼雷散角发射时，系统可以计算出与散角对应的鱼雷展开航程。然而实际上由于鱼雷在航行过程中存在着鱼雷散布，因此两雷的搜索扇面并不能按图示那样刚好衔接，从而导致两雷齐射至少一雷发现目标的概率降低。于是我们引入优化系数 k 以对齐射鱼雷展开航程进行优化是十分必要的。于是式(10-4-4)可写成

$$S_l = \frac{kr\sin\frac{\lambda}{2}}{\sin\frac{\alpha}{2}} \tag{10-4-5}$$

从式(10-4-5)可看出，当 $k < 1$ 时，相邻两雷的声自导搜索扇面形成的搜索区域有一定的重叠，以保证平行航向齐射具有较高的至少一雷发现目标的概率，而在此基础上引出来的齐射鱼雷有利散角其计算公式为

$$\alpha = 2\arcsin\left(\frac{kr\sin\frac{\lambda}{2}}{r+S_l}\right) \tag{10-4-6}$$

声自导鱼雷平行航向齐射各雷的二次转角是各雷根据预先计算的散角及展开角而得到的。从图 10-4-2 可以看出，当两雷齐射时，各雷的二次转角就等于各自的展开航程段航向自

控转向至齐射扇面中线(鱼雷)的平行航向的转向角。但是系统计算的各雷二次转角的大小及符号与输入的齐射雷数和系统进行齐射组合后确定的齐射各雷发射顺序,以及攻击目标的舷别有关。

两雷齐射时,各雷二次转角计算如下:

逆序控制齐射:

$$\begin{cases} T_1:\omega_{12}=\pm\dfrac{\alpha}{2}\ (\text{攻击目标右舷取“+”,攻击目标左舷取“−”}) \\ T_2:\omega_{12}=\mp\dfrac{\alpha}{2}\ (\text{攻击目标右舷取“−”,攻击目标左舷取“+”}) \end{cases} \tag{10-4-7a}$$

顺序控制齐射:

$$\begin{cases} T_1:\omega_{12}=\mp\dfrac{\alpha}{2}\ (\text{攻击目标右舷取“−”,攻击目标左舷取“+”}) \\ T_2:\omega_{12}=\pm\dfrac{\alpha}{2}\ (\text{攻击目标右舷取“+”,攻击目标左舷取“−”}) \end{cases} \tag{10-4-7b}$$

三雷齐射时,中间雷的二次转角可设定为0,而其余两雷的二次转角与两雷齐射时的转角设定一致即可。

10.5 尾流自导鱼雷射击诸元的计算

当舰船在水中航行时,它后方的一定区域,在一定时间内会留下特殊性能的海水层,称为尾流。尾流有声尾流、热尾流和污染尾流。声尾流是由舰船通过后产生的大量气泡和水混合而成的,这也是当前尾流自导鱼雷所利用的尾流。

由于尾流与目标的宽度和吃水有关,因此很难用一个小的航行体模拟舰艇尾流来诱骗鱼雷,而且尾流自导雷检测尾流的方式与声自导雷原理不同,因此尾流自导的突出优点是抗干扰能力强,其缺点是难用于反潜。因为潜艇尾流的强度弱、长度短、保留时间短,所以检测上有许多困难。鱼雷尾追目标时的弹道比较特殊,因而导致了它的航程和尾追速度损失大。

一般规定尾流自导鱼雷只能在五级以下海况条件下用于攻击敌水面舰船。当作战海区海况级别较高时,目标有效尾流不但受风浪影响而变弱,而且还会使目标尾流与邻近海水体的界面变得更加模糊不清。这样,鱼雷尾流自导装置不但难以对目标尾流进行检测、识别,而且也难以分辨出尾流与邻近海水体的边界,致使尾流自导装置难以正常工作。

10.5.1 尾流自导鱼雷程控追踪弹道的数学描述

尾流自导鱼雷的弹道大致如下:

一般以大目标舷角发射,由指控系统根据目标运动要素计算出预定的尾流捕捉点。鱼雷到达预定尾流捕捉点之前某一距离时,尾流探测装置开机。鱼雷穿过目标尾流时,探测装置检测出尾流的存在,程序机构根据事先的设定,使鱼雷穿出尾流后向目标所在方向转向,以一定角度再次穿过尾流,如图10-5-1所示。

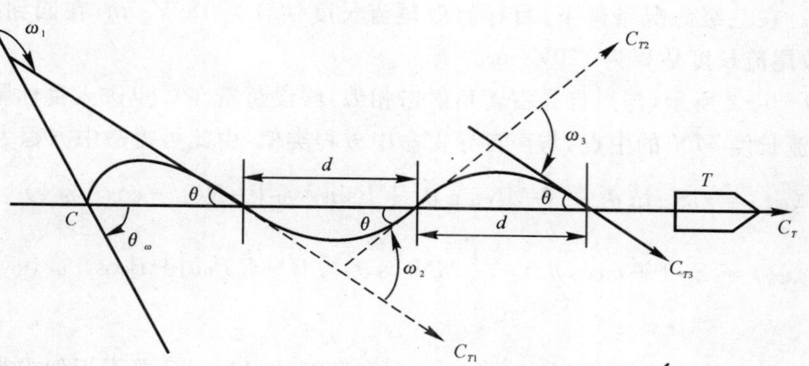

图 10-5-1　尾流自导鱼雷的蛇形追踪弹道

图中 C 点是鱼雷首次进入目标有效尾流的点，θ_ω 为系统设定的鱼雷命中角。鱼雷尾流自导程序控制鱼雷沿蛇行追踪弹道的第一次转向角 ω_1 转向。其计算为

$$\omega_1 = \text{sign}(\theta_\omega)\,(180° - |\theta_\omega| + \theta) \tag{10-5-1}$$

式中，$\text{sign}(\theta_\omega)$ 为符号函数。若处于目标右舷攻击，$\theta_\omega > 0$，则 $\text{sign}(\theta_\omega)=1$，即控制鱼雷向右转向；若处于目标左舷攻击，$\theta_\omega < 0$，则 $\text{sign}(\theta_\omega)=-1$，即控制鱼雷向左转向。$\theta$ 为鱼雷转向后再次进入目标有效尾流的进入角，从图中可以看出，转向后每次穿过尾流的角度都相等，因而同样，追踪过程中的各次转向角也相等，应满足

$$|\omega_2| = |\omega_3| = \cdots = |\omega_n| = 2\theta \tag{10-5-2}$$

鱼雷在蛇行追踪目标尾流的过程中，各次转向角在满足式(10-5-2)要求的前提下，还要满足每次穿越目标后要按上次转向的相反方向转向，具体如下：

$$\begin{cases}\omega_2 = -2\text{sign}(\omega_1)\theta \\ \omega_3 = -\omega_2 \\ \vdots \\ \omega_n = -\omega_{n-1}\end{cases} \tag{10-5-3}$$

从图中可以看出，显然鱼雷弹道命中角 θ 越小，鱼雷蛇行追踪目标投影到目标尾流方向上的速度就越大，鱼雷损失的航程就越小，但是若鱼雷弹道命中角 θ 太小，这也会给鱼雷检测到目标尾流带来较大的困难。

图 10-5-1 中，d 表示鱼雷相邻两次穿越目标尾流的间距，称为蛇行间距。与它对应的是蛇行间隔时间，记为 t_d。随着鱼雷与目标之间的距离不断减小，目标尾流会逐渐变窄，鱼雷蛇行追踪弹道呈收敛状，其蛇行间距及蛇行间隔时间也会缩短。但是由于目标尾流的发散角较小，引起上述弹道参数的变化不大，其影响可忽略不计。

3.5.2　尾流自导鱼雷的射击

尾流自导鱼雷射击方式与直航雷射击方式类似，只是命中点不同而已，直航雷命中点在目标长度的中点上，而尾流自导鱼雷的命中点一般在目标有效尾流的中点，以保证鱼雷发现目标尾流的概率最高；还有一个不同点则是尾流自导鱼雷要检测到目标尾流一般对入尾流的角度 θ_ω 有要求，$30° < |\theta_\omega| < 150°$。目标尾流的有效长度与目标航行速度、吨位、吃水深度及海况

等条件有关。在三级海况条件下，目标有效尾流长度估算为 $180V_T$ m；在四到五级海况条件下，目标有效尾流长度估算为 $120V_T$ m。

如图 10-5-2 所示，与声自导雷转角射击相似，假设鱼雷在 C 点进入目标尾流，且 C 点为目标有效尾流长度 MN 的中点，与声自导雷命中方程类似，由此可得命中方程为

$$\begin{cases} D_0\sin(\varphi_a)=mS_t\sin\theta_\omega-\dfrac{1}{2}MN\sin\theta_\omega+B\sin|\omega|+R(1-\cos|\omega|) \\ D_0\cos(\varphi_a)=S_t(1+m\cos\theta_\omega)-\dfrac{1}{2}MN\cos\theta_\omega-B-R|\omega|+B\cos|\omega|+R\sin|\omega|+r \end{cases} \tag{10-5-4}$$

其中目标的有效尾流长度 MN 可根据海况和解算的目标运动要素近似求得，因此鱼雷的一次转角 ω 便可以求解出来。

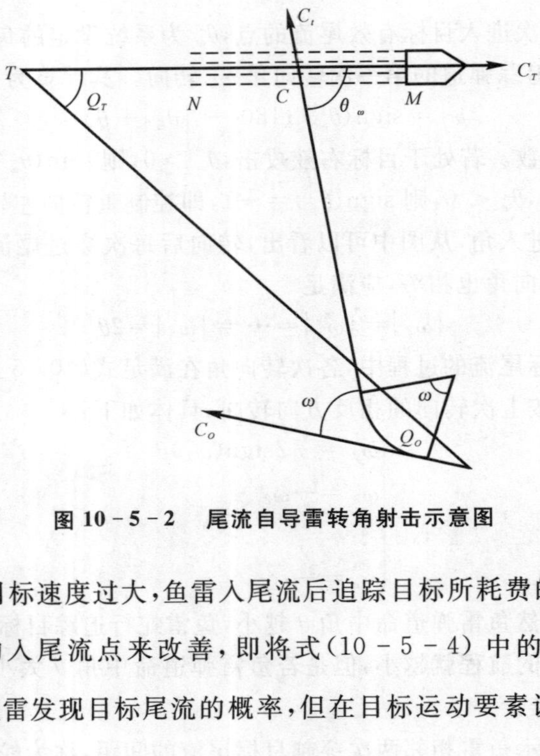

图 10-5-2　尾流自导雷转角射击示意图

在实际应用中，若目标速度过大，鱼雷入尾流后追踪目标所耗费的航程会比较大，此时可以通过适当调整鱼雷的入尾流点来改善，即将式(10-5-4)中的 $\frac{1}{2}MN$ 改为 $k\times\frac{1}{2}MN$ $(k<1)$，这样会降低鱼雷发现目标尾流的概率，但在目标运动要素误差不大的情况下，其影响可以忽略不计。

需要注意的是使用尾流自导鱼雷射击时，若求解出来的一次转角不能使鱼雷的入尾流角在(30°,150°)范围内，则会影响到鱼雷尾流自导装置对目标尾流的检测，此情况下须采用二次转角进行射击。

10.5.3　尾流自导鱼雷的齐射

尾流自导鱼雷的齐射一般应组织平行航向射击。为方便讨论尾流齐射原理，可假设进入尾流后，相邻两雷同方向穿越目标有效尾流时的间距与它们首次穿越目标有效尾流时的间距保持不变。然而，尾流自导鱼雷命中目标的弹道与直射雷命中目标的弹道是不同的，因此，尾流自导鱼雷的命中间隔与直射雷的命中间隔也不相同，尾流自导鱼雷命中间隔为

$$d_l = L_T + V_T t_l \tag{10-5-5}$$

式中，L_T —— 目标的有效长度；

V_T —— 目标航行速度；

t_l —— 鱼雷的蛇行间隔时间。

其实质相当于假设鱼雷先命中了目标舰尾，在鱼雷追踪的蛇行间隔内目标向前航行了 $V_T t_l$ 的距离，当鱼雷穿过尾流再次进入尾流时恰好命中目标舰首。

当组织尾流自导鱼雷齐射时，在一定射击条件下，只要控制两雷的间隔不大于鱼雷命中间隔就可保证至少一雷命中目标。由于组织两枚尾流自导鱼雷平行齐射具有普遍意义，因此仅以此为例讨论两枚尾流自导雷齐射条件下各雷的展开段航程、展开角和转角等计算问题。

如图 10-5-3 所示，d_z 为齐射鱼雷间隔，当两雷按平行航向齐射时，可按下式计算各雷的展开航行段航程

$$S_l = \frac{d_z}{2\sin\frac{\alpha}{2}} \tag{10-5-6}$$

式中，α —— 齐射鱼雷散角。

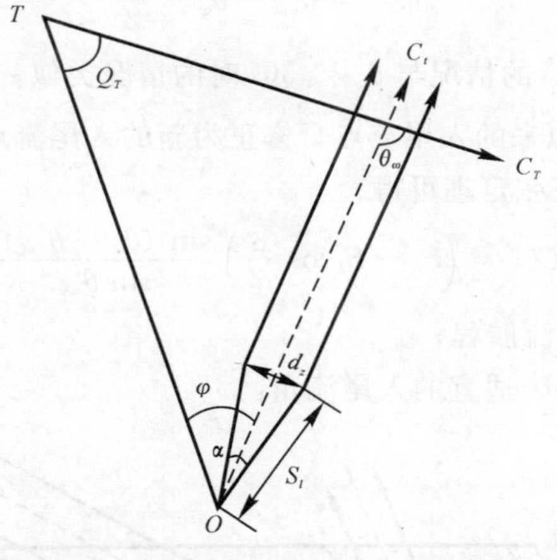

图 10-5-3　尾流自导雷齐射示意图

当确定了齐射鱼雷散角和齐射鱼雷间隔，系统就可计算其对应的展开段航程以及齐射各雷的展开角和转角。若系统计算的中线鱼雷的入尾流角绝对值在30°～150°之间，则系统计算尾流自导雷齐射二次转角与计算声自导雷齐射二次转角采用的方法相同，因此不再详述。若系统计算的中线鱼雷的入尾流角绝对值小于30°或者大于150°，则为保证鱼雷能有效地检测出目标尾流，系统需另行计算适宜的齐射扇面中线鱼雷的入尾流角及其对应的各雷二次转角。

以入尾流角 $\theta_\omega < 30°$ 为例，如图 10-5-4 所示，将原来的入尾流点 C 修正为新的入尾流点 C'，使两雷都向 $\overrightarrow{AC'}$ 方向转向即可。在 $\triangle CAC'$ 中，由正弦定理可得

$$CC' = \left(S_t - S_l\cos\frac{\alpha}{2}\right)\frac{\sin(\theta'_\omega - \theta_\omega)}{\sin\theta'_\omega} \tag{10-5-7}$$

式中，S_t —— 中线鱼雷入尾流航程；

θ'_ω —— 小于30°的一个适宜的入尾流角。

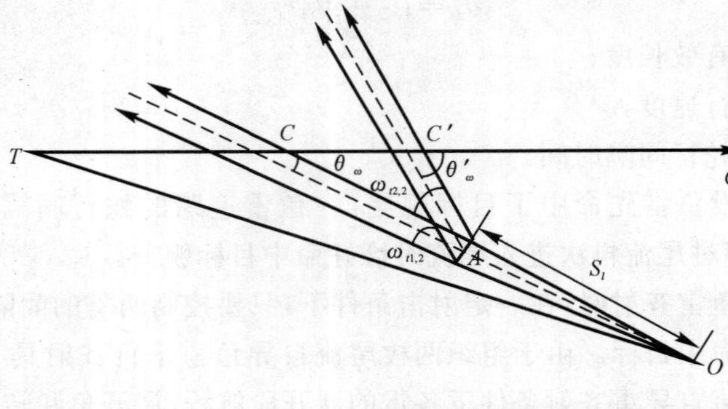

图 10-5-4　$\theta_\omega < 30°$ 时的二次转角修正

反过来，若想得到适宜的入尾流角 θ'_ω，可以通过修正鱼雷的入尾流点 C 的位置来得到。显然两雷的二次转角为

$$\begin{cases}\omega_{t1,2}=\theta'_\omega-\theta_\omega+\dfrac{\alpha}{2}\\[2ex]\omega_{t2,2}=\theta'_\omega-\theta_\omega-\dfrac{\alpha}{2}\end{cases}\tag{10-5-8}$$

对于入尾流角 $\theta_\omega > 150°$ 的情况与 $\theta_\omega < 30°$ 时的情况类似。

如图 10-5-5 所示，将原来的入尾流点 C 修正为新的入尾流点 C′，使两雷都向 $\overrightarrow{AC'}$ 方向转向即可。在 $\triangle CAC'$ 中，由正弦定理可得

$$CC'=\left(S_t-S_l\cos\frac{\alpha}{2}\right)\frac{\sin(\theta_\omega-\theta'_\omega)}{\sin\theta'_\omega}\tag{10-5-9}$$

式中，S_t —— 中线鱼雷入尾流航程；

θ'_ω —— 小于150° 的一个适宜的入尾流角。

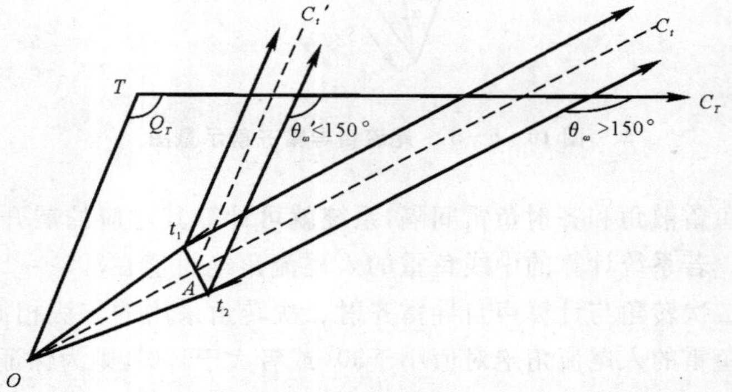

图 10-5-5　$\theta_\omega > 150°$ 时的二次转角修正

因此相反，若想得到适宜的入尾流角 θ'_ω，可以通过修正鱼雷的入尾流点 C 的位置来得到。显然两雷的二次转角为

$$\begin{cases}\omega_{t1,2}=\theta'_\omega-\theta_\omega+\dfrac{\alpha}{2}\\[2ex]\omega_{t2,2}=\theta'_\omega-\theta_\omega-\dfrac{\alpha}{2}\end{cases}\tag{10-5-10}$$

10.6　线导鱼雷导引参数的计算

鱼雷打击远距离目标时，目标散布大，鱼雷散布也大，并且目标容易规避，使鱼雷的发现概率大为降低。为了解决这个问题，对鱼雷进行遥控是一种有效的办法。现在实用的一种遥控办法是有线遥控，即发射舰艇通过导线控制鱼雷的航行方向和深度，称为有线指令制导，简称线导。

有线制导过程分遥测和遥控两个部分。遥控是从发射舰艇通过导线向鱼雷发送控制指令；遥测是鱼雷通过导线向发射舰艇传送目标信息和鱼雷信息。系统控制线导鱼雷发射出管经自控航行段后，即可对鱼雷进行导引控制。系统对线导鱼雷进行导引控制的前提条件是发射艇综合声呐必须保持对目标的连续跟踪。这样系统就可根据综合声呐跟踪测量及采样输入的目标方位和鱼雷通过导线向指控系统反馈的自身航向、航速、航深、姿态、坐标等遥测信息计算鱼雷导引航行参数，而后指控系统通过与鱼雷之间的连接导线向鱼雷发送航向、航速、航深等控制指令，最终将鱼雷导引至目标散布区附近，以便鱼雷末段自导装置搜索、捕获目标。

10.6.1　前置点导引法

所谓前置点导引方法，就是将鱼雷向目标未来预期位置点（前置点）导引。该方法又叫提前角法，相当于控制声自导鱼雷射击时满足鱼雷声自导装置捕获目标概率最高条件下的目标散布期望点，这种方法当指控系统能较准确计算出目标运动要素时采用最好。

前置点导引方法的导引原则是：根据各导引点上目标的位置、航速、航向以及鱼雷的位置、速度和航向，按照使鱼雷自导扇面与目标相遇，求得提前角，导引鱼雷按此拦截航线接近目标。图 10-6-1 给出了前置点导引法的导引模式。

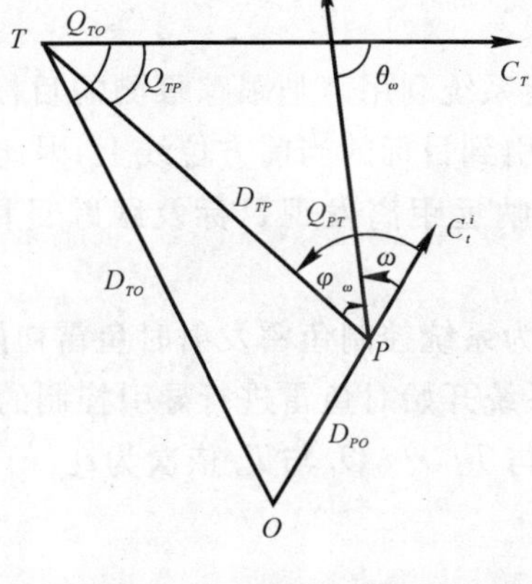

图 10-6-1　前置点导引法示意图

如图 10-6-1 所示，与声自导雷射击提前角的推导类似可得到

$$\begin{cases} D_{TP}\sin\varphi_\omega = mS_t\sin\theta_\omega + R(1-\cos|\omega|) \\ D_{TP}\sin\varphi_\omega = S_t(1+m\sin\theta_\omega) - R|\omega| + R\sin|\omega| + r \end{cases} \tag{10-6-1}$$

$$\begin{cases} \omega = Q_{PT} + \varphi_\omega \\ \theta_\omega = Q_{TP} + \varphi_\omega \end{cases} \tag{10-6-2}$$

式中，D_{TP} —— 鱼雷与目标之间的瞬时距离；

Q_{TP} —— 相对于鱼雷的目标舷角；

Q_{TO} —— 相对于本艇的目标舷角；

Q_{PT} —— 相对于目标的鱼雷舷角；

ω —— 鱼雷由 C_t^i 转向 C_t^{i+1} 的转向角；

θ_ω —— 鱼雷命中角。

由于指控系统可以给出目标、本艇以及鱼雷各个时刻的当前位置点，因此式(10-6-2)中未知数就只有 ω 与 S_t 了。

由于指控系统能计算出目标运动要素，因此，目标的瞬时位置和本艇的瞬时位置以及鱼雷相对于本艇的瞬时位置都已知，那么 Q_{TP}，Q_{TO}，Q_{PT} 都可以根据已知的这些要素相应地计算出来，因此鱼雷的提前角为

$$\varphi_\omega = \arcsin(m\sin Q_{TP}) \tag{10-6-3}$$

10.6.2 方位导引法

方位导引法是线导鱼雷中最主要的导引方法，其基本思想是尽量将导引点、导向点和导引平台重合在同一条方位线上。俄罗斯海军也称其为方位重合法。其中被导引点和导向点的选取取决于已知的目标运动要素和线导鱼雷的自导工作方式。例如对于尾流自导的线导鱼雷，通常选择鱼雷作为被导引点，而以舰船尾部有效尾流内的一点（如中点）作为导向点。而对于声自导的线导鱼雷，一般选择鱼雷的自导扇面形心作为被导引点，同时可以选择目标现时方位或者未来方位作为导向点。方位导引法又可分为现在方位导引法和未来方位导引法。

1. 现在方位导引法

所谓的现在方位导引法是指系统利用声呐跟踪量测的目标当前方位和发射艇坐标、鱼雷坐标及其航行参数等，将鱼雷导引到目标的当前方位线上，因此现在方位导引法也叫当前方位导引法。该导引方法适用于声呐远距离发现目标及跟踪目标却未知目标运动要素条件下采用。

图 10-6-2 中，O_0，T_0 分别为系统控制鱼雷发射时鱼雷初始的位置点和目标的位置点，对应的方位为 β_0。O_1，T_1 分别为系统开始对鱼雷进行导引控制的 t_1 时刻发射艇位置点和目标位置点，对应的目标方位为 β_1，O_2 与 T_2，…，O_i 与 T_i 依次为 t_2，…，t_i 时刻对应的发射艇位置与目标位置。

发射艇坐标位置计算如下：

$$\begin{cases} x_{oi} = \sum_{i=1}^{n} \Delta t V_{oi} \sin C_{oi} \\ y_{oi} = \sum_{i=1}^{n} \Delta t V_{oi} \cos C_{oi} \end{cases} \tag{10-6-4}$$

式中，V_{oi}，C_{oi}—— 对应系统采样时间间隔 Δt 内的潜艇速度、航向。

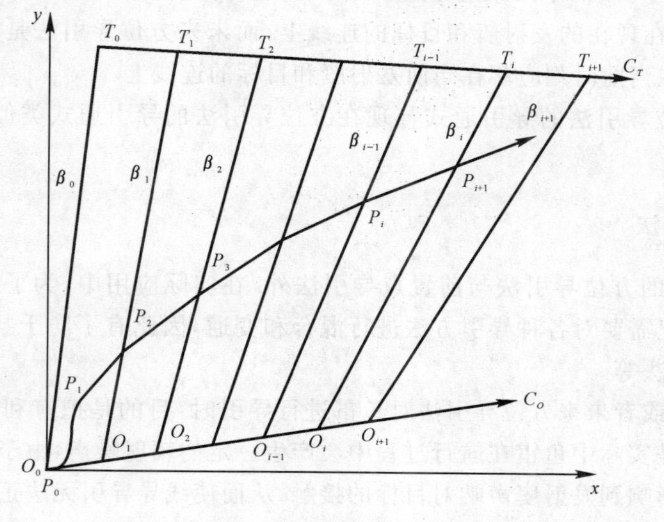

图 10-6-2　现在方位法导引模式

鱼雷坐标位置计算如下：

$$\begin{cases} x_{pi} = \sum_{i=1}^{n} \Delta t V_{pi} \sin C_{pi} \\ y_{pi} = \sum_{i=1}^{n} \Delta t V_{pi} \cos C_{pi} \end{cases} \tag{10-6-5}$$

式中，V_{pi}，C_{pi}—— 对应系统采样时间间隔 Δt 内的鱼雷速度、航向。

方位线 β_i 的表达式如下：

$$\tan \beta_i = \frac{x - x_{oi}}{y - y_{oi}} \tag{10-6-6}$$

若 t_i 时刻鱼雷的位置坐标为(x_{pi}, y_{pi})，鱼雷航行速度为 V_P，导引的间隔时间为 Δt，有利导引点位置为 R，则可得有利点运动圆关系式：

$$(x - x_{pi})^2 + (y - y_{pi})^2 = (\Delta t V_P + R)^2 \tag{10-6-7}$$

联立式(10-6-6)与式(10-6-7)可得到有利点位置圆与目标方位线的交点$(x_{p(i+1)}, y_{p(i+1)})$，即鱼雷下一时刻将要被导引到的位置点，由此也可得到鱼雷的导引航向

$$C_{Pi} = \arctan \frac{x_{p(i+1)} - x_{pi}}{y_{p(i+1)} - y_{pi}} \tag{10-6-8}$$

而鱼雷的转向角即为

$$\Delta C_{Pi} = C_{Pi} - C_{P(i-1)} \tag{10-6-9}$$

2. 未来方位导引法

未来方位导引法是将鱼雷作为被导引点，而将目标未来位置点作为导向点，其导引准则是：导引鱼雷使它在每个导引时刻均位于当时目标和发射艇之间的连线上，即始终保持目标、鱼雷和发射艇三点一线，故又称三点法。

它与现在方位导引法不同的是：现在方位导引法是将鱼雷导引到现在方位线上，即鱼雷在下一导引时刻应落在现在的发射艇和目标的连线上；而未来方位导引法是将鱼雷导引到未来方位线上，即鱼雷在当前时刻应落在当前发射艇和目标的连线上。

因此，未来方位导引法的导引通式与现在方位导引法的导引通式类似，这里将不做详细推导。

3. 其他导引方法

除了上面介绍的方位导引法与前置点导引法外，在实际应用中，为了改善鱼雷的导引效果，往往看具体情况需要对各种导引方法进行混合和变通，因此有了防干扰导引法、混合导引法以及变间隔导引法等。

采用现在方位或者未来方位导引法对鱼雷进行导引时，目的是把有利点导引到目标与发射艇的连线上，但是实际中鱼雷在航行过程中会产生一定的辐射噪声，由于声呐的分辨率比较低，因此鱼雷可能影响到发射艇声呐对目标的接触，从而使线导导引无法正常进行下去。为了消除鱼雷辐射噪声对发射艇的干扰，我们可以设法将鱼雷导引到与目标现在方位相差更大角度（大于声呐分辨角）的一条目标方位线上，此导引方法被称为防干扰导引法，也叫修正方位导引法。

变间隔导引法也是为了消除鱼雷辐射噪声对发射艇声呐干扰的方法之一，它是从现在方位导引法演变而来的。在导引前期，为了避开鱼雷噪声对声呐的干扰，应采用较大的时间间隔来导引鱼雷，当鱼雷远离发射艇以致不再干扰声呐时可改变（缩小）时间间隔以提高导引精度，这里的时间间隔可人工依据干扰情况决定。

混合导引法也称之为综合导引法，它是在导引鱼雷的过程中，根据不同阶段的情况，采用不同的导引方法（方位导引、前置点导引等）对鱼雷进行导引。为了把握战机，争取主动，在只有目标方位的情况下，可采用现在方位导引法导引鱼雷，而在导引过程中，指控系统不断解算目标运动要素，当解算精度达到一定精度要求时，即可变成前置点导引。此后由于解算精度不断提高，也可对前置点进行不断修正更新直到鱼雷自导装置发现目标。

第 11 章　潜射导弹射击(发射)诸元解算

11.1　潜射飞航式导弹射击诸元的计算

潜艇上装备的飞航式导弹主要用于打击敌水面舰艇、敌岸基重要战略目标(如港口、海军基地)和陆地纵深重要战略目标。由于潜艇作战中潜艇自身的隐蔽十分重要,因此,它在对目标探测、定位过程中,往往会受到许多约束。这就要求潜艇导弹火控系统提供更多的射击诸元解算方法。目前,潜艇火控系统中确定导弹射击诸元的最主要方法有三种,即按前置点确定射击诸元、按现在点确定射击诸元和巡航导弹的航路规划。另外,对于具有超视距攻击能力的导弹来说,还需要目标的超视距定位。

目前,中远程反舰导弹主要采用"现在点"射击方式对海上目标射击。这种射击方式具有测定目标信息数据简便,便于实施的优点;但也存在对目标信息数据使用不够充分,导弹大射程射击时,对海上目标捕捉概率较低的缺点。"概略前置点"射击方式和"现在点"射击方式相比,导弹对目标的捕捉概率得到显著提高。因此,当导弹实施大航程射击时,如果使用"现在点"射击方式不满足射击精度要求,应考虑采用"概略前置点"射击方式对目标实施射击,以保障导弹对目标有较高捕捉概率。

"概略前置点"射击方式对目标有较高捕捉概率,主要得益于这种射击方式对探测平台提供的目标信息数据更为有效、合理的使用。使用"概略前置点"方式射击时,不仅需要获取目标概略位置信息,而且需要获取目标概略航向、航速信息,用于确定目标运动的概略前置区域,使导弹可以通过适当算法并利用其航路规划功能,选择较优的搜索策略,有效搜索发现概略前置区域内目标。

采用"概略前置点"射击方式时,由于分析计算的数据较多(与"现在点"射击方式相比),增加了导弹设备计算处理工作量,但这种射击方式对测控平台提供的目标信息精度要求较低。因此,常规探测平台即便提供了较低精度的目标信息数据,仍能够较好满足"概略前置点"射击方式的使用需要。

采用"概略前置点"射击方式时,从不同方位进入的导弹对目标有着不同的捕捉概率。因此,应注意使用导弹的航路规划功能,选择有利的导弹捕捉进入方向(如目标散布椭圆长轴方向)进入,以保障导弹对目标有较高的捕捉概率。

"概略前置点"射击方式主要适用条件为:目标运动状态在短时间内应基本保持稳定。只要在导弹飞行过程中,目标状态(航向、航速)不发生大的变化,"概略前置点"射击方式可以保障导弹对目标有着较高捕捉概率。对相关信息数据的合理、充分利用,可有效提高巡航导弹的打击精度。需要根据具体战场态势,选择与中远程反舰导弹相适应的射击方式,以充分发挥导弹的战术技术性能。

11.1.1 按前置点确定射击诸元

按前置点确定射击诸元是一种常用的基本方法。它要求系统能提供目标运动要素。由于潜艇在水下发射飞航式导弹时的发射深度较浅，而导弹在空中飞行弹道也较低，因此，潜艇在水下发射导弹可以等同于潜艇在水面发射导弹。按照导弹火控解相遇的相关原理及公式，并考虑到潜艇火控系统中符号使用的习惯和潜艇上固定安装的导弹发射管的固定发射角 $\psi_0=0$，就能得到以下一些相关计算公式。

射击（命中）方程：

$$\begin{cases}D\cos\,(\psi_d+\psi-x_w)+kV_m t_{zk}\cos\,(H_m-H_w-\psi-\psi_d)=\hat{x}+R_{zd}\\ D\sin\,(\psi_d+\psi-x_w)+kV_m t_{zk}\sin\,(H_m-H_w-\psi-\psi_d)=-\hat{z}\end{cases}\tag{11-1-1}$$

导弹的发射角 ψ 和仰角 υ 的计算公式：

$$\begin{cases}\psi=\arctan\dfrac{\sin\upsilon_0\sin\varphi}{\cos\upsilon_0\cos\theta-\sin\upsilon_0\sin\theta\cos\varphi}\\ \upsilon=\arcsin\,(\cos\upsilon_0\sin\theta+\sin\upsilon_0\cos\theta\cos\varphi)\end{cases}\tag{11-1-2}$$

导弹倾斜角 γ 的计算公式：

$$\gamma=\arcsin\left(\frac{\sin\varphi\cos\theta}{\cos\upsilon}\right)\tag{11-1-3}$$

式中，D —— 目标现在距离；

x_w —— 本舰舷角；

H_w —— 本舰航向；

H_m —— 目标航向；

V_m —— 目标航速；

ψ —— 水平面上发射角；

ψ_d —— 前置航向角；

t_{zk} —— 自控飞行时间；

R_{zd} —— 末制导系统预定作用距离；

$\hat{x}$ —— 导弹弹道纵向分量；

$\hat{z}$ —— 导弹弹道侧向（横向）分量；

υ —— 导弹俯仰角（导轨与水平面间夹角）；

υ_0 —— 固定仰角（导轨与甲板面间夹角）；

γ —— 导弹倾斜角；

θ —— 舰艇纵摇角；

φ —— 舰艇横摇角；

κ —— 目标机动修正系数。

系统按上述一组公式计算并输出前置航向角 ψ_d、自控飞行时间 t_{zk}、导弹俯仰角 υ 和导弹倾斜角 γ 外，还须根据作战海区海况等条件确定并人工输入导弹平飞高度 $H_{P\mathrm{I}}$ 和降高后的二次平飞高度 $H_{P\mathrm{II}}$。

11.1.2　按现在点确定射击诸元

潜艇在作战过程中,往往会受到许多战术条件限制。为了达到隐蔽、快速攻敌的目的,往往会采用不使用雷达对目标进行探测,也不计算目标运动要素,而只根据综合声呐被动工作方式下测量到的目标方位(舷角),以水下发射的方式直接按现在点组织和控制反舰导弹对敌水面舰船进行攻击。在这种方式下,为了保证反舰导弹的末制导雷达仍具有较高的捕获目标的概率,同样需要为反舰导弹的自控飞行弹道确定适宜的前置航向角 ψ_d 和自控飞行时间 t_{zk} 等弹道参数。

1. 前置航向角的确定

潜艇在水下使用鱼雷发射管发射反舰导弹时,由于固定安装发射管的指向 $\psi_0=0$、仰角 $\upsilon_0=0$,所以由式(11-1-2)可得到 $\psi=0$。

考虑到按现在点确定射击诸元时,不考虑目标运动产生的前置量,隐含了目标速度 $V_m=0$ 的假设。因此,式(11-1-1)就成为

$$\begin{cases} D\cos(\psi_d - x_w) = \hat{x} + R_{zd} \\ D\sin(\psi_d - x_w) = -\hat{z} \end{cases} \tag{11-1-4}$$

在式(11-1-4)中,若令自控飞行弹道的侧向分量 $\hat{z}=0$,则有

$$\psi_d = x_w \tag{11-1-5}$$

很显然,按式(11-1-5)确定的前置航向 ψ_d 是有原理误差的。因为它既忽略了导弹发射后由发射管方向转到射击方向的航程在弹道侧向的投影,也忽略了导弹飞行过程中气象因素所产生的弹道侧向分量,特别是在式(11-1-4)中根本没考虑目标运动的影响。因此,这是一种在缺少目标距离和运动参数情况下的概略射击方式。通过分析可知,对于视距内的多数敌舰船,采用这种方法仍能保证末制导雷达的横向搜索宽度覆盖住目标。尤其是采用多枚导弹齐射,能够获得较好的效果。

2. 末制导雷达开机距离及其波门设定

末制导雷达开机距离取决于自控飞行时间 t_{zk}。由于按现在点确定射击诸元时无法通过射击(命中)方程的求解获得准确的自控飞行时间,因此只能人工设定开机距离和波门。设置时需要考虑两方面因素:一是为了防止末制导雷达开机后的纵向失捕,要保证导弹开机时目标一定要处在导弹自控飞行航向的前方,并且要在设定的搜索波门以远的某个位置;二是要防止因末制导雷达过早开机而被敌方过早地发现和拦截。因此,需要根据当时的战术背景确定并输入适宜的自控飞行距离和波门。

3. 人工设定反舰导弹的其他自控飞行参数

按现在点组织和控制反舰导弹齐射时,除必须预先确定以上的各项自控参数外,还必须根据作战海区的海况条件确定并人工输入导弹的平飞高度 $H_{P\mathrm{I}}$ 和降高后的二次平飞高度 $H_{P\mathrm{II}}$ 两项自控飞行参数。

11.1.3 反舰巡航导弹的超视距目标定位方法

在现代作战条件下，为了确保潜艇能在敌水面舰船搜索发现潜艇的距离之外就能使用反舰导弹先敌进行攻击，潜艇上普遍装备和使用了中远射程的反舰导弹。这类导弹的有效射程大多超过 100 km，有的已经达到了 200 km 以上。由于潜艇上探测设备对目标的捕获跟踪距离大多在视距以内，无法满足导弹对超视距目标攻击的要求，因此，对目标进行超视距定位就成为实施反舰导弹超视距攻击的首要条件。

1. 超视距目标定位方法简介

对目标进行超视距定位的方法主要有以下两种。

(1)使用超视距雷达对目标探测定位

超视距雷达分为地波超视距雷达和天波超视距雷达。前者是利用高频段(2～30 MHz)垂直极化电磁波沿海面超水平面传播而实现对超视距目标的探测定位，其作用距离大致在 300～400 km；后者是电磁波利用电离层的一次反射来探测超视距目标，其探测距离可达 1000～4000 km。由于超视距雷达发射的电磁波是沿海面超水平面传播或是利用电离层反射途径传播而实现目标探测定位的，因此，对目标的定位精度较低。一般来说，这种雷达难以作为超视距条件下阻止反舰导弹攻击的火控雷达。

(2)利用中继站实现对超视距目标定位

中继站是相对主站而言。所谓中继站就是能脱离主站并能对目标进行探测定位的独立作战平台。人造卫星、预警飞机、固定翼飞机、直升飞机、升空气球或水面舰艇、岛屿等都可以作为中继站。主站是指需要对远距离目标定位的舰艇、岸基站等。

2. 超视距目标指示系统的组成

超视距目标指示(Over The Horizon Targeting，OTHT)是实现导弹超视距攻击的前提，这里以舰载直升机超视距目标指示为例说明系统的任务、组成、工作过程和功能。

(1)超视距目标定位系统的任务

超视距目标定位系统的任务就是在有目标情报信息的情况下，对超视距海上目标进行搜索，为舰载导弹武器系统提供所需目标指示；也可为其他舰提供超视距目标指示信息。

(2)超视距目标指示系统的组成和结构

舰对舰导弹超视距目标指示系统是由舰载子系统和直升机机载子系统两部分组成，并需要直升机和舰艇的导航、雷达设备提供航速、航向信号和目标信息的支持。舰载子系统包括舰载超视距目标指示战术台、机-舰数传舰载站、舰载 GPS 接收机、目标指示设备接口等组成；直升机机载子系统由机-舰数传机载站、机载 GPS 接收机、机载数据处理器、机载雷达等组成。

系统组成设备的连接和信号传递关系如图 11-1-1 和图 11-1-2 所示。

(3)超视距目标指示系统的主要功能

机载子系统的主要功能：

①对海目标搜索与跟踪，建立目标航迹；

②数据处理与显示；

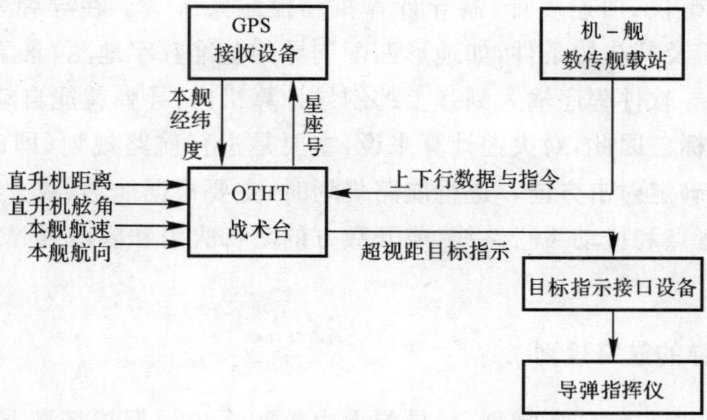

图 11－1－1　舰载子系统组成及信号流程图

③中继平台实时、精确地自身定位；

④通过机-舰数传设备与导弹发射舰交换信息与数据；

⑤机上设备自检与遥控；

⑥数据存储记录。

舰载子系统的功能：

①接收舰上传感器的目标信息和本舰导航信息；

②通过机-舰数传设备与中继站交换信息与数据；

③实时、精确地自身定位；

④综合数据处理与显示；

⑤超视距目标定位解算；

⑥向导弹武器系统发送目标信息；

⑦辅助 OTHT 作战指挥功能；

⑧数据存储记录。

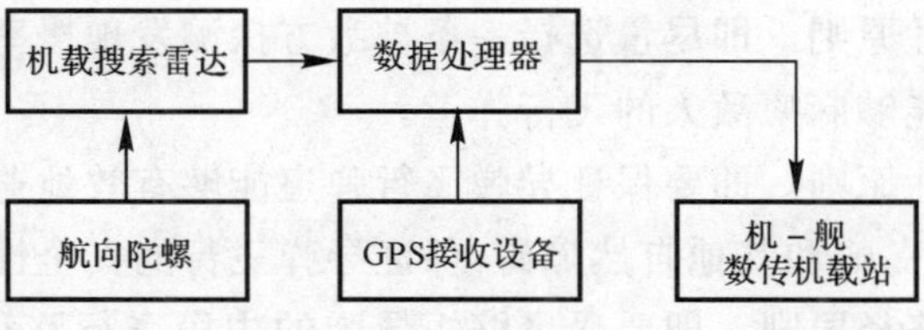

图 11－1－2　机载子系统组成及信号流程图

11.1.4　巡航导弹的航路规划

巡航导弹是一种远射程的飞航式导弹，它攻击的对象是陆上高价值目标和海上目标。为了使导弹能准确地命中远距离的目标，导弹通常采用以惯性制导为主的复合制导方式。例如，对陆上目标采用惯性制导＋地形匹配制导或惯性制导＋地形匹配制导＋景象匹配制导方式，对海上目标采用惯性制导＋主动雷达寻的制导方式。这种制导方式下的导弹制导系统全部安装在弹上，主要有陀螺仪、加速度计、制导计算机和控制系统等。在导弹发射前，只需将发射点、目标点、飞行弹道及其初始条件，如地形匹配制导的基准数字地图、景象匹配的数字式景象地图等，预先编成制导软件程序输入到弹上的制导计算机内，导弹就能自动按照程序指定的弹道飞行，直至命中目标。因此，对火控计算来说，主要是进行航路规划（即确定飞行弹道）和编制制导软件，而不是确定射击方向。进行航路规划时，主要根据地形、敌方兵力部署等情况，通过有意设置一些转弯点和机动飞行路线，避开敌方的防御火力和隐蔽导弹攻击意图，确保导弹攻击效果。

1. 反舰巡航导弹的航路规划

反舰导弹航路规划也称任务规划，是导弹火力控制系统根据战场情况和敌方火力布防的情况，选择从发射阵地到预定目标点最优飞行航路的规划方法。反舰导弹一般掠海飞行，飞行航路拐弯点较少，导弹航路选择难度较小；但同时，海上目标机动性大，从发现目标、下定作战决心到完成攻击所允许的反应时间较短，航路规划实时性要求较高。下面介绍反舰导弹航路规划的基本原则、要求以及影响因素，并分析反舰导弹航路规划可能的作战应用领域。

(1)反舰巡航导弹航路规划的基本原则

反舰导弹航路规划的根本目的是为了最大限度地挖掘武器的作战效能，因此，要科学规划中段弹道，除为导弹末段能够迅速捕捉目标创造条件外，还必须综合考虑作战的其他要素。根据中段弹道规划的基本要求，结合反舰导弹作战特性和未来海上战场环境特点，确立反舰导弹中段弹道规划的基本原则如下：

①自控点位置与航向的确定性原则。即当进行弹道规划时，首先要考虑的，是必须保证导弹能够按预定的航向进入预定的搜索开机点，也就是根据战术需要预先设定导弹的自控终点和导弹首次搜索航向，并以此作为中段航路规划的目标。

②最末转向点选择的稳妥性原则。即根据预定的末制导系统开机点，搜索进入航向的反方向后推一定的稳定距离，从而求得最后一个转向点位置。导弹在此转向点转入搜索航向，并在到达预定开机点位置前已经稳定于该航向上。

③弹道规划的隐蔽性原则。即尽量选择一条被敌方探测发现概率小、被敌拦截可能性小、可以隐蔽作战意图进而能够麻痹敌人的飞行弹道。

④弹道规划的安全性原则。即要保证导弹飞行弹道能够有效地避开我方或友方舰船的活动区、避开飞行路径中的岛屿和其他自然障碍，保证导弹飞行的安全性。

⑤弹道规划的最小路径原则。即要尽量缩短导弹的中段飞行路程，保证导弹能够以较少时间到达自控终点。

⑥弹道规划的最少转向点原则。即要尽量减少导弹的中途转向点，简化弹道规划的难度和中途弹道误差。

⑦易于实现原则。弹道规划应方便战斗使用，简化指挥控制程序和操作界面，确保指挥员能够灵活地使用导弹，实现作战意图，不能因为弹道规划而限制了反舰导弹的战斗使用。

(2)反舰巡航导弹航路规划的基本要求

首先，由于导弹自控点、进入航向都是由搜索方案和目标散布区所决定的，因此，必须保证导弹能够按规定的航向进入搜索开机点。

其次，由于远程反舰导弹的飞行时间较长，制导系统自身误差会随时间的积累而增大，从而使导弹自控终点散布误差增大,因此,应尽可能减小导弹飞行距离。

第三,由于导弹的旋回能够增大导弹的自控终点散布误差,因此,应尽可能减少导弹的中途转向点。

第四,由于导弹在预定的搜索开机点前,其航向必须经过一定时间的稳定,即不能够在搜索开机点附近直接转向进入搜索航向。这个稳定时间和最后一个转向点的选择应根据导弹性能来确定。

(3)影响反舰巡航导弹航路规划的主要因素

反舰导弹航路规划既要尽量提高反舰导弹的命中精度,又要尽量减少坠毁概率和被摧毁概率,同时还要满足其他一些约束条件。这些因素之间往往相互耦合,改变其中一个,通常会引起其他因素的变化,因此要明确这些因素在航路规划中的作用及影响,设法协调这些约束因素。

(ⅰ)导航要求

导航精度是航路规划中必须考虑的因素。良好的导航定位能力是反舰导弹沿规划航路飞行的基础。传统的反舰导弹大都采用惯性导航系统,而现在一些国家为了提高航路规划的效率和速度,采用 INS/GPS 组合导航,既能有效地抑制 INS 的漂移误差,采用 P 码定位精度又可以达到 3m。实践表明,采用 GPS 可以有效地提高航路规划的速度。1991 年美军航路规划程序员在接到战斗指令后,用了大约 22h 才作好战斧导弹的任务规划。5 年后,1996 年 9 月 4 日凌晨 1 时,美军拉塞尔号驱逐舰在接到向伊拉克进攻的命令后,不到 2h 就发射了 8 枚 GPS 制导的战斧对陆攻击导弹。

(ⅱ)突防要求

当敌方防御系统不能捕获和跟踪反舰导弹,或虽然捕获却来不及拦截时,就达到了突防目的。为了提高突防能力,除须在设计中使用反舰导弹保持尽可能低的 RCS(雷达反射截面积)外,更重要的是反舰导弹航路本身具有良好的突防性能。在低空突防飞向目标过程中,对反舰导弹的主要威胁是敌方防御系统和坠毁,这两种威胁是相互关联的,航路规划需要在减少坠毁概率的高飞和减小被摧毁概率的低飞之间折中。

(ⅲ)性能要求

航路规划必须要考虑反舰导弹的燃料限制和射程约束。在携带燃料一定的情况下,航路转弯飞行会导致反舰导弹射程损失。航路规划还要考虑反舰导弹机动性能的限制,确保规划航路的可飞性。由于反舰导弹的导航和控制系统均存在一定误差,规划航路必须具备一定的鲁棒性。

(ⅳ)战略和战术要求

到达时间限制:为了进行协同作战,反舰导弹往往需要在特定时间到达并攻击目标。

禁飞区:根据国家政策或政治因素,禁止飞行器飞经诸如中立区、人口稠密区或划定禁飞区等区域。

(ⅴ)反舰导弹预设航路点的数量

从导弹发射点到最后一个航路转向点之间的导弹飞行航路,是反舰巡航导弹航路规划的关键问题,其核心是确定该段飞行航路中的航路转向点数量以及各航路转向点的位置。航路转向点的最大数量往往受导弹和火控系统的限制,一般在导弹武器系统研制的过程中就确定下来,因此,航路规划的转向点数量应该不多于规定的转向点数量。同时,由于导弹的旋回转向机动将增大导弹的自控终点散布误差，因此，应尽可能减少导弹自控飞行航路转向点的数量，在满足导弹作战使用要求的前提下，尽可能使导弹自控飞行航路转向点的数量达到最少。减少导弹自控飞行航路转向点数量，不仅可以简化导弹航路规划的难度，更主要的是能够有效减小导弹自控飞行的弹道散布误差，提高导弹射击精度。

(ⅵ)导弹末制导雷达开锁点的散布和目标的散布

如果没有误差，当导弹飞行到末制导雷达的理论开锁点(即导弹自控飞行终点)时，目标应该恰好处于雷达搜索区的中心位置。然而，误差是不可避免的，主要误差有射击误差、弹道初始条件误差、导弹自控飞行误差和原理误差。射击误差按其性质可以分为随机误差和系统误差，按其对时间的相关强度可分为不相关误差、弱相关误差和强相关误差。各单项误差之间，有的相关，有的不相关，在进行一般性分析时，可以看做是相互独立的。在大量单项误差因素的综合作用下，形成导弹末制导雷达开锁点的总散布误差，也叫做"综合散布误差"。

当导弹到达自控飞行终点时，目标位置与理论计算的值之间也有一些偏差。这个偏差主要由两个因素决定：一是目标定位误差；二是目标机动引起的目标散布。目标位置的综合散布，就是这两项偏差累积。当导弹进行视距内攻击时，目标定位误差对目标位置的散布情况影响较大；当导弹进行超视距攻击时，随着导弹射程增加，导弹发射时间延迟和导弹自控飞行时间大为增加，目标定位误差对目标位置的散布影响程度下降，目标位置散布主要由目标机动情况决定。

若已知目标的航向 C_m，航速 V_m，则目标的散布范围如图 11－1－3 所示。

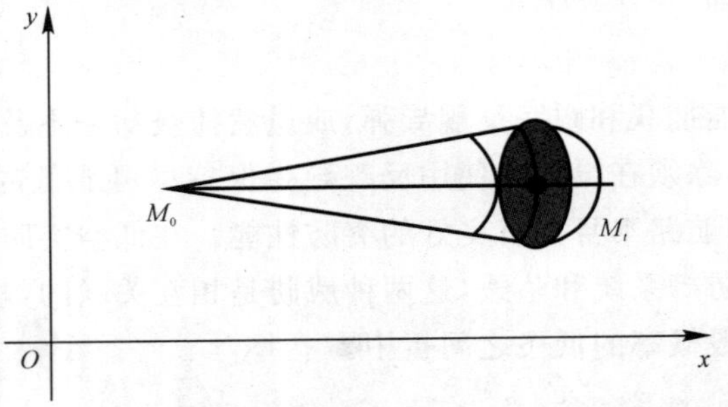

图 11－1－3 已知目标运动要素时的目标散布范围

图中，目标初始位置在 M_0 点，$D_{M_0M_1}=V_mt$，目标航向的分布服从 $N(C_m,\sigma_c^2)$，目标航速分布服从 $N(C_m,\sigma_v^2)$，σ_c 及 σ_v 由目标运动要素的测量偏差决定。由图 11－1－3 可知，经过打击目标滞后时间 t 后，目标相对于 M_0 点的位置 M_0M_t 是一个随机向量。该随机向量服从极坐标下的二维正态分布。

若只知道目标的概略位置，则目标的散布范围为一个以概略位置为中心的圆形区域，通常认为目标航向在 360° 范围内服从均匀分布。航速在 $0\sim V_{\max}$ 范围内服从均匀分布，$V_{\max}$ 是目标的最大速度。

为了计算导弹的捕捉概率，通常需要将导弹末制导雷达开锁点的散布和目标位置的散布合成在一起，称为目标相对于导弹末制导雷达开锁点的综合散布。

(ⅶ)导弹攻击进入方向的选择

导弹的攻击进入方向是体现航路规划战术价值最明显的方面，因此，在航路规划时选择好导弹的攻击进入方向至关重要。在这里,攻击进入方向定义为导弹在经过最后一个导航点拐弯后对准目标的方向,它的选择是决定导弹实现多方向攻击效果的主要因素。在进行攻击进入方向选择时主要考虑导弹的可攻击性、突防效果和捕捉概率三个方面。

①可攻击性。当导弹攻击的目标在陆地、岛屿或禁飞区等障碍附近时,导弹的攻击进入方向往往会受到这些障碍的限制。

一方面,由于导弹已经完成所有导航点的飞行,不具备自动转弯的能力,在进入方向上如果遇到障碍,很可能会与这些障碍交汇而致攻击失败。

另一方面,由于导弹的末制导头可能会存在性能上的不足,对目标周围的陆地等假目标缺乏很好的分辨力。当障碍离目标很近,同时出现在末制导头的搜索范围内时,可能会导致捕捉到这些障碍而无法攻击预定目标的后果。

导弹的可攻性就是指导弹在进入方向上不能有这两方面的情况发生。为了达到这个目的,需要进行导弹可攻性的判断,即判断目标周围是否有障碍和准确计算导弹攻击进入方向的范围。所谓准确是指既不能由于计算的范围过大而使导弹攻击的成功概率降低,也不能由于计算的范围过小再错失了导弹攻击机会。

②突防效果。水面舰艇的防空能力往往存在一定的方向性,即在不同的方向上其防空能力受防空武器装备配置情况的影响而有所不同,尤其是舰艇防空导弹的射界受发射装置和照射雷达的位置影响很大。

当获取敌方舰艇防空能力时,反舰导弹可以选择从防空薄弱区域进入;在未知其防空能力的情况下,也可通过选择多枚导弹的攻击进入方向,从而实现有导弹从防空的薄弱区域进入。对于一个舰艇编队而言,各条舰艇的防空能力也有所不同,有的甚至没有防空能力,因此,防空范围对于编队来说也往往具有一定的针对性。选择防空力量薄弱的方向进入,可避开编队中防空能力强的舰艇,以有效提高对编队的打击效果。总之,选择合理的攻击进入方向,对于保证导弹的攻击效果具有特别重要的意义。选择攻击进入方向,需要对敌水面舰艇的防空能力和编队的编成有十分清楚的了解,并通过一定的模拟仿真计算,确定各种情况下的作战方案(含导弹的数量及相应的攻击进入方向的范围),在实际作战过程中可根据情况合理地运用。

(ⅷ)反舰导弹航路规划约束条件

①航路点约束条件。为了确保导弹能够由发射点准确转入下一个航路飞行,导弹的第一个航路转向点至发射点的距离应确保导弹能够转入巡航高度水平飞行。若在此时导弹末制导雷达开机搜索目标,则还应确保导弹距目标的距离应为导弹末制导雷达自导作用距离。

导弹到达预定的末制导雷达开锁点后即进入搜索阶段,为了确保导弹能够准确进入确定的搜索航向,可靠捕捉和选择预定目标,导弹到达开锁点前,必须保持一定的航向。也就是说,最后一个导弹航路转向点的设定,必须同时满足以下两个约束条件:

a. 最后一个导弹航路转向点至导弹末制导雷达开锁点的航向,应与预定的导弹搜捕方向一致。对于具有火力分配目标选择能力的反舰导弹,该航向即为确定的导弹火分基准方向。

b. 最后一个导弹航路转向点至导弹末制导雷达开锁点的距离,应根据导弹的转向性能(包括转向半径、转向角)、导弹转向结束后稳定航向所需时间、导弹飞行速度以及导弹自控飞行的纵向误差等因素具体确定。

另外,总的航路点数量应该不多于规定的转向点数量。

②相邻航路点之间航路距离的约束条件。由于受到反舰导弹转向性能(包括导弹控制系

统性能、导弹可用过载、转向半径、转向角等)限制,进行导弹航路规划时,导弹将不能按预定方案准确转入下一个航向。此外,由于受导弹控制系统性能的限制,导弹转向结束后不能立刻稳定在新航向上飞行,因此,需要一定时间进行航向稳定。

③航路转向角的约束条件。由于受到反舰导弹的转向性能(包括导弹控制系统性能、导弹可用过载、转向半径、转向角等)的限制,进行导弹航路规划时,相邻航路点之间的转向角必须满足导弹最大可用转向角的要求,否则,设置的航路转向点无效。也就是说,若已知某一航路转向点,则下一个航路转向点的确定受到导弹最大可用转向角的限制,只能在一定范围内选取。

④导弹航程的约束条件。对于同样的导弹,导弹的航路越长,导弹的飞行时间也越长。导弹的飞行时间直接影响导弹自控终点的散布和目标运动引起的散布。导弹的自控终点散布主要由导弹的导航系统误差引起,该误差随着导弹自控飞行时间的增加而增加,目标运动引起的散布也和导弹自控飞行时间有直接的关系,随着导弹自控飞行时间的增加而增加。为了减少这两方面的散布,在航路规划时应遵循缩短导弹航程的原则。对于同一枚导弹规划出的多条航路,也应该选择航程最短的航路作为最终航路。另外,规划出航路的航程必须要小于导弹的动力航程,并且根据导弹发动机性能上的不确定性应该留有适当的余量。

(4)航路规划的应用

(ⅰ)越过岛礁进行攻击

由于大部分反舰导弹的设计是针对开阔海区设计的,在对近岸海域活动的舰艇攻击时,有时将受到特定的地理环境的制约,影响了导弹的战斗使用。如图 11-1-4 所示,C 为海岛,目标 M 位于岛岸的一侧,本舰位于 A 点。

当我反舰导弹没有航路规划能力时,即使其射程能够满足打击目标 M 的要求,但由于岛 C 的阻挡,使得反舰导弹不能直接攻击到目标。如果本舰此时由于受到对方航空兵力或其他原因的制约不能前去攻击,则不能发射导弹攻击目标。但如果我反舰导弹具有航路规划能力,则可通过导弹的航路规划,在点 B 设置一个导弹航路转向点,导弹沿 A→B→M 的航路飞行即可攻击到目标 M。如果反舰导弹航路规划系统将事先知道的狭水道和有关海湾、港口的资料输入到弹上计算机的存储器中,反舰导弹通过多传感器接收信号,由弹上计算机进行处理并与弹上存储器中的信息进行比较,反舰导弹也可攻击近岸的狭水道、海湾和港口内的目标,这样便能满足一弹多用的需求。

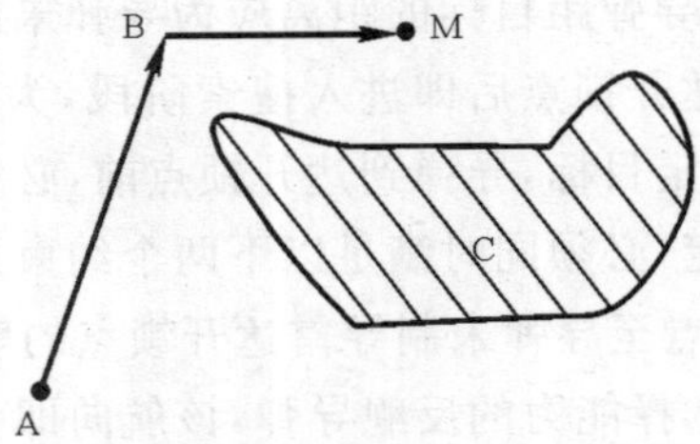

图 11-1-4 导弹对岛岸附近目标的攻击

(ⅱ)多方向攻击

为了提高导弹的突防能力,在传统的导弹战法中,强调导弹舰艇编队实施多方向攻击,也就是说利用舰艇机动形成对敌攻击的多方向,使导弹从不同方向飞临目标,造成目标抗击的困难。

在当今高透明度的海上战场和中远程反舰导弹严重威胁的情况下,依靠舰艇机动来实现多方向攻击已十分困难,需要实现导弹火力机动代替导弹舰艇兵力机动。而航路规划的应用,则可以在舰艇进行导弹攻击时,依靠设定不同的转向点而设计出多条不同的弹道,从而使同一发射舰发射的导弹可以从不同方向攻击目标,同样达到多艘舰艇机动后发射导弹的效果,同时还能缩短导弹发射的反应时间,避免舰艇机动造成的暴露。

(ⅲ)避开禁区、危险区

反舰导弹发射时存在着一定的禁区和危险区,在作战时,如果我方船舶或飞机在禁区内活动将受到很大的威胁,因此原则上在反舰导弹发射时我方兵力是不允许进入禁区的。由于战场形式变化很快,敌我双方兵力的配置也是不断相对变化的,在反舰导弹的航路单一的情况下,则有可能由于我方友邻兵力在反舰导弹的禁区的原因而不能发射导弹。如果反舰导弹具有航路规划的能力,则在进行航路规划时,将我方友邻兵力的位置输入到导弹航路任务计算机,计算机在规划导弹航路的同时将导弹禁区、我方友邻兵力的位置及其他因素进行综合考虑,选择合适的航路,将导弹的飞行禁区避开我友邻兵力,这样既保障了我友邻兵力的安全,又能及时发射导弹。

(ⅳ)重点、饱和攻击

舰艇编队和航空编队进行反舰导弹攻击时,可通过编队导弹攻击齐射的组织,使没有航路规划能力的导弹同时到达目标。但编队组织比较复杂,编队导弹齐射组织受到编队队形展开、编队间距离和阵位、编队间通信组织等的限制。不具备航路规划能力的反舰导弹在单舰导弹攻击时,由于受到单舰导弹齐射时间间隔的限制,也很难保证齐射中的多枚导弹同时到达目标。中远程反舰导弹的空中飞行时间相对较长,当在单平台进行反舰导弹攻击时,可采用航路规划,由航路任务规划系统根据目标位置和运动参数、我方载体的位置和运动参数、导弹准备齐射的数量和导弹序号、导弹飞行的弹道参数、发射载体的最小齐射时间间隔和环境气象参数等进行计算,对每一枚导弹的航路进行规划,并由航路规划系统自动计算每一枚导弹的发射时机送给导弹武器的发射控制系统控制导弹的发射,使不同时刻发射的导弹通过不同的航路飞行同时到达目标,对目标实施饱和攻击。如果反舰导弹同时到达目标舰的数量大于其防空火力通道和电子对抗所能对抗的全部通道数,则至少有一枚以上的反舰导弹保证能突防攻击目标。

(ⅴ)避开敌防空火力

当敌方组成舰艇编队作战和运输保障时,敌防空火力较强的舰艇起到对编队中的主要舰艇,如航空母舰,及没有防空能力的舰船,如登陆舰、运输船的防空保护作用。由于海上区域开阔,舰艇编队中担负防空任务的舰艇数量有限,因此要在全方位 360°进行对空防御是很困难的。其防空的范围在某一时刻是具有一定的针对性的,这样在我方侦察兵力侦察敌情并了解其对空防御的主要方向和薄弱环节后,利用反舰导弹的航路规划,使导弹从敌对空防御的薄弱方向进入,避开敌防空火力强的舰艇,攻击敌舰艇编队中的主要目标。

(ⅵ)保证反舰导弹及其发射载体的隐蔽性

隐蔽、突然是反舰导弹使用的一个基本原则。对于中远程反舰导弹来说,由于其自控飞行时间长,飞行速度较低,因此,其中段的防御问题就成为制约中远程反舰导弹作战使用的主要因素之一。而通过合理的航路规划,使导弹在中段飞行过程中寻求一条相对隐蔽的飞行弹道,一是能够最大程度地隐蔽飞行，降低被敌探测发现的可能性；二是能够最大程度地麻痹敌人，降低被敌识别攻击意图的可能性；三是能够保证反舰导弹避开敌人防御严密的区域，降低被敌拦截的可能性；四是反舰导弹的航路规划，可将导弹巡航飞行航向、进入预定点的航向与发射载体的位置隔离开来，这就使敌人在战场上难以通过导弹的飞行方向来判断我发射载体的大致位置，有利于我发射载体隐蔽。

(ⅶ)避开箔条干扰区

箔条对反舰导弹进行干扰的基本原理是，当舰上侦察和探测设备发现导弹的来袭后，立即由舰上迎着导弹的来袭方向发射快速离舰散开的箔条弹，使之和舰船都处于导弹末制导雷达的分辨单元之内，从而使导弹跟踪到比舰船回波强得多的箔条云团的回波上。箔条发射之后，舰船应立即根据导弹的方向，舰船的航向、舰速以及风速、风向等进行快速的机动，以避开导弹对舰船的跟踪。箔条云团在导弹和舰船之间，导弹将会首先截获距离近的箔条信号。当导弹经过航路规划后，对目标舰来说，首次导弹的来袭方向不可知，所以发射箔条的方向和时机难以把握；而且箔条发射后，必然向下风方向移动，如果设定导弹的弹道，使导弹绕到上风攻击，箔条的干扰效果也会大大降低。

(5)反舰导弹航路规划算法

航路规划的算法按使用方法分为三类：轨路优化、路径规划和基于类比的航迹规划。

轨路优化是通过确定动态模型中的状态变量和控制变量，从而使代价函数或性能指标达到最优。从某种意义上讲，其实际上是一个最优控制问题，主要的方法有最速下降法、动态规划法。

路径规划是在飞行器的规划空间中，要求确定其中的一个线段或路径点序列作为飞行路线，使代价函数达到最优，在几何学方法中可分为基于图形和基于栅格两类方法。

基于类比的航路规划是借助于物理或生物学的概念，将航路规划问题转化后进行求解，有人工势场法、遗传算法、神经网络法、模拟退火算法和蚁群算法等。这些算法基本可分为两类：基于极小值原理的确定性计算方法和基于动态规划或 A^* 算法的确定性状态空间搜索方法。对于以随机搜索为特征的模拟退火算法、遗传算法和蚁群算法等优化方法，由于模拟了自然界的物质变化以及生物活动进行的过程，具有一定的优点，因而，在航路规划应用中得到了越来越多的重视。特别是遗传算法由于不受搜索空间限制性假设约束，不需要优化函数具备连续、可导等假设，并隐含并行性，对于航路规划这种含有大量模糊信息、多约束的优化问题，具有特别重要的意义。蚁群算法由于具有动态特性，可以适应威胁环境的变化。美国已将这些算法用于航路规划甚至是任务规划当中。

潜射反舰导弹航路规划是一个复杂的系统工程，需要综合导弹武器系统、作战指挥系统、目标信息、作战海域地理环境信息和战场态势等各个方面的信息。航路规划技术的应用使反舰导弹具有高效灵活的火力机动能力，更加适合信息化条件下现代海战远程精确打击的需要。在实际的作战使用中，应该结合战场实际情况，按照反舰导弹的航路规划的基本要求和基本原则，提高规划的基本要求和基本原则，提高规划效率，充分利用反舰导弹的航路规划功能，出敌不意、攻敌不备，提高远程打击效果。为了适应海上作战快速反应的需要，潜射反舰导弹航路规划还需要满足实时性的要求。同时，反舰导弹航路规划主要面向部队作战使用，应该从实战出发，立足于部队作战，便于部队操作使用。因此，不仅要求航路规划的数学模型尽可能优化处理，缩短规划时间，还需要不断地衍生完善提高，为提高反舰导弹的作战能力发挥重要作用。

随着潜射反舰导弹的技术和反舰导弹作战要求不断提高，航路规划必将成为潜射反舰导弹普遍具备的重要能力。

2. 攻击陆地目标巡航导弹的航路规划

由于对陆攻击的巡航导弹和反舰巡航导弹的制导方式不一样，所以在航路规划方向有一些差别。对于技术状态固定的巡航导弹来说，安全飞行和突防性能除与飞行平台本身的技术状态有关外，还涉及很多方面，如航路规划技术、卫星导航技术、卫星测绘技术及各种侦察技术等等。在这些技术中，航路规划技术包含的方法与手段多样，且人为介入较多，因此，航路规划技术是巡航导弹安全突防中最为主观的方面。对于攻防双方来说该项技术已经成为研究热点。

(1)航路规划的内容

航路规划的目的是在适当的时间内找出最优的飞行轨迹，使飞行平台能够在现有的技术条件下，实现安全飞行，并到达目标点。航路规划主要包括三个方面的内容：一是航路规划要解决的问题；二是航路规划采用的方法；三是航路规划的时间。

(2)航路规划要解决的问题

从航路规划的基本目的出发，要安全飞行到目标点，需要解决坠毁、突防、导航、飞行姿态四个问题，而在解决这些问题时，要考虑一系列条件限制。

(ⅰ)坠毁问题

飞行器上有两个高度参数：一是飞行高度，指地球表面与飞行器之间的垂直距离 h；二是飞行指令高度，指飞行器内部指定的飞行高度 h_z。由于地表的起伏以及飞行器在垂直平面内的加速度、最大爬升角、燃油消耗量等限制，飞行中地表与飞行器之间的实际距离并不完全等于 h_z。因此，飞行器存在与地面相撞的可能性。飞行器与地面相撞的概率叫坠毁概率 P_z，P_z 是 h_z 和地面粗糙度的函数。如果指令高度降低，或地面粗糙度大，P_z 都将增大。所以如果地形起伏突兀剧烈，则飞行器将不能十分接近地表轮廓飞行。在确定飞行器的飞行航路时，规划人员必须为该次飞行规定坠毁概率，进而确定满足这一坠毁概率要求的飞行指令高度。

在目标点确定后，坠毁概率就成为航路规划的重点问题之一。目前已有很多方法在一定程度上解决了这一问题。其中较典型的方法有坡度限制法、曲率限制法、综合地表平滑法等。坡度限制法解决了飞行器最大垂直爬升角与最小离地间隙的关系问题，但对飞行器法向加速度的考虑较少。曲率限制法根据飞行器的速度和最大法向加速度计算出地形曲率的最大值，然后对地形在 X 和 Y 方向的曲率进行限制。这种方法对于复杂地形平滑运算耗时长，甚至不能收敛，其改进方法的运算速度有了较大的提高。综合地形平滑法结合了前两种方法的优点，地形平滑功能较全面，但计算量稍大些。

(ⅱ)突防问题

在飞行平台飞往目标途中，特别是某些目标的附近，敌方可能布设了很多探测设备或拦截装备。在坠毁问题解决之后，飞行平台被发现和被击落的问题就显得尤为重要了。对于探测和拦截武器，低空无人飞行平台的优势在于飞行高度低，不易被探测；而相应地，由于低空飞行，速度不能很快，所以一旦被发现，被击落的可能性很大。因此，在航路规划中突防概率也是重要的规划目标之一。

目前主要是利用飞行平台的低空性能，加上适当的航路规划，使平台利用地形遮蔽，尽可能地回避威胁。对某一威胁区域,如果无法利用地形回避,则飞行平台距离该区域中心越近,突防概率越低。航路规划中回避威胁的主要方法有:威胁空间法和威胁模板法等。另外,对于不同的任务要求,可以对空间或模板使用函数法或量化法。威胁空间法通过计算生成三维的威胁源信息空间,并得出相应的尽可能安全的飞行空间。威胁模板法相当于威胁空间法的二维投影,通过计算可以得出安全的飞行区域。相对于威胁空间法,威胁模板法更适合于平面规划和超低空飞行平台。

在解决突防问题时,任务规划人员必须考虑到防御系统的动态特性。探测拦截系统可能不断改变地点、范围以及工作状态等等。规划人员必须根据防御系统的新情报制订任务,这就需要迅速地做出航路安排,并编制出飞行程序。

(ⅲ)导航问题

低空无人飞行平台常用的导航方式有惯导、GPS 定位导航、景像匹配修正导航和地形匹配修正导航、地面遥控导航等。其中景像匹配修正导航、地形匹配修正导航以及地面遥控导航与航路密切相关。在航路规划中必须首先选定若干个景像匹配区域、地形匹配区域和飞行关键点,并使规划的航路飞经这些区域和点,以使飞行器完成导航修正功能。

由于景像匹配和地形匹配的方法已经固化在平台上,因此,选择适当的景像匹配区域和地形匹配区域,使之适应于匹配算法,就成为影响匹配准确率的重要因素。匹配基准图的大小与平台飞行高度和拍摄视场有关。匹配景像源图像主要由卫星拍摄得到。选择景像匹配区域的方法很多,所借助的判别条件各不相同,如图像方差、边缘连续性、相关长度等,主要研究实时图的匹配概率、独立像元数、方差、互相关峰值特征、纹理能量比的关系等因素。在选择出实时后,可以在基准图上截取一定数量的实时图,通过统计这些参数来判断该基准图是否适合于景像匹配。

地形匹配又称地形断线扫描匹配,适用于低高度(300m)以下飞行器导航。地形高程数据一般由卫星测绘出,基准图存储在平台内部。在平坦地区,地形特征信息少,匹配效果差;在地形陡峭的地区,地形信息虽丰富,但平台的坠毁概率会增大;最好的地形区域是高程起伏在数百米以内的丘陵地区。通过坡度、高度计算和选择可以从数字高程图中选择出理想的地形匹配区。

另外,在匹配区域选择中还要考虑区域之间的距离,以满足导航修正的要求。

(ⅳ)飞行姿态问题

由于平台在进行匹配导航或执行拍摄、测高等任务时,需要飞行器保持平稳直飞状态,不能爬升、俯冲或滚动。为了实现这样的飞行姿态,就需要平台飞行航路在某些特定的段上为直线段。在进行航路规划时须加直飞限制条件。

除上述需要解决的四个关键问题以外,飞行器航路规划还要受到很多条件限制,如爬升/俯冲速率、转弯半径、速度、最大燃油量、机动飞行方式、导航系统修正频率等。飞行器在爬升时,燃油消耗大;转弯半径过小会掉高;机动飞行方式涉及相关区域,在航路规划时需要考虑。

(3) 航路规划的方法

航路规划实质上是一个在一定限制条件下,寻找最优解的问题。总之,解这类问题的通用方法在拓扑学、决策理论、专家系统与智能理论的范畴之内。目前形成的算法也主要围绕这几个方面,如可行性方向算法(FDA)、通过动态算法(GDA)、实时优化算法(ROADMAP)、A^*算法。随着理论的发展,一些新领域的新算法也涌现出来,如电势理论、神经网络方法等。这些方法对解决航路规划问题都起到了很好的作用。但是由于航路规划问题像许多规划问题一样，其许多约束条件是无法以函数的形式描述的，因此，真正在大任务区域内，实现大范围优化，得到最优解是很不容易的。而且在求解时参数或方法设定稍有偏差，就可能发生计算维数爆炸，造成计算困难。实际航路规划中使用的约束条件一般是近似最优的。

(4) 航路规划的时间

航路规划的时间对于任务执行来说十分重要。航路规划时间指从确定飞行目标点到规划出最优航路的时间，其中不仅是计算机或人为计算和优化航路的时间，还包括针对特定目标的信息收集时间，如数字地图、高程图准备时间、匹配区域信息收集时间以及可能经过的航路上威胁信息的侦察时间等。海湾战争时，美国的战斧巡航导弹的航路规划，对特定目标的测绘、侦察和优化计算需要几个月的时间，一旦作战任务规划完成就很难更改。到 2003 年的伊拉克战争，在信息收集预先完成、导弹制导方式单一的情况下，战斧巡航导弹的航路规划可以在数十分钟内完成，并且攻击任务变换灵活。另外，对单枚巡航导弹还可以预装多个目标的攻击航路，使其能够在攻击过程中，根据目标是否已被毁伤的情况，在指挥控制的基础上，转变攻击目标。

总之，航路规划的时间的缩短，对于平台的使用灵活性影响较大。比如，在空基平台上发射巡航导弹，其航路规划应该能够在空基平台上短时间内完成，否则将极大地限制载机的飞行机动性。

(5) 航路规划过程

航路规划是多个步骤的综合，包括(已指定发射点和目标点) 环境数据准备、基本航路区域选择、导航点选择(景像匹配点和高程匹配点等)、分段规划、合并航路、航路选择和评估等步骤，下面将结合自动航路产生模块(ARM) 技术分别叙述。

ARM 是为美国空射巡航导弹航路规划而研制的一种半自动化生成航路的工具，它安装在美国战略空军司令总部，供联合战略目标规划参谋部(JSTPS) 的任务规划者使用。ARM 为每个可达的发射点 / 目标对产生可飞行航路，这些航路在模型的保真度范围之内，在威胁回避、障碍物回避以及遵守导弹和规划约束方面是最优的。

ARM 的内部航路规划由五个步骤组成：

第一步：状态空间构造，即环境数据准备。状态空间是对地理区域的三维量化。地理区域被分成具有离散高度值的经纬度单元。与每个单元和经过该单元的八个方向的每一个相关联的是通过这个单元所需的“成本”。影响这个成本的主要因素是敌方防御造成的危险性，但也可以考虑许多别的成本因素。对于巡航导弹来说，重要的是导弹坠毁概率。因此，ARM 利用了预测导弹坠毁概率(它是导弹飞行高度和地形粗糙度的函数) 的模型。地形粗糙度是从数字式地形标高数据库中抽取的。由敌方防御造成的危险通过横向和纵向威胁模型(或叫威胁模板) 包括在状态空间中。利用这些模板并根据特定威胁的方向和距离来估计导弹造成的危险。

第二步：“节点” 构造，即基本航路区域选择和导航点选择。在大多数航路规划过程中，航路必须满足约束条件。在 ARM 中，节点包括发射点、导航修正点和目标。一个完整的航路可以用一个节点序列来表示。节点构造步骤的目标就是确定一个描述所有可能节点对的网络，空射巡航导弹在一给定的作战方案中可能在这些节点对之间飞行。尽量减小这个网络的尺寸是很重要的。为此，要尽可能多地考虑到各种约束因素。例如，如果要求每 x 英里进行一次导航修正，超过此距离的节点将不被包括在网络中。另外，节点的地理特性也是选择的关键因素。景像匹配点或地形匹配点的选择方法通常是固定的，并与导弹的匹配算法相关。

第三步：航路段产生，即分段规划过程。这一步的目的是计算节点网络中每个节点对之间的最佳航路段或弧线数。对于每个节点对来说，一个是起始节点，另一个是终止节点。对每一个终止节点，通过包含该节点对的状态空间的一个子集执行多路径动态规划算法（MDPA）。MDPA 计算出状态空间中各单元到终止节点的最佳控制集合（飞行方向）。在 MDPA 之后，再用航路检索算法选取连接起始节点和终止节点的最佳航路段。航路检索算法还要进行航路平滑。一旦航路段选定之后，就可以得出节点间总的飞行成本，并将其储存起来进一步处理。

第四步：航路产生，即航路合并过程。这一步的主要工作就是将选定的航路段连接成一个近乎完整的航路或路线。为保持灵活性和减少路线数目，在这一步中，发射点和目标暂不与航路相连。这里采用的最基本的算法是 Dijkstra 最短路线算法，它是一种极有效的提取一组航路段使起始导航点和最终导航点对之间航路成本最小的方法。每一个起始导航点最终能到达许多其他导航点，因此，Dijkstra 算法的结果实际上就表现为树形，这棵树将包含每个起始导航点到它所能到达的每个地形匹配点的最佳路线。这样可得出每棵树的每条路线的飞越成本，并存储起来。

第五步：航路选择和评估。ARM 中，Dijkstra 搜索的集合中的起始节点是到达发射点的导航点。连接发射点和目标点对的航路数量是易控制的，从目标开始反向工作，根据从发射点到树和从树到目标的飞越成本，选择具有最佳抵达概率或最低坠毁概率的树和路线就很容易了。在这个过程中，ARM 将根据规划准则评估所有可能的航路，并选定评估结果最佳的航路。

巡航导弹作为一种无人飞行装备，其航路规划就是对飞行器的指挥控制。飞行器完成飞行任务的概率与指挥控制（即航路规划）的优劣密切相关。对飞行器航路的规划，既有一套基本的科学方法，又有一定的主观因素。对于交战双方来说，对方的指挥控制技术和方法永远是研究的重要内容，因此，航路规划一方面要遵循一定的方法，得出尽可能最优的结果；另一方面还要打破常规，胆大心细，攻其不备。

11.2 潜射弹道导弹射击诸元的计算

弹道式导弹是按预先给定的弹道飞行的，由于其航迹类似于炮弹的弹道，因此这类导弹称为弹道式导弹。按照射程的不同，弹道式导弹可分为近程（射程为 100 ～ 1 000 km）、中程（射程为 1 000 ～ 4 000 km）、远程（射程为 4 000 ～ 8 000 km）和洲际（射程为 8 000 km 以上）导弹。根据所攻击目标性质的不同，弹道式导弹还可分为战术导弹和战略导弹。战略导弹是以完成攻击敌方导弹和反导弹基地、军用机场、港口、重要军事仓库、工业和能源基地以及交通、通信枢纽等战略目标为使命的导弹。战术导弹则是用于地面、海上或空中作战，以完成某个具体战役或战术任务的导弹。

潜射弹道导弹是以潜艇为机动载体发射的弹道导弹，是在潜艇不断航行的过程中进行发射的，因此要求射击诸元的计算具有实时性。在陆上，由于发射点静止不动，射击诸元计算时间的长短，不影响落点精度；在海上，导弹装载于潜艇，发射过程在运动状态下完成，射击诸元的计算时间将使实际发射点偏离射击诸元计算的发射点，这种偏差可达数百米至数海里，将严重影响落点精度。因此，缩短射击诸元计算时间，是弹道导弹从陆上发射发展到海上运动状态下发射，必须解决的重要关键技术之一。

11.2.1　地球物理知识、相关参数及常用坐标系

1. 地球物理知识

(1) 地球的运动

地球作为太阳系九大行星之一，既有围绕太阳的转动(公转)，又有绕自身轴的转动(自转)。

地球质心绕太阳公转的周期为一年，轨迹为一椭圆。其近日距离约为 1.471×10^8 km，其远日距离约为 1.521×10^8 km，是一种近圆轨道。

地球自转是绕地轴进行的，地轴与地球表面相交于两点，分别称为北极和南极。地球自转角速度向量与地轴重合，指向北极。

地轴在地球内部的位置会发生变化，反映为地球两极的移动，称为极移。极移的原因是地球内部和外部的物质移动。但极移的范围很小，从 1967 年到 1973 年，极移仅有 15 m 左右。

地球除极移外还有进动。地球为一旋转椭球体，过地心垂直于地轴的平面与地球表面的交线称为赤道。太阳相对地心运行的轨道称为黄道。月球相对地心运行的轨道称为白道。黄道平面与赤道平面的夹角为 23°27′，而白道平面较为接近黄道平面，它们之间的夹角平均为 5°9″。因此，太阳和月球对地球扁球体赤道附近隆起部分的引力大于对其他部分的引力，这种力是不平衡力。如果地球没有自转，这种力将使赤道平面逐渐接近黄道平面。由于地球存在自转，地轴不会趋向黄轴，而是以黄轴为轴作周期性圆锥运动，这就是地轴的进动运动。地轴进动的方向与地球自转方向相反，进动速度是 50.24″/ 年，这样地轴进动的周期约为 25 800 年。黄道平面与赤道平面的交线与地球运行轨道有两个交点，即所谓春分点和秋分点。春分点是指太阳相对于地心运动时，由地球赤道面的南半球穿过赤道面的点；秋分点则是太阳由地球赤道面的北半球穿过赤道面的点。由于地轴的进动，春分点在空中是自东向西移动的。

同时，由于白道平面与黄道平面的交线在惯性空间有转动，从北黄极看该交线按顺时针方向每年转动约 19°21′，约 18.6 年转过一周，这使得月球对地球的引力产生周期性变化，因此地轴除绕黄轴有进动外还存在章动。

由上述讨论可以看出，地球的运动是一种复杂运动。当研究导弹运动时，地球运动因素中，地球自转影响最大。其他因素相对是极小的，可以忽略不计。

可以假定：地轴在惯性空间的指向不变，地球以一常值角速度绕地轴旋转。

地球自转角速度的描述和如何计量与时间有关，称真太阳相继两次通过观测者所处子午圈经历的时间间隔为一个真太阳日。但真太阳相对地心的运动是在黄道平面作椭圆运动，真太阳日的时间长度有变化，不是常值。因此设想一个“假太阳”，它和真太阳一样，以相同的周期和方向绕地球运行，与真太阳的差别在于：

① 假太阳的运行轨道在赤道平面上，而不在黄道平面上；

② 假太阳的运动速度是均匀的，等于真太阳在黄道上运动的平均速度。

将"假太阳"相继两次通过同一子午线的时间间隔设为一个平太阳日。一个平太阳日分为24个平太阳时，由于平太阳日从正午开始，把一个白天分为两天。按照习惯，将子夜作为一日的开始，所以实际民用时比平太阳时早开始12h。地球绕太阳公转周期为365.256 36个平太阳日。地球旋转一周的时间 t 少于一个平太阳日。因为一个平太阳日地球公转360/365.256 36°，故地球在一个平太阳日共转过(360＋360/365.256 36)°，即地球自转速度为

$$(360+360/365.256\ 36)^\circ/\text{平太阳日}=360\times(1+1/365.256\ 36)\times\pi/180/24/3600=7.292\ 115\times10^{-5}\text{r/s}$$

记做

$$\omega=7.292\ 115\times10^{-5}\text{r/s}$$

(2) 地球的形状

地球是一个形状复杂的物体。由于地球自转，使其成为两极间距离小于赤道直径的扁球体。地球的物理球表面也极不规则，约30%是大陆，近70%是海洋。陆地的最大高度是珠穆朗玛峰，高度约为8 844 m；海洋的最低海沟是太平洋的马里亚纳海沟，深约为11 521 m。地球的物理表面实际上是不可能用数学方法描述的。

通常所说的地球形状是指全球静止海平面的形状。所谓全球静止海平面不考虑地球物理表面的海陆差异以及陆上、海底的地势起伏。它与实际海洋静止表面相重合而且包括陆地下的假想"海面"，后者是前者的延伸。二者总称大地水准面。大地水准面是连续、封闭的，且没有皱褶和裂缝，故是一个等重力势面。由于重力方向与地球内部不均匀分布的质量吸引作用有关，因此大地水准面的表面也是一个无法用数学方法描述的非常复杂的曲面。实际上是用一种较为简单的几何形状来代替地球的形状，其表面与大地水准面的差别尽可能小，并且便于在该表面上分析、计算。

作为一级近似，可视地球为圆球，其体积即地球体积，圆球半径取为 $R=6\ 371\ 004$ m。

目前，我国采用1978年国家测绘总局和总参测绘局颁布的"1975年第十六届国际大地测量与地球物理协会及国际大地测量联合会"讨论推荐的正常椭球体(也称水准椭球体、平均总椭球体、正常地球椭球体)，用它逼近大地水准面，对于弹道计算其精度是足够的。正常椭球体的主要参数如下：

地球自转角速度	$\omega=7.292\ 115\times10^{-5}$ r/s
椭球体长半轴长度	$a=6\ 378\ 140$ m
椭球体短半轴长度	$b=6\ 356\ 755.288$ m
椭球体扁率	$\alpha=1/298.257=0.003\ 352\ 81$
地心引力常数	$fM=3.986\ 005\times10^{14}\text{m}^3/\text{s}^2$
引力常数	$f=6.672\times10^{-11}\text{m}^3/\text{kg}\cdot\text{s}^2$
地球质量	$M=5.974\ 228\ 118\times10^{24}$kg
地球形状动力学系数	$J_2=1.082\ 63\times10^{-3}$

应当指出，上述参数只有 ω,a,fM,J_2 四个量是基本参数，其余的参数均为导出参数。

2. 相关参数

(1) 地理纬度与地心纬度

由于地球是旋转椭球体，所以度量经度的方法只有一种，而纬度则有地理纬度和地心纬度之分。且这两种定义和我们的关系很密切，因此分别介绍一下。

① 地理纬度:地球表面上任一点的地理纬度,是以过该点的法线与赤道平面的夹角度量的,北半球为“正”,南半球为“负”,以 B 表示(见图 11-2-1)。

② 地心纬度:地球表面上任一点与地心的连线和赤道平面的夹角为地心纬度。取北半球为“正”,南半球为“负”,以 φ 表示(见图 11-2-1)。

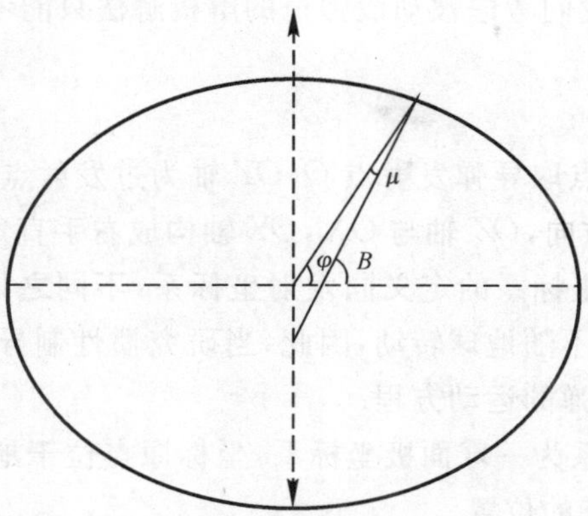

图 11-2-1　地理纬度与地心纬度示意图

地理纬度和地心纬度间满足如下关系:

$$\tan B=\frac{a^2}{b^2}\tan\varphi \tag{11-2-1}$$

地理纬度和地心纬度之差以 μ 表示:

$$\mu=B-\varphi \tag{11-2-2}$$

(2) 球面上任一点地心半径的计算

球面上任一点的地心半径

$$R=\frac{a}{\sqrt{1+e'^2\sin^2\varphi}} \tag{11-2-3}$$

(3) 地球的引力场

若地球是一个均质圆球,则对球外任一质点的万有引力是指向球心的,实际上,地球是一个近似于旋转椭球体的非均质球体,在重力测量中,视地球为均质的旋转椭球体,地球表面上任一点的重力线均与该点旋转椭球体表面的法线重合。我们知道,重力是引力和离心力的合力,在绝对坐标系中我们感兴趣的是地球外面任一质点受到地球吸引的引力加速度向量 $\boldsymbol{g}$,即地球的引力场。在均质旋转椭球体的假设下,在地心纬度 φ,距地心距离 $r(r\geqslant R)$ 处的质点所受引力加速度为

$$\boldsymbol{g}=g_r\boldsymbol{r}^\circ+g_\omega\boldsymbol{\omega}^\circ \tag{11-2-4}$$

式中,

$$g_r=-\frac{fM}{r^2}\left[1+J\frac{a^2}{r^2}(1-5\sin^2\varphi)\right] \tag{11-2-5}$$

$$g_\omega=-2JfM\frac{a^2}{r^4}\sin\varphi \tag{11-2-6}$$

$\boldsymbol{r}^\circ$——地心指向该质点的单位向量;

$\boldsymbol{\omega}^\circ$——地球自转角速度的单位向量,方向由地心指向北极;

J —— 表征地球引力扁率影响的常数，取 $J = 1.622\ 18 \times 10^{-3}$，在式(11-2-5)、式(11-2-6)中，均忽略了 J^2 以上的高次项。

应该指出，实际上地球是非均质的，也非标准的旋转椭球体，因此，在地球外任一点的引力加速度不与式(11-2-4)给出的完全重合，而是基本上一致，个别地方差别较大，即所谓有"重力异常"(或"引力异常")。我们考虑被动段弹道的解析解法只能考虑没有异常的情况。

3. 几种常用的坐标系

① 发射坐标系：坐标原点取导弹发射点 O，OY 轴为过发射点的铅垂线，向上为正，OX 轴与 OY 轴垂直，且指向瞄准方向，OZ 轴与 OX，OY 轴构成右手直角坐标系。

② 发射惯性坐标系：该坐标系的定义同发射坐标系，不同之处是该坐标系为惯性坐标系即该坐标系在导弹发射之后不随地球转动，因此，当研究惯性制导系统并进行弹道计算时，通常需要在此坐标系中建立导弹的运动方程。

③ 地心坐标系：此坐标系为一球面极坐标系，坐标原点位于地心 O_e，以地心距离、地心纬度、地心经度表示空间任意点的位置。

④ 北东坐标系：以空间某一研究点作为坐标原点，取该点的垂直向上方向、正东方向、真北方向作为该坐标系三个坐标轴的方向且满足右手关系，该坐标系为一直角坐标系。

11.2.2 弹道分段

导弹质心在空间的运动轨迹称为弹道。根据导弹飞行概况中所描述的飞行特点，整个弹道不尽相同，须进行分段研究。因此，弹道分段的目的就在于应用不同的数学模型描述各段弹道的特点，以便求得导弹运动规律的全貌。

根据弹道式导弹从发射点到目标点的运动过程中的受力情况，可将其弹道分为几段。首先，根据导弹在飞行中发动机和控制系统工作与否，可将其弹道分为动力飞行段(简称主动段)和无动力飞行段(简称被动段)两部分；其次，被动段可以根据弹头所受空气动力的大小而分为自由飞行段(简称自由段)和再入大气层飞行段(简称再入段)两部分。

1. 主动段

主动段是从导弹离开发射台到头体分离为止的一段飞行弹道。在这段弹道上，由于发动机和控制系统一直工作，因而称之为主动段。该段弹道的飞行特点是：作用在弹上的力和力矩有地球引力、空气动力、发动机推力、控制力以及它们相对导弹质心所产生的相应力矩。推力主要用来克服地球引力和空气阻力并使导弹作加速运动；而控制力则主要产生控制力矩以便在控制系统作用下使导弹按给定的飞行程序飞行，确保导弹按预定的弹道稳定地飞向目标。通常，导弹在主动段的飞行时间并不长，一般约在几十至几百秒的范围内。

2. 被动段

被动段是指从头体分离到弹头落地的一段弹道。在无控制的情况下，弹头依靠在主动段终点所获得的能量作惯性飞行。虽然在此段不对弹头进行控制，但作用于其上的力是可以相当精确地计算的，因而基本上可以较准确地掌握弹头的运动，以保证其在一定的射击精度要求下命中目标。若在弹头上安装姿态控制系统即配备中、末制导系统，则导弹的射击精度可大大提高。

在被动段，根据弹头在运动中所受的空气动力的大小又可分为不计大气影响的自由飞行段和计及大气影响的再入段两部分。由于空气密度随高度的增加而连续地减小，因而要想截然划出一条有、无空气的大气层边界是不可能的；但从大气对导弹飞行参数影响的显著与否出发，又必须根据实际情况划定一条大气边界线或大气边界层。一般来说，对于中近程弹道导弹通常以主动段关机点高度作为划分自由段和再入段的标准高度，大约 50 ～ 70 km；而对远程导弹而言，则通常以高度 80 ～ 100 km 作为大气层的计算高度。

由于主动段终点高度较高，而大气密度又随着高度的增加而迅速降低，因而可认为在自由段中弹头是在相当稀薄的大气中飞行。这时作用于弹头的空气动力远远小于其他作用力(地球引力和地转惯性力等)，这样空气动力完全可以略去，即近似认为弹头是在真空中飞行，故自由段也称真空段。自由段弹道为椭圆弹道的一部分，且其弹道约占全部弹道的 80% ～ 90% 以上。

再入段是指弹头重新进入稠密大气层的一段弹道。当弹头高速进入大气层时，由于大气对弹头的作用不仅使弹头承受强烈的气动加热，出现高温，也将使弹头受到巨大的气动阻力从而使其速度迅速减小。因此，再入段弹道与自由段弹道有着完全不同的特点。

需要指出的是，当弹道式导弹的弹头在自由段飞行时，由于不再受到空气动力矩和控制力矩的作用，因而不会保持其分离时的运动姿态，而是以固定的角速度绕其质心自由地进行翻转运动，直至弹头重新进入大气层。进入大气层后，由于大气阻滞作用的逐渐增大，加之头部姿态控制的作用，才使其任意翻转受到制动，并以一定的绕其纵轴旋转的速度稳定地冲向目标。

11.2.3　主动段弹道参数计算

当采用摄动制导方案时，为求得射击诸元须先用迭代计算求得一条自发射点至目标点的标准弹道，而其中计算量最大的是解主动段弹道。在发射坐标系中，固定飞行程序的主动段标准弹道主动段运动方程的向量形式为

$$\begin{cases}\dot{\boldsymbol{v}}_g = \dot{\boldsymbol{w}}_g + \boldsymbol{g}_g + 2\boldsymbol{v}_g \times \boldsymbol{\Omega} + [\boldsymbol{\Omega} \times (\boldsymbol{P}_g + \boldsymbol{R})] \times \boldsymbol{\Omega} \\ \dot{\boldsymbol{P}}_g = \boldsymbol{v}_g\end{cases} \tag{11-2-7}$$

式中，$\boldsymbol{v}_g$ —— 导弹相对于地面发射坐标系的速度向量；

$\dot{\boldsymbol{w}}_g$ —— 在地面发射坐标系中描述的弹的非引力加速度(视加速度)；

$\boldsymbol{P}_g$ —— 自发射点至导弹质心的位置向量；

$\boldsymbol{\Omega}$ —— 在发射坐标系中导弹角速度。

计算主动段弹道就是数值积分主动段微分方程组。通常采用的数值积分有龙格-库塔法、定步长基尔法等。但无论采用哪一种解法，计算主动段参数都要耗费大量的时间，其结果就是导致射击诸元计算时间太长。通过理论分析，采用拟合计算可以大大减少其计算量。主动段的拟合计算可以分为同一关机时刻弹道参数的拟合和不同关机点间系数的拟合两阶段。

1. 同一关机时刻弹道参数的拟合

首先将射程覆盖范围(从最小射程到最大射程)等距离选若干点(例如，每隔某个固定距

离取一个点)，然后求出每个点对应的射程及与射程对应关机时间 t_{kj}，其中 $j=1,2,\cdots,M$。再根据导弹可能的作战地域选取若干组发射条件(取发射点纬度 B 与射击方位角 A 的不同组合)，分别解算标准弹道，并将各 t_{kj} 点(称支撑点)处的弹道参数存入计算机以备调用。

现以 v_{xg} 为例说明同一关机时刻弹道参数的拟合方法。若所取拟合函数的形式为

$$v_{xg}=\sum_{i=0}^{n}a_i(t_{kj})f_i \tag{11-2-8}$$

式中，　f_i—— 拟合基函数；

$a_i(t_{kj})$—— 拟合系数。

假定发射条件为 N 组，则对于每个 t_{kj} 有 N 个 $v_{xg,l}$，$l=1,2,\cdots,N$。f_i 也为 N 组，记为 f_{il}，$l=1,2,\cdots,N$。当 $N>n$ 时，用最小二乘法求系数 $a_i(t_{kj})$ 的最佳拟合值 $\hat{a}_i(t_{kj})$。记拟合误差为 e_l，则有

$$e_l=v_{xg,l}(t_{kj})-\sum_{i=1}^{n}\hat{a}_i(t_{kj})f_{i,l} \tag{11-2-9}$$

为选取使误差的平方和 $\sum_{i=1}^{n}e_l^2$ 为极小的 $\hat{a}_i(t_{kj})$，应取

$$\frac{\partial}{\partial\hat{a}_i}\Big[\sum_{l=1}^{n}e_l^2\Big]=0,\quad i=0,1,2,\cdots,n$$

此方程解的矩阵形式为

$$\hat{\boldsymbol{A}}=\boldsymbol{B}^{-1}\boldsymbol{C} \tag{11-2-10}$$

其中

$$\hat{\boldsymbol{A}}=(\hat{a}_0(t_{kj}),\ \hat{a}_1(t_{kj}),\ \cdots,\ \hat{a}_n(t_{kj}))^{\mathrm{T}}$$

$$\boldsymbol{C}=(C_0,C_1,C_2,\cdots,C_N)^{\mathrm{T}},\quad C_i=\sum_{l=1}^{N}v_{xgl}f_{il}$$

$$\boldsymbol{B}=(b_{ik}),\ i=0,1,2,\cdots,n;\quad k=0,1,2,\cdots,n,b_{ik}=\sum_{l=1}^{n}f_{il}f_{kl}$$

2. 不同关机点间系数 $a_i(t_{kj})$ 拟合

在同一关机时刻弹道参数拟合中得 $\hat{a}_i(t_{kj})$ 的 M 个值，$j=1,2,\cdots,M$，用时间 t 来拟合这 M 个数值。因为弹道参数之间存在导数关系：$v_{xg}(t)=\dot{x}_g(t)$，$v_{yg}(t)=\dot{y}_g(t)$，$v_{zg}(t)=\dot{z}_g(t)$。因此，若同一关机时刻弹道参数拟合得

$$\begin{cases}v_{xg}(t_j)=\sum_{i=0}^{n}\hat{a}_i(t_j)f_i\\ x_g(t_j)=\sum_{i=0}^{n}\hat{b}_i(t_j)f_i\end{cases} \tag{11-2-11}$$

则应该有

$$\hat{a}_i(t)=\dot{\hat{b}}_i(t)$$

因此，若逼近 $\hat{b}_i(t_j)$ 的拟合函数为

$$\hat{b}_i(t)=\sum_{p=0}^{Q}d_pt^p$$

则逼近 $\hat{a}_i(t)$ 的拟合函数应为

$$\hat{a}_i(t)=\sum_{p=1}^{Q}pd_pt^{p-1}$$

于是，只要拟合得到一组 d_p，其中 $p=0,1,2,\cdots,Q$，便可分别由式(11-2-11)的两式求得 $v_x(t)$ 和 $x(t)$。

根据 M 个 $\hat{a}_i(t_j)$ 和 M 个 $\hat{b}_i(t_j)$，用最小二乘法确定 $Q+1$ 个 d_p 的拟合 $\hat{d}_p$，其中 $p=0,1,2,\cdots,Q$，使 $\sum_j e_{aj}^2$ 达到极小。其中：

$$\begin{cases} e_{aj}=\hat{a}_i(t_{kj})-\displaystyle\sum_{p=0}^{q}pd_pt_{kj}^{p-1} \\ e_{bj}=\hat{b}_i(t_{kj})-\displaystyle\sum_{p=0}^{q}d_pt^p \end{cases} \tag{11-2-12}$$

在经过同一关机时刻和不同关机时刻的上述两次拟合后，得到主动段关机段 v_{xg}，x_g 的拟合公式为

$$\begin{cases} v_{xg}=\displaystyle\sum_{i=0}^{n}\Big(\sum_{p=1}^{Q}pd_{pi}t^{p-1}\Big)f_i \\ x_g=\displaystyle\sum_{i=0}^{n}\Big(\sum_{p=0}^{Q}d_{pi}t^p\Big)f_i \end{cases} \tag{11-2-13}$$

式中系数 d_{pi}，其中 $p=0,1,2,\cdots,Q$；$i=0,1,2,\cdots,n$ 是通过两次拟合所确定的常值。至于 Q，n 的取值，则根据精度要求确定。于是，只要给定发射条件 (A,B) 和关机时间 t_k，则经过式(11-2-13)的简单运算，即求得 $v_{xg}(t_k)$ 和 $x_g(t_k)$。其他弹道参数的拟合与 v_{xg}，x_g 的拟合方法相同，不再赘述。

11.2.4　被动段弹道的近似解析解

1. 被动段运动微分方程

导弹的被动段运动常以质点动力学问题进行研究，在被动段，导弹主要受地球引力、空气阻力及由于地球旋转而产生的牵连惯性力和柯氏惯性力。根据质点动力学理论，相对发射坐标系的被动段运动方程的向量表达式为

$$\dot{\boldsymbol{V}}=\frac{1}{m}\boldsymbol{X}+\boldsymbol{g}+\dot{\boldsymbol{V}}_e+\dot{\boldsymbol{V}}_c \tag{11-2-14}$$

其投影式为

$$\begin{bmatrix}\dot{V}_x\\ \dot{V}_y\\ \dot{V}_z\end{bmatrix}=\frac{1}{m}\begin{bmatrix}X_x\\ X_y\\ X_z\end{bmatrix}+\begin{bmatrix}g_x+\dot{V}_{ex}+\dot{V}_{cx}\\ g_y+\dot{V}_{ey}+\dot{V}_{cy}\\ g_z+\dot{V}_{ez}+\dot{V}_{cz}\end{bmatrix} \tag{11-2-15}$$

式中，$\boldsymbol{X}$—— 弹头阻力，其方向与 $\boldsymbol{V}$ 方向相反，$\boldsymbol{X}=C_{xdt}q_{dt}S_{mdt}$；

C_{xdt}—— 头部阻力系数；

S_{mdt}—— 头部最大横截面积；

q_{dt}—— 头部速度头；

m—— 头部质量；

$X_i, g_i, \dot{V}_{ci}, \dot{V}_{ei}(i=x,y,z)$—— 其在发射坐标系各轴上的分量。

通过适当的变换，式(11-2-15)为

$$\begin{bmatrix}\dot{V}_x\\ \dot{V}_y\\ \dot{V}_z\end{bmatrix}=-\frac{1}{2m}C_{xdt}\rho S_{mdt}V\begin{bmatrix}V_x\\ V_y\\ V_z\end{bmatrix}+\begin{bmatrix}g_x+\dot{V}_{ex}+\dot{V}_{cx}\\ g_y+\dot{V}_{ey}+\dot{V}_{cy}\\ g_z+\dot{V}_{ez}+\dot{V}_{cz}\end{bmatrix} \tag{11-2-16}$$

被动段的运动学方程为

$$\begin{bmatrix}\dot{x}\\ \dot{y}\\ \dot{z}\end{bmatrix}=\begin{bmatrix}V_x\\ V_y\\ V_z\end{bmatrix} \tag{11-2-17}$$

$$V=\sqrt{V_x^2+V_y^2+V_z^2} \tag{11-2-18}$$

由式(11-2-16)～(11-2-18)组成的方程组即为相对发射坐标系的被动段弹道方程组。

被动段弹道方程组为非线性变系数常微分方程组，在给定的初始条件和终端条件下，应用数值积分方法可求出其数值解。常用的数值积分方法为龙格-库塔方法、阿当姆斯预报校正法等。

2. 被动段弹道的近似解析解

(1) 几种效应的分离

在被动段，对弹道有影响的几种效应如下：

① 地球自转效应(简称 Ω 效应)；

② 扁率摄动效应(简称 J 效应)；

③ 再入空气阻力效应(简称 X 效应)。

其中，Ω 效应对落点影响最大，可达数百公里。J 效应次之，约有十余公里的影响。X 效应的影响最小，仅数百米。

将被动段弹道方程变换到绝对坐标系，则与 Ω 有关的项便会消失。

X 效应的影响，经过大量数值计算结果的分析比较，其与 Ω 效应和 J 效应的交连影响很微小，可以忽略不计。

三种效应的分离处理：在获得绝对坐标系落点及飞行时间后，可以从地球自转角速度，计算经度差；X 效应的影响，由于再入段空气阻力没有解析表达式，可从再入点起变换到相对坐标系，经数值积分给出样本，然后拟合出修正量函数。J 效应的处理，是求出扁率摄动微分方程的解的有限形式的表达式或满足精度要求的近似表达式。

(2) 运动微分方程的建立

(ⅰ) 绝对非正交坐标系

绝对非正交坐标系原点取为主动段关机点 K，Ky_1 轴与过地心矢径 $\boldsymbol{g}$ 一致；Kx_1 轴位于由关机点地心矢径 $\boldsymbol{g}_k$ 和绝对速度 $\boldsymbol{V}_k$ 所决定的初始弹道平面内，垂直于 Ky_1 轴，且指向导弹飞行方向；而 Kz_1 轴则与地球自转角速度 ω 平行，但指向相反(见图 11-2-2)。

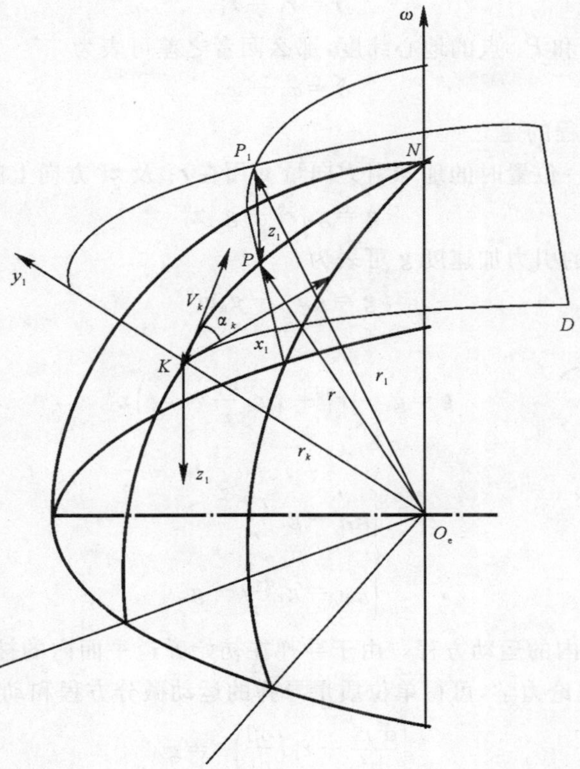

图 11-2-2　惯性球壳示意图

假设有一惯性球壳，地心为其球心，关机点地心距离 r_k 为其半径。显然，关机点 K 位于该惯性球壳上，Kx_1 轴必与初始弹道平面和惯性球壳所交大圆弧 KD 相切于 K 点。KD 与过 K 点的子午大圆弧 KN 之夹角 α_k，即为导弹被动段飞行方位角。根据定义，有如下计算式：

$$\begin{cases} u_k = (V_{xnk}^2 + V_{znk}^2)^{\frac{1}{2}} \\ \alpha_k = \begin{cases} \arcsin\left(\dfrac{V_{znk}}{u_k}\right) & V_{znk} \geqslant 0 \\ \pi - \arcsin\left(\dfrac{V_{znk}}{u_k}\right) & V_{znk} < 0 \end{cases} \end{cases} \tag{11-2-19}$$

式中，V_{xnk}，V_{ynk}，V_{znk} —— 主动段终点绝对速度 V_k 在北东坐标系各坐标轴上的分量；

u_k——V_k 在过 K 点的切平面和初始弹道平面之交线方向的速度分量。

如果地球为圆球体，那么导弹被动段弹道是一与初始弹道平面重合、地心为其中一个焦点的平面椭圆弹道的一部分。如果地球为正常椭球体，计算表明，J 是10^{-3} 量级的微小量，因此在 g_r 作用下的实际弹道将在上述平面弹道附近摄动。若令 $g_\omega = 0$，则引力 g_r 仍为有心力，因而其弹道仍为平面椭圆弹道，导弹在该平面内运动时仍将遵循动量矩守恒和机械能守恒定律。这样，完全可将导弹的被动段运动分解为初始弹道平面内的运动和沿 z_1 轴方向上的运动加以研究。

为此，将导弹任一点 P 处的位置向量 $\boldsymbol{r}$ 写成过 P 点与 z_1 轴平行而与初始弹道平面交于 P_1 点的向量 $\boldsymbol{z}_1$ 及 P_1 点的地心矢径 $\boldsymbol{r}_1$ 的向量和：

$$\boldsymbol{r}=\boldsymbol{r}_1+\boldsymbol{z}_1 \tag{11-2-20}$$

若 φ_s 及 φ_{s1} 分别为 P 和 P_1 点的地心纬度，那么两者之差可表为

$$\delta=\varphi_s-\varphi_{s1} \tag{11-2-21}$$

（ⅱ）运动微分方程的建立

将导弹被动段任一位置时的地球引力向量 $\boldsymbol{g}$ 用在 $\boldsymbol{r}_1$ 及 z_1 方向上的分量表示，即

$$\boldsymbol{g}=g_{r1}\boldsymbol{r}_1^0+g_{z1}\boldsymbol{z}_1^0 \tag{11-2-22}$$

地球为正常椭球体时的引力加速度 $\boldsymbol{g}$ 可表为

$$\boldsymbol{g}=g_r\boldsymbol{r}^0+g_\omega\boldsymbol{\omega}^0 \tag{11-2-23}$$

经推导，可得出

$$\boldsymbol{g}=g_r\frac{r_1}{r}\boldsymbol{r}_1^0+\left(g_r\frac{z_1}{r}-g_\omega\right)\boldsymbol{z}_1^0 \tag{11-2-24}$$

因此有

$$\begin{cases}g_{r1}=g_r\dfrac{r_1}{r}\\ g_{z1}=g_r\dfrac{z_1}{r}-g_\omega\end{cases} \tag{11-2-25}$$

① 初始弹道平面内的运动方程。由于导弹在初始弹道平面内的被动段飞行，仍属于有心力场内的运动，故由理论力学，可得单位质量导弹的运动微分方程和动量矩方程。

$$\begin{cases}\dfrac{\mathrm{d}^2r_1}{\mathrm{d}t^2}-r_1\left(\dfrac{\mathrm{d}\beta}{\mathrm{d}t}\right)^2=g_{r1}\\ r_1^2\dfrac{\mathrm{d}\beta}{\mathrm{d}t}=h=\mathrm{const}\\ h=u_kr_k\end{cases} \tag{11-2-26}$$

式中，h —— 动量矩，常值；

β —— 从 r_k 到 r_1 的地心角。

令

$$\eta=\frac{1}{r_1} \tag{11-2-27}$$

则方程组(11-2-26)可转化为以射程角 β 为自变量的初始弹道平面内的导弹被动段运动微分方程

$$\begin{cases}\dfrac{\mathrm{d}^2\eta}{\mathrm{d}\beta^2}+\eta=-\dfrac{g_{r1}}{h^2\eta^2}\\ h=u_kr_k\end{cases} \tag{11-2-28}$$

② z_1 轴方向的运动方程。根据牛顿第二定律，单位质量导弹被动段飞行时，在引力 g_{z1} 作用下的 z_1 轴方向的运动微分方程可写成

$$\frac{\mathrm{d}^2z_1}{\mathrm{d}t^2}=g_r\frac{z_1}{r}-g_\omega \tag{11-2-29}$$

令

$$\zeta=\frac{z_1}{r_1} \tag{11-2-30}$$

则方程(11-2-29)可转化为以 β 为自变量的导弹被动段 z_1 方向的运动微分方程

$$\begin{cases}\dfrac{\mathrm{d}^2\zeta}{\mathrm{d}\beta^2}+\zeta=-\dfrac{g_\omega}{\eta^2 h}\\ h=u_k r_k\end{cases} \tag{11-2-31}$$

根据式(11-2-5)、(11-2-6)、(11-2-25) 和(11-2-27),有

$$\begin{cases}g_{r1}=-\left(\dfrac{r_1}{r}\right)^3\eta^2 fM\left[1+J\left(\dfrac{r_1}{r}\right)^2\eta^2 a^2(1-5\sin^2\varphi_s)\right]\\ g_\omega=-2JfM\eta^4 a^2\left(\dfrac{r_1}{r}\right)^4\sin\varphi_s\end{cases} \tag{11-2-32}$$

令

$$E(\beta)=\sin\varphi_{s1}=\sin\varphi_{sk}\cos\beta+\cos\varphi_{sk}\sin\beta\cos\alpha_k \tag{11-2-33}$$

有

$$\begin{cases}g_{r1}=-\eta^2 fM\{1+3\zeta E(\beta)+Ja^2\eta^2[1-5E^2(\beta)]\}\\ g_\omega=-2JfM\eta^4 a^2 E(\beta)\end{cases} \tag{11-2-34}$$

因此,可得到考虑地球扁率时导弹被动段运动微分方程组:

$$\begin{cases}\dfrac{\mathrm{d}^2\eta}{\mathrm{d}\beta^2}+\eta=\dfrac{1}{P}\{1+3\zeta E(\beta)+Ja^2\eta^2[1-5E^2(\beta)]\}\\ \dfrac{\mathrm{d}^2\zeta}{\mathrm{d}\beta^2}+\zeta=2J\dfrac{a^2}{P}\eta E(\beta)\\ \mathrm{d}t=\dfrac{\mathrm{d}\beta}{\eta^2 h}\end{cases} \tag{11-2-35}$$

(3) 运动微分方程的解

由于 ζ 与 J 是同数量级的,方程组(11-2-35) 中的第一个方程等式右端大括号内的第二、三项也与 J 是同数量级的,因此忽略 J^2 项,得到关于 η,ζ,t 的一阶近似方程为

$$\begin{cases}\dfrac{\mathrm{d}^2\eta_0}{\mathrm{d}\beta^2}+\eta_0=\dfrac{1}{P}\\ \dfrac{\mathrm{d}^2\delta\eta}{\mathrm{d}\beta^2}+\delta\eta=\dfrac{1}{P}\{3\zeta E(\beta)+Ja^2\eta^2[1-5E^2(\beta)]\}\\ \dfrac{\mathrm{d}^2\zeta}{\mathrm{d}\beta^2}+\zeta=2J\dfrac{a^2}{P}\eta E(\beta)\\ \eta=\eta_0+\delta\eta\\ \mathrm{d}t=\dfrac{\mathrm{d}\beta}{\eta^2 h}\end{cases} \tag{11-2-36}$$

(ⅰ) 椭圆弹道方程的解

不考虑地球扁率时的导弹被动段弹道方程

$$\frac{\mathrm{d}^2\eta_0}{\mathrm{d}\beta^2}+\eta_0=\frac{1}{P} \tag{11-2-37}$$

为二阶线性非齐次方程,其解为

$$\eta_0=\frac{1}{P}-\frac{1}{P}\left(1-\frac{P}{r_k}\right)\cos\beta-\frac{V_{ynk}}{h}\sin\beta \tag{11-2-38}$$

(ⅱ) 关于 ζ 方程的解

方程组(11-2-36) 中的第三式经过变量替换、整理,可得

$$\frac{d^2\zeta}{d\xi^2}+\zeta=\frac{Ja^2}{P^2}(-eE_c+2E_s\sin\xi+2E_c\cos\xi-eE_s\sin 2\xi-eE_c\cos 2\xi) \qquad (11-2-39)$$

式中，ξ—— 由椭圆弹道远地点至 P_1 点的地心角，顺时针为正，反之为负。

式(11-2-39)为二阶常系数线性非齐次微分方程，其解算方法不再详细叙述，限于篇幅限制，本文不再推导，仅给出其结果的表达形式，感兴趣的读者可自行推导。

$$\begin{cases}\zeta=\frac{Ja^2}{P^2}[\sigma(\xi)-a_{1\zeta}\sin\xi-b_{1\zeta}\cos\xi]\\ \sigma(\xi)=a_{0\zeta}+a_{2\zeta}\sin 2\xi+b_{2\zeta}\cos 2\xi+\beta\sigma_1(\xi)\\ \sigma_1(\xi)=c_{1\zeta}\sin\xi+d_{1\zeta}\cos\xi\end{cases} \qquad (11-2-40)$$

(ⅲ)关于 $\delta\eta$ 方程的解

由方程组(11-2-36)的第二式可以看出，等式的右端函数中含有变量 η，而 $\eta=\eta_0+\delta\eta$，因为 $\delta\eta$ 为小量，所以可以用 η_0 近似代替 η。这样，该方程的右端亦为二阶线性非齐次方程，其解算方法不再详述，直接给出其结果的表达形式：

$$\begin{cases}\delta\eta=\frac{Ja^2}{P^3}[F(\xi)-a_{1\eta}\sin\xi-b_{1\eta}\cos\xi]\\ F(\xi)=\sum_{k=2}^{4}(a_{k\eta}\sin k\xi+b_{k\eta}\cos k\xi)+\beta F_1(\xi)+a_{0\eta}\\ F_1(\xi)=\sum_{k=1}^{2}(c_{k\eta}\sin k\eta)+d_{k\eta}\cos k\eta)\end{cases} \qquad (11-2-41)$$

(ⅳ)关于飞行时间 T 方程的解

若将主动段终点 K 至任一点的飞行时间记为 T，则由方程组(11-2-36)的第五式可得

$$T=\int_0^{\beta}\frac{d\beta}{h\eta^2} \qquad (11-2-42)$$

通过变量替换，积分式(11-2-42)，可得其解的表达形式

$$T(\xi)=T_{0t}(\xi)-2J\frac{a^2}{h}\sum_{k=0}^{7}I_{kt}(\xi) \qquad (11-2-43)$$

11.2.5 诸元计算

射击诸元这个术语是沿用火炮射击的术语，火炮射击时的高低角、方位角、装药量等就是火炮的射击诸元。导弹的射击诸元要比火炮复杂得多，射击方位角以及制导计算中与标准弹道关机点有关的参数均是射击诸元。这些射击诸元是根据给定的发射点和目标点，在射前通过计算或查射表确定的，这个过程称为射击诸元计算或射击诸元准备。

1. 摄动制导方案射击诸元的确定

当采用摄动制导时，在已知发射点和目标点坐标情况下，要求在射前设计一条满足一定性能指标的标准弹道，导引的目的是使导弹在标准弹道附近飞行。这种方法的关机方程表达式是标准弹道关机点附近泰勒级数展开式，而为了计算简化又常常略去了其高阶项。当采用摄动制导方法时，不可能也不必要严格地把弹道导引到标准弹道上，使导弹实际飞行运动参数与标准弹道的参数一一相等，只要满足关机方程，导弹就能命中目标。尽管如此，仍然要求导弹

不要严重偏离标准弹道飞行，这是因为为了计算简化，往往略去泰勒级数的高阶项，这在弹道偏差小的情况下是允许的，若弹道偏差大，就会带来显著误差，导致导弹落点偏差。摄动制导具体的导引方法可以有多种。纵向平面(射面)内常采用预定的时间程序角信号，使导弹逐渐向目标方向转弯，飞行在标准弹道附近；垂直于射面的方向采用横向导引，使导弹保持在射面内或在其附近飞行。视需要还可以加入法向导引信号。

为确定射击诸元，必须先确定一条自发射点至目标点的标准弹道。这条标准弹道通常是在计算机上用迭代的方法确定的，这个方法亦称模拟打靶法。即根据发射点和目标点的位置，可先在地球上确定对应的球面方位角 $\hat{a}$ 和球面射程 $\hat{L}$，取射击方位角的初值 $A^{[0]}=\hat{a}$，并有预先确定的 $\hat{L}\sim\bar{t}_k$ 的函数关系，其中，$\bar{t}_k$ 表示参考关机时间。根据计算的 $\hat{L}$ 确定对应的关机时间 $\bar{t}_k$，即取关机时间的初值 $t_k^{[0]}=\bar{t}_k$，依据 $A^{[0]}=\hat{a}$，$t_k^{[0]}=\bar{t}_k$，解主动段标准弹道，求出与关机时间 $t_k=t_k^{[0]}$ 对应的关机点弹道参数，再以此关机点参数为初值解被动段弹道求得导弹落点位置，求出对应的落点的球面射程 $L^{[0]}$ 和球面方位角 $\hat{a}^{[0]}$，并得到射程偏差和方位偏差

$$\begin{cases}\Delta L^{[0]}=L^{[0]}-\hat{L}\\ \Delta a^{[0]}=a^{[0]}-\hat{a}\end{cases}\tag{11-2-44}$$

第二次计算便取

$$\begin{cases}A^{[1]}=A^{[0]}-\Delta a^{[0]}\\ t_k^{[1]}=t_k^{[0]}-\dfrac{\partial t_k}{\partial L}\Delta L^{[0]}\end{cases}\tag{11-2-45}$$

重复解主动段和被动段弹道求得落点位置和 $\hat{L}^{[1]}$，$\hat{a}^{[1]}$，再取

$$\begin{cases}A^{[2]}=A^{[1]}-\Delta a^{[1]}\\ t_k^{[2]}=t_k^{[1]}-\dfrac{\partial t_k}{\partial L}\Delta L^{[1]}\end{cases}\tag{11-2-46}$$

重复上述计算，直到同时满足

$$\begin{cases}\Delta a^{[i]}<\varepsilon_a\\ \Delta L^{[i]}<\varepsilon_L\end{cases}\tag{11-2-47}$$

为止。

式中 ε_a 和 ε_L 是预先给定的落点偏差的允许值。因此可取射击方位角 $A=\hat{a}^{[i]}-\Delta a^{[i]}$，标准弹道关机时间 $\bar{t}_k=t_k^{[i]}-\dfrac{\partial t_k}{\partial L}\Delta L^{[i]}$，其对应的弹道参数为关机点标准弹道参数，纵向偏差 $\dfrac{\partial L}{\partial v}$，$\dfrac{\partial L}{\partial p}$ 和横向偏差 $\dfrac{\partial H}{\partial v}$，$\dfrac{\partial H}{\partial p}$ 可用求差法确定。

上述迭代过程的计算量很大，在 PⅡ550 计算机上实现上述计算往往需要几十分钟甚至一小时，这对于潜射弹道导弹是不允许的。因为在发射准备过程中导弹载体(潜艇，飞机)处于不断运动中，它要求射击诸元的计算和装定做到“实时”。

2. 闭路制导方案射击诸元的确定

摄动制导的基本思想是首先确定一条自发射点至目标点的标准弹道，其导引和关机控制便紧紧地依赖于标准弹道，即导引的目的是使实际飞行弹道尽量接近于标准弹道。关机方程也是在关机点附近将射程偏差展成泰勒级数导出的。如果作用在导弹上的干扰较大，即实际飞行弹道偏离标准弹道较大，或者尽管干扰不很大，但主动飞行时间较长(例如，对于远程固体

导弹采用"末修级"(主动段末端修正)控制时,主动段总飞行时间超过200 s),使关机点参数偏差较大,超出了级数展开的线性范围,因而采用摄动制导关机将造成较大的落点偏差。另外,摄动制导的射前射击诸元计算比较复杂,为克服摄动制导精度差、射击诸元计算复杂的缺点,而提出闭路制导方案。闭路制导是在导航计算的基础上,根据导弹当前状态(位置、速度)和目标位置进行制导,利用"需要速度"的概念将导弹当前位置和目标位置联系起来。"需要速度"是指经自由段飞行和再入段飞行而命中目标所应具有的速度。或者说,需要速度是保证能命中目标所需的速度。任意瞬时导弹的需要速度均是实时确定的。闭路制导的基本原理为:在导航计算基础上,根据导弹即时运动参数和目标点坐标,按所要求的一点的性能指标,弹上计算机计算出需要速度 $v_R(t)$,而导弹此时的实际速度为 $v_m(t)$,两者的差值

$$v_g(t) = v_R(t) - v_m(t)$$

式中,v_g—— 导弹应增加的速度,称为待增速度。

导引的目的是让推力方向与 $v_g(t)$ 平行,当 $v_g(t)$ 小于允许值时即关机。

闭路制导方案的射击诸元计算量要比摄动制导少得多,主要是虚拟目标的确定以及满足弹头再入要求且使工具误差为最小的关机点弹道倾角 θ_H 的确定。闭路制导在瞄准一个方位时可向正负十几度范围内的目标进行射击且能保证命中精度,只有向最大射程附近的目标射击时才需要确定使射程为最大的最佳射击方位角。

(1) 虚拟目标的确定

虚拟目标主要是要修正再入阻力和引力的地球扁率影响,若知道被动段弹道通过区域的引力异常,则也需要修正。因此它们与关机点弹道参数很密切,不过这些修正量不是很大。

当导弹的总体参数确定之后可以计算若干条闭路制导的弹道,并将关机点坐标(x_k, y_k)拟合为射程 L 的简单函数 $x_k(L), y_k(L)$,以备确定虚拟目标时使用。

① 引力的扁率影响的修正。首先根据发射点和目标点的位置,求出发射点至目标的球面射程 τ 和球面方位角 $\hat{\alpha}$,然后取 $A=\hat{\alpha}$, $x_k = x_k(\tau)$, $y_k = y_k(\tau)$, $z_k = 0$,并根据 τ 选定 θ_H,进行需要速度计算,在计算需要速度时不是采用椭圆轨道而是采用自由飞行轨道解析解。最后,根据上述方法确定需要速度及 x_k, y_k, z_k,求出椭圆轨道的落点就是修正扁率影响的虚拟目标位置。

② 再入阻力影响的修正。首先根据拟合得到的阻力对再入射程影响的 $\Delta L_x - L$ 曲线查出给定射程对应的 ΔL,然后根据被动段解析解求出落点 C 处的速度、方位角 $\hat{\alpha}_c$(见图 11-2-3),即由

$$\begin{cases} \sin\hat{\alpha}_c = \dfrac{v_{zn}}{\sqrt{v_{xn}^2 + v_{zn}^2}} \\ \cos\hat{\alpha}_c = \dfrac{v_{xn}}{\sqrt{v_{xn}^2 + v_{zn}^2}} \end{cases} \tag{11-2-48}$$

两式求出 $\hat{\alpha}_c$。

在 C_1 处同样取 $\hat{\alpha}_c$ 作大圆弧,截取弧长为 ΔL_x 得 C_2 点便是修正了引力扁率影响和再入阻力影响的虚拟目标位置。若记 C_1 点、C_2 点的地心纬度分别为 φ_{c1} 和 φ_{c2},它们与发射点 O 之间的相对经差分别为 λ_{OC_1} 和 λ_{OC_2},则有

$$\begin{cases} \varphi_{c2} = \varphi_{c1} + \dfrac{\Delta L_x \cos\hat{\alpha}_c}{R_{C1}} \\ \lambda_{OC_2} = \lambda_{OC} + \dfrac{\Delta L_x \sin\hat{\alpha}_c}{R_{C1}\cos\varphi_{c1}} \end{cases} \tag{11-2-49}$$

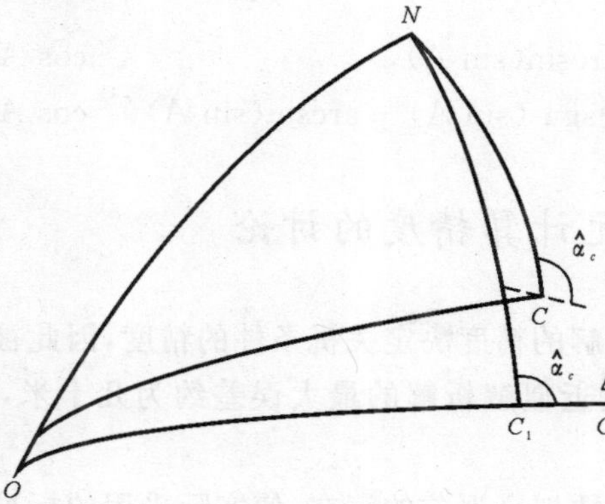

图 11-2-3　目标和虚拟目标之间几何关系图

(2) 弹道倾角 θ_H 的确定

对于远程弹道导弹关机点处需要速度的弹道倾角 θ_H 可根据如下考虑来确定：

① 对最大射程附近的目标选取最小能量轨道的 θ_H。

② 对于最小射程附近的目标应充分考虑弹头再入要求。倾角 θ_H 过大，则再入速度过大而使气动加热超过弹头承受能力；反之，如取最小能量轨道的 θ_H，则可能再入速度低而弹头易被拦截。因此须选取合适的 θ_H 值。

③ 对于中间射程的目标可选取使工具误差最小的 θ_H 值。

(3) 最佳射击方位角的确定

严格地说，射程为最大的射击方位角要由迭代的方法来确定，即给定 A 的一个初值解算主动段、被动段弹道，再根据落点修正射击方位角，以求得射程为最大的 A 值。这里给出一个近似计算方法。

考虑到向不同方位射击时，造成落点横向偏差的主要原因是地球旋转影响和地球引力的扁率影响，而扁率影响在确定虚拟目标时已作了修正，只须修正地球旋转影响，近似取发射点处的需要速度所对应的方位角作为最佳方位角。

在发射准备过程中，利用弹上计算机中求需要速度的程序求出发射点处需要速度 v_R、倾角 θ_H 和方位角 $\hat{\alpha}$，便可求 v_{ga} 在当地北东坐标系内分量

$$\begin{cases} v_{gax_n} = v_R\cos\theta_H\cos\hat{\alpha} \\ v_{gaz_n} = v_R\cos\theta_H\sin\hat{\alpha} - (R+h_0)\Omega\cos\varphi_0 \\ v_{gay_n} = v_R\sin\theta_H \end{cases} \tag{11-2-50}$$

为求 v_{ga} 对应的方位角 A，需进行变换

$$\begin{cases} v'_{gx} = v_{gax_n} - \mu v_{gay_n} \\ v'_{gy} = \mu v_{gax_n} + v_{gay_n} \\ v'_{gz} = v_{gaz_n} \end{cases} \tag{11-2-51}$$

$$\begin{cases} \sin A = \dfrac{v'_{gz}}{\sqrt{v'^2_{gx} + v'^2_{gz}}} \\ \cos A = \dfrac{v'_{gx}}{\sqrt{v'^2_{gx} + v'^2_{gz}}} \end{cases} \tag{11-2-52}$$

所以可求出最佳方位角

$$A=\begin{cases}\arcsin(\sin A), & \cos A\geqslant 0\\ \pi\,\mathrm{sgn}\,(\sin A)-\arcsin(\sin A), & \cos A<0\end{cases}\tag{11-2-53}$$

11.2.6 关于诸元计算精度的讨论

① 被动段弹道近似解析解的精度决定关机条件的精度，因此被动段弹道近似解的精度至关重要。11.2.4 节的被动段近似解析解的最大误差约为几十米，再入阻力的修正误差仅为几米。

② 主动段关机段弹道参数拟合误差的存在，使实际采用的标准弹道的关机点偏离理想的标准关机点，对于摄动制导来说，这相当于标准条件选择误差，在允许误差范围内，它们的影响可以忽略不计。

③ 射程为 9 000 km 的采用摄动制导的潜射弹道导弹采用本节给出的射击诸元确定方法，计算诸元的误差造成的落点偏差小于 100 m。

参考文献

[1] 《现代舰艇火控系统》编写组.现代舰艇火控系统[M].北京:国防工业出版社,2008.

[2] 尤晓航,等.国外海军典型 C^4I 及武器系统[M].北京:国防工业出版社,2008.

[3] 董志荣.舰艇指控系统的理论基础[M].北京:国防工业出版社,1995.

[4] 周宏仁,敬忠良,王培德.机动目标跟踪[M].北京:国防工业出版社,1991.

[5] Singer R A. Estimating Optimal Tracking Filter Performance for Manned Maneuvering Targets[J]. IEEE Transactions on Aerospace and Electronic Systems, 1970, AES-6:473-483.

[6] Li X R, Jilkov V P. Survey of maneuvering target tracking—part I: dynamic models [J]. IEEE Transactions on Aerospace and Electronic Systems, 2003, 39(4):1333-1364.

[7] Mazor E, Averbuch A, Bar-Shalom Y et al. Interacting Multiple Model Methods in Target Tracking: A Survey[J]. IEEE Transactions on Aerospace and Electronic Systems, 1998, 34(1):103-123.

[8] 陈群斋.快速解命中的一种有效方法[J].七一六所科技学报,1994,(3).

[9] Ramachandra K V. Optimum steady state position, velocity and acceleration estimation using noisy sampled position data[J]. IEEE Transactions on Aerospace and Electronic System, 1987, AES-23:705-708.

[10] Bar-Shalom Y, Birmiwal K. Variable Dimension Filter for Maneuvering Target Tracking[J]. IEEE Transactions on Aerospace and Electronic Systems, 1982, AES-18(5):621-629.

[11] Lee H, Tahk M J. Generalized input-estimation technique for tracking maneuvering targets[J]. IEEE Transactions on Aerospace and Electronic Systems, 1999, AES-35(4):1388-1402.

[12] Chan Y T, Hu A G C, Plant J B. A Kalman filter based tracking scheme with input estimation[J]. IEEE Transactions on Aerospace and Electronic Systems, 1979, AES-15(2):237-244.

[13] Bogler P L. Tracking a maneuvering target using input estimation[J]. IEEE Transactions on Aerospace and Electronic Systems, 1987, AES-23(3):298-310.

[14] Waltz E. Information Warfare—Principles and Operations[M]. Norwood: Artech House, 1998.

[15] Moose R L, VanLandingham H F, McCabe D H. Modeling and estimation of tracking maneuvering targets[J]. IEEE Transactions on Aerospace and Electronic Systems, 1979, AES-15(3):448-456.

[16] Berg R F. Estimation and prediction for maneuvering target trajectories[J]. IEEE Transactions on Automatic Control, 1983, AC-28:294-304.

[17] Song T L, Ahn J, Park C. Suboptimal filter design with pseudomeasurements for

target tracking[J]. IEEE Transactions on Aerospace and Electronic Systems, 1988, 24:28 - 39.

[18] Bar-Shalom Y. Tracking and data association[M],Academic Press,1988.

[19] Debasis Sengupta, Ronald A Iltis. Neural Solution to the Multitarget Tracking Data Association Problem[J]. IEEE Transactions on Aerospace and Electronic Systems, 1989,25(1):96 - 108.

[20] 蔡庆宇,薛毅,张伯彦.相控阵雷达数据处理及其仿真技术[M].北京:国防工业出版社,1997.

[21] 敬忠良.神经网络跟踪理论及应用[M].北京:国防工业出版社,1995.

[22] 李恒劭,秦立富,等.战场信息系统 [M].北京:国防工业出版社,2003.

[23] 董志荣.论隐蔽攻击[J].火控技术,1982(3).

[24] 李洪瑞,等.神经网络最优数据关联[J].火力与指挥控制,1997(增刊).

[25] 何友,关欣,衣晓.纯方位二维运动目标的不可观测性问题研究[J].系统工程与电子工程,2003(1).

[26] Looney W J, Shapilo EY. A Control Law for Estimation Enhancement and Pursuit in Passive Tracking[C]. Proceedings of the IEEE National Aerospace and Electronic Conference, NAECON, 1981:611 - 614.

[27] Passerieux J M, Cappel D V. Optimal Observer Maneuver for Bearing—Only Tracking[J]. IEEE Transactions on Aerospace and Electronic Systems, 1998, AES - 34, (3):777 - 788.

[28] Bernard J McCABE. Accuracy and Tactical Implications of Bearings—only Rangeing Algorithms[J]. Operations Reseach,1985,33(1).

[29] Liu P T. An optimum approach in target tracking with bearing measurements[J]. Optimization Theory and Applicationa,1987,56(2):205 - 214.

[30] Hammel S E, Liu P T, Hilliard E J, et al. Optimal Observer Motion for Localization with Bearing Measurements[J]. Computers Math Applic, 1989,18(1 - 3):171 - 180.

[31] Yaakov, Oshman, Pavel Davidson. Optimization of Observer Trajectories for Bearing—Only Target Localization[J]. IEEE Transactions on Aerospace and Electronic Systems, 1999,AES - 35(3):777 - 788.

[32] Asselt H V, Bertolotto G, Canepa F, et al. Passive tracking of sonar targets with optimal ownship maneuvres[C].

[33] Fawcett J A. Effect of course maneuver on bearing—only range estimation[J]. IEEE Transactions on Acoustic, Speech and Signal Processing, 1999,36(8):1193 - 1199.

[34] 赵旭,袁富宇.一要素/二要素多方位定位系统的可观测性分析[J].情报指挥控制系统与仿真技术,2003(6).

[35] 戴自立.现代舰艇作战系统[M].北京:国防工业出版社,1999.

[36] 赵祖铭.潜艇指控系统技术和发展分析[J].指挥控制与仿真,2007(2).

[37] 赵正业.潜艇火控原理[M].北京:国防工业出版社,2003.

[38] 舰艇及其装备术语——指挥控制系统(GJB175.5—87)[S].

[39] 赵莲芳.新型攻击型潜艇 C^3I 系统体系结构分析[J].指挥控制与仿真,2001(1).
[40] 田坦,等.声呐技术[M].哈尔滨:哈尔滨工程大学出版社,1999.
[41] Merrill Skolnik.雷达手册[M].北京:电子工业出版社,2003.
[42] 赵国庆.雷达对抗原理[M].西安:西安电子科技大学出版社,1999.
[43] 侯印鸣.综合电子战——现代战争的杀手锏[M].北京:国防工业出版社,2000.
[44] 孙义明,杨丽萍.信息化战争中的战术数据链[M].北京:北京邮电大学出版社,2005.
[45] 何非常.军事通信——现代战争的神经网络[M].北京:国防工业出版社,2000.
[46] Bar-Shalom Y. Tracking methods in a multi - target environments[J]. IEEE Transactions in Automatic Control, 1978,AC - 23:618 - 626.
[47] Barton D K. Radar System Analysis. 雷达系统分析[M].陈方林,译.北京:国防工业出版社,1985.
[48] Bar-Shalom Y. On the track-to-track correlation problem[J]. IEEE Transactions in Automatic Control, 1981,AC - 26:571 - 572.
[49] Bar-Shalom Y. Multitarget-Multisensor Tracking: Advanced Applications[M]. Norwood, MA: Artech House, 1990.
[50] U. S. Department of Defense. Data Fusion Subpanel of the Joint Directors of Laboratories[R], Technical Panel for C^3, Data fusion lexion, 1991.
[51] Biom H A P, Bar-Shalom Y. The Interacting Multiple Model Algorithm for Systems With Markovian Switching Coefficients[J]. IEEE Transactions in Automatic Control, 1988,AC - 33:780 - 783.
[52] Bar-Shalom Y, Blair W D (eds). Multitarget multisensor tracking: applications and advances[M]. Boston: Artech House, 2000.
[53] Saha R K. Effect of common process noise on two－sensor track fusion[J]. AIAA Journal of Guidance, Control and Dynamics, 1996,19(4):829 - 835.
[54] Bar-Shalom Y K, Chang K C, Blom A P. Tracking maneuvering targets using input estimation versus the interacting multiple model algorithm[J]. IEEE Transactions on Aerospace Electronic Systems, 1989,25(2):296 - 300.
[55] Blackman S S, Dempster R J, Busch M T, et al. IMM/MHT solution to radar benchmark tracking problem[J]. IEEE Transactions on Aerospace Electronic Systems, 1999,35(2):730 - 738.
[56] Wald L. Data Fusion: A conceptual approach for an efficient exploitation of remote sensing images[C]// Proc. 2nd Conf. Fusion of Earth Data: Merging Point Measurements, Raster Maps and Remotely Sensed Images, 1998:17 - 23.
[57] Blackman S S, Dempster R J, Tucker G K R, et al. Application of multiple - hypothesis tracking to shipboard IRST tracking[C]// Proceedings of SPIE 2759, 1996:441 - 452.
[58] Sittler R W. An optimal data association problem in surveillance theory[J]. IEEE Transactions on Military Electronics, 1964,MIL - 8:125 - 139.
[59] Bar - Shalom Y, Leon C. The effect of the common process noise on the two sensor

fused track covariance[J]. IEEE Transactions on Aerospace Electronic Systems, 1986,22(6):803 - 805.

[60] Bar-Shalom Y, Li X R. Estimation and Tracking: Principles, Techniques, and Software[M]. Norwood MA: Artech House, 1993.

[61] Bar-Shalom Y, Li X R. Multitarget-Multisensor Tracking: Principles and Techniques [M]. Storrs, CT: YBS Publishing, 1995.

[62] Blackman S S. Multi-Target Tracking with Radar Application[M], Norwood, MA: Artech House, 1986.

[63] Blackman S S. Theoretical Approaches to Data Association and Fusion[C]// Proceedings of the SPIE, vol. 931, Sensor Fusion, Weaver C W (eds.), Orlando, FL, 1988:50 - 55.

[64] Blackman S S, Popoli R. Design and analysis of modern tracking systems[M]. Norwood, MA: Artech House, 1999.

[65] Saha R K. Track to track fusion with dissimilar sensors[J]. IEEE Transactions on Aerospace Electronic Systems, 1996,32(3):1021 - 1029.

[66] Bar - Shalom Y. Comments on Comparison of two-sensor tracking methods based on state vector fusion and measurement fusion[J]. IEEE Transactions on Aerospace and Electronic Systems, 1988,24(4):447 - 449.

[67] Blair W D, Rice T R, McDolebs. Least-Squares Approach to Asynchronous Data Fusion[C]// SPIE Acquisition, Tracking, and Pointing VI,1992:1697.

[68] Buede D, Waltz E. Data Fusion[M]. New York:McGraw Hill,1998.

[69] Chen Y M, Huang H C. Fuzzy logic approach to multisensor data association[J]. Mathematics and Computers in Simulation, 2000,52:399 - 412.

[70] Chang K C, Mori S, Chong C Y. Performance of evaluation of tracking initiation in dense target environments[J]. IEEE Transactions on Aerospace and Electronic Systems, 1994,AES - 30:213 - 219.

[71] Chang K C, Saha R K, Bar-Shalom. On optimal track-to-track fusion[J]. IEEE Transactions on Aerospace Electronic Systems, 1997,33(4):1271 - 1276.

[72] Duda R O, Hart P E. Use of the hough transform to detect lines and curves in pictures[J]. Communications of the ACM, 1972(15):11 - 15.

[73] 董志荣.论航迹起始方法[J].情报指挥控制系统与仿真技术,1999(2).

[74] 董志荣.火控系统数据融合原理与算法[J].情报指挥控制系统与仿真技术,2002(1).

[75] Gad A, Farooq M. Data fusion architecture for maritime surveillance[C]// Proceedings of the Fifth International Conference on Information Fusion, 2002, July 8 - 11, Annapolis, Maryland, USA:449 - 455.

[76] Gan Q, Harris C J. Comparison of two measurement fusion methods for Kalman - Filter - Based multisensor data fusion[J]. IEEE Transactions on Aerospace Electronic Systems, 2001,31(1):273 - 280.

[77] HE J Z, et al. ALMA: A New Approach to Data Initial Association[C]// Proceed-

ings of the Fifth International Conference on Information Fusion, 2002, 2: 1367 - 1373.

[78] HE J Z, et al. A window cumulative normalized distance based phase optimization track association model[C]// Proceedings of the Fifth International Conference on Information Fusion, 2002, 2:1355 - 1360.

[79] 何佳洲.多传感器数据互联技术研究[D].南京:南京大学,2002.

[80] Hall D L, Llinas J. An introduction to multisensor data fusion[C]. Proceedings of IEEE, 85(1), 1997,McGraw - Hill, 1998.

[81] Helmick RE, Rice TR. Alignment of a 2 - D sensor and a 3 - D Radar[C]. SPIE Acquisition, Tracking, and Pointing VI,1992,1697.

[82] Leung H, Hu Z, Blanchette M. Evaluation of multiple target track initiation techniques in real radar tracking environments[J]. IEEE Proc. Radar, Sonar Navig., 1996(143):246 - 254.

[83] Morefield C L. Application of 0—1 integer programming to multi - target tracking problem[J]. IEEE Transactions on Aerospace and Electronic Systems, 1977,AES - 22:302 - 311.

[84] Luo R C, Kay M G. Multisensor Integration and fusion in Intelligent system[J]. IEEE Transactions on Systems, Man, and Cybernetics, 1989, 19(5):901 - 931.

[85] Kokar M M, Zavoleas K P. Algebraic specification of a sensor data fusion system [C]// Proceedings of International Symposium of Intelligence Control, Chicago II, 1993.

[86] Palmieri F, Marano S, Willett P. Measurement fusion for target tracking under bandwidth constraints[C]// Proceedings of 2001 IEEE Aerospace Conference, 2001,5 (10 - 17):2179 - 2190.

[87] Saha R K, Chang K C. Bar - Shalom. An efficient algorithm for multisensor track fusion[J]. IEEE Transactions on Aerospace Electronic Systems, 1998,34(1):200 - 210.

[88] Haimovich A M, Yosko J, Parisi M A, et al. Fusion of sensors with measurement/ tracking accuracies[J]. IEEE Transactions on Aerospace and Electronic Systems, 1993,29(1):447 - 449.

[89] Singer R A, Kanyuck A J. Computer control of multiple site track correlation[J]. Automarica, 1971(7):455 - 463.

